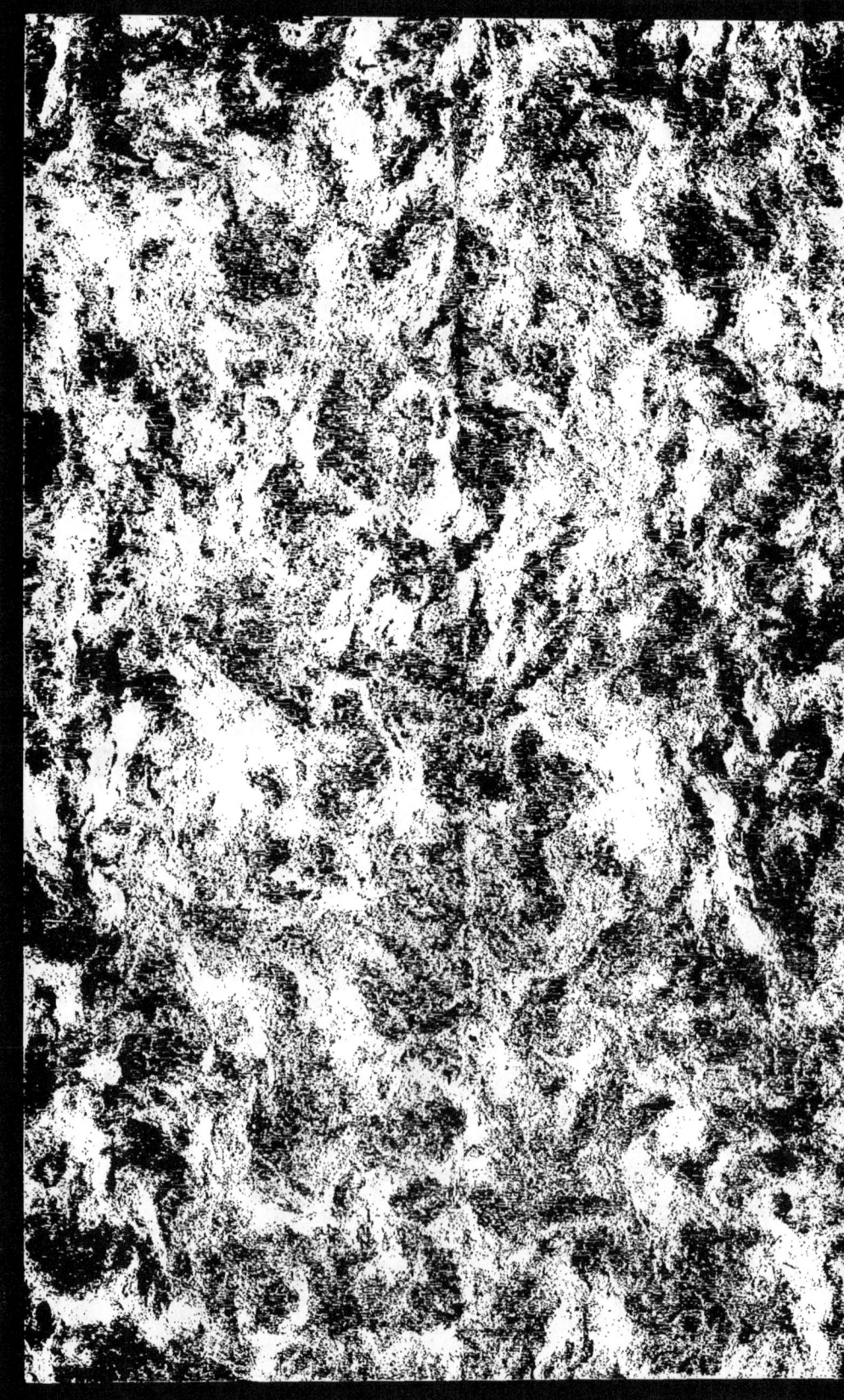

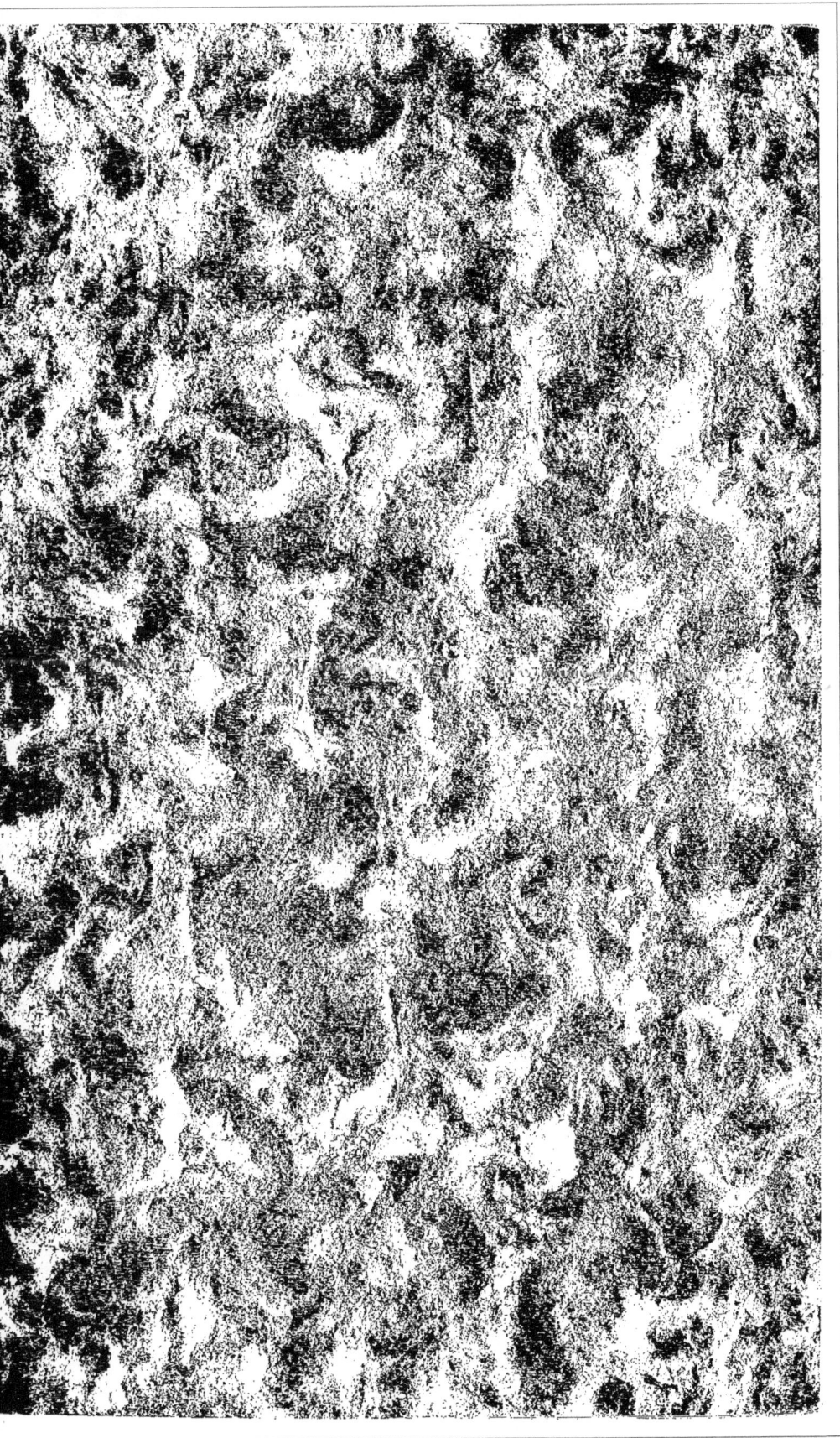

PUBLIÉ SOUS LA DIRECTION
DE LA
SECTION HISTORIQUE DE L'ÉTAT-MAJOR DE L'ARMÉE

LA
CAMPAGNE DE 1794
A
L'ARMÉE DU NORD

IIe Partie : OPÉRATIONS

TOME PREMIER

Le Plan de Campagne. — Le Cateau. — Landrecies.

(DOCUMENTS ET CARTES)

PAR

H. COUTANCEAU
COLONEL
Commandant le 3e Régiment du Génie.

C. DE LA JONQUIÈRE
Chef d'escadron d'artillerie
à la Section historique de l'État-Major de l'Armée.

PARIS
LIBRAIRIE MILITAIRE R. CHAPELOT et Cie
IMPRIMEURS-ÉDITEURS
30, Rue et Passage Dauphine 30

1907
Tous droits réservés.

LA
CAMPAGNE DE 1794
A
L'ARMÉE DU NORD

PARIS. — IMPRIMERIE R. CHAPELOT ET C⁰, 2, RUE CHRISTINE.

PUBLIÉ SOUS LA DIRECTION
DE LA
SECTION HISTORIQUE DE L'ÉTAT-MAJOR DE L'ARMÉE

LA CAMPAGNE DE 1794

A

L'ARMÉE DU NORD

IIe Partie : OPÉRATIONS

TOME PREMIER

Le Plan de Campagne. — Le Cateau. — Landrecies.

(DOCUMENTS ET CARTES)

PAR

H. COUTANCEAU
COLONEL
Commandant le 3e Régiment du Génie.

C. DE LA JONQUIÈRE
Chef d'escadron d'artillerie
à la Section historique de l'État-Major de l'Armée.

PARIS
LIBRAIRIE MILITAIRE R. CHAPELOT et Cie
IMPRIMEURS-ÉDITEURS
30, Rue et Passage Dauphine 30

1907

Tous droits réservés.

DOCUMENTS ANNEXES

I - II

LE PLAN DE CAMPAGNE ET L'ÉCHEC DU CATEAU

1

Le général de division Colaud, commandant à Maubeuge, au ministre de la Guerre.

Maubeuge, le 18 pluviôse an II (6 février 1794).

... J'ai reçu l'ordre, le 23 nivôse, de venir prendre le commandement provisoirement des trois divisions réunies sous Maubeuge, formant un corps de 30,000 hommes jusqu'au retour du général Vezu demandé à Paris par le Comité de Salut public. Ne voyant pas revenir ce général, citoyen ministre, je dois te prévenir, pour le bien de la République, que je n'ai point assez d'expérience ni de talents militaires pour commander un corps de troupes aussi considérable. Le grade de général de division est même au-dessus de mes moyens. Je dois t'observer en outre, pour les intérêts de la République, que je n'ai jamais servi que dans la troupe à cheval et que je ne me connais en rien sur la défense des places et fortifications.

Il ne manque pas de généraux qui ont servi dans l'infanterie et qui sont dans le cas de commander ce poste si important à la République.

Je te représenterai que je ne suis pas parfaitement guéri d'un coup de biscaïen qui m'a traversé la cuisse à Hondschoote, que j'ai beaucoup de peine à monter à cheval, que je souffre beaucoup, ce qui m'empêche souvent de faire mon devoir et de surveiller les postes le long de la Sambre qui forme une étendue de neuf lieues.

J'irai commander le poste que tu voudras, pourvu que je ne commande qu'une seule division, mais je croirais tromper la République si j'acceptais un commandement au-dessus de mes forces et de mes talents militaires.

Je te prie, en conséquence, citoyen ministre, de vouloir bien me faire remplacer et de vouloir bien t'assurer de la vérité et du contenu de ma lettre.

Comme il se fait en ce moment, ici, un changement de généraux de l'armée du Nord qui passent dans celle d'Italie, si tu veux me comprendre dans ce nombre, tu rendras un service à la République d'autant plus que je possède la langue et que je connais le pays, qui convient mieux à ma blessure que le pays froid. Je t'en serai reconnaissant.

Nous sommes totalement dépourvus de souliers; il n'en reste pas une seule paire au magasin; une partie de nos frères d'armes sont nu-pieds et ne peuvent faire aucun service.

Salut et fraternité.

Signé : COLAUD.

2

Pichegru, général en chef de l'armée du Nord, au ministre de la Guerre Bouchotte.

Réunion-sur-Oise, le 20 pluviôse an II (8 février 1794).

Citoyen ministre, je suis arrivé ici aujourd'hui (1). Je n'y ai trouvé ni les représentants du peuple Saint-Just et Lebas, ni le général Ferrand qui sont tous en tournée; en attendant leur retour, je verrai les différents postes et cantonnements qui sont dans l'arrondissement du quartier général.

Je viens de recevoir une lettre du général Werneck qui devait passer de l'armée du Rhin à celle-ci; il me mande que le mauvais état de sa santé et ses infirmités ne lui permettent pas de suivre cette nouvelle destination : c'est effectivement un vieillard d'environ quatre-vingts ans, qui n'est plus guère propre aux courses et à l'activité; et je crois que tu ne pourras te dispenser de le remplacer ici.

---

(1) Cette arrivée est mentionnée à l'Ordre de l'armée du Nord du 21 au 22 pluviôse (9 et 10 février) et au registre d'ordres de la division Fromentin (Quartier général à Avesnes, 22-23 pluviôse).

Fais-moi, je te prie, envoyer le plus tôt possible la carte huilée qui n'était pas finie à mon départ.

                        Salut fraternel.

                                PICHEGRU.

3

Bouchotte, ministre de la Guerre, au général en chef Pichegru.

                      Le 24 pluviôse an II (12 février 1794).

J'ai reçu, citoyen, ta lettre du 20 qui m'annonce ton arrivée à ton poste où tu n'as trouvé ni les représentants ni le général Ferrand qui étaient en tournée. Tu fais très bien de débuter par reconnaître le terrain, les postes, les cantonnements et les corps pour faire ensuite de bonnes combinaisons et un bon emploi des hommes et des moyens.

Si Werneck est hors d'état de suivre sa nouvelle destination, il ne faut plus compter sur lui au Nord. Quand tu auras pris connaissance des officiers généraux, tu verras s'il t'en manque et tu me le marqueras.

Le général de division Colaud commande les trois divisions de Maubeuge provisoirement depuis le départ de Vezu, qui ne doit point retourner au Nord. Colaud demande à être remplacé dans ce commandement qu'il dit trop étendu pour son expérience et ses talents militaires (1). Il a servi dans la troupe à cheval et ne connaît ni la fortification ni la défense des places. Sa blessure ne lui permet pas de visiter assez souvent la rive de la Sambre. Tu jugeras de ce qu'il convient de faire sur sa représentation. Enfin tu placeras les officiers suivant leurs talents. Je t'envoie un exemplaire de la carte dont je t'ai fait passer le calque hier. Je donne des ordres pour en faire tirer une douzaine d'exemplaires que je t'enverrai pour les officiers généraux employés dans cette partie...

. . . .

                       Signé : BOUCHOTTE.

4

Extrait d'une lettre de Bruxelles du 10 février 1794 (2).

Suivant un relevé exact de la force des armées autrichiennes, anglaises et hanovriennes, qui défendent notre territoire depuis

---

(1) Voir *infra* cette lettre de Colaud.

(2) Extrait du registre 50 *bis* (*Arch. Guerre*, armée du Nord).

la mer jusqu'à Luxembourg, elles forment un effectif de près de 100,000 hommes.

... Le plan de campagne a été définitivement arrêté dans les conférences qui ont eu lieu ici, où les généraux étaient tous rassemblés; et on prétend que les forces des alliés seront dirigées contre Lille...

5

Extrait d'une lettre de Bruxelles du 3 mars 1794 (1).

Le centre de la grande armée autrichienne, commandée par le prince de Saxe-Cobourg, est appuyé sur Valenciennes, Condé et Le Quesnoy. La droite, aux ordres du général comte de Clairfayt, s'appuie sur Tournai, Orchies et Marchiennes, tandis que la gauche, commandée par le prince de Hohenlohe, couvre Mons et Charleroi. Un cordon de troupes, commandé par les généraux Latour et Baulieu, s'étend depuis les bords de la Meuse jusqu'à Luxembourg. Dans la Flandre occidentale, l'armée anglaise occupe Courtrai, Wevelghem et Menin, et les Hanovriens, Furnes et Nieuport. Un corps de 10,000 hommes est, outre cela, réparti dans les cantonnements de l'extrême frontière.

6

Le général de division Colaud au général Pichegru.

Maubeuge, le 25 pluviôse an II (13 février 1794).

Citoyen général, je te préviens que ma santé délabrée et un vomissement continuel m'empêchent de continuer mes services; et, ma blessure m'ôtant la faculté de monter à cheval et de remplir mon devoir de général, j'ai adressé ma démission au ministre avec prière de la faire accepter par le Conseil exécutif provisoire.

Tu voudras bien, en conséquence, envoyer un général pour me remplacer; et la République y gagnera, car je t'avoue franchement que je n'ai jamais servi que dans les troupes à cheval et que je ne me connais en rien dans la partie des fortifi-

---

intitulé : Campagne des armées autrichienne, anglaise et hollandaise dans les Pays-Bas en 1794.

(1) **Extrait du registre 50 *bis*.**

cations et de la défense des places, encore moins à commander 30,000 hommes d'infanterie.
Salut et fraternité.
Signé : Colaud.

7

Le ministre de la Guerre au général Colaud (minute).

Le 25 pluviôse an II (13 février 1794).

Vous m'avez demandé plusieurs fois avec instance, citoyen général, depuis que vous commandez dans les départements réunis, de vous rendre à une destination plus conforme à vos goûts et à vos habitudes militaires. Le gouvernement s'y était refusé jusqu'à ce jour parce qu'il sentait combien votre fermeté, votre zèle et votre activité pourraient contribuer à ramener promptement le calme dans cette partie de la République. L'événement a justifié sa confiance puisque aujourd'hui tout est rentré à peu près dans l'ordre; que la loi sur la conscription s'exécute et que les contributions rentrent dans le trésor public.

Maintenant que vous avez rempli la mission délicate dont le Directoire vous avait chargé, il vous rend à la destination que vous lui aviez demandée pour l'armée de Mayence. Vos lettres de service pour cette armée sont entre les mains du général en chef Jourdan qui vous les remettra.

Le général Cervoni reçoit ordre de commander à votre place dans les neuf départements réunis, et il est remplacé dans la 24ᵉ division militaire par le général Béguinot qui a été élevé au grade de général de division.

En remettant le commandement au général Cervoni, vous lui remettrez tous les renseignements, notes et instructions générales et particulières sur l'état des départements réunis et sur l'ensemble de sa destination.

Vous trouverez ci-jointes les lettres de service de ce général et celles du général Béguinot. Je vous prie de les leur transmettre de suite et de m'en accuser la réception ainsi que de cette lettre.

8

Pichegru, général en chef, au ministre de la Guerre Bouchotte.

Réunion-sur-Oise, le 26 pluviôse an II (14 février 1794).

. . . .

(*En post-scriptum de la main de Pichegru*). — ... Liébert m'a écrit dernièrement qu'il était encore malade. J'ai bien besoin ici de quelqu'un qui travaille. S'il était possible de m'envoyer Bourcier, chef de l'État-major de l'armée du Rhin, je connais sa manière de travailler, ce serait un homme précieux ici.

Il manque aussi différents généraux de division et de brigade : on m'a recommandé comme très propre à faire un général de brigade le citoyen Poncet, adjudant de la place de Maubeuge; on m'a donné les témoignages les plus satisfaisants sur sa bravoure, sa conduite républicaine et ses connaissances militaires. Je joins ici l'état de ses services. Si tu juges à propos de l'employer, tu lui feras expédier des lettres.

Je n'ai pas encore vu les représentants Saint-Just et Lebas. Je les attends pour faire une grande tournée. Il sera bien essentiel qu'ils restent quelque temps avec moi. Il y aura quelque chose à élaguer, je crois, dans l'État-major.

Le général Meyer vient d'arriver.

Salut et fraternité.

PICHEGRU (1).

9

Le général Colaud au général Pichegru.

Maubeuge, le 27 pluviôse an II (15 février 1794).

. . . .

Je t'envoie, citoyen général, l'état des cantonnements des trois divisions réunies dans les environs de Maubeuge.

. . . .

... Tu me demandes de te communiquer mes idées pour un plan de campagne. C'est au-dessus de mes moyens militaires que de faire mouvoir une armée aussi considérable que celle du Nord; mais, pour te satisfaire, voici ce que je pense :

Il faudrait organiser les divisions, leur donner les généraux qui manquent, leur délivrer des cartes, car la plus grande partie n'en ont pas.

Avoir des ingénieurs attachés aux divisions et nous n'en avons pas.

Faire délivrer des souliers à nos frères d'armes, les trois quarts sont pieds nus.

Faire délivrer des armes et des gibernes; la moitié ne sont point armés; faire remplacer les chevaux morts et ceux qui sont ruinés dans les bataillons, pour atteler à leur pièce et caisson de

---

(1) La lettre de Pichegru à Bouchotte a été citée page 126.

campagne, ceux qui restent meurent de faim et tombent d'inanition.

Envoyer dans les divisions les commissaires ordonnateurs nécessaires pour que le service puisse marcher : il n'y en a pas un seul dans les trois divisions de Maubeuge; faire faire des cartouches d'avance, nous n'avons point de papier, du fer-blanc pour l'ensabotage des boulets, de la serge, il n'y en a point.

Prendre les moyens pour avoir de la cavalerie non pas sur du papier, mais des hommes montés, armés, harnachés et équipés; et je suis instruit que dans les dépôts de Reims et Châlons ils manquent de tous les objets relatifs à la cavalerie.

... L'armée du Nord étant très organisée et munie de tous les objets nécessaires pour faire la campagne, voici ma manière de voir :

L'armée des Ardennes marchant sur Liège; s'emparer des gorges de Huy et du pont; la communication de Namur à Liège se trouve interceptée; la route se trouve sur la rive droite de la Meuse; une autre partie de l'armée des Ardennes entre Sambre et Meuse et s'emparer de Namur; un corps de troupes de 40,000 hommes en réserve derrière Cambrai; 50,000 hommes de l'armée du Nord partant de Lille pour s'emparer de l'Escaut, marchant sur Courtray, Gand et Anvers. L'ennemi se trouverait entre les deux points de Liège et d'Anvers et n'aurait peut-être pas le temps d'emmener ses équipages et canons s'il était battu, comme il y a toute apparence.

Les divisions de Cassel marchant sur Nieuport, Bruges et Ostende, combler le port d'Ostende, etc.

Il n'y a qu'un grand mouvement qui puisse forcer les ennemis à évacuer le territoire de la République, et ce serait, suivant moi, une folie que d'attaquer la forêt de Mormal et de s'amuser à faire des sièges qui emploieraient beaucoup de temps et nous coûteraient beaucoup de braves républicains. L'ennemi affaiblirait son armée s'il s'obstinait à vouloir garder toutes les villes et n'en serait que mieux battu; et l'armée républicaine se trouverait toujours en masse.

Signé : COLAUD.

10

Le général Colaud au général Pichegru (à Guise).

Maubeuge, le 27 pluviôse an II (15 février 1794).

Citoyen général,

On m'a rendu compte qu'il était arrivé à Bruxelles un corps de 20,000 hommes venus de la Valachie, armés de deux pistolets et un sabre. Il se forme à Dinant une légion de Belges. Les Hollandais sont, comme je l'ai annoncé au général Ferrand, à Liège, Huy, Namur et dans les environs avec le corps de Damas émigré. Les ennemis paraissent tranquilles le long de la Sambre. Il y a de temps en temps quelques patrouilles qui tirent, mais cela ne signifie rien. . . . .

Signé : Colaud.

11

Pichegru, général en chef de l'armée du Nord, au ministre de la Guerre.

Réunion-sur-Oise, le 7 ventôse an II (25 février 1794).

J'ai reçu, citoyen ministre, avec ta lettre du 5, l'arrêté du Comité de Salut public, relatif à la correspondance journalière que les généraux en chef doivent entretenir avec lui. Je m'y conformerai exactement en lui écrivant chaque jour ainsi qu'à toi. Si j'ai différé quelques jours à t'écrire, c'est que j'attendais le retour du courrier que je t'avais expédié et qu'il n'y avait rien de nouveau.

Nous faisons sur cette partie-ci de fréquents fourrages dans lesquels l'ennemi nous inquiète quelquefois, mais avec désavantage. Nous lui enlevons de temps en temps quelques hommes et quelques chevaux. Différents rapports m'ont annoncé effectivement quelques mouvements de troupes de leur droite vers le centre, mais je ne crois pas qu'ils puissent encore penser à un rassemblement, à cause des mauvais chemins et du mauvais temps. Depuis mon arrivée ici il y a plu journellement.

Je t'aurais déjà envoyé le tableau de la position de l'ennemi si j'avais eu quelqu'un de plus habile pour l'exécuter, on y travaille depuis longtemps et on me l'a enfin promis pour aujourd'hui ou pour demain. Il faudra encore que je le fasse copier avant de te l'envoyer.

Je n'ai pas encore vu le général Ransonnet, je remets à notre première entrevue à juger s'il est propre ou non pour le service des avant-postes. Ma tournée a été différée par l'attente de Saint-Just et Lebas. Richard et Choudieu viennent d'arriver, nous allons la faire ensemble : je te ferai passer mes notes sur les différents États-majors.

Tu me demandes mon avis sur les ouvrages que le général Bélair a fait faire pour couvrir les points de seconde ligne ; je n'ai encore vu de lui qu'un camp retranché en avant de Léquelles, et un autre sur Bohéries. Le premier de ces ouvrages

n'est pas fait à moitié, l'autre va être achevé. L'achèvement du premier exige encore deux mois et demi ou trois mois. En faisant continuer les lignes, ce serait une dépense de 100,000 francs encore ; mais si l'on veut se contenter de faire les redoutes cela ne demandera pas à beaucoup près autant de temps ni de dépense, je tiens fort à ce dernier parti. . . . .
. . . .
Salut fraternel.
PICHEGRU.

Richard et Choudieu m'ont transmis l'arrêté du Comité de Salut public, relatif à une prochaine expédition sur Ypres. Je vais m'occuper dans ma tournée des moyens de sa prompte exécution. . . . .
. . . .

12

Pichegru, général en chef de l'armée du Nord, au ministre de la Guerre Bouchotte.

Réunion-sur-Oise, le 9 ventôse an II (27 février 1794).

Je te préviens, citoyen ministre, que je pars aujourd'hui (1) avec les représentants du peuple, Richard et Choudieu (2), pour faire une tournée des places frontières. Je laisse ici pour commander en mon absence le général Colaud, qui te rendra les comptes journaliers. Je t'écrirai de mon côté.

Il n'y a rien de nouveau aujourd'hui.
Salut et fraternité.
PICHEGRU.

---

(1) *Ordre de l'armée du 9-10 ventôse.* « Le général en chef va « partir pour faire une tournée de quelques jours ; le général de « division Colaud commandera en son absence. »

Voir la lettre que Colaud écrit (de Réunion-sur-Oise, le 10 ventôse, 28 février), au général Souham, commandant à Lille :

« J'ai reçu ta lettre, citoyen général, en date du 7 ventôse. Je te préviens que le général est parti hier pour faire sa visite des avant-postes et places frontières et qu'il passera sous peu de jours à ton quartier général.

P. S. — J'ai rendu compte au ministre des succès remportés par les Français que tu m'as annoncés dans cette lettre. . . »

(2) Lettre de Richard et Choudieu annonçant au Comité qu'ils vont partir pour visiter la ligne. (Aulard, tome XI, page 391.)

13

Le général Colaud, commandant en l'absence du général en chef, au ministre de la Guerre.

Réunion-sur-Oise, le 15 ventôse an II (5 mars 1794).

Les mouvements de l'ennemi, citoyen ministre, se dirigent dans la partie de Valenciennes et du Quesnoy.

Les rapports arrivés de Maubeuge m'annoncent que l'ennemi se dégarnit un peu de ce côté.

Ils ont fait filer hier de la cavalerie et de l'artillerie du côté de Bavay.

Le quartier général de Cobourg est à Valenciennes.

On aurait *grand besoin* à Maubeuge d'un bataillon de pionniers pour travailler aux fortifications de cette place et aux camps retranchés. Les ouvrages sont commencés mais il n'y a rien de fini, et il serait très nécessaire de réparer les dégradations occasionnées par la pluie.

Le général Pichegru n'est pas encore de retour de sa tournée.

Salut fraternel.

COLAUD.

14

Le général Colaud, commandant en l'absence du général en chef, au Comité du Salut public.

Réunion-sur-Oise, le 16 ventôse an II (6 mars 1794).

Citoyens représentants,

J'ai été forcé de prendre 150 chevaux d'artillerie pour conduire les caissons de vivres; les chevaux de ce service sont exténués de fatigue et ont besoin de repos afin qu'ils puissent servir ensuite utilement. Il ne nous reste que 450 caissons en état sur tous les points de l'armée, ce qui peut à peine faire le service de 100,000 hommes sans déplacement. Le commissaire ordonnateur Pinton m'a fait part de cette pénurie et des lettres qu'il a écrites à cet égard au ministre depuis quatre mois.

Il est nécessaire qu'on envoie le plus promptement possible quatorze cents caissons attelés de quatre chevaux, sans quoi l'armée ne pourra faire le plus petit mouvement. Il faut deux mille caissons tant pour les vivres que pour l'ambulance. Je vous prie, citoyens représentants, de prendre ma demande en considération.

Il est parti environ 3,000 Autrichiens tant en infanterie qu'en cavalerie d'entre Sambre et Meuse. Ils se sont dirigés vers Bavay et ont été remplacés par des Hollandais et des corps d'émigrés. L'ennemi est en mouvement dans tous ses cantonnements. Leur coup de signal en cas d'attaque est de trois coups de canon. Ils rassemblent leurs forces dans la partie du Quesnoy et de Valenciennes; ils ont porté des forces dans les bois de Vicoigne ou Saint-Amand et à Bavay.

Le général Goguet a envoyé une reconnaissance près du Cateau; les chasseurs du 16ᵉ régiment se sont trop avancés; ils ont perdu 12 hommes dont 1 capitaine fait prisonnier.

Le général Souham a enlevé aux ennemis, le 10 ventôse, 20 hommes et 30 chevaux.

Nous occupons toujours les postes de Bohain, Prémont et Wassigny. Ces postes couvrent un peu mieux la partie de Saint-Quentin.

Le général Pichegru est aujourd'hui à Dune-libre. J'espère qu'il sera de retour le 20.

Salut fraternel.

COLAUD.

15

Richard, adjoint aux adjudants généraux, à Laurent, représentant du peuple près l'armée du Nord à Maubeuge.

Cerfontaine, le 17 ventôse an II (7 mars 1794).

Je t'envoie un rapport de trois déserteurs du 1ᵉʳ bataillon de Vierset dont l'État-major est à Merle-Sainte-Marie où il y a 4 compagnies, 2 pièces de 6 et les équipages, la 5ᵉ compagnie à Bousignies et la 6ᵉ à Montigny, où il y a en outre 30 chasseurs à pied de Magoni et 3 hussards de Bercheny-Émigré. Demain le bataillon doit être relevé et retourner à Pechon.

Cobourg espère attaquer avant nous et veut commencer par le blocus de Maubeuge; les troupes sont déjà choisies : 18 bataillons de troupes du pays y sont destinés, dont une partie est déjà campée en avant de nous sous la porte de Valenciennes avec le grand parc composé à peu près de 50 pièces de tout calibre. Le premier projet était de se porter sur Valenciennes; mais instruit de nos mouvements, il laisse un corps campé derrière Condé qui seul doit agir sur Valenciennes. Le bruit court que c'est le 10 qu'il doit commencer son attaque.

Par ordre du général Ransonnet, l'adjoint aux adjudants généraux.

Signé : RICHARD.

Pour copie conforme : COLAUD.

16

Le général Colaud au général Balland.

Guise, le 17 ventôse an II (7 mars 1794).

Mon cher camarade, il m'arrive en ce moment un rapport de Landrecies qui m'annonce que l'ennemi a fait filer huit pièces de canon vers Catillon. Je crois qu'il a envie de te tâter ou de te surprendre. En conséquence il faut nous tenir sur nos gardes. Tu sais qu'on ne peut pas trop se fier aux hommes de réquisition qui sont en faction. En conséquence fais doubler les sentinelles la nuit dans les postes où il sera nécessaire.

Tu ordonneras à ta cavalerie d'avoir les chevaux sellés pendant la nuit, de monter à cheval au point du jour et de se rassembler au lieu indiqué, en cas d'alarme. L'infanterie prendra les armes en même temps, les postes seront sur-le-champ doublés par les nouvelles gardes et les vieilles gardes ne rentreront que lorsqu'il fera grand jour et que la reconnaissance armée sera rentrée. Je crois que voilà tous les moyens que nous puissions prendre pour n'être pas surpris, et nous devons nous tenir sur nos gardes avec des troupes de recrues.

Salut et fraternité.

Signé : COLAUD.

17

Rapport de la partie secrète

18 ventôse an II (8 mars 1794).

La garnison du Cateau a été renforcée depuis quelques jours. Elle consiste maintenant entre 4 à 5,000 hommes dont un tiers de cavalerie.

L'ennemi, depuis avant-hier, commence à construire une forte redoute à une portée de fusil de la ville, à la droite du pavé, sur une éminence auprès du pont des Quatre-Vaux.

Il est arrivé un fort train d'artillerie le 10 ventôse à Villers-Pol, proche Valenciennes, avec un nombre considérable de caissons et de munitions.

L'ennemi a poussé, le 13 ventôse, de fortes patrouilles jusqu'à Wambaix, à une lieue et demie de Cambrai; le 15 il s'est avancé jusqu'à Carrière et Boussières avec un fort détachement de cavalerie, et le lendemain il a passé dans Fontaine-au-Pire, à une lieue de Cambrai.

L'ennemi devait faire une sortie hier 17 ventôse de grand matin. L'émissaire a été avertir le général Goguet qui a aussitôt donné des ordres en conséquence et a fait les dispositions nécessaires pour faire échouer le projet de l'ennemi.

A Solesmes il n'y a rien de nouveau, le même nombre de troupes, la même position.

Il a entendu dire, chemin faisant, que les troupes qui sont aux environs de Valenciennes devaient se porter sur le Cateau pour engager une affaire sérieuse.

Certifié conforme à l'original resté à la partie secrète.

Le chef de brigade : Nivet.

18

Le général Colaud, commandant en l'absence du général en chef, au ministre de la Guerre.

Réunion-sur-Oise, le 18 ventôse an II (8 mars 1794).

Il paraît, citoyen ministre, que l'ennemi se porte en force du côté de Cateau et surtout en cavalerie ; et nous en avons peu à lui opposer, ce qui nous empêche souvent de pousser nos reconnaissances un peu loin. Il pourrait se faire qu'il eût quelques vues sur Landrecies d'après la correspondance qu'il avait dans cette place, mais heureusement son projet est déjoué. Nous tenons une partie des traîtres (1). Le commandant temporaire et l'adjudant de la place sont arrêtés et j'ai changé trois bataillons de la garnison comme je l'ai déjà marqué.

Les fusils arrivent journellement ; mais il n'est point arrivé de giberne, nous en manquons totalement.

Le commandant de Maubeuge demande de la serge et du fer-blanc propres à l'ensabotage des boulets, ainsi que du papier à cartouches.

Salut et fraternité.

Colaud.

---

(1) Voir au chapitre « *Investissement de Landrecies* » les détails de ce complot. (Note de l'auteur.)

19

Le général Colaud, commandant en l'absence du général en en chef, au Comité de Salut public.

Réunion-sur-Oise, le 19 ventôse an II (9 mars 1794).

Citoyens représentants,

L'ennemi est toujours en mouvement dans ses cantonnements; il a même commencé à camper, ainsi que vous le verrez par les rapports que je vous envoie.

Il y a eu quelques coups de canon de tirés aujourd'hui à Landrecies, une de nos patrouilles s'étant un peu trop approchée du bois, il y a eu une fusillade et trois coups de canon qui ont été tirés par les ennemis et répétés dans toutes leurs redoutes jusqu'au Quesnoy ; c'est leur signal en cas d'attaque, d'après le dire des déserteurs.

Les six divisions réunies sous Maubeuge, Landrecies, Avesnes, et la partie de Bohain, ou division intermédiaire, seront complétées le 21 en fusils pour les hommes présents aux drapeaux, près de la moitié sont sans gibernes et il manque un tiers des baïonnettes. Il manque aussi des carabines pour les troupes légères, des sabres et des pistolets.

Salut et fraternité.

COLAUD [1].

20

Le général Colaud au général Fromentin.

Le 19 ventôse an II (9 mars 1794).

. . . .

Je te préviens que l'ennemi est déjà campé en avant de Maubeuge, il serait très possible qu'il vienne en force forcer le poste de Maroilles et tomber sur Avesnes ; il intercepterait par là toute la communication avec Maubeuge, prends tes mesures en conséquence, préviens-en le commandant de la place et fais la demande de tout ce qui peut être nécessaire.

Signé : COLAUD.

---

(1) Les mêmes renseignements sont envoyés par Colaud à Bouchotte. (Note de l'auteur.)

21

Le général Colaud au général en chef Pichegru.

Le 19 ventôse an II (9 mars 1794).

Je te rends compte, citoyen général, que Favereau n'est point arrivé et c'est bien mal de sa part de compromettre ainsi les intérêts de la République. Comment de trois généraux de division qu'il doit y avoir à Maubeuge, on ne peut en avoir un seul, le représentant Laurent m'a écrit à ce sujet et n'est pas trop content, il a raison.

Tu es sûrement instruit que l'ennemi est déjà campé sur plusieurs points et que ses cantonnements sont en mouvement. Dis-moi si tu veux faire filer des tentes sur quelque point. Ta présence serait bien nécessaire ici pour différents objets que je ne puis décider (1), d'ailleurs ma tête n'est pas assez forte pour un fardeau aussi lourd et les moyens me manquent.

Je t'envoie ci-joint un rapport essentiel des mouvements de l'ennemi. Le général Fromentin a fait faire un fourrage, il a perdu 32 chevaux et 16 voitures de fourrage, les paysans de plusieurs villages se sont rassemblés et ont tombé sur le convoi.

Les fusils et les souliers commencent d'arriver, mais il n'arrive point de gibernes. Dis-moi, je te prie, le jour que tu arriveras.

Salut et fraternité.

22

Pichegru, général en chef, au ministre de la Guerre.

Réunion-sur-Oise, le 21 ventôse an II (11 mars 1794).

Je suis rentré hier soir de ma tournée, citoyen ministre; quoiqu'elle n'ait pas été de longue durée, j'ai pourtant vu assez en détail, et je suis, ainsi que les représentants du peuple, assez satisfait de tout ce que nous avons vu; la mauvaise composition du 17ᵉ régiment de chasseurs avait surtout fixé mon attention et et j'étais bien décidé à demander son licenciement; j'ai trouvé ici l'arrêté du Comité de Salut public qui m'autorise à l'épurer ou à le licencier. Je penche fort pour ce dernier parti et je viens de le proposer aux représentants Vidalin et Bolet. S'ils sont de mon avis, nous prendrons de suite et de concert les mesures

---

(1) Pichegru rentra en effet le lendemain. (Note de l'auteur.)

d'exécution. J'ai donné également la lettre de suspension du général Gigaux. Je viens de l'adresser au général Carbuc en le chargeant de la lui remettre lorsqu'il aura pourvu à son remplacement dans la place de Bergues. Je t'ai déjà informé que les réprésentants du peuple n'ont pas jugé le citoyen Riboty capable de continuer les fonctions de commandant amovible dans cette place. Je crois qu'ils vont l'y faire remplacer.

Tu m'as fait grand plaisir en m'annonçant la prochaine arrivée des deux régiments de carabiniers et du 3e des hussards. Je désirerais bien qu'ils pussent arriver assez tôt pour porter les premiers coups, car la division sous Lille a surtout besoin de cavalerie.

Je t'avais demandé quelques généraux et je t'avais proposé pour généraux de brigade les citoyens *Poncet*, adjudant-major de la place de Maubeuge, et *Salme*, chef de brigade du 3e régiment d'infanterie qui est à l'armée du Rhin. Je te renouvelle cette proposition.

L'ennemi continue à faire des mouvements et des rassemblements. Je vais en commencer de mon côté et faire camper quelques troupes. L'expédition sur Ypres ne peut être aussi accélérée que je l'aurais désiré. Le défaut d'armes a dû la faire retarder. D'ailleurs cette place est en ce moment dans un état respectable et qui exige des mesures. On la dit en état de soutenir un siège.

Il existe environ 1,500 fusils dans les magasins de Saint-Omer. Dupin a écrit au Directeur de l'artillerie de les tenir sous sa surveillance jusqu'à nouvel ordre. Je te demande celui de les faire détenir aux troupes.

Salut et fraternité.
PICHEGRU.

23

Pichegru général en chef, à Carnot représentant du peuple, membre du Comité de Salut public.

Réunion-sur-Oise, le 21 ventôse an II (11 mars 1794).

La lettre du 11, citoyen représentant, m'est parvenue à Dunelibre, avec copie de l'arrêté du Comité de Salut public qui accorde à l'armée 14,000 fusils de plus que ce qui lui était destiné. Cette augmentation nous fera grand bien. Il en arrive tous les jours que je fais distribuer sur-le-champ ainsi que des souliers; je suis bien décidé à réprimer fortement les abus et dilapidations qui pourraient se commettre sur tous les objets d'équipement et d'armement. J'y surveillerai et je tiendrai la main à ce que les premiers qui s'en rendraient coupables soient punis si sévèrement que cela ôte toute tentation à ceux qui voudraient les imiter.

Je suis loin d'avoir, comme tu me le mandes 24 à 25,000 hommes de cavalerie. Il n'y en a dans les places et dehors que 14,500 effectifs ; il en faudrait sans exagération 30,000 à l'armée. Tu vois qu'il me reste encore quelques acomptes à recevoir. Celui qui vient de m'être annoncé, des carabiniers et du 3ᵉ Régiment de hussards, me fait grand plaisir. Je t'en remercie. Je suis bien décidé à réunir les différents corps de troupes et surtout de cavalerie qui sont disséminés. Déjà j'en ai rassemblé plusieurs. Je suis bien déterminé aussi à ne laisser dans les garnisons que le plus petit nombre d'hommes possible, malgré toutes les criailleries auxquelles cela pourrait donner lieu.

Je m'occupe des dispositions pour l'expédition d'Ypres. Elle eût été de toute impossibilité jusqu'à ce moment. L'artillerie des bataillons n'aurait pas même pu faire un pas.

J'y mettrai toute la célérité possible, connaissant parfaitement tout l'avantage qu'il y a, surtout pour nous, à prévenir les attaques. Salut et fraternité.

Pichegru.

24

Le ministre de la Guerre aux représentants du peuple, membres du Comité de Salut Public.

Paris, le 23 ventôse an II (13 mars 1794).

Je joins ici copie des dernières dépêches reçues des armées.

Au nord l'ennemi paraît se renforcer dans la trouée à côté de Landrecy jusqu'auprès de Bohain. La garnison a été changée et l'arrestation des traîtres a dû déjouer le complot.

L'ennemi fait courir le bruit qu'il va commencer son attaque ; il veut, dit-on, commencer par le siège de Maubeuge et son grand parc est à Valenciennes.

Aux Ardennes les fourrages se font toujours avec avantage de notre part et les Autrichiens se font battre toutes les fois qu'ils veulent nous troubler. . . . .

Le 3ᵉ bataillon des Ardennes est en marche de l'armée du Nord pour Caen. Il en faudrait encore quelques autres le long de la côte. . . . .

Salut et fraternité.
Bouchotte.

25

Marescot, chef de bataillon du génie, à Mazurier, adjoint au ministre de la Guerre.

Réunion-sur-Oise, le 29 ventôse an II (19 mars 1794).

Citoyen,

Les craintes du général Desjardin ne s'étant pas réalisées, je suis parti de Maubeuge aussitôt et je me suis rendu à Réunion-sur-Oise pour y exécuter l'ordre que tu m'as donné qui consiste dans un rapport sur les travaux et fortifications exécutés et projetés ici par le général Bélair.

Assurément, citoyen, tu as été trompé sur l'espèce de ces travaux. Tu t'es sans doute imaginé qu'ils n'avaient pour objet que la défense particulière de la ville de Réunion-sur-Oise. Considérés ainsi, ces travaux pouvaient être soumis à l'opinion d'un officier particulier du génie... Mais il n'en est pas ainsi : il s'agit de l'établissement déjà commencé d'un vaste camp retranché destiné à recevoir dans son enceinte une grande armée et dont l'assiette se trouve par conséquent liée au système général de défense de la frontière du Nord. Tu sens dès lors qu'une aussi grande mesure ne peut être soumise qu'à la décision du général en chef. Lui seul connaît le plan des opérations pour la campagne qui va s'ouvrir; lui seul est en état de juger si les projets du général Bélair favorisent ou contrarient les siens. Il est donc indispensable de le laisser prononcer sur un (système de) défense générale dont lui seul (est responsable) (1).

Cependant, pour te prouver ma bonne volonté, et afin que la course que je viens de faire ne soit pas tout à fait perdue, je vais te donner une idée des travaux dont il s'agit.

Ils s'étendent sur les deux rives de la rivière d'Oise. Ceux de la droite sont les plus importants. C'est proprement le camp retranché qui fait l'objet de cette lettre.

Le front de ce camp est en avant de la ville de Réunion à la distance moyenne de 1,800 où 2,000 toises de cette place et occupe un développement de 3,500 à 4,000 toises. La droite est appuyée à l'Oise au village de Villers, la gauche va joindre le ruisseau qui passe à Tupigny et se rabat ensuite sur l'Oise. L'intention de l'auteur a été de défendre le passage de la rivière d'Oise, de protéger la ville et le château de Réunion, d'éclairer

---

(1) Ligne lacérée.

les chaussées importantes qui mènent à Landrecies et à la Capelle et surtout d'offrir un asile à une armée battue.

L'opinion des militaires est à peu près fixée sur l'utilité des lignes en général. On sait que menacées partout à la fois et attaquées en force sur un ou deux points les meilleures ne résistent pas à une attaque vigoureuse. Personne n'ignore que les plus habiles généraux n'ont jamais osé attendre l'ennemi dans des lignes. Tout le monde enfin convient qu'elles ne doivent jamais être pratiquées que sur un petit développement et pour fermer quelque passage important qui ne peut être tourné. Dans les lignes qui font la matière de cette lettre, le général Bélair a bien développé tout le talent qu'on lui connaît, mais il ne les a pas préservées des reproches généraux que l'on fait aux lignes et qui sont la cause de leur défaveur.

Je crois d'ailleurs, et il est de la dernière évidence, que le passage d'une rivière ne peut jamais être défendu plus avantageusement qu'en mettant cette rivière entre soi et son ennemi. Les batteries et les retranchements que l'on eût. . . . . .(1) gauche de l'Oise. . . . .(2) général Bélair paraît avoir vus et que j'ai rapportées plus haut. La grande armée qu'il faudrait tenir dans son camp pour le garder, arrêtée dans ce point, n'empêcherait pas l'ennemi de passer l'Oise partout ailleurs et de dévaster le pays. Il est bien clair que cette armée serait employée bien plus avantageusement sur la rive gauche de la rivière où elle aurait la faculté de se mouvoir, de côtoyer continuellement l'ennemi et de se porter partout où il pourrait tenter un passage. Les travaux devaient donc être portés sur la rive gauche au lieu d'être assis sur la droite et avoir pour objet de renforcer les parties les plus accessibles de la rivière d'Oise.

Le général Bélair a établi aussi une ligne de défense sur la rive gauche de l'Oise; mais elle n'en défend le passage que sur une partie de son développement. Le reste est tracé dans un esprit tout opposé à ce que je viens de dire. Cette dernière partie de ligne est dirigée contre l'intérieur de la République, c'est-à-dire que l'auteur qui a senti que son camp n'empêchait pas l'ennemi de passer l'Oise et de le venir prendre par derrière a voulu se ménager un moyen de défense dans ce cas fâcheux. Il n'est que trop évident qu'une armée ainsi cernée, privée de toute communication avec l'intérieur de la République ne pour-

---

(1) Ligne lacérée.
(2) Ligne lacérée.

rait éviter sa destruction. Je ne pense pas qu'aucun habile général hasardât de se mettre en pareille posture.

Cette lettre, citoyen, manquerait son but si elle pouvait diminuer en rien l'idée avantageuse que le général Bélair a toujours donnée de ses talents. . . . .

Au reste j'en reviens toujours à dire que les discussions de cette nature qui intéressent la défense générale d'une frontière doivent être soumises à la décision des autorités supérieures. Le Comité de Salut public, le ministre de la Guerre, le général en chef qui seuls sont et doivent être dans le secret du plan de campagne peuvent seuls aussi prononcer sur un objet d'une aussi grande importance.

MARESCOT.

(*En marge*). Je t'envoie, mon cher Carnot, ainsi que je te l'ai promis, la copie du rapport qui m'a été demandé par le ministre sur les ouvrages de fortification exécutés et projetés en avant de Réunion-sur-Oise par le général Bélair.

MARESCOT.

26

Rapport du capitaine du génie Detroye envoyé par le général de division Liébert pour examiner les travaux construits sur la rive droite de la Sambre et désigner les points principaux où il est nécessaire d'en établir de nouveaux.

Réunion-sur-Oise, 1er germinal an II (21 mars 1794).

Lorsqu'on veut empêcher le passage d'une rivière sur une grande étendue on ne peut occuper que les points principaux : ces points sont les gués, les ponts, les emplacements favorables au jet des pontons, les hauteurs d'où on enfile un développement considérable de rivière et celles d'où on bat les débouchés des vallons. Si un ennemi savant défend la rive opposée de la rivière on doit autant qu'il est possible établir des batteries vis-à-vis les siennes parce qu'il est vraisemblable qu'il a occupé des passages faciles et importants. C'est d'après ces principes que j'ai jugé les retranchements de la rive droite de la Sambre et que j'ai noté les endroits où il serait nécessaire d'en élever.

Solre-sur-Sambre est un village situé presqu'au confluent de la Sambre avec un ruisseau assez considérable. L'ennemi est maître de la rive de ce ruisseau ; il est pareillement maître du village et c'est là que nous cessons d'occuper la rive droite de la Sambre. Lors du blocus de Maubeuge la rivière a été passée sur un pont qui est dans ce village. L'ennemi peut y arriver à la faveur d'un grand vallon bien couvert et il y attache beaucoup d'importance puisqu'il a établi quatre redoutes sur quatre hauteurs voisines.

Aucun ouvrage n'a été fait à ce point. On peut en établir un qui battrait d'écharpe le pont, qui verrait le principal débouché du village et qui aurait une retraite assurée dans le bois. . . . .

Erquelines, village sur la rive gauche de la Sambre et occupé par l'ennemi est situé à la gorge d'un vallon... Vis-à-vis ce village, dans un petit bois à gauche on a construit une petite batterie circulaire. Je crois qu'il faut en construire une semblable à droite dans ce petit bois pour croiser ses feux avec la première sur le débouché du vallon.

Entre Erquelines et une ferme vis-à-vis Jeumont est un grand chemin bordé d'arbres; à gauche du petit bois dont je viens de parler on a élevé un redan d'où on enfile assez bien le chemin.

Devant Jeumont, village situé sur la rive droite de la Sambre, est un gué, un pont dont l'ennemi s'est déjà servi et un chemin qui conduit à une petite ferme vis-à-vis.

Le cimetière de ce village et une terrasse au pied du cimetière offrent une position d'où on enfile le pont, le gué, le chemin et d'où on pulvérise la ferme.

La Fendrie est une usine située sur la rive gauche de la Sambre, à l'entrée d'un vallon, à la faveur duquel l'ennemi peut, sans être vu, s'avancer jusqu'au bord de la rivière. Vis-à-vis ce vallon en est un de notre côté, en sorte qu'il est impossible d'enfiler le premier.

A droite de Marpent on a établi une batterie qui porte ses feux sur la Fendrie. J'en propose une à gauche de Jeumont qui croiserait les siens sur le même point. . . . .

Marpent est un village situé sur la rive droite de la Sambre. A droite et à gauche de ce village sont des épaulements uniquement propres à couvrir des pièces de bataillon.

Rocq est un village situé de même sur la rive droite de la Sambre, dans un ravin qui s'étend jusques au bord de la rivière. A droite de ce village, sur une hauteur, est un château qu'on nomme château de Marpent. Ce poste est important. On peut, dans la charmille du château élever un petit ouvrage, dont le saillant doit être placé dans une buvette et dont les branches alors enfileront directement, tant à droite qu'à gauche, plus de 500 toises de la rivière.

A gauche de Rocq et un peu en arrière est un redan dont la face droite est très mal dirigée quoiqu'elle eût pu l'être de manière à écharper une étendue considérable de rivière.

Boussois est un village situé sur une éminence de la rive

gauche de la Sambre et par conséquent occupé par l'ennemi qui, à ce qu'on assure, y a élevé des batteries masquées. Vis-à-vis la droite de ce village, sur un escarpement hérissé de broussailles et au pied duquel passe la rivière, il existe une batterie à peu près circulaire, fort spacieuse et armée de sept ou huit embrasures. Cette batterie est assez bien placée et enfile deux branches de la rivière. Depuis cette batterie jusqu'à la droite du village de Rocq on a conduit une espèce de chemin couvert qui n'est point flanqué, où l'on est à découvert et enfilé à peu près dans toute l'étendue et qui ne porte que des feux directs sur la Sambre. On peut cependant en tirer parti. J'ai oublié de dire qu'à la gauche de Rocq on a élevé un assez mauvais épaulement qui, porté un peu vers la gauche eût été plus utile. A l'entrée gauche de Réquignies, village de la rive droite de la Sambre, est une place où l'ennemi a jeté des pontons, passé la rivière et pratiqué un chemin qui existe encore. On peut, à côté de l'une des premières maisons à gauche, établir une batterie qui enfilerait la rivière sur une assez grande étendue.

Le bois des Bons-Pères, qu'on appelle, je crois, le bois des Rousies, est situé sur la rive droite de la Sambre entre ce village et celui de Réquignies. Il occupe le sommet d'une hauteur et descend sur son revers jusqu'à une centaine de toises de la Sambre. Il serait peut-être utile de faire des abatis dans la partie qui avoisine la rivière.

A droite de ce bois, à côté d'une petite baraque, est une position excellente. On peut, en y établissant une redoute.... 1° battre directement le rentrant; 2° enfiler deux ou trois cent toises à droite et à gauche. Il existe presque dans cet endroit même une petite batterie qui est bien loin de réunir les avantages dont je viens de parler. Dans le bois des Bons-Pères, presque immédiatement avant son issue, à gauche on peut établir une batterie masquée qui remplirait une partie de l'objet de celle que j'ai proposée.

Le village d'Assevent est situé sur la rive gauche de la Sambre et est côtoyé par la rivière qui est guéable devant le moulin. On ne peut enfiler le gué; mais il est possible d'établir vis-à-vis une petite redoute qui le battra directement et qui servira aussi à contrebattre une batterie masquée qui, dit-on, existe à droite d'Assevent. Il existe déjà un épaulement à l'emplacement dont je parle.

Sur une éminence un peu en avant du camp retranché est une assez bonne batterie, et d'ailleurs toute la partie de la rivière jusqu'à ce point est suffisamment défendue, soit par le camp retranché, soit par la place de Maubeuge.

Il s'en faut de beaucoup qu'il soit aussi facile de défendre la rive droite de la Sambre depuis Maubeuge jusqu'à Landrecies, qu'il l'a été de le faire depuis Solre jusqu'à Maubeuge. Les commandements sont du côté de l'ennemi et la rivière flotte au pied de ses retranchements; tandis que presque dans toute l'étendue les nôtres ne peuvent être placés que très loin de ses bords. En général nous ne pouvons employer à notre défense que des feux directs et cependant celle de l'ennemi est beaucoup plus respectable au-dessus qu'au-dessous de Maubeuge.

L'inondation formée par les écluses de cette place, inondation qu'il ne nous paraît pas possible de saigner, vu sa position resserrée entre des montagnes, ni d'empêcher, puisque les batardeaux qui la soutiennent ne peuvent être vus, cette inondation, dis-je, remonte jusqu'au-dessus de Boussière; et si les eaux devenaient moins grandes par l'effet d'une sécheresse, on les relèverait au niveau actuel en ajoutant aux écluses les poutrelles qui dans ce moment-ci ne sont pas posées.

Le village de Louvroil, situé sur la rive droite de la Sambre, est au débouché d'un ravin considérable. L'ennemi bat ce débouché par une redoute qu'il a placée vis-à-vis.

A droite de Boussière, village situé sur la rive gauche de la Sambre, occupé par l'ennemi, sont trois redoutes qui croisent leur feux sur le vallon de Saint-Remy-mal-Bâti. A gauche du même village sont également trois redoutes ennemies. On a dirigé de notre côté les feux de trois redoutes, sur ces six redoutes ennemies et sur la partie de la rivière qui passe devant Boussière. . . . .

Vis-à-vis Pontigny est un moulin à vent sur une hauteur de la rive gauche de la Sambre. L'ennemi a établi une redoute à droite de ce moulin et deux à sa gauche. Autant qu'il m'a été possible d'observer au milieu du mauvais temps dont j'ai été deux fois assailli dans cet endroit, on trouvera devant Pontigny des emplacements propres à combattre les batteries ennemies, et même les ouvrages déjà commencés m'ont paru propres à défendre la rivière dans cette partie.

Pont-sur-Sambre paraît fortement retranché par l'ennemi.

A Berlaimont il a établi à droite et à gauche deux redoutes et à la tête du pont il a élevé un retranchement bien palissadé. La rivière, qui vraisemblablement est guéable près ce pont, est fraisée avec des forts pieux. De plus Pont-sur-Sambre et Berlaimont sont de gros endroits qui peuvent aisément servir d'entrepôts et ce dernier est le débouché de plusieurs grandes routes. Ajoutez enfin à ces considérations que l'ennemi a déjà passé la Sambre à ce dernier point, qu'il doit y passer, soit qu'il veuille attaquer

Maubeuge, Avesnes ou Landrecies, et qu'il trouve immédiatement après son passage une plaine très belle pour s'y développer.

Ces observations m'ont fait penser qu'il fallait occuper ce point d'une manière respectable. J'ai proposé d'y asseoir un camp, et le général Montaigu, qui en a parlé au général en chef, m'a appris que tel était le projet de celui-ci. Ce camp fera les fonctions d'une place intermédiaire qui couvrira la trouée de Landrecies à Maubeuge; et un officier très distingué de mon corps a démontré qu'il nous faudrait entre ces deux places, sur la Sambre, un point qui fût fortifié. Il a même indiqué Pont-sur-Sambre.

Entre Aulnois et Le Val est une ferme dite ferme de Mécrimont, dans laquelle nous avons un poste de cavalerie; à gauche de cette ferme et à droite de Le Val sont deux belles positions pour des redoutes sur un plateau qui descend presque jusques à la rivière.

A gauche de Le Val est encore un emplacement favorable pour une batterie. Ces trois positions étant occupées, Le Val, dont les avenues sont déjà retranchées et qui peut l'être dans tout son pourtour à l'aide des haies, sera au fond d'un rentrant dont l'attaque serait prise des revers.

Depuis Le Val à Noyelle est un chemin creux dont on pourra se servir avantageusement pour communiquer à deux batteries. L'une doit être placée à gauche de Le Val, en avant de La Haie d'Avesnes; la position de l'autre est en avant d'un moulin à vent aux côtés duquel sont déjà deux épaulements.

A gauche de Maroilles, sur la petite Helpe, est un moulin à eau. Le général Montaigu a fait commencer à ce moulin une ligne de trois pieds d'épaisseur au sommet; cette ligne, qui suit la sinuosité d'un fossé plein d'eau et des haies vives, se prolongera jusques à la droite de Noyelle, qu'elle doit envelopper. En arrière de cette ligne, entre Noyelle et Maroilles, à gauche de Reneau-Folie et près la maison Bois-le-Brun, sont deux batteries qui ne sont pas entièrement achevées. Plusieurs autres batteries sont élevées devant Maroilles. . . . .

Depuis Maroilles jusqu'à Landrecies il n'y a qu'un seul plateau que nous puissions occuper avec quelque avantage, celui près la Cense de Catillon; et il est encore plus difficile, entre ces deux places, d'empêcher par des retranchements le passage de la Sambre, que depuis Noyelle jusqu'à Maroilles. Cette rivière côtoie la forêt de Mormal et on ne peut en approcher :

1° Parce qu'entre elle et nous est une prairie fort large et fort humide.

2° Parce que l'ennemi a établi une redoute à gauche de chaque cense, et deux, l'une à droite, l'autre à gauche de chaque village ou hameau, redoutes qui sont au nombre de onze sur l'étendue du terrain occupé par la seule brigade de Montaigu et qui sont liées entre elles soit par des lignes, soit par des abatis ou palissades.

Je crois donc que, si la prairie se desséchait, et que l'ennemi fût tenté de passer la Sambre entre Noyelle et Landrecies, ce ne serait qu'avec des hommes et non avec des ouvrages qu'on l'en empêcherait, et que ceux qu'on peut construire dans ce moment-ci serviraient non pas à l'empêcher de passer, mais à arrêter sa marche après le passage, ce qui ne les rendrait toujours point inutiles.

Telles sont les observations que j'ai pu recueillir dans la reconnaissance que le général de division chef de l'État-major de l'armée du Nord m'a ordonné de faire. Depuis Landrecies jusqu'à Aulnois, j'ai été accompagné par le capitaine Duclos, ingénieur en chef à Avesnes; depuis Aulnois jusqu'à Solre, je l'ai été par Leblanc, aussi capitaine du génie employé à Maubeuge. Tout ce que j'ai consigné dans ce rapport, je l'ai soumis au jugement de l'un ou l'autre de ces officiers, ainsi qu'à celui des généraux que j'ai été à portée de m'associer. Je prie néanmoins le général de ne regarder ce rapport que comme un recueil de notes propres à donner quelques renseignements aux agents militaires qui seront chargés de la conservation de la Sambre et non comme un système de défense suffisant pour cette partie de la frontière.

DETROYE.

27

Le général de division Fromentin au général de brigade Duhesme, commandant à Beugnies.

Avesnes, le 8 germinal an II (28 mars 1794).

Le général en chef vient de me donner l'ordre d'attaquer demain Ors et Catillon et de m'en emparer. C'est la brigade du général Soland à qui j'ai donné l'ordre de l'attaque.

Comme l'ennemi pourrait quelquefois faire des mouvements de ton côté, je t'invite à faire faire de fortes découvertes et à ne pas permettre à qui que ce soit de s'écarter de son cantonnement afin d'être toujours en état de leur faire prendre les armes.

Salut et fraternité.

Signé : FROMENTIN.

28

Mémoires militaires du général Duhesme sur la campagne de l'armée du Nord du 1er frimaire an II au 14 brumaire an III (21 novembre 1793 au 4 novembre 1794).

. . . .

Le disponible de l'armée du Nord, après le déblocus de Maubeuge, avait tenté un mouvement sur l'aile gauche des Autrichiens en cherchant à passer la Sambre vers Thuin, mais il fut arrêté entre Beaumont et cette première ville par la difficulté des chemins, le manque de charrois et de pain (obstacles trop ordinaires aux grands mouvements). L'armée venait donc de prendre des cantonnements d'hiver.

Voici une idée de la position de la droite de cette armée vis-à-vis l'ennemi.

Dispositions générales de l'armée. — La Sambre séparait les avant-postes des deux armées depuis Catillon-sur-Sambre, deux lieues au-dessus de Landrecies, jusqu'à Jeumont, deux lieues au-dessous de Maubeuge. Ces deux villes étaient occupées par les Français; mais cette dernière, sur la rive gauche de la Sambre, était cernée de trois côtés par le fameux camp de Grisivel.

De Jeumont à Solre-le-Château, les avant-postes français formaient une potence et la hanche d'un angle saillant opposée à celle d'un angle rentrant, mais plus obtus, que figuraient les Autrichiens en déclinant cette rivière du village de Solre-sur-Sambre à Beaumont.

De Catillon à Cambray nos avant-postes formaient une petite courbe parce que les Autrichiens occupaient Cateau-Cambrésis.

. . . .

Brigade du général Duhesme et sa disposition (1). — 12e régiment de chasseurs à cheval cantonné à Beugnies (un escadron détaché à Sars-Potteries et un autre à Felleries); 22e de cavalerie cantonné à Dimechaux, Ossies, fort d'environ 400 chevaux; 6e bataillon de chasseurs francs (depuis 32e demi-brigade légère), cantonné à Lez-Fontaine; 56e régiment d'infanterie cantonné à Dimont;

---

(1) Le général Duhesme vient de dire que sa brigade faisait partie de la division du général Fromentin, appelée les *Flanqueurs de droite*. Il a donné la répartition générale des troupes de cette division, qui est reproduite pages 151 et 152.

5ᵉ bataillon des Vosges cantonné à Sars-Potteries; 2ᵉ bataillon de la Vienne et 6ᵉ bataillon de Seine-et-Oise, cantonnés à Felleries.

Ces bataillons étaient forts d'environ 4 à 500 hommes. Le premier soin du général fut de reconnaître le terrain, de rectifier les postes avancés qui étaient défectueux en ce que, chaque cantonnement se gardant isolément, il n'y avait aucune liaison entre leurs grand'gardes.

Il en forma donc une ligne qui, prenant par la droite au sommet du bois dit La Haye d'Avesnes, vers la croisée des chemins de Felleries et de Lessy, passait un peu en arrière de Lépine-Arnaud et Solre-le-Château; de là sur la hauteur qui domine ce bourg à sa gauche près du moulin Rumont longeait le ruisseau jusqu'à l'angle qu'il forme avec un autre ruisseau vis-à-vis le village de Solrine que la cavalerie de Dimechaux éclairait souvent avant qu'on ne l'eût occupé.

On n'avait pas voulu garder Solre-le-Château parce qu'étant dominé de toute part, il passait pour un mauvais poste : on avait seulement sur la place 5 chasseurs à cheval qui fournissaient une vedette perdue sur la hauteur au delà de ce bourg, afin de découvrir et avertir à temps. Du reste, cette ligne couvrait parfaitement les cantonnements et se liait avec ceux de Choisy, Olrechies, Aibes et Quivelon occupés par les troupes d'une division de Maubeuge commandée alors par le général Maisonneuve, dont le quartier général était à Cerfontaine.

Une patrouille de 50 chasseurs à cheval du 12ᵉ régiment se portait tous les matins en découverte et allait éclairer jusques au delà de Baurieux et Clairfaye, villages français sur la hauteur qui regarde Xury, village autrichien.

Le général avait irrégularisé cette découverte du matin pour l'heure, le nombre et ses battues; elle était même répétée quelquefois le soir : c'était le moyen de déjouer les surprises d'un ennemi attentif, bien servi, calculant notre service et nos fautes pour en profiter.

. . . .

Le 9 germinal il y eut une forte découverte de division faite par les ordres du général divisionnaire Fromentin, qui faisait attaquer Ors et Castillon par le général Soland. Nos tirailleurs à cheval engageaient avec ceux des ennemis un petit combat dont nous eûmes l'avantage ; mais le général Soland, après un léger succès, fut vigoureusement repoussé par l'ennemi qui avait des hulans dans cette partie; il perdit deux pièces de canons et beaucoup d'hommes prisonniers.

Le général Duhesme reçut enfin l'ordre de porter ses cantonnements en avant : ce changement qu'il sollicitait depuis longtemps devenait pressant pour le bien-être des troupes qui, augmentées de plus de moitié par la première réquisition, étaient trop gênées dans les mêmes cantonnements.

On avait jusqu'alors regardé Solre-le-Château comme un mauvais poste, mais le général Duhesme y établit son quartier général, le flanqua de deux redoutes, et faisant occuper Baurieux et Clairfaye, porta sa ligne d'avant-postes vis-à-vis Xury, afin de les lier avec ceux du cantonnement d'Estrun qui fut occupé par la division du général Desjardin qui avait succédé au général Maisonneuve.

. . . .

29

Rapport de la journée du 9 germinal an II (29 mars 1794). Brigade Soland . . . .
. . . .

A peine l'ennemi eut tiré quelques coups de fusil sur la redoute que les recrues de ce bataillon (10ᵉ bataillon de Paris), qui en font la majeure partie, ont déchargé leurs armes même sur les Français qui étaient dedans et ont pris la fuite en jetant leurs havresacs pour courir plus vite. Les dragons et hussards en ont fait autant et les deux pièces d'artillerie du 10ᵉ bataillon ont culbuté dans un ravin d'où nous les aurions retirées facilement ainsi que la pièce de 12, si nous eussions pu rallier cette nouvelle infanterie et si la cavalerie qui ne s'est ralliée qu'avec peine n'eût pas eu un défilé dangereux flanqué par deux pièces d'artillerie.

La cavalerie s'est portée sur le bord du ravin, mais n'étant pas secondé par l'infanterie, le général a cru devoir faire sa retraite par échelons pour ne pas la laisser exposée sans succès au feu de l'infanterie et de l'artillerie. La retraite s'est faite au pas et nous n'avons perdu qu'un cheval de hussard tué d'un boulet de canon. Le régiment de hussards est resté en bataille jusqu'à nuit close, et a bivouaqué le reste entre la Groise et Catillon; le 10ᵉ bataillon de Paris a bivouaqué dans Catillon même et s'y est gardé militairement. Je dois rendre justice aux officiers et sous-officiers de ce bataillon ainsi qu'à la compagnie de canonniers et aux anciens qui ont fait tous leurs efforts pour arrêter les fuyards, qui au nombre de deux cents demandent à réparer la déroute de leurs recrues qui ont déshonoré le bataillon. Ces gens de Saint-Quentin m'ont toujours paru de la plus mauvaise volonté. Plus de trente se sont sauvés jusqu'au Grand-Fayt où ils ont reçu les embrassements de leurs pères et mères qui sont sans doute venus les féliciter sur leur bonne conduite. J'ai adonné d'arrêter cette séquelle et la faire conduire dans les prisons d'Avesnes. L'ennemi a repris poste à Ors d'où nous l'avions chassé et y est établi comme ci-devant (1).

. . . .

SOLAND.

30

Pichegru, général en chef de l'armée du Nord au ministre de la Guerre Bouchotte (2).

Réunion-sur-Oise, le 9 germinal an II (29 mars 1794).

La tentative que nous avons faite aujourd'hui, citoyen ministre, sur les points de Solesmes et du Cateau, tendante à rétablir la communication de Cambrai à Landrecies, n'a pas eu tout le succès que j'avais droit d'en attendre. Au moment où j'allais faire charger sur les redoutes multipliées que l'ennemi a établies sur ces points, la défection du 10e bataillon de Paris, qui a abandonné ses canons ainsi que deux pièces de position, a forcé la brigade de droite à se retirer et m'a déterminé à me borner aux postes de Catillon et d'Ors que nous occupons actuellement. On m'a observé que ce bataillon avait beaucoup de recrues, que les anciens et les officiers avaient vainement cherché à contenir et à rallier.

Le 3e régiment de dragons a partagé cette défection en se retirant précipitamment devant une poignée de uhlans et de hussards autrichiens. Je prendrai des informations à cet égard. L'affaire s'est bornée en quelque sorte à une fausse attaque. Nous avons

---

(1) Le début de ce rapport a été utilisé pour la relation du combat du 9 germinal (voir pages 175 et 176).

Ce rapport est cité par Paul Marmottan dans son ouvrage *Le général Fromentin et l'armée du Nord*, pages 200 et suivantes.

(2) Même lettre du même au Comité de Salut public depuis le début jusqu'aux mots : « vieilles troupes »…. A ajouter :

« Je joins ici des papiers étrangers que le général Moreau m'a fait passer.

PICHEGRU.

« Les Représentants Choudieu et Richard, qui sont restés toute la journée sur le terrain et ont animé les troupes par leur présence sous le canon de l'ennemi, vous rendront compte de leur côté. »

eu environ dix-huit hommes tués et quelques-uns de blessés. La perte de l'ennemi a dû être supérieure. Nous leur avons fait une vingtaine de prisonniers et pris autant de chevaux. J'ai été satisfait de la bonne contenance des jeunes gens de la première réquisition dans tous les autres corps; il s'est fait sous le canon de l'ennemi des marches et des déplacements avec tout le calme et l'assurance que peuvent y mettre de vieilles troupes.

J'ai envoyé le général Colaud à Châlons tant pour faire marcher ce qui se trouve prêt dans les dépôts de troupes à cheval que pour satisfaire à la demande qu'il m'avait faite de pouvoir travailler à son rétablissement. Je m'occuperai d'une proclamation pour détruire l'idée qui se manifeste en effet parmi quelques troupes de s'abandonner au pillage au moment de l'entrée dans la Belgique.

Je viens d'écrire au général Charbonnié par ton courrier. Je lui demande si son rassemblement est formé et s'il sera bientôt prêt à se porter en avant.

Je surveillerai Poncet, que j'emploie en sa nouvelle qualité de général de brigade au camp retranché de Maubeuge. Cette place vient d'être déclarée en état de siège par le conseil de guerre approuvé par le représentant du peuple Laurent.

Salut et fraternité.

PICHEGRU.

P.-S. — Si j'ai eu à me plaindre des jeunes gens de la réquisition incorporés au 10e bataillon de Paris, j'en ai vu d'autres qui, par leur bravoure, m'ont fait un très grand plaisir. Un jeune dragon du 12e régiment étant en tirailleur s'est laissé entourer et s'est vu forcé de se rendre prisonnier. On lui demande son sabre, il le donne; ensuite son pistolet, il le tire des fontes, le présente à un hussard, lui brûle la cervelle et revient à son corps.

31

Les représentants du peuple Richard et Choudieu au Comité de Salut public [extraits] (1).

Réunion-sur-Oise, le 10 germinal an II (30 mars 1794).

Le général en chef avait formé le projet de s'emparer du Cateau pour rétablir la communication entre Cambrai et Landrecies. L'attaque de cette place, que l'ennemi a environnée de redoutes, devait avoir lieu hier, elle n'a pas eu lieu, et nous nous sommes

---

(1) Arch. Nation. A. F., II, 239.

bornés à enlever plusieurs postes qui nous mettent à portée de faire avec avantage une nouvelle tentative. Nous avons été obligés de renoncer à cette entreprise par la mauvaise conduite qu'ont tenue à notre droite le 10ᵉ bataillon de Paris et le 3ᵉ des dragons. A l'instant où l'attaque allait commencer, le 10ᵉ bataillon a lâchement abandonné ses canons; nous prenons des informations afin de faire punir les coupables, il ne faut pas décourager le corps par une flétrissure générale. Nous savons qu'il renferme de très braves gens, dont les efforts pour arrêter le désordre ont été vains. Il en est de même du 3ᵉ des dragons.

Nous avons vu avec la plus vive satisfaction les troupes de la république manœuvrer avec calme et précision sous le feu des redoutes ennemies, et montrer le plus grand désir de joindre l'ennemi. Bientôt, nous l'espérons, on ne distinguera pas les jeunes citoyens de la réquisition de nos plus vieux soldats.

. . . .

32

État sommaire des mouvements arrivés à l'armée du Nord pendant la première décade [de germinal].

Quartier général de Réunion-sur-Oise, le 10 germinal an II
(30 mars 1794).

La position de l'armée est la même que celle de la précédente décade.

Le 1ᵉʳ bataillon de tirailleurs parti de Cassel pour Lille; un détachement du 9ᵉ de hussards, de Bouchain pour Lille; un détachement du 20ᵉ des dragons de Saint-Omer pour Cassel; un détachement du même régiment d'Aire pour Cassel; un détachement du 3ᵉ des dragons d'Aire pour Cassel.

La plupart des troupes de la seconde ligne se sont avancées sur la première.

Les opérations de l'armée se sont bornées à quelques fourrages qui ont eu le plus grand succès. Le 9, une attaque a été tentée sur le Cateau. Les troupes républicaines se sont emparées de différents postes occupés par l'ennemi tels que Ors, Basuyau, Catillon et Saint-Benin.

Il a été donné ordre d'établir trois camps aux environs de Lille dont un à Flers, un à la droite de Commines et l'autre à Monveaux en avant de Marque. Chacun de ces camps sera fort de 7 à 8,000 hommes. Deux autres vont être tendus à droite et à gauche de Maubeuge.

Certifié véritable par moi général en chef de l'armée du Nord.

Signé : PICHEGRU.

Il résulte du tableau de l'armée du Nord au 1ᵉʳ germinal qu'elle est composée de :

201 bataillons d'infanterie.	198,552 effectifs	et	164,817 présents.
En artillerie............	18,444	—	16,818 —
En cavalerie............	22,326	—	16,730 —
Totaux.........	239,322	—	198,365 —
Officiers................	7,555	—	7,555 —
Y compris les garnisons..	246,877 effectifs	et	205,920 présents.

N.-B. — Elle reçoit ces jours-ci deux régiments de carabiniers et un régiment de hussards et elle a envoyé 14 bataillons aux Ardennes.

33

Richard et Choudieu, représentants du Peuple près l'armée du Nord, au Comité de Salut public.

Réunion-sur-Oise, le 14 germinal an II (3 avril 1794).

Nos affaires, citoyens collègues, commencent à s'arranger : les fourrages nous arrivent et l'armée s'approvisionne bien ; dès que le temps nous le permettra nous nous mettrons en campagne. Nous continuons d'avoir les plus grandes espérances. L'ardeur des troupes semble toujours aller en augmentant. Jamais campagne, de l'avis de nos anciens soldats, n'a commencé sous de plus heureux auspices.

Notre cavalerie s'augmente tous les jours. L'esprit qui règne dans les différents régiments nous promet qu'ils chargeront vigoureusement l'ennemi.

Quel que soit notre désir de commencer promptement les opérations, nous sommes forcés par une multitude de circonstances aux retards dont vous vous plaignez. L'obstacle le plus difficile à vaincre provient des mauvais chemins. Les pluies continuelles que nous essuyons ne sont pas propres à les rendre praticables. Croyez que nous attendons avec une grande impatience le moment de partir. Ne prenez nos demandes et nos plaintes que comme l'effet du désir que nous avons d'aller en avant. Nous savons bien que vous n'oubliez pas l'armée du Nord.

Nous vous engageons à ne pas concevoir des alarmes aussi vives que celles que vous nous témoignez sur le retard qu'éprouve malgré nous l'ouverture de la campagne. Ce temps n'est pas perdu par l'armée. Nos jeunes gens de 1re réquisition se façonnent aux armes et s'aguerrissent. Ils forment la moitié de l'armée et il eût peut-être été bien dangereux de les conduire précipitamment à l'ennemi. Vous pouvez en juger par ce qui vient d'arriver au 10e bataillon de Paris. Où en serions-nous si l'armée éprouvait une déroute?

Nous sentons toute l'importance de l'opération dont l'armée du Nord est chargée. Mais nos ressources ne sont pas épuisées au point d'exiger de nous des mouvements pour ainsi dire désespérés. Nous voulons être prompts avec méthode et prudence et nous croyons que le salut de la République est attaché à cette marche. Dès que les affaires seront entamées nous les poursuivrons sans repos et sans relâche. Ayez confiance dans l'armée du Nord : tout nous fait espérer qu'elle portera des coups terribles aux ennemis de la République.

Nous nous occupons du complément des 2 régiments de carabiniers. Nous nous y prendrons de manière à leur donner une nouvelle énergie.

Le 10e bataillon de Paris vient de nous faire passer l'expression de sa douleur. Les vieux soldats sont au désespoir, nous faisons punir tous les lâches et nous espérons que cet événement ne se renouvellera pas.

Nous vous saluons fraternellement.

CHOUDIEU, RICHARD.

34

Extrait du « Mémoire historique et militaire des campagnes de 1793, 1794 et commencement de 1795, dans les Pays-Bas et la Hollande, par l'armée britannique aux ordres de S.A.R. Monseigneur le duc d'York », par le colonel H.-E. d'Arnaudin (A. H. G.).

... Dès le 29 mars, le général Pichegru, qui commandait l'armée du Nord dont elle faisait partie, tenta de prévenir les alliés par une attaque dont le but principal était d'enlever le poste de Cateau-Cambrésis. Ce poste, occupé à cette époque par la réserve de l'armée impériale, incommodait beaucoup l'armée républicaine, en ce qu'il coupait la communication directe de Landrecies à Cambrai. . . . .
. . . .

Dès le grand matin du jour susdit, le général républicain fit marcher six colonnes par six côtés différents sur le point qu'il se proposait d'enlever; et en même temps un corps de troupe détaché de la garnison de Cambrai tenait en échec les avant-postes autrichiens répandus le long de la Selle aux environs de Solesmes. D'autres corps de troupes françaises en faisaient autant à l'égard des avant-postes du lieutenant-général Otto en avant de Denain, et de ceux qui étaient répartis sur la rive droite de l'Escaut à Noyelle, Avesnes-le-Sec et Villers-en-Cauchie.

L'ennemi, après avoir d'abord poussé trois colonnes, l'une par Reumont et Troisville, l'autre par Saint-Souplet et Saint-Benin, et la troisième par Wassigny et l'Arbre-de-Guise, s'était avancé ssez près du Cateau pour y jeter des obus et pour atteindre du feu des petites armes les redoutes dont cette ville était environnée; et, sur la gauche, au moyen de trois autres colonnes, il avait déjà emporté les postes d'Ors, Catillon, Basuyan et tourné Pomereul, ce qui le mettait en mesure de tourner bientôt le Cateau même par ce côté. Ces divers mouvements ayant laissé aux Autrichiens le loisir de rassembler leurs forces dispersées sur les derrières en cantonnements, ils tombèrent à leur tour avec vigueur sur tous les points d'attaque des Français, les repoussèrent et les mirent en déroute de tous côtés. Ceux qui menaçaient les avant-postes de la Selle, n'ayant pas eu plus de succès, une autre colonne républicaine qui avait marché de Cambrai à Beauvois pour profiter des événements, dut aussi se retirer; et les Autrichiens, avant la fin de la journée, se trouvèrent en possession de tous les postes qu'ils avaient d'abord été obligés d'abandonner, Ors et Catillon exceptés. Ils avaient tué une centaine d'hommes à l'ennemi et lui avaient pris quelques pièces de canon.

De leur côté, les Français restés maîtres d'Ors et de Catillon, villages situés sur la Sambre entre Landrecies et le Cateau, s'y fortifièrent, en sorte qu'à l'époque où les armées des alliés étaient rassemblées pour former une attaque générale, ils occupaient une ligne de cantonnement dont le front était couvert de redoutes et de retranchements. . . . .
. . . .

35

Extrait de la relation authentique de l'attaque faite le 29 mars 1794 par les Français vers le Cateau et de l'avantage remporté sur eux par le corps de réserve de l'armée impériale et royale.

Le général Pichegru, commandant les troupes ennemies, s'avança le 29 mars avant le point du jour avec son armée dite la division du centre, forte de 36,000 hommes, cantonnée dans les villes d'Avesnes et de Cambrai, vers notre poste du Cateau-Cambrésis à dessein de le forcer dans la matinée (ce poste l'incommodant très fort parce qu'il coupe la communication de ses forteresses) et de poursuivre ensuite ses opérations du côté de nos retranchements et de nos frontières avec la colonne qui s'était avancée de Cambrai vers le village de Beauvois. Ce ne fut qu'à minuit que les troupes ennemies reçurent l'ordre de marcher sans être pourtant instruites de l'endroit où elles devaient se rendre. L'armée ennemie marchait sur six colonnes dont la première venait sur le village d'Ors, vers l'abatis que nous avions fait au bois de l'Évêque; la seconde par Catillon à Pomereul; la troisième par Rejet de Beaulieu à Basuyau; la quatrième sur Wassigny et l'Arbre-de-Guise; la cinquième de Bohain par Saint-Souplet à Saint-Benin; enfin la sixième marcha de Prémont vers Reumont et Trois-Villes : il y avait à la tête de chaque colonne des détachements de cavalerie et deux pièces de canon, ce qui força nos avant-postes de se replier.

Le général major, baron de Kray, commandant au Cateau, informé que l'ennemi s'approchait, fit sortir les troupes qu'il avait sous ses ordres. . . . .

... L'ennemi s'étant approché si près du Cateau avec trois colonnes, qu'il pouvait jeter des obus jusque dans la ville et qu'il atteignit une redoute de son feu de canon à mitraille et même de son feu de mousqueterie, le général Kray fit avancer quelques pièces de canon et, par un feu croisé, il fit non seulement taire à plusieurs reprises l'artillerie ennemie mais il força aussi ces colonnes à la retraite; et alors il les fit attaquer entre les fonds par des petits détachements de cavalerie. . . . .

Dans cet intervalle l'aile gauche de nos avant-postes, qui sous les ordres du colonel Michailowitz, s'était portée dans un taillis qui s'étendait depuis le village de Pomereul jusqu'à Ors, n'eut pas autant de succès; car lorsque l'ennemi attaqua avec une très grande vivacité cette aile afin de gagner le flanc gauche du Cateau et la communication avec Landrecies le long de la rive gauche de la Sambre,... malgré le feu de six pièces de canon, le poste de Catillon ayant été forcé par une batterie ennemie de cinq canons, celui d'Ors ne put se soutenir et dut se replier. Aussitôt l'ennemi fit jeter un pont à Ors, où il se rassembla en forces, sortit de Catillon en plusieurs colonnes, et par une nombreuse artillerie dirigée sur les taillis de Pomereul, il fit taire notre canon qui était dans la flèche. . . . .

L'ennemi étant par conséquent maître du village d'Ors se

porta vers le flanc et presque à dos du village et de la redoute de Pomereul, ce qui mit le colonel Michailowitz dans la nécessité de retirer ses troupes de Pomereul et de la redoute. . . .

Pendant que ceci se passait, les bataillons et escadrons cantonnés en arrière pour soutenir les avant-postes étaient arrivés à leurs places d'alarme et le général major de Werneck, qui les commandait, trouvant les postes déjà occupés par l'ennemi trop importants pour ne pas tenter de les reprendre, forma sur-le-champ trois attaques contre le village et la redoute de Pomereul, fit marcher en front le bataillon colonel de Béchainville, et envoya le colonel Michailowitz à la gauche du village par le bois vers le flanc droit de l'ennemi, permettant en même temps au lieutenant-colonel Palfy, comme il s'y était offert, de tourner le village sur la droite avec un escadron de chasseurs et un demi-escadron d'uhlans. Aussi l'attaque se fit-elle de tous côtés avec tant de résolution et de vigueur que l'ennemi fut culbuté et forcé de fuir dans un très grand désordre et avec une perte bien considérable. . . . .

Le général baron de Werneck, après avoir repris le village et la redoute de Pomereul, fit placer sur les hauteurs de la redoute une batterie formidable qui chassa l'ennemi du bois et de Basuyau. En même temps le général baron de Kray attaqua ce village avec des canons et des chasseurs, et l'ennemi fut obligé de se retirer vers Catillon. Le colonel Michailowitz fut détaché vers Ors et l'ennemi en fut également délogé.

36

Extrait du « rapport du général de brigade Roulland, commandant en chef la place de Landrecies, pendant son commandement dans cette forteresse, à la Convention nationale ».

Le 12 pluviôse deuxième année de la République, le général de brigade Roulland, commandant à Cassel, reçut à minuit un ordre du général Ferrand, commandant provisoirement en chef l'armée du Nord, de se rendre à Landrecies pour y prendre le commandement de cette place.

Le 13 il partit de Cassel et n'arriva à sa nouvelle destination que le 19 du même mois, à cause des détours qu'il fut obligé de faire pour ne pas tomber au pouvoir de l'ennemi; il fut de suite à la municipalité où il fit enregistrer son ordre; il alla à la Société populaire, lui communiqua une lettre à son adresse, ayant rapport au service de la place; cette lettre lui avait été remise à son passage au quartier général de Réunion-sur-Oise.

Le lendemain 20, il se fit accompagner par les ingénieurs pour visiter la place, les remparts et l'artillerie : il remarqua que les chemins couverts étaient en mauvais état; il visita également tous les postes placés tant intérieurement qu'extérieurement; il se transporta à ceux de la Folie et Ors qui étaient fournis par la garnison de Landrecies.

Dans sa tournée en avant de la porte du Quesnoy de la basse commune de Landrecies, il reconnut plusieurs redoutes placées sur la hauteur; il vit qu'elles n'étaient point achevées, qu'on y travaillait peu, parce que les ingénieurs manquaient d'outils et de fonds; il vit que ces redoutes étaient liées à des retranchements qui aboutissaient par la droite et la gauche aux bords de la Sambre, qu'ils entouraient un trop grand espace de terrain, par la raison qu'on s'était servi des haies pour les former, qu'on avait servilement suivi leur disposition, ce qui avait rendu ces retranchements absolument défectueux et nécessitait pour leur défense une armée de 10,000 hommes au moins, qu'on n'aurait pu placer dans Landrecies si on les eût forcés de s'y retirer.

Il reconnut que l'ennemi avait des redoutes garnies de canons et des postes vis-à-vis de ceux de la République, il recommanda la plus grande surveillance aux troupes et rendit les chefs responsables de toute négligence.

Le 21 il visita de nouveau les postes de la Folie et Ors, ils étaient à la barbe de l'ennemi; il donna des ordres pour que l'on fît monter la garde à trois heures du matin et pour faire rester dans les postes la descendante jusqu'à huit heures, afin que cette masse de forces fut en état de repousser l'ennemi s'il osait tenter quelque attaque (1).

Le même jour 21, il fit part au général de division Fromentin de son arrivée à Landrecies.

Connaissant que l'ennemi était depuis plusieurs mois devant la place, craignant qu'il y eût des intelligences et se fût procuré

---

(1) [Note du rapport de Roulland]. Cet ordre ne fut pas donné sur-le-champ pour les postes en avant de la commune basse, parce que les gardes étaient fournies par les bataillons qui étaient à Landrecies et qu'il n'était pas prudent de faire ouvrir les portes pendant la nuit. Il sortait cependant de très grand matin des patrouilles de compagnies de grenadiers et des détachements de hussards, pour soutenir les postes et aller à la découverte. Quelque temps après, il fut donné ordre à des bataillons d'aller cantonner et camper en avant de la porte du Quesnoy et le même ordre fut donné pour le service.

les moyens de s'y introduire clandestinement, il ordonna au commandant temporaire de faire ôter dans le jour les planches des ponts de communication du corps de la place aux chemins couverts, de les faire placer sur les premières qui étaient restées attachées du côté du corps de la place, afin qu'au besoin on pût promptement rétablir les ponts; il ordonna au commandant amovible, chef du second bataillon de la Meuse, de faire changer les gardes des serrures des portes des poternes, de se procurer pour cela un homme de confiance pour être présent lorsque le serrurier ferait ce changement, dans la crainte qu'on ne fît des doubles clefs; l'armurier du 2e bataillon de la Meuse fut choisi; il lui fut recommandé, au nom du Salut public, de veiller exactement à ce dont il était chargé; il lui fut ordonné en même temps de faire des crochets et des anneaux pour les adapter dans les murs et les tabliers des ponts-levis de chaque porte, pour qu'au cas de siège, si les chaînes se trouvaient brisées, les ponts pussent tenir levés, le tout fut exécuté promptement.

Le 22 du même mois il écrivit aux généraux Montaigu et Soland à Marvillez et au Grand-Fayt, pour les prévenir de son arrivée et les inviter à correspondre pour tout ce qui pourrait intéresser la République.

Il s'occupa les jours suivants de la vérification des magasins de munitions de bouche et de guerre, des arsenaux, des travaux qui s'y faisaient, il employa tous les moyens qui étaient en son pouvoir pour accélérer la réparation des armes, quoiqu'il manquât de bras à cet égard; il ne perdit de vue aucun des autres objets utiles à la sûreté de la place; il s'attacha à connaître l'esprit des corps sous ses ordres, leur discipline, leur instruction, à leur procurer ce qu'ils avaient besoin en recrues, armes et effets, à demander le changement de ceux qui ne convenaient point aux postes qui leur étaient confiés, à la surveillance du service, à l'exécution stricte de ses ordres et très scrupuleusement à ce que les officiers de santé remplissent auprès de ses malheureux frères d'armes les devoirs de l'humanité, en leur procurant tous les secours que leur état exigeait.

Il lui importait trop essentiellement de connaître la troupe ennemie qui lui était opposée, sa force et son chef, même ses dispositions; ne pouvant pas lui-même se procurer des hommes sûrs et dévoués à la République dans ce genre de travail, il eut recours aux membres du Comité de surveillance, qui lui avouèrent qu'ils ne connaissaient personne en qui ils eussent assez de confiance pour cet important service; il a le regret de n'avoir pu trouver qui que ce soit, pendant tout son séjour, qui ait voulu, à quelque prix que ce soit, se charger d'une pareille commission.

Il se fit remettre par le commissaire de guerre et les directeurs ou gardes des arsenaux et magasins les états certifiés des munitions de bouche et de guerre en tout genre. Toutes ces opérations, indépendamment de la surveillance du service, de la la sûreté de la place et de sa correspondance, absorbèrent son temps.

Le 8 ventôse, faisant sa ronde de nuit, il se transporta au lieu où étaient déposées les pièces de canons et caissons des bataillons, il n'y trouva point de surveillance, quoiqu'il eût ordonné qu'il y en eût une de jour et deux de nuit, afin d'empêcher les malveillants d'en faire mauvais usage; il fit rétablir les sentinelles et menaça l'adjudant-major de la place, Schmidt, de le faire destituer s'il venait à s'écarter en aucune manière des ordres qui lui seraient donnés; il pense que c'est à la certitude de sa surveillance qu'il dut l'apport que lui fit le même Schmidt, deux jours après, le 11 ventôse après-midi, de trois lettres, deux du nommé Augier, employé dans l'administration des bois, adressées à Schmidt, la troisième, écrite en allemand, signée par un colonel ennemi commandant les avant-postes, par laquelle, sans doute pour livrer la place, on offrait 10,000 louis avec l'assurance que le commandant aurait lieu d'être content.

Cette trahison de la part d'Augier et ses complices fit que le général Roulland donna des ordres pour arrêter Schmidt et tous ceux qui étaient dans cette correspondance; ils furent interrogés par le Comité de surveillance et il envoya le même jour 11 un adjoint de son état-major au général Colaud, commandant l'armée du Nord en l'absence du général en chef Pichegru, pour lui en rendre compte, lui remettre les trois lettres et ordonner de faire arrêter Augier qui devait être à Réunion-sur-Oise, employé dans l'administration des bois.

Le représentant du peuple Goupilleau étant instruit du tout, se transporta sur-le-champ à Landrecies, avec les membres de la Commission militaire, il trouva l'affaire en très bon train et il s'en occupa avec la Commission et le Comité.

Il envoya dans le temps aux autorités civiles l'arrêté du représentant du peuple concernant l'éloignement des personnes réfugiées dans les villes frontières; il les engagea à y porter toute leur attention.

Dans le courant de ventôse, les représentants du peuple Richard et Choudieu vinrent avec le général en chef Pichegru visiter le prétendu camp retranché devant Landrecies qu'ils trouvèrent défectueux, mais ils n'arrêtèrent aucune mesure et le général Roulland, le 18 ventôse et jours suivants, s'occupa, avec le peu de mauvais outils qu'il y avait dans la place, à faire couper les haies et les arbres en avant des redoutes et retranchements; pour accélérer ce travail, il fit des réquisitions dans la commune de Landrecies et autres circonvoisines pour se procurer des outils de toutes espèces; il n'en put obtenir, parce que ces communes en avaient été épuisées par les différents travaux qui avaient été antérieurement faits dans les forêts et environs. Sur la demande qu'il fit au commissaire des guerres de Réunion-sur-Oise, des outils qui lui étaient absolument nécessaires, il reçut, le 23 ventôse, environ 300 mauvaises bêches, servant ordinairement pour le campement. Le même jour il fit commander 300 hommes pour travailler à l'achèvement du camp; mais deux jours après la majeure partie de ces bêches furent cassées et hors de service.

Le 27 ventôse il ordonna aux chefs des corps, sur leur responsabilité, de faire partir les femmes non utiles dans leur bataillon; il prescrivit aux autorités civiles d'en faire les recherches nécessaires et de mettre en arrestation toutes celles reconnues inutiles, ayant donné des ordres pour les renvoyer.

Le 28 ventôse il fit des demandes réitérées tant au ministre de la Guerre qu'au général en chef, ou à celui le remplaçant provisoirement, d'outils et de fonds pour faire le travail intérieurement et extérieurement de la place.

Il demanda avec la même instance un ingénieur ayant un peu d'expérience, ceux qui étaient à Landrecies ayant déclaré qu'ils n'en avaient point pour servir dans un siège. Il remit, le 28 ventôse, au général en chef et envoya au ministre de la Guerre les états d'approvisionnement de munitions de guerre et de bouche et leur en fit la demande d'une plus grande quantité.

Le 30 ventôse le citoyen Marescot, lieutenant-colonel du génie, vint à Landrecies par ordre du général en chef Pichegru, pour visiter la place et le camp retranché. Ils firent ensemble et avec les ingénieurs de la place la visite du camp. Le citoyen Marescot convint que les flancs en étaient trop étendus qu'on ne pouvait trop hasarder des pièces de position dans les redoutes, l'ennemi étant par sa position en état de les tourner facilement d'un instant à l'autre. Il le pria de faire resserrer de beaucoup les flancs du camp, afin qu'ils fussent enfilés par l'artillerie des bastions de la place et qu'ils pussent être garnis et défendus par environ quatre mille hommes; ne devant pas y avoir devant une petite forteresse de grands retranchements à garder, surtout mauvais, étant d'ailleurs reconnu que si la grande quantité de troupes qu'il faudrait pour les défendre était forcée de se retirer dans la place, elle nuirait plus à sa défense, qu'elle ne serait utile à son service.

Le citoyen Marescot approuva toutes ces observations, et aussitôt, aidé des ingénieurs de la place, ils arrêtèrent le nouveau tracé du camp, ces derniers promirent de mettre la plus grande célérité à faire les nouveaux plans et états estimatifs, qui durent être envoyés le 2 germinal au ministre et au général en chef. Dès lors les travaux du camp furent suspendus, dans les endroits où les changements devaient avoir lieu, parce qu'une loi défend à tous généraux ou commandants de place d'ordonner aucun ouvrage à moins de 500 toises des ouvrages extérieurs d'une place.

Antérieurement et dès cet instant, il ne cessa de faire des demandes réitérées d'ingénieur instruit et d'outils, tant au ministre de la Guerre qu'au général en chef, et à tous ceux auxquels il a cru devoir s'adresser ; mais, malheureusement, Landrecies fut cerné par les troupes ennemies, sans avoir pu obtenir d'ingénieur, et le jour même que les outils et les ouvriers devaient arriver pour travailler sur le nouveau plan du camp, d'après l'ordre du ministre et du général en chef, vers lequel il avait été envoyé deux fois l'ingénieur de la forteresse.

Le général reçut ordre, le 8 germinal, du général en chef, de tenir deux bataillons prêts à marcher au premier ordre, et lorsqu'il entendrait l'action engagée du côté d'Ors, de faire éclairer la gauche du camp par de fortes patrouilles qui, longeant la rivière du côté du village, observeraient si l'ennemi faisait quelques mouvements dans le bois de Fontaine ou la forêt l'Évêque, et s'il s'ébranlait pour se retirer lorsque les troupes de la République auraient passé la rivière à Ors ; alors, sans attendre d'autre ordre, de faire marcher les deux bataillons pour venir leur donner la main et s'attacher à la poursuite de l'ennemi, à moins qu'il n'y ait lieu de lui couper la retraite par la chaussée de Cambrai, et que c'étaient les circonstances qui devaient décider de l'une ou l'autre marche.

De grand matin le jour de l'attaque, le général disposa le plus de troupes qu'il put pour la défense du camp retranché et laissa dans la commune le 2º bataillon du Gard et le 9º du Nord sous les armes afin qu'ils fussent prêts à marcher d'un côté ou d'autre. Il envoie deux hussards au pont d'Ors pour venir à toute bride le prévenir et l'assurer que les troupes de la République en avaient forcé et passé le pont, et il demanda à la municipalité deux guides connaissant bien la forêt, pour s'en servir au besoin ; la municipalité lui accorda deux de ses membres ou du conseil général de la commune.

Dès le commencement de l'attaque, le général envoya de fortes patrouilles du côté gauche et à l'extérieur de la forêt pour observer les mouvements de l'ennemi, le tenir en échec par des fusillades et l'empêcher de se porter au secours d'Ors. Il se tint toujours au camp et aux environs ; il reconnut, par le bruit du canon et de la mousqueterie, que les troupes de la République avaient passé le pont d'Ors ; il en eut la certitude en voyant revenir de loin et à la course les deux hussards qu'il avait envoyés au pont d'Ors ; il se transporta aussitôt dans la commune où les hussards le trouvèrent et lui rendirent compte que nos troupes avaient effectivement passé la Sambre ; il fit partir de suite les deux bataillons qui y attendaient ses ordres sous les armes, il les conduisit près de la forêt et ce fut là seulement qu'il fit connaître aux chefs les ordres du général en chef il leur ordonna de s'y conformer et de se conduire dans cette opération avec toute la prudence et valeur républicaine ; enfin il leur donna pour guides les deux membres du conseil général de la commune, qui étaient armés et marchèrent à leur tête.

Ces deux bataillons passèrent dans le bois, se fusillèrent avec l'ennemi et se réunirent avec l'armée qui avait passé à Ors. Le général Fromentin leur donna ordre de rabattre dans la forêt en côtoyant du côté de Landrecies et de se rendre de cette manière sur la route du Quesnoy, ce qu'ils tentèrent d'exécuter en forçant plusieurs postes et redoutes, en rabattant sur Fontaine.

Pendant que ces deux bataillons exécutaient ces mouvements, le général Soland envoya au général un billet par lequel il lui marquait : « Vive la République et le pas de charge, je vais forcer le bois l'Évêque pour aller à toi, envoie deux bataillons pour couper leur retraite et ça ira ». Cet avis ne put être suivi puisque ces deux bataillons étaient déjà dans les bois ; d'après cet avis le général croyant que l'armée de la République allait ébranler l'ennemi et le mettrait dans le cas d'abandonner ses redoutes près Fontaine à la première attaque, envoya trente hommes d'un poste qui était à portée et deux compagnies de grenadiers qu'il avait en réserve au camp ; il leur ordonna d'attaquer par leur droite la première redoute et de l'emporter de vive force avec les deux bataillons qui faisaient des mouvements vers cette même redoute et se dirigeaient sur leur gauche.

Dans le même moment un ordonnance de chasseurs à cheval arriva et avertit le général que l'artillerie légère n'avait pu passer sur le pont d'Ors, qu'elle avait eu ordre de revenir par Landrecies et se porter par la forêt sur la route du Cateau. Le général voyant qu'effectivement l'artillerie venait sur la place, ordonna à l'ingénieur de faire abattre promptement un épaulement et d'en faire remplir le fossé pour en faciliter le passage. Cette artillerie traversa Landrecies et, étant parvenue sur cette même route, le général se rendit près des chefs pour savoir d'eux les ordres qu'ils avaient reçus. Le général de division Fromentin, qu'il y trouva et auquel il fit son rapport de tout ce qu'il avait ordonné et remarqué, lui dit qu'il faisait retirer l'artillerie parce que l'armée de la République était elle-même retirée sur Ors et Catillon.

Le général, sans perdre de temps, se porta près la forêt et ordonna au chef des grenadiers et du détachement de se replier sur-le-champ; ils avaient déjà formé leur retraite dans les haies contiguës à la forêt, parce que l'ennemi était en force du côté des redoutes près Fontaine.

L'attaque qu'avaient faite les grenadiers et le détachement favorisa la retraite des deux bataillons qui n'avaient pu résister aux forces majeures qui leur étaient opposées par l'ennemi en bataille près de Fontaine et de ses redoutes.

Dans cette affaire les deux bataillons du Gard et du Nord, les deux compagnies de grenadiers et le détachement se retirèrent avec bien peu de pertes et quelques blessés, particulièrement dans la compagnie de grenadiers de l'Orne, les deux bataillons firent bien leur devoir, celui du Gard se distingua et tua beaucoup de monde à l'ennemi.......

III

L'INVESTISSEMENT DE LANDRECIES

1

Le général Colaud au général en chef Pichegru.

Le 1ᵉʳ ventôse an II (19 février 179).

Citoyen général,

Il m'arrive à l'instant un rapport des mouvements de l'ennemi que je te fais passer, nous sommes toujours sans fourrages et sans paille malgré la promesse des régisseurs et de tous les barbouilleurs de papier dans cette partie.

Copie d'un rapport fait au général Desjardin par un employé dans la partie secrète datée de Coursorle le 30 pluviôse.

400 hussards sont venus sur la terre de Beaumont le 25 pluviôse; le 14 dudit, il est passé à Mons, depuis une heure après midi jusqu'à quatre, de l'infanterie et de la cavalerie, avec un grand train d'artillerie, ils ont pris le chemin de Valenciennes; on dit à Mons qu'elles sont destinées à assiéger Landrecies. Le 15, il est arrivé à Grandreng 400 hussards et 600 hommes d'infanterie du régiment de Viersé, il y avait déjà dans ce village beaucoup de grenadiers et de dragons. Le même jour il est arrivé à Hautes 300 hussards, à Fontaine basse il doit y avoir 300 hommes de cavalerie et leurs chasseurs à pied. La même personne a entendu dire à Mons qu'on attendait à Bruxelles 30,000 Calmours (sic) destinés pour les Pays-Bas et qu'aux premiers jours de beau temps on attaquerait. Il y a à Beaumont et dans les censes voisines 40 hussards qui vont souvent en patrouille sur la chaussée de Chimay et du côté de Grandrieux; ils se sont montrés sur les hauteurs de Coursolre et se sont portés ensuite sur Mercilly.

2

Le général Colaud au général Roulland.

Réunion-sur-Oise, le 11 ventôse an II (1ᵉʳ mars 1794).

Je t'ai envoyé, mon cher camarade, les officiers de police militaire pour instruire sur-le-champ l'affaire de Schmidt, qui, suivant moi, est une trahison manifeste et tient à une grande conspiration dont les ramifications s'étendent sur plusieurs scélérats.

Je n'ai pu encore découvrir Augier; Morel, son beau-frère, se trouve à Landrecies; tu le feras arrêter sur-le-champ.

Le citoyen Havard, chargé de la fourniture des bois pour les fours de Landrecies, pourra te donner des renseignements du citoyen Augier, puisque lui-même a été chargé de faire son service.

Salut et fraternité.

Signé : COLAUD.

3

Le général Colaud aux citoyens représentants du Comité de Salut public.

Le 11 ventôse an II (1ᵉʳ mars 1794).

Je vous fais passer, citoyens représentants, copie d'une lettre de la commission impériale des échanges adressée au général Ferrand, absent, ainsi que l'agent national, chargé des échanges.

A cette lettre était jointe une liste des lettres adressées par la dite commission et le précis des objets demandés par elle que vous trouverez ci-inclus.

Les armes et les souliers commencent à arriver. J'ai donné des ordres pour que l'adjudant de la place de Landrecies, prévenu de correspondance avec l'ennemi soit arrêté. J'ai envoyé de suite le tribunal militaire pour instruire cette affaire, qui tient à une ramification de conspiration plus étendue. J'ai en main une lettre qui s'exprime ainsi :

« J'attends votre intention et, comme vous croyez que la chose peut être entreprise, je suis prêt à tenir mes promesses de 8,000 louis et vous les faire tenir de suite; les commandants seront aussi contentés comme le contient la lettre.

« *Signé* : Votre ami, Kurmer, commandant les avant-postes autrichiens. »

Cette lettre était adressée au citoyen Schmidt, adjudant de la place de Landrecies, et datée du 23 février 1794 de Bassiol.

Rien de nouveau des mouvements de l'ennemi.

Salut fraternité.

COLAUD.

4

Le général Colaud au général Chapuis, commandant à Cambrai.

Réunion-sur-Oise, le 11 ventôse an II (1ᵉʳ mars 1794).

Je te préviens, mon cher camarade, qu'il est parti d'ici depuis trois jours, pour se rendre à Cambrai, le citoyen Augier, chargé de la fourniture des bois des fours de Landrecies; cet homme est prévenu de conspiration, j'en ai les preuves en main; je te prie de le faire chercher secrètement et de le faire arrêter, comme j'ai déjà fait de ses complices; je te préviens que j'ai connaissance qu'il doit se rendre de Cambrai à Bouchain; je te prie d'en prévenir sur-le-champ le commandant de la place et de lui marquer de le faire arrêter et de faire mettre les scellés sur ses papiers.

Salut et fraternité.

Signé : COLAUD.

5

Le général Colaud au Comité de Salut public.

Le 12 ventôse an II (2 mars 1794).

Je vous préviens, citoyens représentants, que l'adjudant de la place de Landrecies dont je vous ai parlé dans ma dernière est arrêté ainsi que trois de ses complices nommés Havard et Morel et un officier du 2ᵉ bataillon de la Meuse. J'ai fait partir un courrier au général Chapuis pour Cambrai pour qu'il fasse arrêter Augier, chargé de la fourniture des bois de Landrecies, qui se trouve à Cambrai, d'après les rapports qui m'ont été faits; ce scélérat est un des principaux agents de cette conspiration (1).

---

(1) Le même jour, Colaud accuse réception à Roulland de sa lettre du 12 et ajoute : « Je suis enchanté que tu aies fait arrêter tous ces scélérats. On m'a rendu compte ici qu'Augier était parti pour Cambrai. J'ai en conséquence donné des ordres pour qu'il soit arrêté. Continue tes recherches et tu trouveras sûrement d'autres complices. »

J'ai fait occuper aujourd'hui, d'après les ordres du général Pichegru, la gorge de Wassigny par la division de Balland, le poste de Bohain et le village de Béquigny par la division intermédiaire.

Les rapports des ennemis sont toujours les mêmes, ils ont porté des forces sur Valenciennes et Le Quesnoy, il leur est arrivé des renforts de recrues venant de Bruxelles.

Ils ont renforcé leurs postes dans la partie de Beaumont et ont placé à Montigny-Saint-Christophe la légion de Bourbon composée de 1,000 hommes, et d'autres corps d'émigrés dans les environs.

L'ingénieur Dabadie est parti de Maubeuge, il n'est point encore remplacé; il y a baucoup d'ouvrage à faire et il n'y a point de pionniers. On a pris 200 volontaires pour réparer les dégradations des eaux, mais cela ne suffit pas, il faudrait des bataillons de pionniers.

Salut et fraternité.

COLAUD.

6

Le général Colaud au général en chef Pichegru.

Réunion-sur-Oise, le 12 ventôse an II (2 mars 1794).

Je t'envoie, citoyen général, deux lettres du ministre qui sont assez conséquentes, d'autant plus que tu peux faire exécuter sur les lieux les ordres qui y sont contenus, ainsi que les changements des généraux ordonnés par le ministre.

Je te rends compte que j'ai fait occuper aujourd'hui la gorge de Wassigny par la division de Balland, le poste de Bohain et le village de Bequigny par la division intermédiaire, tout cela s'est fort bien passé à quelques fusillades près, mais nous avons toujours les postes.

Les rapports des ennemis sont à peu près les mêmes; ils ont porté des forces sur Valenciennes et Le Quesnoy; il leur est arrivé des renforts venant de Bruxelles; ils ont aussi renforcé leurs postes du côté de Beaumont et ont placé la légion de Bourbon, composée de 1,000 hommes, à Montigny-Saint-Christophe.

Il n'y a rien de nouveau dans les trois divisions de Maubeuge; l'ingénieur de cette place est parti et n'est point encore remplacé; il y a beaucoup d'ouvrage à faire et il n'y a point de pionniers; il me semble que les fortifications de cette place sont plus essentielles que celles de Saint-Omer, pour lesquelles le général

Favereau crie si fort. Tu trouveras ci-joint les lettres de l'adjoint Jourdeuil à cet égard.

J'ai fait arrêter Schmidt, adjudant de la place de Landrecies, prévenu de trahison et de correspondance avec les ennemis, ainsi que trois de ses complices; j'en ai la preuve en main; j'ai envoyé la commission militaire pour instruire leur affaire et j'ai rendu compte de tout au Comité de Salut public et au ministre de la Guerre.

Le général Ransonnet est arrivé, je l'ai envoyé dans une des divisions de Maubeuge; aussitôt que Favereau sera arrivé, tu pourras disposer d'un général de brigade qui se trouvera de trop dans les trois divisions, mais il manquera toujours deux généraux de division. Salut et fraternité.

Signé : COLAUD.

7

Le général Colaud au Comité de Salut public (1).

Le 13 ventôse an II (3 mars 1794).

Citoyens représentants, la trame qui devait livrer Landrecies se découvre de plus en plus, nous en tenons tous les fils; le tribunal militaire que j'avais envoyé à Landrecies fait des merveilles. Le messager de l'infâme Augier vient d'être arrêté ainsi que d'autres complices.

J'ai donné des ordres pour faire relever les trois bataillons de la garnison de Landrecies, quantité d'officiers ne sont pas exempts de soupçons, surtout ceux du second bataillon de la Meuse.

Le commandant temporaire va être aussi arrêté ainsi qu'un officier du 17e régiment; il y a une bande de conspirateurs et de monstres sur cette frontière; comptez sur mon zèle et sur celui du tribunal militaire.

Je vous envoie copie d'une lettre trouvée sur le messager d'Augier, vous verrez qu'il fournissait des fourrages au régiment de Cobourg-dragons.

Les rapports qui m'arrivent en ce moment de Maubeuge m'annoncent que l'ennemi a fait filer de nouvelles forces dans la partie de Valenciennes et du Quesnoy. Je vous donnerai demain des détails plus circonstanciés.

Salut et fraternité.

COLAUD.

---

(1) La même lettre est adressée ledit jour au ministre de la Guerre.

8

Le général Colaud au général Fromentin, commandant à Avesnes.

Le 13 ventôse an II (3 mars 1794).

Je te préviens, mon cher camarade, que le bien du service et la sûreté de la place de Landrecies exigent que je fasse relever les trois bataillons de la garnison de Landrecies; j'envoie l'adjoint Marchand à Avesnes pour faire filer le 7ᵉ bataillon des fédérés sur cette place et ainsi que le 6ᵉ bataillon du Nord, qu'il ira prendre à Dourlers pour le faire arriver le 15 à Landrecies. Il serait nécessaire que tu puisses envoyer un de tes bataillons à Landrecies et tu prendrais le 47ᵉ d'infanterie de la garnison de Landrecies pour le remplacer, le second bataillon de la Meuse viendra à Réunion-sur-Oise et le 17ᵉ d'infanterie à Hiron, dans la division de Balland.

Tu recevras après-demain 500 fusils.

Salut et fraternité.

Signé : COLAUD.

9

Le général Colaud aux représentants du peuple, membres du Comité de Salut public.

Le 14 ventôse an II (4 mars 1794).

Je n'ai rien de nouveau à vous annoncer, citoyens représentants, depuis hier, des mouvements de l'ennemi. L'affaire de Landrecies va son train; on a arrêté encore aujourd'hui un brigadier du 12ᵉ régiment de dragons, compliqué dans cette trame; il nous manque encore le scélérat Augier que nous faisons chercher partout. La garnison de Landrecies sera relevée demain; cette mesure était très nécessaire d'autant plus que ces bataillons y étaient en garnison depuis sept à huit mois et que la plus grande partie était logée chez les habitants.

Salut et fraternité.

COLAUD.

10

Le général Colaud au représentant du peuple Goupilleau.

Le 15 ventôse an II (5 mars 1794).

. . . .

Je me suis transporté hier à Landrecies; tu connais la trame qui devait livrer cette ville; j'ai cru qu'il était urgent, pour le bien du service et la sûreté de la place, de changer toute la garnison qui n'avait point été renouvelée depuis huit mois.

Salut et fraternité.
Signé : Colaud.

11

Le général Colaud au général en chef Pichegru.

Réunion-sur-Oise, le 17 ventôse an II (7 mars 1794).

Je t'envoie, citoyen général, des dépêches pour les représentants du peuple et des paquets qui sont arrivés de l'ennemi relativement à l'échange des prisonniers, ne sachant pas où prendre ce Beaugrand, qu'on cherche depuis deux mois, je ne sais pas même celui qui le remplace, je crois avoir pris le meilleur parti en te les envoyant.

Les Hollandais ont relevé ces jours derniers 3,000 Autrichiens entre Sambre et Meuse, ces derniers se sont dirigés sur Bavay, tous leurs cantonnements sont en mouvement dans la partie de Dinant et Givet ainsi que tu le verras par les lettres du général Charbonnié.

J'ai fait relever la garnison de Landrecies; j'ai cru cette mesure nécessaire pour les intérêts de la République, les coupables sont ici, on instruit leur affaire et on trouve tous les jours quelques nouveaux complices.

Le commandant temporaire est aussi arrêté, quoiqu'il ne soit pas aussi coupable que l'adjudant de la place.

Il est arrivé des armes depuis ton départ, tu trouveras à ton arrivée les trois divisions de Maubeuge, celle de Balland, complétées en fusils, c'est-à-dire tous les hommes présents aux drapeaux.

J'ai fait rentrer dans leurs corps six détachements de cavalerie des différents régiments, que j'ai fait remplacer par le 23ᵉ des chasseurs, dont tu m'as parlé; par ce moyen, ils se trouvent sur les derrières et serviront au moins pour les ordonnances.

Il me tarde de te voir arriver car le fardeau est trop lourd pour ma tête. Salut et fraternité.

Signé : Colaud.

12

Le général Colaud au général Roulland.

Le 17 ventôse an II (7 mars 1794).

Je ne pouvais m'imaginer, mon cher camarade, que le sixième bataillon du Nord fût composé de citoyens habitants de Landrecies ou des villages environnants; j'ai écrit au général Fromentin pour qu'il fasse relever sur-le-champ, ce bataillon par un de ceux de la garnison d'Avesnes. Tu donneras la consigne au commandant du poste de la porte du Quesnoy de ne laisser sortir aucun habitant de la place, pas même les militaires de la garnison, excepté ceux qui sont de service. Tu feras afficher cette consigne dans le corps de garde, je te prie de veiller à son exécution ; mande-moi quelle est la quantité de fusils qui se trouvent dans l'arsenal afin que je puisse savoir ce qu'il faut t'en faire passer.

Signé : COLAUD.

13

Le général Colaud au général Roulland.

Le 19 ventôse an II (9 mars 1794).

Tu as très bien fait, mon cher camarade, de destituer de ses fonctions l'écrivain de la place, parent de Schmidt. Le général Pichegru arrive demain, nous nous occuperons de remplacer toute cette ligue de conspirateurs. Envoie-moi le plus tôt possible l'état de ton armement.

Signé : COLAUD.

14

Le général Colaud au général Roulland.

Le 19 ventôse an II (9 mars 1794).

J'ai reçu, mon cher camarade, ta lettre du 19 ventôse dans laquelle était inclus ton état d'armement qui est fort bien fait. J'ai donné ordre au commissaire ordonnateur (1) de faire rendre à Landrecies 150 pioches, 100 pelles et 100 serpes ; à mesure qu'il en arrivera de Laon, on t'en fera passer autant que tu en auras besoin.

Continue de poursuivre les traîtres et tâche de découvrir tous les scélérats ; ta garnison me paraît faible, les premières réquisitions qui arriveront, je les ferai diriger sur Landrecies.

Signé : COLAUD.

---

(1) A la même date du 19 ventôse, Colaud prescrit au commissaire ordonnateur Pinson « d'envoyer le plus tôt possible 150 pioches, 100 pelles et 100 serpes », pour les travaux du camp retranché de Landrecies.

15

Le général Colaud à Jourdeuil, adjoint au ministre de la Guerre (1).

Le 20 ventôse an II (10 mars 1794).

J'ai reçu tes deux lettres, citoyen, datées du 16 ventôse, contenant un arrêté du Comité de Salut public, pour faire revenir à leur poste les ingénieurs des ponts et chaussées qui ne seraient pas employés à l'armée comme ingénieurs et comme membres de l'État-major général.

A l'instant où j'ai découvert la trame qui devait livrer la ville de Landrecies aux Autrichiens, j'ai sur-le-champ, fait arrêter l'adjudant de la place Schmidt, natif de Bliescastel, pays de la Lahn. J'ai envoyé le même jour le tribunal militaire pour instruire le procès. Il en est résulté de cette opération qu'il s'est trouvé plusieurs complices, qui sont aussi arrêtés et traduits dans les prisons de Réunion-sur-Oise, notamment le commandant temporaire qui avait connaissance de la lettre écrite en allemand à Schmidt par le major Kurmer, commandant les avant-postes autrichiens.

Il nous manque encore un des principaux scélérats, qui est le nommé Augier, entrepreneur des bois de chauffage de la ville de

---

(1) Cette lettre a été copiée sur les registres de correspondance du général de division Colaud communiqués en 1825 au Dépôt de la Guerre.

Les *Archives Historiques* contiennent d'autre part une lettre originale signée Colaud, datée du 20 ventôse, mais expédiée le 25 et qui diffère de la précédente par les passages ci-après.... « Il est résulté de cette *opération* qu'il s'est trouvé plusieurs complices qui sont aussi arrêtés et traduits dans les prisons de Réunion-sur-Oise. Le commandant temporaire a été mis en arrestation pour n'avoir pas rendu compte au général de la lettre écrite en allemand par le major Courmer (*sic*), commandant les avant-postes autrichiens, adressée à Schmidt, dont il avait eu connaissance. Il nous manque encore un des principaux scélérats qui est le nommé Augier, entrepreneur des bois de chauffage de la ville de Landrecies, qu'on n'a pu encore arrêter, mais nous avons une partie de ses papiers et la commission illimitée qui lui avait été donnée par les chefs de cette administration qui me paraissent très suspects. »

Landrecies, qu'on n'a pu encore arrêter, mais nous avons une partie de ses papiers et la commission illimitée qui lui avait été donnée par les chefs de cette administration qui me paraissent très suspects.

Je crois qu'on ferait fort bien d'envoyer le tribunal militaire pour purger la frontière de conspirateurs, depuis Maubeuge jusqu'à Douai. Tu dois savoir que le nommé Davasne, préposé aux vivres, que j'ai fait arrêter il y a environ un mois, et conduit au tribunal révolutionnaire avec d'autres coupables, a été convaincu de trahison et de correspondance avec Cobourg; aujourd'hui c'est Augier, préposé par l'administration des chauffages, qui est un des principaux agents qui devait livrer la ville de Landrecies. Tu vois que toutes ces administrations sont gangrénées et qu'elles ont besoin d'être épurées pour le salut de la République.

Signé : COLAUD.

16

Le général Roulland, commandant à Landrecies, au ministre de la Guerre.

Landrecies, le 20 ventôse an II (10 mars 1794).

Citoyen ministre,

Celle-ci contient le rapport de la découverte intéressante que j'ai faite relativement à une correspondance criminelle que différents scélérats, officiers et autres, avaient avec l'ennemi pour vendre la place que je commande. Tu dois avoir eu déjà connaissance de cette affaire par les généraux sous les ordres desquels je suis et à qui j'en ai référé dans le temps et envoyé les lettres dont il est question.

Le 10 de ce mois, environ quatre heures après-midi, Schmidt, adjudant-major de la place, vient chez moi et me dit : « Voilà trois lettres que j'ai reçues de personnes que je ne connais pas, sans doute que c'est quelqu'un qui fait passer quelque lettre cachée dans Landrecies et pour que celui qui les apporte ne soit point arrêté aux portes on le charge de lettres à mon adresse ». Je pris alors lecture de deux de ces lettres qui sont écrites en français et signées « Augier ». Comme ce Schmidt parle et lit l'allemand, je lui demandai de me traduire en français le contenu de la troisième qui est écrite dans une autre langue. Il me dit que par cette lettre on lui offrait 8,000 livres et qu'il ne savait pas pourquoi. Dans ce moment je ne l'interrogeai pas beaucoup. Je l'eusse fait arrêter sur-le-champ. Mais comme j'avais envie de faire arrêter Augier le premier et dont il me dit ne pas savoir la demeure, je me contentai alors de garder les trois lettres et de ne point esclandrer (*sic*) cette affaire. Lorsque les portes furent fermées, je pris pendant la nuit des renseignements sur l'état et la demeure d'Augier. J'appris qu'il était attaché à l'administration des bois et qu'il devait être à Réunion-sur-Oise. J'ai dépêché du matin pour cet endroit Délélé, adjoint attaché à mon état-major, avec les trois lettres et une pour le général Colaud, commandant l'armée en l'absence du général en chef, par laquelle je l'instruisais de l'affaire et le priais de faire arrêter Augier; ensuite, par une lettre, j'informai les membres du comité secret de surveillance de la commune de Landrecies et les priai de faire venir Schmidt, un nommé Avard, le camarade du nommé Morel, employé dans l'administration des bois, ainsi qu'un officier du 2ᵉ bataillon de la Meuse qui me fut dénoncé par le commandant temporaire chef de ce bataillon, pour les interroger et mettre les scellés sur leurs papiers. Ils s'en occupèrent sur-le-champ. Nous en envoyâmes chercher deux, à trois lieues de Landrecies, qui étaient au bois; enfin il en résulta d'abord l'arrestation de Schmidt, celle de Belile, commandant temporaire, celle de Couturier, officier au 2ᵉ bataillon de la Meuse, celles de Morel et Avard dans l'administration des bois. Le représentant du peuple Goupilleau arriva le 11 avec la commission militaire et prirent connaissance de cette affaire, ce qui a procuré encore l'arrestation de plusieurs individus dont je ne sais pas les noms.

J'ai provisoirement nommé commandant temporaire le citoyen Amalric, chef du 2ᵉ bataillon du Gard; j'ai pris dans les corps deux officiers intelligents pour faire le service de major de place. J'ai suspendu de ses fonctions le nommé Gillot, écrivain de place, comme étant l'oncle de Schmidt du côté des femmes. Je l'ai remplacé par un caporal-fourrier.

Je ne sais quelle était l'intention de ce scélérat de Schmidt en m'apportant ces lettres. J'imagine qu'il croyait que je m'en serais rapporté à ce qu'il m'avait dit et que j'aurais eu une entière confiance en lui, car deux jours avant je le menaçai de le destituer si son service ne se faisait pas mieux. Si l'homme qui lui a apporté ces lettres ne les eût apportées que pour lui favoriser le passage de quelque autre, à coup sûr, une fois qu'il aurait été entré dans Landrecies, il ne se serait point exposé à porter celles adressées à Schmidt s'il ne l'eût pas cru dans le cas de les accueillir favorablement. Eh bien, citoyen ministre, ce n'est pas encore tout ceci qui a sauvé Landrecies. J'ose me flatter que ce sont les précautions militaires que j'ai prises. Infiniment méfiant, lors de mon arrivée à Landrecies, je fis débâtir en partie tous les ponts de communication et fait changer les gardes des chefs et des serrures des portes des poternes, car l'ennemi, dans une surprise occasionnée par la trahison, il pouvait passer la Sambre par sa gauche avec quelques ponts volants, égorger les gardes, entrer dans les ouvrages principalement passer par les ponts de communication, les portes des poternes se trouvant ouvertes par des scélérats qui se seraient antérieurement pourvus de clefs sur le modèle de celles qui existaient.

Il manque de fonds par les travaux de fortification de cette place ainsi que des outils comme haches, serpes et bêches ; je ne puis pourtant faire accélérer les travaux du camp retranché sans ces sortes de choses. Compte sur ma volonté de faire le bien de la République, comme je compte aussi sur toi pour nous faire passer tout ce dont j'aurai besoin pour son service. Il me manque des canons pour les redoutes du camp retranché, savoir : 2 pièces de 12, 8 pièces de 8 et 2 obusiers avec leurs munitions, armements et attirails de guerre. Tu as déjà reçu l'état de cette demande.

Salut et fraternité.

Le général de brigade commandant à Landrecies,

ROULLAND.

17

Goupilleau, de Fontenai, représentant du peuple, chargé de l'embrigadement de l'infanterie à l'armée du Nord, au Comité de Salut public.

Fesmy, le 27 ventôse an II (17 mars 1794).

... Le 11 de ce mois je me rendais aux avant-postes pour y passer la revue des bataillons cantonnés dans les villages situés entre Guise, Avesnes et Landrecies. Je fus instruit par un adjoint de l'État-major, qui se rendait au quartier général de la part du général de brigade Roulland, que ce général avait en mains trois lettres qui contenaient la preuve d'un complot pour livrer la place de Landrecies aux Autrichiens. Le nommé Schmidt, adjudant de la place, entretenait une correspondance avec le major Kurmer, commandant les avant-postes autrichiens dans la forêt de Mormal. Vous verrez par les copies des lettres que je vous fais passer qu'il avait reçu l'offre de 8,000 louis et que le nommé Augier, inspecteur des bois de chauffage de l'armée, était le principal agent de cette correspondance. Un nommé Havard qu'Augier avait retiré de la réquisition pour le faire passer dans la régie des chauffages, paraît aussi avoir participé dans la conspiration et je présume que le père d'Havard, domicilié dans un village situé près des troupes ennemies, était le courrier dont on se servait.

J'ai acquis ces renseignements à Landrecies, où je me transportai sur-le-champ; et déjà le général Roulland avait fait arrêter Schmidt, Havard fils et un nommé Morel, beau-frère d'Augier. Les ordres furent donnés pour aller arrêter Havard père. J'ignore encore si on a pu s'en saisir. Quant à Augier, il était parti de Guise depuis trois jours, et nous avons la certitude qu'avant son départ il se transporta chez Havard père. Je crains bien qu'il n'ait passé à l'ennemi; cependant on m'a assuré qu'il avait le projet de se rendre à Paris. . . . .

. . . . L'accusateur militaire et deux officiers de police s'occupent jour et nuit à suivre le fil de la trahison. . . . .

Salut et fraternité.

GOUPILLEAU DE FONTENAI.

P.-S. — Le général Roulland a pris la précaution de faire changer les serrures des portes des poternes et chemins couverts de la place, dans la crainte que le traître Schmidt n'eût remis des doubles clefs à quelques-uns de ses complices.

18

Pichegru, général en chef, au ministre de la Guerre.

Réunion-sur-Oise, le 4 germinal an II (24 mars 1794).

On vient de découvrir, citoyen ministre, à Cambrai et aux environs, plusieurs personnes suspectées de relation avec l'ennemi. Elles ont été mises en arrestation sur-le-champ.

Il a passé le 30 ventôse, à hauteur de Dune-Libre, 28 bâtiments anglais presque tous à trois mâts et faisant voile pour Ostende. Je présume que ce sont des troupes, des munitions et des subsistances.

Salut et fraternité.

PICHEGRU.

J'ai reçu aujourd'hui la lettre de destitution du général Michel : en voilà encore un de moins. Quand m'enverras-tu des remplaçants?

19

L'adjudant général, chef de brigade, Nivet, chargé de la partie secrète de l'armée du Nord, au général Fromentin.

Réunion-sur-Oise, le 4 germinal an II (24 mars 1794).

Républicain,

Tu voudras bien ordonner que la plus grande surveillance soit apportée à l'égard des avant-postes que tu occupes. L'ennemi a des émissaires et des correspondants partout. Il n'est point de moyens qu'il n'emploie pour se soustraire à leur vigilance. Il est donc essentiel de veiller plus que jamais et de faire arrêter tout individu quelconque qui pourrait se présenter sous quelque prétexte que ce puisse être. J'espère que ces mesures ne seront point négligées, que les projets des ennemis de la République avorteront là où présidera la vigilance républicaine.

Salut et fraternité.
Signé : N<small>IVET</small>.

P. C. C. — L'adjudant général,
O<small>RMANCEY</small>.

20

Le général Colaud au représentant du peuple Duquesnoy, à Paris.

Le 7 germinal an II (27 mars 1794).

Je reçois en ce moment ta lettre du 20 ventôse que tu m'avais adressée à Maubeuge, je suis parti de cette place le 8 ventôse, j'adresse ta lettre au général en chef Pichegru pour qu'il donne ses ordres et faire arrêter les nommés Isnard et Brouard conformément à tes ordres.

21

Pichegru, général en chef, au ministre de la Guerre.

Réunion-sur-Oise, le 16 germinal an II (5 avril 1794).

Le 11, citoyen ministre, différents convois ont passé à vue de Dune-Libre, escortés par plusieurs frégates et faisant voile pour Nieuport et Ostende. On prétend que ce sont des troupes et munitions destinées à venir sur Dune-Libre. Déjà plusieurs rapports m'ont annoncé que l'ennemi avait intention d'y faire une nouvelle tentative. Je vais en conséquence porter des forces au camp retranché devant cette place (1).

Pourquoi n'avons-nous pas en croisière sur ces parages quelques frégates qui gêneraient beaucoup ces sortes de convois et pourraient même en intercepter (a).

On me demande toujours à Maubeuge le commandant d'artillerie qui doit aller remplacer le citoyen Somé (b).

Salut et fraternité.

PICHEGRU.

(a) [En marge, de la main de Bouchotte] :

Qu'il envoie des ouvriers à Dunkerque hâter les travaux et les frégates pourront se mettre à couvert.

(b) [dito] Valsing.

22

L'adjudant général, chef de brigade, Nivet, chargé de la partie secrète, au ministre de la Guerre.

Réunion-sur-Oise, le 9 germinal an II (6 avril 1794).

Citoyen ministre,

Le caractère des habitants des communes frontières est toujours mauvais. Quelles que soient les mesures sévères qu'on prenne contre eux, ils ne laissent pas de servir l'ennemi, malgré les soins que nous apportons à les connaître et à les mettre dans l'impossibilité de le faire. Déjà quatre de ces individus, qui m'avaient été dénoncés par un émissaire et que j'ai fait arrêter, viennent d'être envoyés au tribunal révolutionnaire à Paris, d'après l'arrêté des représentants du peuple Choudieu et Richard, motivé d'après les dénonciations par écrit portées contre eux.

---

(1) Le même jour, Pichegru adresse au Comité du Salut public une lettre reproduisant ce premier alinéa.

Il écrit, en outre, au général Moreau (à Cassel) que le général Desenfans l'a informé de ce mouvement de bâtiment anglais vers le continent : « Je lui prescris de faire camper deux ou trois bataillons dans le camp retranché et je le préviens que je vais t'écrire de tenir des troupes prêtes pour, au premier avis qu'il te donnera des mouvements de l'ennemi, faire marcher des troupes sur les points menacés. Corresponds avec lui et sois prêt à le secourir au besoin. »

La désertion est toujours considérable chez l'ennemi. Depuis le 1er germinal jusqu'à ce jour, il est passé sur le territoire de la République, à prendre depuis Dune-Libre jusqu'à Maubeuge, 171 déserteurs, dont 39 de montés. Je t'ajouterai que Douai, Cambrai ne m'ont point fourni leurs états. J'espère que d'ici la fin de la 3e décade, ce nombre sera beaucoup augmenté d'après les dispositions qui règnent dans les troupes ennemies.

. . . .

Nivet.

23

Le ministre de la Guerre au général en chef Pichegru [*minute*].

Paris, le 22 germinal an II (11 avril 1794).

. . . .

Le temps est toujours mauvais. Cela retarde les opérations. Nous sommes en mesure partout et les ennemis sont encore faibles. Ils font venir des troupes du Rhin. Je mande à Jourdan et Charbonnié de faire en sorte de les battre et d'empêcher leur jonction. Prends aussi tes mesures en conséquence et vois combien il importe de prendre l'offensive. L'inaction de Cobourg te prouve qu'il n'est pas encore prêt; c'est le moment de l'attaquer. La terreur est grande dans son armée et dans tous les Pays-Bas; augmente-la par des bruits semés à dessein, appuie-les de démonstrations et, quand tout sera électrisé de notre côté et découragé de l'autre, frappe, et la victoire est à la République (1).

---

(1) En prescrivant, le même jour, à Charbonnié de chercher à atteindre le corps de 10,000 hommes en marche du Rhin vers les Pays-Bas, Bouchotte ajoute : « Voilà le moment d'agir vigoureusement, ne le perdons pas. » Le lendemain, Bouchotte confirme à Pichegru le mouvement des impériaux : « Voici le moment d'agir vigoureusement, ne laissons pas échapper les bonnes occasions. Nos adroits ennemis voudraient bien nous priver de notre énergie, mais le sans-culotte n'est pas dupe de toutes ces ruses autocratiques et, ferme à son poste, il ne voit que la patrie et se livre avec la confiance d'un âme pure au développement de tous ses moyens. »

24

Frémont, capitaine de grenadiers, commandant le 2ᵉ bataillon de l'Orne, à N... (1), représentant du peuple.

Landrecies, le 24 germinal an II (13 avril 1794).

Citoyen représentant,

Tu m'as dit de t'envoyer souvent des nouvelles de notre position. En voici, que j'ai recueillies par des renseignements ultérieurs et par des déserteurs, qui se trouvent tous conformes et que tu peux donner comme certains au Comité de Salut public.

L'ennemi a fait un mouvement aujourd'hui du côté de Maubeuge et paraît dégarnir les lignes de ce côté pour se porter derrière la forêt de Mormal, dans laquelle ils font de grands abatis et des chemins. Il est à présumer que c'est pour nous donner de l'inquiétude sur Landrecies dont le camp retranché, qui se perfectionne journellement, les gêne infiniment; à moins qu'ils ne craignent que la division du général Balland, qui occupe maintenant les hauteurs de Catillon et cantonnements circonvoisins ne les rassure pas sur leurs derrières, et qu'étant trop étendus le long de la Sambre ils ne puissent se porter à temps et en force aux mouvements et aux attaques qu'elle pourrait faire sur Solesmes ou sur le Cateau. — L'on s'est trompé lorsque l'on a dit qu'il y avait un camp à Solesmes. Il n'y a rien que des cantonnements comme nous; et tu peux attester comme chose sûre que le jour de l'affaire du 9, malgré les renforts qui leur vinrent de Valenciennes et du Quesnoy, ils avaient évacué la position de Solesmes et le Cateau même une lieue au delà, et que, sans la malheureuse affaire du 10ᵉ bataillon de Paris, nous occuperions ces deux postes intéressants où ils ne sont revenus absolument qu'après notre retraite nécessitée par les mouvements de notre gauche de Landrecies qui ne put forcer les bois et les redoutes malgré l'offensive la plus terrible. La garnison ennemie du Quesnoy est restée deux jours bivouaquée sur les glacis.

C'est le général Clairfayt qui commande les Autrichiens dans cette partie. Ils sont cantonnés étroitement et peuvent à peine subsister. Ils sont à peu près 10 ou 12,000 hommes; leur gauche au Quesnoy, leur droite appuyée au Cateau, avec leurs troupes légères en avant cantonnées. C'est un général anglais qui commande au Quesnoy où il y a 9 bataillons quasi tous campés sur

---

(1) La lettre ne porte pas le nom du destinataire.

les glacis, leur droite au Quesnoy et la gauche joignant la pointe de la forêt de Mormal où ils communiquent avec les troupes baraquées dans cette forêt, ayant en avant des corps détachés. Ils ont fort peu de cavalerie dans cette partie-ci.

. . . .

Il paraît que leurs dispositions générales, c'est-à-dire s'ils ont arrêté un plan d'attaque, sont de se porter sur Cambrai en restant sur la défensive sur la Sambre et la Lys et de profiter par là de l'avantage d'un terrain ouvert pour leur cavalerie et leur tactique mais la baïonnette républicaine l'emportera sur tous. J'estime cependant qu'il faut les prévenir sur la droite et sur la gauche; et s'ils sont forcés, ils ne sont plus redoutables au centre puisqu'ils seraient obligés de se rétrécir, et par conséquent hors d'état d'agir et de subsister.

Tout s'accorde à dire qu'il se rassemble de grandes forces aux Ardennes et que l'on va frapper de grands coups. Un bruit vague dit même que nous sommes à Namur; je n'en crois rien, persuadé que rien ne se fera et ne doit se faire qu'en masse.

Il s'est fait entendre ici ce matin une vive canonnade qui n'a pas eu de suite du côté de Maubeuge. Peut-être a-t-elle été occasionnée par les mouvements de troupes autrichiennes. Il paraît qu'il n'y a rien de plus. Le quartier général est parti aujourd'hui de Réunion-sur-Oise pour aller du côté de Lille. Tout se prépare au mouvement général, nous allons bientôt frapper. Tout le monde crie à l'entrée en campagne. Nous frapperons bien, je t'en donne ma parole d'honneur!

. . . .

FRÉMONT.

P.-S. — Je ne puis concevoir les mouvements de l'ennemi du côté de Maubeuge; suivant moi, c'est une ruse. Beaumont et Charleroi devraient les tenir ici.

25

Pichegru, général en chef, au ministre de la Guerre.

Douai, le 27 germinal an II (16 avril 1794).

Je t'informe, citoyen ministre, que la division de Dune-Libre s'est procuré, il y a quelques jours, sur le pays ennemi, 76 chevaux, 444 vaches ou bœufs et 246 moutons et qu'en même temps il est entré dans ce port une prise hollandaise chargée d'avoine et un brick anglais dont on ne m'a pas annoncé la cargaison.

Tous les jours quelques prisonniers et déserteurs. Rien autre de nouveau.

Salut et fraternité.
Signé : PICHEGRU.

P. C. C. — Le ministre de la Guerre,
BOUCHOTTE.

26

Extrait d'une lettre du maire et du conseil municipal de Bohain à la Convention nationale.

28 germinal an II (17 avril 1794).

. . . . (1).

« Le 28 [germinal] arrive, et l'ennemi connaissant nos forces qu'on lui avait fait contempler pendant la journée du 9 (2), nous attaqua sur tous les points quoiqu'avec des forces inférieures aux nôtres; mais pouvait-il douter du succès? non, sans doute, pas plus que nous de la trahison, ou de l'extrême ignorance de nos généraux. Chapuis resta tranquille pendant l'attaque Balland s'amusait à Réunion et Goguet attendit qu'un Chamborand des avant-postes vînt le chercher, après que le canon eut déjà résonné deux heures à ses oreilles. Sa division se prépare à partir en attendant ses ordres qu'elle ne reçoit que bien tard, et une partie de l'artillerie ne quitte le parc que vers midi, lorsque l'ennemi s'est déjà rendu maître de nos redoutes. Cette artillerie fut placée derrière la forêt de Bohain sur le terroir de Vaux, place qui pouvait être défendue par l'infanterie seule, qui aurait eu derrière elle la dite forêt pour retraite, tandis que ce prétendu incomparable républicain fait filer sur Prémont, à une heure après-midi, un bataillon pour aider un autre bataillon qui y était cantonné, et protégé par un escadron de cavalerie, ils devaient repousser une colonne d'environ dix mille hommes ennemis, la plupart à cheval. Le premier de ces bataillons était déjà en déroute lorsque le second est arrivé, et l'impossibilité de pouvoir se défendre contre une telle colonne fit faire à leurs

---

(1) Les auteurs de cette adresse signalent les pertes et les souffrances endurées par les habitants de Bohain, depuis le 2 septembre 1793, date à laquelle cette localité fut livrée au pillage de l'ennemi. Elle fut depuis lors presque continuellement occupée et rançonnée.

(2) 9 germinal. Affaire du Cateau. Les signataires en attribuent l'échec à une « manœuvre maladroite ou faite à dessein ».

chefs d'inutiles efforts pour les rallier. Les canonniers seuls du premier bataillon se voyant abandonnés se dévouèrent à la mort en vrai héros, résolurent de ne quitter leurs pièces que lorsque l'ennemi leur arracherait la mèche des mains, aussi est-il prouvé qu'ils firent périr plus de monde cette journée-là que tout le reste de la division.

Quinze pièces d'artillerie étaient restées au parc, lorsqu'elles auraient dû couvrir avec la majeure partie des forces de la division le passage entre Prémont et Marets qui fut toujours le seul qui favorisa l'entrée, en force, de l'ennemi à Bohain ; et ce qui, de son propre aveu après y être entré, l'eût empêché ce jour-là de faire aucun progrès sur nous.

Après de telles actions on se blanchit encore comme la neige. On rejette le mal sur l'insubordination de ces lâches qui ont fui plutôt que de se faire hacher. On fait semblant de se venger d'une défaite en attaquant l'ennemi, encore fort de sa victoire, dès le 2 floréal, c'est-à-dire quatre jours après, et cela avec des troupes rebutées et à peine ralliées; et c'est ainsi qu'on accumule ses défaites en reportant toujours la faute sur le moins coupable, même jusqu'à le sabrer et exciter par cette violence déplacée l'indignation de ses frères d'armes, qui, le désespoir dans le cœur, s'exposent au glaive de la loi en se faisant justice eux-mêmes.

Pour découvrir les traîtres la surveillance la plus scrupuleuse devrait être à l'ordre de tous les jours. Elle manque dans une partie de nos armées, nous en fûmes les témoins oculaires pendant le séjour de la division de Goguet à Bohain. Un coup d'œil sur l'état-major de ce dernier nous paraît nécessaire, car le vrai républicain ne devrait pas protéger le coupable. Un même coup d'œil devrait être porté sur la Commission militaire de cette division, qui a montré de la partialité qui n'avait pas l'innocence pour motif. Une foule d'autres objets exigent encore de la surveillance et l'emploi des moyens nécessaires pour empêcher l'homme de se soustraire à une responsabilité que plusieurs regardent comme un mot vide de sens. Le trop de confiance nous perd, ce fait est incontestable. L'homme en place se choisit ses créatures, s'il est ignorant il en résulte du mal, s'il aime ses plaisirs il en résulte du mal, s'il est de mauvaise foi il en résulte encore du mal, car elles ne servent que les passions et non le bien général s'il n'est pas le but où il tend lui-même.

C'est ce défaut de surveillance qui favorisa la conduite de Gognet, qui, nous osons le croire, réunissait plusieurs de ces vices, lui qui, le 1er floréal (veille du jour où il reçut un coup de feu), au moment où je dînais avec lui et son état-major, après avoir éludé la conversation qui roulait sur les malheurs qui étaient la suite de sa retraite du 28 germinal, se mit à chanter des chansons d'amourettes dont je fus le seul indigné, et je ne doutai plus un instant que le mal d'autrui chez lui et chez ceux qui l'entouraient n'était que songe. Qu'est-il résulté de cette conduite? la perte de beaucoup de monde et de beaucoup d'artillerie, le désordre et le découragement dans les armées, le pillage, la ruine totale d'un pays fertile; ses habitants en partie massacrés, ses femmes violées, ses propriétés incendiées, enfin l'abomination de la désolation. Voilà les maux auxquels nous survivons, ou plutôt voilà les maux qui nous donnent la mort chaque jour (1).

. . . .

27

Le duc d'York au secrétaire d'État Dundas.

Le Cateau, le 17 avril 1794.

Monsieur,

C'est avec la plus grande satisfaction que je me vois aujourd'hui à même de vous apprendre pour l'information du roi, le glorieux succès qui a accompagné hier l'attaque générale faite par les armées des puissances alliées. Suivant le plan qui avait été arrêté, les armées autrichienne, britannique et hollandaise s'assemblèrent le 16 de ce mois sur les hauteurs au-dessus du Cateau, afin de passer la revue devant l'Empereur; après quoi les armées autrichienne et britannique passèrent la Selle, et campèrent en front de cette ville, tandis que l'armée hollandaise établit son camp immédiatement derrière elles.

Hier à 9 heures du matin, les trois armées s'avancèrent sur huit colonnes; la première colonne, composée de troupes autrichiennes et hollandaises, sous les ordres du prince de Hesse-Darmstadt, se porta en avant contre le village de Catillon qui fut emporté après quelque résistance, l'ennemi y perdit 4 pièces de canon. De là le prince de Hesse-Darmstadt passa la Sambre et se porta à Favril, entre cette rivière et la Petite-Helpe; de façon qu'il investit Landrecies de ce côté-là. La seconde colonne, conduite

---

(1) Les signataires demandent en terminant que la Convention prenne des mesures pour empêcher l'ennemi d'occuper la forêt de Bohain.

La lettre est signée par le maire et une vingtaine d'officiers municipaux, de notables, etc.

par le lieutenant général d'Alvinzy, et composée de la réserve l'armée autrichienne, s'avança contre Mazinguet : ayant forcé les retranchements ennemis en cet endroit ainsi qu'à Oizy, elle poussa jusqu'à Nouvion, et ce matin elle a pris possession du bois de Nouvion. La troisième colonne que formait le corps principal de l'armée autrichienne, et près laquelle l'Empereur se trouvait en personne, avec le prince de Cobourg, marcha le long de la chaussée qui conduit du Cateau à Guise : ayant forcé les deux villages de Ribouville et de Wassigny, où l'ennemi était considérablement retranché, l'avant-garde fut détachée pour prendre possession des hauteurs du grand et petit Blocus, et ce matin elle a pénétré jusqu'à Henappes. Les quatrième et cinquième colonnes furent formées par l'armée sous mes ordres : moi-même je pris le commandement de la première ayant sous moi le lieutenant général Otto : le lieutenant-général Erskine fut à la tête de la seconde. Ma colonne devait attaquer les redoutes près de Vaux ainsi que ce village même, et se rendre ensuite maître du bois de Bohain où l'ennemi était fortement retranché ; à cause des grands défilés et des chemins creux que nous rencontrâmes dans notre marche, mon armée ne put arriver à destination avant une heure après midi. Aussitôt que la cavalerie de l'avant-garde parut sur les hauteurs, l'ennemi ouvrit une vive canonnade, contre l'effet de laquelle néanmoins, malgré la grande proximité, elle eut le moyen de se mettre beaucoup en sûreté par l'inégalité naturelle du terrain. Ayant examiné la position de l'ennemi, et la trouvant très forte, je résolus de la tourner sur la droite. A cet effet j'ordonnai à toute la colonne de se porter en avant, couverte par le terrain élevé, et je laissai un nombre suffisant de cavalerie sur les hauteurs pour occuper l'attention de l'ennemi. Il fut aussi établi de fortes batteries qui firent un feu violent et protégèrent efficacement nos mouvements. Aussitôt que les troupes eurent gagné assez loin le flanc ennemi, l'avant-garde, conduite par le général major Abercromby, reçut l'ordre de commencer l'attaque ; les deux compagnies du corps de troupes légères d'Odonell, appuyées par deux compagnies de grenadiers du premier régiment des gardes aux ordres du colonel Stanhope, livrèrent assaut à la redoute de l'étoile au-dessus du village de Vaux et l'emportèrent, tandis que trois bataillons de grenadiers autrichiens, conduits par le général major Petrasch, attaquèrent le village et s'y rendirent maîtres des ouvrages ennemis. Au commencement, le feu de l'ennemi fut fort violent : mais lorsque les troupes s'approchèrent, il commença à plier de toutes parts, et bientôt il fut mis en fuite. Immédiatement j'envoyai une partie de la cavalerie, composée de hussards et d'un escadron du 16ᵉ régiment de dragons légers, commandés par le major Lippert, pour tourner le bois sur la droite : elle réussit parfaitement à couper l'ennemi, et, en lui causant une perte considérable en monde, elle lui prit encore 4 pièces de canon et un obusier. Dans le même temps la cavalerie de l'avant-garde à notre gauche, aux ordres du colonel Devay du régiment des hussards de l'archiduc Ferdinand, poursuivit l'ennemi par le bois et poussa dans le village de Bohain qu'il abandonna sur-le-champ. Sir William Erskine fut également heureux avec sa colonne : pour favoriser l'attaque, elle devait tourner le bois de Bohain près des villages de Marets et de Prémont ; il n'éprouva aucune résistance avant d'arriver à ce dernier village, où il trouva l'ennemi avantageusement posté ; il forma d'abord sa ligne, et, ayant détaché la brigade d'infanterie britannique avec le régiment de cuirassiers autrichiens de Zetschwitz et quatre escadrons de dragons légers britanniques sous la conduite du lieutenant-général Harcourt, pour tourner ce poste, il l'attaqua en front avec trois bataillons du régiment de Kaunitz, appuyé par un feu bien dirigé de l'artillerie de réserve autrichienne et britannique aux ordres du lieutenant-colonel Congrève : il réussit parfaitement et chassa l'ennemi de ses redoutes ; il s'y empara, pour trophées, de deux pièces de canon et de deux drapeaux ; de là il se porta en avant pour tourner le bois avec une partie du corps, tandis qu'il en laissa le reste au poste de Prémont.

Les sixième, septième et huitième colonnes eurent ordre d'observer l'ennemi du côté de Cambrai. La première de celles-ci, composée de troupes autrichiennes aux ordres du général major Haddick, perça jusqu'au village de Crèvecœur, et envoya quelques troupes légères au delà de l'Escaut, sans rencontrer aucune résistance. La septième colonne, consistant en Autrichiens et Hollandais sous le prince héréditaire d'Orange, fit un mouvement en avant sur la chaussée qui conduit du Cateau à Cambrai et s'avança avec la huitième colonne composée de troupes hollandaises commandées par le général major de Gensau jusqu'à delà de Beauvois. Cette dernière colonne couvrait le flanc droit du prince héréditaire d'Orange et marcha en avant en front de Saint-Hilaire. Aucune de ces dernières colonnes n'entra en action, mais le matin l'ennemi attaqua l'avant-garde du prince d'Orange qui le repoussa aisément.

Le bonheur singulier qui accompagna ces opérations étendues a engagé Sa Majesté Impériale à faire commencer d'abord le siège de Landrecies. A cet effet, le prince héréditaire d'Orange, qui aura la direction du siège, a marché ce soir avec la plus grande partie de son corps, et a pris une position propre à investir complètement la forteresse, pendant que l'Empereur, avec la grande armée, couvre les opérations du siège du côté de Guise, et que celle qui est sous mes ordres le couvre du côté de Cambrai. Ce qui augmente encore beaucoup la satisfaction générale en cette occasion, c'est que la perte qu'ont essuyée les armées combinées n'a pas été fort sensible, tandis qu'au contraire celle de l'ennemi a été très considérable. L'armée britannique en particulier a été fort heureuse : le capitaine Carleton, jeune officier d'un mérite qui promettait beaucoup, est le seul que nous ayons à regretter. Pas un seul officier n'a été blessé. Nous n'avons eu que 3 soldats tués et 6 blessés. Dans ces différentes attaques l'ennemi a perdu plus de 30 pièces de canon, dont 9 ont été prises par ma colonne sans compter les deux dont le lieutenant général Erskine s'est emparé.

28

Extrait des Mémoires de d'Arnaudin.

. . . .

Le 17 avril, dès la pointe du jour, les trois armées se partagèrent en huit colonnes.

La première colonne, composée d'Autrichiens et de Hollandais, commandée par le prince de Hesse-Darmstadt, ayant sous lui un général autrichien, marcha vers Ors, poste fortifié sur la gauche, le plus près de Landrecies. Elle l'emporta après une résistance assez vigoureuse et s'avança ensuite jusqu'à Favril, où elle se développa, après avoir poussé l'ennemi, partie dans la ville, partie de l'autre côté de la Petite-Helpe ; en sorte que Landrecies se trouvait déjà investi de ce côté et les bords de la Petite-Helpe étaient nettoyés, à l'exception du poste de Marville où les républicains étaient fortement retranchés et où ils se maintinrent même après la reddition de la place, et en conséquence ils n'en furent jamais chassés.

La seconde colonne, composée de la réserve autrichienne, commandée par le général Alvinzi (voyez l'ordre de la bataille de l'armée autrichienne) ; en même temps qu'elle soutenait la première dans son passage de la Sambre à Ors, elle forçait le poste retranché de Catillon aussi sur la gauche ; et, après en avoir chassé l'ennemi et lui avoir pris quelques pièces de canon, elle marcha droit sur Fesmy, de l'autre côté de la rivière, et ensuite sur Nouvion-en-Thiérache ; et dès le lendemain des détachements de cette colonne parcouraient en tous sens la forêt du même nom après l'avoir nettoyée dans toute son étendue; ils avaient déjà pénétré jusqu'à La Capelle.

La troisième colonne, formée du principal corps de l'armée autrichienne, à laquelle se trouvaient S. M. Impériale et le prince de Cobourg, était destinée à forcer les trouées d'Oisy et de Wassigny fortement retranchées. Elle rencontra dans son passage du côté d'Oisy le village de Mazinguet, et du côté de Wassigny celui de Ribeauville où les Français, sous la protection de leurs retranchements, se défendaient avec beaucoup d'opiniâtreté, et d'où ils ne se retirèrent qu'après une canonnade très vive de part et d'autre. Les Autrichiens éprouvèrent encore beaucoup de résistance à Oisy et à Wassigny qu'ils emportèrent enfin et où ils réussirent à s'établir ainsi que dans les bois d'alentour. La petite réserve de droite aux ordres du général Bellegarde (voyez l'ordre de bataille) en faisait partie et lui servait d'avantgarde. Elle poussa jusqu'au grand et petit Blocus dont elle prit possession; et le 18 au matin, elle envoyait déjà des postes jusqu'à Henappes sur la route de Guise et jusqu'à Etreux. Ces deux postes sont situés sur le Noirieu.

Les quatrième et cinquième colonnes étaient aux ordres du duc d'York, et ce prince commandait particulièrement la quatrième, ayant sous lui le général Otto. Cette dernière devait être employée à emporter les redoutes et le village de Vaux-en-Arrouaise et à s'emparer des bois dits la Haye-Menneresse contigus au bois de Bohain, lesquels étaient environnés de retranchements et d'abatis de tous les côtés. Les défilés et ravins qu'elle eut à traverser furent cause qu'elle ne put parvenir à sa destination qu'un peu après midi. Elle déboucha au point d'attaque par les villages de Saint-Benin et de Saint-Souplet; et, à peine commençait-elle à se développer sur les hauteurs entre Saint-Martin-Rivière et Vaux qu'elle se trouva sous le feu de la redoute du Moulin qui la salua d'une vive canonnade. Mais, quoique très près, elle ne resta pas longtemps exposée aux effets de l'artillerie ennemie, le général ayant immédiatement profité de l'inégalité du terrain pour la mettre à couvert en attendant sa destination ultérieure.

La position de l'ennemi était très forte en cet endroit. Son infanterie était répartie à droite et à gauche de la redoute du moulin de Vaux; et une partie d'elle était à couvert derrière des abatis pratiqués à cet effet autour de la Haye-Menneresse, qui en était environnée depuis Vaux jusqu'à Busigny. En avant de ce développement, sur la gauche, il y avait encore trois autres redoutes qui occupaient les saillants de cette côte; mais l'ennemi, en cette occasion, ne songea pas à s'en servir contre les Alliés, n'ayant vraisemblablement pas eu le loisir de transporter du canon, attendu la manière mystérieuse avec laquelle cette opération avait été concertée; seulement une flèche près de Busigny était armée.

Le duc d'York prit la résolution de tourner la position ennemie par sa droite; et, à cet effet, il fit d'abord établir une batterie près d'un moulin qui, par un feu bien servi, répondit à celui de la redoute du moulin de Vaux. Cette batterie était soutenue à droite par trois bataillons autrichiens; et, sur la hauteur opposée à l'ennemi, il fut détaché un corps de cavalerie suffisant pour attirer son attention. Pendant ce temps, la réserve, aux ordres du général Abercromby, marchait par sa gauche de manière à pouvoir masquer son mouvement à la faveur des inégalités du terrain; et, aussitôt que ce corps eut gagné le flanc de l'ennemi, deux compagnies d'infanterie légère d'Odonnell, soutenues par deux compagnies de grenadiers du premier régiment des Gardes, donnèrent l'assaut à la redoute et s'en emparèrent. En même temps, les trois bataillons autrichiens qui tenaient la droite de la batterie anglaise, conduits par le général major Petrasch, attaquèrent les bois et se rendirent maîtres des ouvrages qui y étaient pratiqués pour en défendre l'accès.

Le feu de l'ennemi fut d'abord très vif; mais, à peine eut-il aperçu le mouvement fait pour le tourner qu'il commença à se retirer de tous les côtés. On le voyait gagner avec précipitation la route du bois qui conduit à Bequigny et ensuite à Bohain. Un détachement de cavalerie composé de hussards d'Esterhazy et d'un escadron du 16e régiment de dragons légers, le tout aux ordres du major Loppert, fut envoyé pour tourner le bois et prendre l'ennemi par sa gauche du côté de Busigny. Ce détachement rencontra d'abord dans les environs de ce village un corps de hussards français qui arrivait de Bohain pour appuyer la gauche de l'infanterie du poste de Vaux. La cavalerie des alliés le chargea avec vigueur. Ce corps, après une résistance de peu de durée, se retira par le chemin qu'il avait pris pour venir et laissa ainsi à découvert les débris de l'infanterie française qui fuyait le long du bois.

Elle fut ainsi en partie coupée dans la retraite et obligée d'abandonner 4 pièces de canon et un obusier, après avoir perdu quelques hommes.

Dans le même temps, la cavalerie de l'avant-garde, commandée par le colonel de Vay, prenait les Français par leur droite et les poursuivait à travers les routes du bois jusqu'à Bohain, qu'ils furent même bientôt obligés d'abandonner.

La cinquième colonne, aux ordres du général sir W. Erskine, réussissait aussi complètement dans l'exécution de ce dont elle était chargée. Au moment où le duc d'York commençait son attaque, cette colonne, qui avait pris sa direction par Marets et Prémont, tournait aussi la Haye-Menneresse et le bois de Bohain, et facilitait par cela même les opérations de la quatrième colonne dont elle couvrait la droite. Elle ne rencontra de résistance qu'à Prémont où l'ennemi était posté dans une situation assez forte.

Le général Erskine avec trois bataillons de Kaunitz, protégé par un feu bien réglé de l'artillerie autrichienne et anglaise de la réserve commandée par le lieutenant-colonel Congreve, attaqua le poste de front; tandis que le lieutenant-général Harcourt, avec une brigade de l'infanterie anglaise, le régiment autrichien des cuirassiers de Zeschwitz et quatre escadrons de dragons anglais, tournait la position par sa gauche. Les retranchements qui la couvraient furent emportés avec deux pièces de canon et un drapeau. Enfin le général Harcourt, après avoir laissé une partie de ses troupes dans Prémont, se mit à la tête du reste pour achever de tourner le bois de Bohain qu'il longea dans l'espace d'une demi-lieue seulement.

. . . .

Les armées passèrent la nuit du 17 au 18 au bivouac, chaque colonne dans la partie où elle avait pénétré, après avoir poussé des postes en avant et sur les flancs.

La colonne du duc d'York se forma partie à droite, partie à gauche de la redoute du moulin de Vaux; et le prince, avec son état-major, passa la nuit dans le village, dont près de la moitié venait d'être livrée aux flammes; il en avait été de même de tous les villages où l'ennemi avait fait quelque résistance. . . . .

. . . .

Le 19 ils (*les Républicains*) se présentèrent contre la chaîne d'avant-postes autrichiens et hessois, commandés par le lieutenant-général de Wurmb, qui étaient répartis entre Somaing et Ruesnes et en même temps contre ceux qui étaient placés vis-à-vis de Bouchain, en avant du corps d'armée campé autour de Denain. Mais les troupes qu'ils avaient détachées pour ces différentes expéditions furent obligées de se retirer dans le camp de César, d'où elles étaient parties. Tout l'avantage qu'elles avaient pu obtenir, était d'avoir tué aux Hessois environ 70 hommes (dont 5 officiers). Ce léger succès n'avait pas laissé de leur coûter à eux-mêmes beaucoup de monde.

29

Extraits du rapport du général Roulland, commandant la place de Landrecies à la Convention nationale.

... La place de Landrecies était armée de 15 bouches à feu, dont 3 du calibre de 24, les autres de 16, 12, 8 et 4 et de quelques pierriers; les pièces des bataillons ne sont pas comprises dans ce nombre.

Sur la demande qui avait été faite au ministre de 12 bouches à feu, tant par le général Roulland le 20 ventôse, que par ceux commandant avant lui, elles arrivèrent sans aucun empêchement le 28 germinal sur les dix heures du matin environ. Il y avait du canon du calibre de 12 et de 8 et 2 obusiers de 6 pouces. Ces bouches à feu avaient été envoyées de l'arsenal de Paris sans être accompagnées de munitions, quoiqu'il en eut été demandé en même temps. Il ne fut point aussi envoyé d'obus, il n'y en avait point dans la place de ce calibre et ces deux obusiers ont été inutiles à sa défense.

Le même jour, 28 germinal, environ midi, on entendit un grand bruit de canon et de mousqueterie du côté de Catillon, le citoyen Cantagrelle, chef de brigade, commandant temporaire de la place, et le général Roulland se rendirent sur les remparts, y reconnurent bien que le feu venait du côté de Catillon; mais ils crièrent que c'était un fourrage parce qu'il s'en était déjà fait plusieurs dans cette contrée, ils furent détrompés par l'arrivée de plusieurs chasseurs à cheval qui dirent que l'ennemi venait de forcer les postes d'Ors, de Catillon et de la Groize; ils annoncèrent que la troupe se retirait sur Landrecies. Il leur ordonna de rejoindre à l'instant leur corps, fit fermer les portes, lever les ponts-levis de celle de France et battre la générale, ce qui fut exécuté en sa présence. Dès que la troupe eut pris les armes, il écrivit aux généraux Fromentin et Montaigu pour les prévenir de la prise de ces postes, il monta à cheval pour aller examiner ce qui se passait en avant de la porte de France, il rencontra entre les deux ponts le général Fromentin auquel il fit remettre sa lettre par l'ordonnance qui sortait avec lui et qui en était chargé. Le général Fromentin confirma ce qu'on venait de lui apprendre et lui dit qu'il allait chez lui pour écrire au général en chef sur cette affaire. Le général Roulland lui annonça qu'il allait disposer la troupe qui ferait sa retraite; le général Fromentin s'en rapporta entièrement à lui, il trouva plusieurs bataillons qu'il fit remettre en ordre et fit placer des postes dans les endroits les plus convenables; un moment après arriva le général Soland et, l'ennemi n'avançant plus, ils se rendirent auprès du général Fromentin qu'ils trouvèrent à écrire au général en chef pour le prévenir que les postes d'Ors, Catillon et la Groize avaient été forcés par 70,000 hommes; ce général dépêcha un des meilleurs courriers de son état-major pour aller porter ces fâcheuses nouvelles.

Les généraux Fromentin et Soland partirent, il les accompagna jusqu'au lieu où était la troupe; le général Fromentin fit partir tous les bataillons et lui laissa sur ses observations le restant de deux bataillons de Saint-Denis et de la 123e demi-brigade; il lui laissa aussi les canonniers de l'artillerie légère qui étaient à cheval et avaient perdu leur pièce, ainsi qu'un détachement de cavalerie, qui de la Groize s'était replié sur Landrecies. Cette troupe fut destinée à aider celle qui aurait pu être tirée de la place pour prendre l'ennemi en flanc et en queue sur les hauteurs de la Folie, si on fût parvenu à le repousser; mais ce projet ne put être mis en exécution et cette troupe bivouaqua à la porte de France pour garder les avancées; dès lors il fit rétablir les ponts de communication du corps de la place aux chemins couverts.

30

Extrait du Mémoire historique des évènements qui ont précédé, accompagné et suivi le siège de Landrecies par les tyrans coalisés.

Le 28, à dix heures du matin, arrivent à Landrecies 12 pièces d'artillerie pour armer le camp retranché, mais sans caissons ni munitions. Il y a quelque chose de remarquable dans la conduite de cette artillerie, c'est qu'au lieu de l'amener directement le 27, les conducteurs, contre l'usage des transports militaires et contre toutes les règles de la prudence, dans des circonstances pareilles, ont couché la nuit du 27 au 28 à la Groize, au milieu de nos avant-postes et de ceux de l'ennemi et que, s'ils en fussent partis une heure plus tard, notre artillerie était encore prise. En effet, vers les neuf heures du matin, nos avant-postes vers Ors, Catillon et la Groize furent forcés et l'ennemi vint intercepter la communication de Réunion jusqu'à un quart de lieue de la place.

Le général Roulland, informé de ce qui se passait, fit battre la générale; au même instant les autorités constituées s'assemblèrent à la maison commune et y restèrent jusqu'à six heures du soir sans recevoir aucune nouvelle du résultat de l'affaire.

Elles prirent un arrêté qui invitait le général à les informer de l'état des choses et des mesures qu'elles avaient à prendre. Il répondit par écrit qu'il s'était occupé d'abord du plus pressant et qu'il allait se rendre au lieu de leur séance; il y vint en effet vers les huit heures du soir en prévenant que, sur le point d'être bloqué, on devait prendre des mesures. En conséquence on arrêta de suite de faire sortir le plus de bouches inutiles qu'il serait possible; de convertir sur-le-champ en farine tous les grains qui se trouvaient dans la commune et de les placer, autant que faire se pourrait, dans différents endroits les plus à l'abri de l'incendie.

31

Le général Fromentin au général Favereau.

Le 29 germinal an II (18 avril 1794).

Le général Schalchter t'a sûrement prévenu hier que l'ennemi avait attaqué le poste de Catillon, qu'il s'en était rendu maître ainsi que de la Groize et d'Ors; des forces bien supérieures (puisque les rapports les portent de 70,000 hommes) nous ont obligé de nous retirer sur Priches, Petit et Grand-Fayt et Favril.

Le dessein de l'ennemi est, dit-on, de se porter sur Landrecies et Réunion. Balland s'est aussi trouvé obligé de battre en retraite. J'attends ce matin des nouvelles du mouvement de l'ennemi. Nous sommes sans fourrage, il en manque à Landrecies ainsi que du bois; j'en ai fait mon rapport au représentant du peuple Laurent. Je te prie de lui communiquer cette lettre.

Signé : FROMENTIN.

32

L'adjoint provisoire de la Commission de l'organisation et du mouvement des armées de terre aux représentants du peuple membres du Comité de Salut public.

Paris, 1er floréal an II (20 avril 1794).

Je reçois à l'instant la lettre du général Pichegru (dont copie ci-jointe) adressée au ministre de la Guerre pour annoncer l'échec que les divisions des généraux Balland et Goguet ont essuyé dans la trouée de Landrecies. Le général en chef y a envoyé des secours et va faire une diversion de son côté.

Ce malheureux événement paraît être l'effet d'une trahison de quelques scélérats d'officiers désertés à l'ennemi et des colloques d'un chef d'escadron du 16e régiment de cavalerie avec eux. Vous jugerez sans doute convenable de donner des ordres pour faire instruire cette affaire sur les lieux par le tribunal criminel militaire, sauf à renvoyer ensuite au tribunal révolutionnaire, et peut-être serait-il nécessaire de rappeler, dans une courte adresse aux troupes, tout ce qu'elles doivent de haine et de mépris aux tyrans et à leurs satellites.

Vous verrez avec satisfaction, par la copie ci-jointe de la dépêche du général en chef Jourdan, que l'opération de l'armée de la Moselle pour couper la communication de Trèves et Luxembourg avec les Pays-Bas par les Ardennes, a eu tout le succès qu'on pouvait désirer. Le quartier général est à Arlon. Ce succès rendra moins sensible l'événement de Catillon et arrêtera l'ennemi, qui n'osera pas s'engager en voyant sa ligne d'opération de Trèves à Namur coupée.

Salut et fraternité.

L.-A. PILLE.

33

Le général Fromentin au général Duhesme.

Avesnes, le 29 germinal an II (18 avril 1794).

Mon cher camarade.

Tu me demandes des nouvelles : l'ennemi se porte sur deux colonnes sur Réunion. Il s'est emparé des bois du Nouvion et l'on dit même qu'il est à couper la route de la Capelle. Si cela est, nous ne sommes pas à notre aise. Tiens-toi sur tes gardes et je te dirai que Soland va être peut-être obligé de battre en retraite ainsi que Montaigu sur la Haye d'Avesnes. Je te donnerai des nouvelles plus amples.

Salut et fraternité.

Signé : FROMENTIN.

34

Le général Despeaux au général Favereau.

Le 29 germinal an II (18 avril 1794).

Je te préviens, mon camarade, que Mayer vient de recevoir une lettre du général Montaigu, par laquelle il lui annonce que l'ennemi s'avance en grand nombre, surtout en cavalerie; qu'il occupe depuis le village de Priches jusqu'à Favril. Il a reçu l'ordre du général Fromentin, en cas qu'il fût forcé, de faire sa retraite sur la Haye d'Avesnes et de nous faire passer ses pièces de position. . . . .

35

Le général Favereau au général Despeaux.

Maubeuge, le 29 germinal an II (18 avril 1794).

Je reçois, mon camarade, ta lettre de ce jour qui m'annonce que l'ennemi occupe Favril et Priche; ces positions étaient occupées par le général Soland : où a-t-il fait sa retraite? sur les haies de Catilènes? tant mieux, parce qu'on le tiendrait en échec assez longtemps pour lui opposer des forces majeures. Il reste les positions de Cartigny, de Petit-Fayt et Grand-Fayt, le long de la rivière la Petite-Helpe, qui doivent être occupées par nos troupes et qui, en cas de retraite, se porteraient avec la brigade du général Montaigu sur la Haye d'Avesnes, renforcée par celle du général Mayer qui ne laisserait pas que d'opposer une masse assez conséquente. Dans tous les cas, tiens-toi fortement sur tes gardes; que les troupes ne se déshabillent pas et soient rassemblées. Tiens ton artillerie prête. Prends bien garde de ne pas l'engager. Préviens le général Mayer de redoubler de surveillance et de se concerter avec le général Montaigu pour le soutenir dans le cas qu'il soit obligé de faire retraite sur la Haye d'Avesnes. . . . .

36

Le général en chef Pichegru au général Favereau.

Lille, le 30 germinal an II (19 avril 1794).

. . . .

P.-S. — D'après les mouvements qui se sont passés du côté de Réunion, je suis fort en peine sur notre situation actuelle. Donne-moi, je te prie, connaissance de ce qui se passe autour de toi.

Je te préviens que le général Ferrand va se porter sur cette partie, tu voudras bien correspondre avec lui (1).

---

(1) *Post-scriptum* de la main de Pichegru. La lettre concerne la désignation d'un officier du génie pour Maubeuge : Pichegru voudrait en retirer le chef de bataille Marescot, à moins que sa présence ne soit indispensable, et le remplacer par Casimir Poitevin.

37

Le général Favereau au général Duhesme.

Avesnes, le 30 germinal an II (19 avril 1794).

Il est ordonné au général de brigade Duhesme de marcher avec toute sa troupe, soudain le présent ordre reçu, sur Avesnes. Il se mettra en bataille à Beaulieu-Basse et fera avertir le général de division Fromentin qui lui donnera sa destination. Il laissera des postes jusqu'à l'arrivée des troupes qu'enverra le général Desjardin pour les relever qui prendront la même route et s'adresseront également au général Fromentin. Il laissera le commandement des troupes qui se trouveront de garde à un chef de bataillon. Il fera marcher avec lui sa cavalerie et laissera celle du 6e régiment au quartier général d'Avesnes.

Le général commandant en chef provisoirement les divisions de Maubeuge et Avesnes.
Signé : FAVEREAU (1).

---

(1) On a vu que Favereau avait reçu du représentant du peuple Laurent le commandement provisoire des quatre divisions. Cette mesure avait été prise d'après décision d'un conseil de guerre réuni à Maubeuge :

« Ce jourd'hui 30 germinal, deuxième année républicaine, le conseil de guerre assemblé en vertu de la convocation du général Favereau, commandant les trois divisions réunies sous Maubeuge, après avoir fait part que, suivant l'avis à lui donné, il résulte des mouvements faits par les ennemis qu'ils se trouvent actuellement à la Capelle et que les communications sont interceptées.

« Il a été arrêté à l'unanimité que les moyens seraient pris pour rétablir une communication, et que, vu la position, il serait provisoirement nommé un général en chef pour le commandement des divisions qui peuvent se communiquer.

« Des quatre divisions qui peuvent se communiquer, le général Favereau se trouvant en commander trois, le commandement général lui est affecté... » Ledit procès-verbal est signé par : Contamine, maire; Lambert, notable; Ransonnet, général; Drolenvaux, commissaire ordonnateur; Coliny, général de brigade; Desjardin; Destribart et Saint-Martin, chefs de bataillon; Marescot, officier du génie; Tardieu, chef de brigade; Haquin, adjudant général; L. Gelly, chef de bataillon; Maniere, commandant adjoint; Le Terrier, commandant temporaire; Valsin, commandant l'artillerie; Laurent; Favereau, général de division.

38

Le général Favereau au général Balland.

Avesnes, le 30 germinal an II (19 avril 1794).

Le général Fromentin m'a communiqué, mon brave général, ta lettre de ce jour qui lui annonce l'arrivée du général Pichegru. Je ne te tairai pas que cette arrivée contente nos cœurs, parce que nous serons à même de faire repentir l'ennemi de son effronterie. La communication coupée avec la Capelle m'a porté à faire marcher 8 bataillons que j'ai mis à la disposition du général Fromentin sous les ordres du général Duhesme pour tâcher de nous faciliter l'arrivée de nos subsistances. Compte sur ce point.

Ta lettre me porte à faire marcher sur Grand et Petit-Fayt et Marvilles quatre bataillons que je vais extraire de mes divisions. Enfin je ferai l'impossible pour seconder ton mouvement.

Fromentin t'a écrit quatre lettres que tu auras sûrement reçues. Courage, mon brave général, la patrie attend de nous son bonheur.

Tâche de me faire passer de tes nouvelles. Paye bien les émissaires. C'est le seul moyen de pouvoir nous communiquer. Vive la République! en avant les sans-culottes!

Communique mes intentions au général en chef.

Je te préviens que la communication coupée avec la République entière a déterminé le représentant du peuple Laurent à me donner le commandement en chef des troupes qui sont à Maubeuge et Avesnes, etc. Il me tarde que le succès de nos armes me soulage de ce poids.

Mon adresse : au général Favereau ou au général Fromentin à Avesnes.

Signé : FAVEREAU.

39

Le général Favereau au général Desjardin.

Avesnes, le 30 germinal an II (19 avril 1794).

Il est ordonné au général de division Desjardin de faire marcher trois bataillons de troupes qui sont sous ses ordres à Avesnes; ils viendront se mettre en bataille à Beaulieu-Basse; le commandant ira en prévenir le général Fromentin qui leur donnera leur destination. Le commandement de cette colonne sera donné à l'officier auquel le général Desjardin jugera appartenir.

Comme je viens de donner l'ordre au général Duhesme de marcher avec sa brigade pour Avesnes, qu'il a laissé ses postes avancés garnis jusqu'à l'arrivée des troupes qui doivent le remplacer à Solre-Libre et arrondissements, le général Desjardin fera marcher sans perdre de temps celles suffisantes pour le remplacement de la brigade du général Duhesme.

Cette mesure est pressante et de salut public, puisqu'il doit en résulter le salut de nos armes (1).

Signé : Favereau.

40

Le général Fromentin au général Favereau

Avesnes, le 30 germinal an II (19 avril 1794).

Je viens d'écrire au général Soland pour qu'il m'envoie 2 escadrons et un bataillon que je vais faire porter de suite à Etreux. L'ennemi se présente au Petit et au Grand-Fayt et à Cartigny. J'ordonne à Soland de bien se défendre et, en cas de retraite, de la faire sur la route d'Avesnes à Landrecies; si l'ennemi forçait cette retraite, il se retirera sur Avesnes.

Le général Montaigu vient de m'écrire qu'il ne savait si la route de Maroilles à Landrecies était interrompue; qu'il allait s'en assurer.

Signé : Fromentin.

Un peu plus tard, le même jour, Fromentin écrit de nouveau à Favereau :

Je te préviens que l'ennemi occupe la Capelle, et même la Flamengerie.

---

(1) Le même jour Favereau avise de ces dispositions le représentant Laurent et le général Fromentin.

« Je te préviens, écrit-il à ce dernier, que, vu l'urgence d'établir la communication avec la Capelle, je te fais passer la division (brigade) du général Duhesme et trois bataillons de la division du général Desjardin; tu disposeras de ces forces vu que les tiennes ne sont pas suffisantes pour assurer cette communication qui nous est très précieuse pour tirer de Laon les subsistances qui nous manquent.

« Je ne doute pas que les généraux Balland et Goguet, sachant notre position, n'attaquent demain l'ennemi avec vigueur. Pour lors, tu pourras avec beaucoup d'avantage réunir ton attaque aux leurs, seul moyen pour couper l'ennemi. »

Le général Soland occupe toujours Petit et Grand-Fayt et Cartigny; mais si l'ennemi s'avance par la route de la Capelle, il sera forcé à la retraite.

Le général Balland a écrit hier soir qu'il attaquera l'ennemi conjointement avec Goguet, aussitôt qu'il connaîtra sa position. Puisse-t-il le faire aujourd'hui!

La route de Landrecies (1) est encore libre; le général Roulland qui y commande a écrit hier soir au général Montaigu que l'ennemi s'est campé en avant de la forêt d'Ors.

Si tu as quelques instructions à nous faire passer, fais-le de suite.

MARS,
Aide de camp du général Fromentin.

41

Le général Fromentin au général Duhesme.

Avesnes, le 30 germinal an II (19 avril 1794).

L'ennemi, mon cher camarade, occupe maintenant la Capelle et la Flamengerie, ce qui va peut-être obliger Soland de battre en retraite ainsi que le général Montaigu qui la fera dans la Haye d'Avesnes.

Quant à toi, je n'ai pas besoin de te recommander la plus grande surveillance et de t'engager à te bien battre si tu étais attaqué.

Je t'informerai de tous les mouvements que nous pourrions faire.

Préviens-moi de tous ceux que l'ennemi pourrait faire de ton côté.

Salut et fraternité.
Signé : FROMENTIN.

42

Le général Fromentin au général Duhesme.

Avesnes, le 30 germinal an II (19 avril 1794).

Il est ordonné au général de brigade Duhesme de se rendre avec sa brigade à Etreungt où il restera et s'y gardera militairement. Il donnera des ordres pour faire rétablir le pont; il poussera des patrouilles jusqu'à Larouillies et aura soin de communiquer avec les troupes de la brigade de Soland qui se trouvent

---

(1) La route de Landrecies à Avesnes.

à Boulogne. Il ne se compromettra en rien s'il entend l'attaque de Balland. Il pourra pousser des postes en avant et se gardera bien sur sa droite; il m'informera de tous les mouvements de l'ennemi et de tous ceux qu'il pourra faire.

Le général Duhesme donnera l'ordre à ses troupes de laisser leurs bagages sur les glacis près de Beaulieu-Basse.

Signé : FROMENTIN.

43

Le général de division Drut au Comité de Salut public.

Douai, le 4 floréal an II (23 avril 1794).

Citoyens,

Je vous rends compte de l'expédition que j'ai fait le 30 germinal sur Abscon, dans laquelle les troupes de la division que je commande se sont couvertes de gloire.

L'ennemi se montrant depuis quelques jours sur mes avant-postes dans les bois de Pecquencourt, en avant des villages de Montigny et Lewarde, j'ai voulu lui prouver ce que pouvaient les Républicains qu'il avait l'audace d'inquiéter. J'avais en conséquence fait des dispositions pour surprendre à l'ennemi le poste d'Abscon gardé par 70 hommes de cavalerie. Trois colonnes de cavalerie commandées par le général Bonnaud (1) entourèrent ce village à trois heures et demie du matin, y firent 20 prisonniers et égorgèrent le reste du poste. Ce coup de main fait, le général Bonnaud prit en avant du village, vis-à-vis Somain, Escaudin, Lourches et Rœulx, une position qui lui donna le temps de fouiller

---

(1) Voir le *Journal de la 3ᵉ division* par le général Bonnaud.

« Ce mois [germinal] se passa dans la même position, sinon quelques mouvements d'avant-postes faits pour serrer de plus près l'ennemi et gagner quelques villages, ce qui était fort essentiel par rapport aux subsistances.

« Le 30, je reçus l'ordre de diriger une attaque de cavalerie sur Abscon, où l'ennemi était en force et soutenu par les postes de Villers-en-Parche, Escaudin, etc.; elle réussit fort bien, 200 chevaux, 100 prisonniers en furent le fruit, l'ennemi perdit en outre 100 hommes, à en juger par le champ de bataille qui nous resta; il nous montra beaucoup de cavalerie que j'estimai à 2,400 chevaux; nous n'étions que 2,000 et nous ne perdîmes que quelques hommes. »

ce village et de faire conduire sur ses derrières des bestiaux de toutes espèces qu'on y trouva.

Le général Bonnaud, après s'être assuré de n'avoir rien laissé dans Abscon, donna des ordres pour la retraite. Elle se faisait dans le meilleur ordre lorsque quatre escadrons d'esclaves hussards Sterhasie [Esterhazy], de dragons et de cuirassiers hoisses osèrent nous charger. Rien ne peut alors retenir la rage des Républicains. Ils fondent sur l'ennemi, culbutent les escadrons, laissent 50 hommes sur le carreau, font 120 prisonniers et emmènent 160 chevaux. Je dois de grands éloges aux troupes qui ont eu l'avantage de donner dans ce moment; celles qui se sont plus particulièrement distinguées jouissent d'un double avantage puisqu'elles ont été plus utiles et qu'elles donneront aux autres un exemple que l'on sera toujours jaloux d'imiter.

Salut et fraternité.

DRUT.

44

Extrait des mémoires militaires du général Duhesme.

. . . .

Sur la fin de germinal, l'ennemi ouvrit la campagne par des grands mouvements et par le blocus de Landrecies qu'il effectua en forçant nos cantonnements sur la Sambre.

La brigade du général Soland fut repliée derrière la rivière de Marvilles et séparée de la division de sa gauche aux ordres du général Balland qui fut repoussée jusque derrière la forêt de Nouvion. La garnison de Landrecies fut renforcée par cette irruption qui força quelque infanterie à se jeter dans cette place.

L'ennemi, poussant une pointe jusque sur la Capelle, intercepta notre communication directe avec le reste de l'armée et Paris.

Les divisions sous Maubeuge et celle de Fromentin se trouvaient dans l'incertitude des mouvements et dans la crainte de manquer de pain et fourrages.

Avesnes et Maubeuge n'étaient pas approvisionnés pour dix jours; les représentants du peuple tinrent un conseil de guerre où l'on proposa de se retirer par Philippeville, mais on n'y décida rien.

Le général Favereau fut chargé du commandement provisoire de ce corps d'armée, et l'on prit la résolution plus généreuse de chasser l'ennemi de la Capelle, afin que, la communication étant liée avec le reste de l'armée, on pût prendre de bonnes mesures pour débloquer Landrecies.

Le général de brigade Duhesme, qui était alors à Maubeuge, offrit de faire l'attaque pour laquelle il avait fortement opiné; il reçut donc l'ordre de quitter avec sa brigade la position de Solre-le-Château et y fut remplacé par quatre ou cinq bataillons et quelques escadrons de la division du général Desjardin. Il marcha toute la nuit, passa sur les glacis d'Avesnes, arriva le 1er floréal à la pointe du jour à Estrun (sur la route de la Capelle) où il prit son quartier général et poussa une partie de ses troupes au village de Floyon et la Rouillée dont il chassa l'ennemi après une vive et courte escarmouche.

45

Positions de l'armée du [Nord] (1).

Elle est la même que celle de la 2e décade de germinal, excepté cependant les divisions des généraux Balland et Goguet qui ont

---

(1) Cette pièce non datée, a dû être adressée, le 30 germinal ou le 1er floréal, par Pichegru, au ministre ou au Comité de Salut public.

Elle porte, en bas de page, les annotations suivantes d'une autre écriture et qui semblent avoir été inscrites à Paris, après réception :

Résultat de l'Armée active au 30 germinal.

Officiers........................	5,077	} 173,979
Troupes.........................	168,902	

Dont :

Détachés........................	6,950		
Hôpitaux........................	18,738	} 26,775	
En congé........................	487		
En prison.......................	600		
	26,775	147,204	
Canonniers attachés aux bataillons..		3,653	
		150,857	
Domestiques.............	680		
Charretiers..............	3,176	} 4,150	
Vivandières.............	294		} 4,817
Femmes.................	667		
			155,674

été obligées de se replier sur Réunion-sur-Oise. J'attends des détails, et, à la 1re décade de floréal, il en sera fait mention.

Mouvements de l'ennemi.

20,000 hommes ont marché du côté de Bouchain et Cambrai pour presser l'ennemi par ses flancs.

Le général en chef de l'armée du Nord,
PICHEGRU.

Chevaux de troupes et d'artillerie.............	17,683
Chevaux d'officiers ou d'équipages............	3,610
TOTAL.........	21,293

LIBERTÉ

ARMÉ

Camps et cantonnements
des différentes divisions de l'armée

RAPPORT GÉNÉRAL du 30

DÉSIGNATION DES CORPS		Officiers présents	Force d'hier	SOUS-OFFICIERS E		Force d'aujourd'hui
				REMPLAC. Soldats rentrés au corps	PERTE Morts ou désertés	
CAMP DE MAUBEUGE aux ordres du général FAVEREAU, quartier général à Maubeuge. *Général de brigade* : Coligny. *Adjudant général* : Haquin. *Adjoints* : Mallerot, Lemperière. *Aides de camp* : Castagna, Couvreur, Fanart.	Bat. de Molière............	25	1,040	»	»	1,040
	2º du 18º régiment.........	26	1,041	»	1	1,040
	1ᵉʳ du Nord................	30	1,032	»	»	1,032
	5º de l'Yonne.............	35	1,040	»	»	1,040
	6º de l'Yonne.............	35	1,040	»	»	1,040
	1ᵉʳ de la Haute-Vienne.....	31	1,042	»	»	1,042
	11º des Vosges............	34	1,054	»	»	1,054
	Sapeurs de Cambrai........	9	770	»	»	770
	Détach¹ des 7º et 3º d'artillerie.	13	245	11	»	256
		238	8,304	11	1	8,314
DIVISION aux ordres du général DESPEAUX, quartier général à Limonfontaine, p. Maubeuge. *Généraux de brigade* : Richard, Ransonnet. *Adjudant général* : Rouvin. *Adjoint* : Le Dru. *A. de camp* : Tardieu, Ransonnet, Laurent, Maisonneuve.	1ᵉʳ du 25º régiment........	24	974	»	»	974
	6º du Pas-de-Calais........	33	1,038	»	»	1,038
	1ᵉʳ du Loiret..............	23	1,042	»	»	1,042
	4º du Nord................	23	1,034	»	»	1,034
	1ᵉʳ du 17º d'infanterie.....	29	1,051	»	1	1,050
	1ᵉʳ des chassᵘʳˢ du Hainault...	27	1,028	»	»	1,028
	3º de la Meurthe...........	27	1,068	»	»	1,068
	6º régiment de cavalerie....	25	515	»	»	515
	6º compagnie du 3º d'artillerie.	2	55	»	»	55
		213	7,805	»	1	7,804
DIVISION aux ordres du général DESJARDIN, quartier général à Cerfontaine, près Maubeuge. *Généraux de brigade* : Mayer, Poncet. *Adjudant général* : Charpentier. *Adjoints* : Amiel, Richard. *Aides de camp* : Gauthier, Rognon, Mayer fils, Letellier.	4º des chasseurs francs.....	22	1,011	»	»	1,011
	10º infanterie légère.......	24	1,033	»	»	1,033
	15º compᵃⁿ d'artillerie légère..	3	98	»	»	98
	16º régiment de chasseurs..	16	370	»	»	370
	7º régiment de dragons.....	26	503	»	»	503
	1ᵉʳ du 18º régiment........	24	1,035	»	»	1,035
	1ᵉʳ du 49º régiment........	27	1,273	»	3	1,270
	1ᵉʳ du 89º régiment........	17	1,160	»	»	1,160
	1ᵉʳ du 68º régiment........	27	1,057	»	»	1,057
	2º du 68º régiment........	29	1,041	»	»	1,041
	2º de Mayenne-et-Loire.....	31	1,024	»	»	1,024
	2º du Calvados............	28	1,029	»	»	1,029
	2º du Haut-Rhin...........	27	1,235	»	»	1,235
	2º de la Nièvre............	23	1,042	»	»	1,042
	3º de l'Eure..............	27	1,096	»	»	1,096
	3º de la Haute-Marne......	31	1,040	»	»	1,040
	5º de la Somme...........	29	1,013	»	»	1,013
	6º de l'Oise..............	31	1,039	»	»	1,039
	Détachemᵗ du 3º d'artillerie.	6	112	»	»	112
		448	17,231	»	3	17,228

ÉGALITÉ

D AN II

publicain (19 avril 1794).

Au quartier général de Lille

Présents sous les armes	Manque au complet	Canonniers attachés aux bataillons	Domestiques d'officiers	Charretiers	Vivandiers	Femmes de soldats	CHEVAUX de troupe ou d'artillerie	d'officiers ou d'équipages	Manque au complet	OBSERVATIONS
836	25	2	11	2	2	2	18	12		
821	»	3	2	2	4	2	8	3		
703	44	2	10	2	2	2	17	12		
851	42	2	11	»	4	4	17	4		Camp de Maubeuge.
749	31	4	13	»	4	4	18	13		
889	26	1	10	1	1	3	21	5		
939	34	2	10	3	4	16	11			à Rousies.
665	»	»	»	»	»	1	»	»		à Louvroil.
238	»	»	»	»	1	3	»	»		
6.691	202	16	67	11	27	115	60			
790	36	9	22	2	4	18	29			à Baschamp.
887	56	2	15	2	4	28	4			à Saint-Remy-Malbati.
770	52	4	12	3	4	18	12			à Haumont.
793	24	2	6	1	4	17	12			à Saint-Aubain.
949	28	6	14	1	3	18	33			à Monceau-Saint-Vaast.
927	»	4	2	4	4	»	11			à la ferme de la Puissance.
876	30	8	11	1	3	21	4			à Saint-Remy-Chaussée.
480	»	10	2	1	4	473	62			Id.
54	»	»	36	»	»	72	1			à Lismont.
6,526	226	45	120	15	30	665	168			
853	»	4	2	1	4	7	44			à Réquignies.
817	»	8	2	1	4	»	11			à Etrée.
89	»	»	95	»	1	59	170			à Guemons.
324	»	7	1	»	1	313	17			à Quiévelont.
471	»	7	1	»	»	486	44			à Ferierre la Petite.
815	24	6	19	»	4	18	29			au camp de Cerfontaine.
1,030	17	3	12	2	4	18	13			à Rocq.
918	25	3	11	1	5	12	8			à Quiévelont.
758	»	1	2	»	4	»	13			à Obrechies.
900	24	»	17	»	4	19	9			à Cerfontaine.
865	26	4	11	»	2	18	7			à Ferierre la Petite.
966	21	1	14	1	2	18	8			à Damousies.
981	19	2	8	1	5	18	11			à Colleret.
843	48	»	17	»	4	42	2			au camp de Cerfontaine.
978	50	»	9	1	3	25	5			Id.
891	30	4	13	»	4	18	14			à Guemons.
844	31	»	16	2	4	18	3			à Cerfontaine.
949	47	4	12	4	»	18	12			au bois Rousies.
100	»	»	65	»	1	123	»			à Cerfontaine.
14,392	362	54	327	14	56	1,230	410			

DÉSIGNATION DES CORPS		Officiers présents	Force d'hier	SOUS-OFFICIERS E		Force d'aujourd'hui
				REMPLAC. Soldats rentrés au corps	PERTE Morts ou désertés	
Division aux environs d'*Avesnes*, aux ordres du général Fromentin, quartier général à Avesnes. *Généraux de brigade :* Soland, Montaigu, Duhesme. *Adjudant général :* chef de brigade, Ormancey. *Adjoints :* Valat, Saligny. *Aides de camp :* Mars, Grandemange, Crestault, Lenglet. Ordonneau.	4ᵉ régiment de hussards.....	33	666	»	»	666
	12ᵉ des chasseurs à cheval...	40	656	»	»	656
	1ʳᵉ compagnie d'artillerie légère.......................	3	99	»	»	99
	34ᵉ division de gendarmerie à pied...................	23	451	»	»	451
	1ᵉʳ bataillon de Saint-Denis..	33	1,011	»	»	1,011
	1ᵉʳ du 19ᵉ régiment..........	26	1,047	»	»	1,047
	6ᵉ de Paris..................	29	1,026	»	1	1,025
	5ᵉ des Vosges...............	25	920	»	10	910
	1ᵉʳ du 45ᵉ régiment..........	19	1,057	»	»	1,057
	10ᵉ de Paris.................	30	1,004	»	»	1,004
	10ᵉ de Seine-et-Oise........	25	1,015	»	»	1,015
	1ᵉʳ du 47ᵉ d'infanterie.......	23	1,065	»	»	1,065
	2ᵉ de la Vienne.............	23	1,053	»	»	1,053
	2ᵉ de la Meurthe............	22	1,030	»	»	1,030
	1ᵉʳ du 56ᵉ infanterie.........	24	1,068	»	»	1,068
	1ᵉʳ de l'Orne................	20	1,037	»	»	1,037
	2ᵉ du 74ᵉ régiment...........	19	1,066	»	»	1,066
	5ᵉ de l'Oise.................	30	1,064	»	»	1,064
	32ᵉ infanterie légère.........	28	1,033	»	»	1,033
	22ᵉ régiment de cavalerie....	29	539	»	»	539
	25ᵉ régiment de cavalerie....	22	372	27	»	399
	Gendarmerie nationale......	1	18	»	»	18
	Parc d'artillerie.............	6	112	»	»	112
		533	18,429	27	11	18,445
Division aux environs d'*Etreux*, aux ordres du général Balland, quartier général à Etreux. *Généraux de brigade :* Thory, Bastoul. *Adjudant général :* Ed. Mortier. *Adjoints :* Gouré, Girard. *Aides de camp :* Danel, Heaucré, Parviller.	6ᵉ régiment de chasseurs....	37	673	»	»	673
	3ᵉ régiment de dragons......	24	593	»	»	593
	16ᵉ régiment de cavalerie....	29	567	»	»	567
	17ᵉ régiment de cavalerie....	24	479	»	1	478
	12ᵉ compagnie d'artillerie légère.......................	4	99	»	»	99
	25ᵉ compagnie d'artillerie légère.......................	4	99	»	»	99
	2ᵉ bat. de la 21ᵉ 1/2 brigade..	26	923	»	3	920
	32ᵉ division de gendarmerie nationale...................	36	620	»	»	620
	5ᵉ bataillon du Haut-Rhin...	26	1,104	»	»	1,104
	2ᵉ de la Somme.............	21	1,266	»	»	1,266
	1ᵉʳ du 62ᵉ régiment...........	21	1,332	»	»	1,332
	1ᵉʳ de la Vienne.............	24	1,368	»	»	1,368
	6ᵉ du Jura...................	27	1,227	»	»	1,227
	2ᵉ du 36ᵉ régiment...........	26	1,318	»	»	1,318
	2ᵉ du Bec d'Ambez..........	26	1,173	»	»	1,173
	1ᵉʳ de la Haute-Marne........	30	1,311	»	»	1,311
	1ᵉʳ du 43ᵉ régiment...........	27	1,175	»	»	1,175
		412	15,327	»	4	15,323

* Les colonnes marquées d'un astérisque ont dû être transposées lors de la rédacti[on]
correspondants de la situation du 15 germinal : 299 canonniers, 66 domestiques, 395 ch[...]

Présents sous les armes	Manque au complet	Canonniers attachés aux bataillons	Domestiques d'officiers	Charretiers	Vivandiers	Femmes de soldats	CHEVAUX de troupe ou d'artillerie	CHEVAUX d'officiers ou d'équipages	Manque au complet	OBSERVATIONS
481	»	10	2	2	6		479	54		Priches.
644	»	12	3	2	4		626	84		Solre-Libre.
92	»	»	86	»	»		211	4		Beaulieu-Basse.
316	101	»	10	16	»		66	9		Maroilles.
893	40	»	15	2	4		18	14		la Groize.
890	22	7	14	1	4		18	17		Maroilles.
912	35	2	2	2	4		15	10		Noyelles.
800	20	2	15	1	6		18	11		Solre-Libre.
788	18	2	2	2	4		18	13		Maroilles.
850	»	1	14	3	3		11	7		Grand-Fayt.
929	50	»	12	2	»		14	11		Solre-Libre.
881	18	4	14	3	2		18	13		Favril.
921	38	3	11	2	4		14	7		Liessies.
814	44	10	12	»	4		20	13		Priches.
865	14	4	13	»	2		18	13		Clerfait.
837	33	2	12	2	3		18	9		Avesnes.
871	12	7	15	2	4		18	14		le Val.
936	22	4	9	2	»		18	11		Maroilles.
877	»	2	2	»	4		»	14		Beaurieu.
491	»	22	2	1	4		489	55		Lez Fontaine.
371	»	10	4	»	6		333	27		le Val.
16	»	»	»	»	»		18	1		Avesnes.
99	»	»	154	»	»		270	»		Avesnes.
15,574	**467**	**104**	**423**	**45**	**68**		**2,728**	**411**		
565	12	5	2	6	568		568	69		à Wassigny et environs.
556	10	2	1	1	537		537	43		à Catillon.
552	16	1	»	4	539		539	57		à Mazinguet et ferme.
468	7	3	1	3	455		455	44		à Oizy et Etreux.
4	»	92	»	2	220		220	5		à Catillon.
88	»	82	»	»	207		207	3		au Grand Blocus.
808	»	2	2	»	4		4	1		à la Vallée Mulatte.
467	2	18	2	6	36		36	6		à Mazinguet.
863	»	11	3	3	22		22	4		à Wassigny.
1,010	1	13	1	4	18		18	8		à Catillon.
1,028	2	13	1	5	18		18	9		à Catillon.
1,029	1	3	3	2	20		20	8		au Reget de Beaulieu et à la Lorette.
1,014	4	12	3	3	18		18	14		à Wassigny.
935	3	10	»	4	18		18	3		à Ribouville.
925	3	7	2	8	19		19	11		à Mazinguet.
1,007	7	13	2	3	18		18	13		à Catillon.
1,024	»	11	»	4	18		18	6		à Ribouville.
12,443	**333**	**70**	**298**	**21**	**62**		**2,735**	**304**		

. Les totaux peuvent être considérés comme exacts, car ils se rapprochent des chiffres
diers, 62 femmes. (*Note de l'auteur.*)

DÉSIGNATION DES CORPS		Officiers présents	SOUS-OFFICIERS ET				
			Force d'hier	Soldats rentrés au corps	REMPLAC.	PERTE Morts ou désertés	Force d'aujourd'hui	Détachés
Division aux environs de Bohain, aux ordres du général Goguet, quartier général à Bohain. Général de brigade (provisoire) : Castie. Adjudant général : Mireur. Adjoints : Fourcart, Lefebvre. Aides de camp : Bastide, Maison.	20ᵉ régiment de dragons	28	485	»	»	485	
	12ᵉ régiment id.	23	426	»	2	424	
	3ᵉ régiment de cavalerie	27	504	»	»	504	
	8ᵉ régiment de cavalerie	29	581	»	»	581	
	24ᵉ compᵗᵉ d'artillerie légère	4	100	»	»	100	
	162ᵉ ½ bᵈᵉ { 1ᵉʳ bᵒⁿ de la commᵉ de Paris. 2ᵉ du 89ᵉ régiment. 6ᵉ du Calvados.	» 84 »	» 3,035 »	» 234 »	» » »	» 3,269 »	
	Cᵢᵉ franche de Seine-en-Marne.	3	73	»	»	73	
	1ᵉʳ de la 21ᵉ ½ bᵈᵉ d'inf. légère.	24	1,028	»	»	1,028	10
	71ᵉ ½ bᵈᵉ { 2ᵉ de la Meuse. 1ᵉʳ du 36ᵉ régiment. 13ᵉ des fédérés.	» 77 »	» 3,513 »	» 1 »	» 124 »	» 3,390 »	1
	76ᵉ ½ bᵈᵉ { 9ᵉ des fédérés. 2ᵉ du 38ᵉ régiment. 10ᵉ de la Seine-Inférieure.	» 90 »	» 3,205 »	» » »	» » »	» 3,205 »	
	Gendarmerie de la Nièvre	3	52	»	»	52	
		392	13,002	235	126	13,111	4
Camp d'Arleux, aux ordres du général Pierquin, quartier général à Hamel. Généraux de brigade : Pierrequin, Bonneau. Adjudant général : chef de brigade Delaunay. Adjoints : Malher, Roussel, Ouzouf, Fabier. Aides de camp : Fouchard, Vincent, Soullain.	5ᵉ régiment de hussards	32	389	»	»	389	
	13ᵉ régiment de dragons	25	480	»	»	480	
	24ᵉ régiment de cavalerie	5	135	»	»	135	
	5ᵉ bataillon franc	57	932	»	»	932	
	4ᵉ bataillon de la Somme	24	1,039	1	»	1,040	1
	2ᵉ du 83ᵉ régiment	27	1,036	»	»	1,036	
	1ᵉʳ de l'Eure	30	1,066	»	»	1,066	
	2ᵉ du 98ᵉ régiment	20	1,036	»	»	1,036	
	17ᵉ des volontaires nationaux	30	1,101	»	»	1,101	
	10ᵉ du Pas-de-Calais	20	958	»	6	952	
	1ᵉʳ des Côtes-du-Nord	22	915	»	»	915	
	Canonniers des redoutes	11	144	»	»	144	
	Gendarmerie nationale	2	15	»	»	15	
		305	9,246	1	6	9,241	4
Camp de Mons en Pevele, aux ordres du général Osten, quartier général à Pont-à-Marcq. Général de brigade : Proteau. Adjudant général : Bonneville. Adjoints : Salomon, Varlet. Aide de camp : Renard.	1ᵉʳ bataillon d'Eure-et-Loir	27	1,057	»	»	1,057	
	8ᵉ de la Meurthe	29	1,095	»	1	1,094	
	2ᵉ du 90ᵉ régiment	25	1,017	»	»	1,017	10
	1ᵉʳ du id.	30	1,054	»	»	1,054	
	Dét. du 27ᵉ de la réserve	13	345	342	2	685	
	1ᵉʳ de Valenciennes	31	546	1	»	546	
	5ᵉ des chasseurs à pied	27	1,055	»	1	1,054	
	25ᵉ régiment d'infanterie	22	1,028	»	2	1,026	
	6ᵉ régiment de hussards	6	106	»	»	106	
	13ᵉ chasseurs à cheval	21	327	»	»	327	
	Détachement du 14ᵉ à cheval	11	90	»	»	90	
	Détachement du 25ᵉ cavalerie	4	87	»	»	87	
	Détachement des douanes	2	58	»	»	58	
	27ᵉ compᵗᵉ d'artillerie légère	1	27	»	»	27	
	6ᵉ régiment d'artillerie	3	82	»	»	82	
	11ᵉ compᵗᵉ de la Seine-Infʳᵉ	3	57	»	»	57	
	Dét. du 9ᵉ régᵗ d'artillerie	»	18	»	»	18	
		255	8,049	343	7	8,385	28

LA CAMPAGNE DE 1794 A L'ARMÉE DU NORD.

E ARME Présents sous les armes	Manque au complet	Canonniers attachés aux bataillons	Domestiques d'officiers	Charretiers	Vivandiers	Femmes de soldats	CHEVAUX de troupe ou d'artillerie	d'officiers ou d'équipages	Manque au complet	OBSERVATIONS
363	»	»	2	2	»	8	378	88		Vaux en Arrouaise.
403		»	3	2	»	7	406	36		Busigny.
497		»	7	3	2	1	499	30		Prémont et Brancourt.
551		»	18	3	2	4	550	71		Bohain.
92		»	»	88	1	1	208	12		Bohain et Bequigny.
»		»	»	»	»	»	»	»		Busigny.
2,667		61	6	39	1	5	78	23		Bequigny.
»		»	»	»	»	»	»	»		Vaux en Arrouaise.
69		»	»	1	»	»	»	»		Busigny.
812		»	2	1	4	4	»	6		Mennevret.
»		»	»	»	»	»	»	»		Prémont.
2,856		»	9	36	6	12	40	10		Id.
»		»	»	»	»	»	»	»		Brancourt.
»		»	»	»	»	»	»	»		Bohain.
2,768		78	2	34	»	12	54	36		Bohain.
»		»	»	»	»	»	»	»		Bohain.
43		»	»	»	»	»	52	3		Bohain.
11,121		139	49	209	16	54	2,265	315		
349		»	»	»	»	»	371	46		à Raucourt, Cantin et Lewarde.
470		»	10	2	1	1	470	60		à Aubanchœuil et Beugnicourt.
133		»	3	1	»	1	130	14		à Raucourt et Arleux.
907		»	5	4	2	6	»	17		à Erchin, Lewarde et Dechy.
789		23	»	11	2	»	14	6		à Raucourt et Cantin.
848		2	2	6	2	4	»	28		à Arleux.
980		25	4	18	2	3	17	26		au camp.
948		28	2	9	2	4	18	»		à Aubigny et Brunelmont.
1,058		27	7	17	2	4	19	20		Beugnicourt et Pallué.
747		57	»	4	2	4	7	8		au camp.
738		19	1	1	3	5	7	7		à l'Écluse.
144		»	2	78	»	5	»	182		aux Redoutes.
14		»	»	»	»	»	14	»		à Hamel.
8,125		181	36	151	18	37	1,047	414		
932		21	5	15	2	6	42	2		Mérignies, Rupilly et le camp.
993		»	2	1	2	5	9	»		Pont-à-Marcq.
867		24	4	15	4	4	37	4		Au camp de Mons en Pevele.
851		»	3	16	»	7	40	3		au château d'Aigremont.
666		18	»	8	»	2	23	»		à Seclin.
331		7	1	15	4	4	41	2		Au camp de Mons en Pevele.
993		2	2	»	»	»	4	3		Pont-à-Marcq et Rupilly.
788		30	7	11	2	4	25	4		à Seclin.
106		»	»	»	»	»	106	7		au château de Chorket.
327		»	13	3	»	»	304	39		Pont-à-Marcq, Aigremont et Bersée.
90		»	4	2	»	»	78	10		à Fretain.
82		»	1	2	3	»	73	5		Pont-Thibaut.
56		»	»	»	»	»	14	2		Martinsart.
27		»	»	20	»	»	56	»		Pont-à-Marcq.
82		»	»	12	1	1	39	2		Au camp de Pont-à-Marcq.
57		»	»	18	1	»	33	1		Id.
18		»	»	»	»	»	»	»		Au camp.
7,266		102	42	138	19	33	924	84		

598 LA CAMPAGNE DE 1794 A L'ARMÉE DU NORD.

DÉSIGNATION DES CORPS		Officiers présents	Force d'hier	SOUS-OFFICIERS ET		Force d'aujourd'hui	Détachés
				Soldats rentrés au corps	REM-PLAC. / PERTE Morts ou désertés		
CAMPS ET CANTONNEMENTS SUR LA LYS, AUX ENVIRONS DE LILLE aux ordres du général de division SOUHAM, quartier général à . *Généraux de brigade :* Macdonald, Dumonceau, Daendel. *Adjudants généraux :* Duverger, chef de brigade, Reynier, Dazémar, Vanbœcop. *Adjoints :* Marliani, Millet, Aussel, Sarrut, Rousseaux, Guillard, Hespe, Laboisselle, Faleck, interprète, Lacroix. *Aides de camp :* Marescaux, Doussaud, Blesimart, Vichery, Mulle.	24ᵉ 1/2 bᵈᵉ / 3ᵉ bᵈᵉ { 5ᵉ bataillon de l'Aisne..	27	1.020	»	»	1,020	
	1ᵉʳ du 2ᵉ rég. d'infanterie.	28	1,032	»	»	1,032	
	5ᵉ de la Côte-d'Or......	26	1,025	»	»	1,025	
	10ᵉ des volont. nationaux.	25	1,037	»	»	1,037	
	2ᵉ du 12ᵉ régiment......	41	1,053	1	1	1,054	
	3ᵉ de la Somme.........	23	1,034	2	»	1,035	
	1ᵉʳ de l'Allier.............	32	1,059	»	»	1,059	4
	2ᵉ de la Manche.........	31	1,036	»	»	1,036	
	7ᵉ du Pas-de-Calais.......	29	1,048	»	»	1,048	4
	10ᵉ du Calvados.........	31	1,068	»	»	1,068	
	1ᵉʳ des tirailleurs.........	»	»	»	»	»	
	2ᵉ id.	112	1,026	»	»	1,026	
	3ᵉ id.	»	»	»	»	»	
	1ᵉʳ régiment de cavalerie.....	28	511	»	»	511	
	5ᵉ des chasseurs à cheval....	34	448	»	»	448	5
	11ᵉ compᵗᵉ d'artillerie légère.	4	90	»	»	90	
	Compagnie de la Franciade..	2	49	»	»	49	
	id.	2	51	»	»	51	
	Dét. du 8ᵉ rég. d'artillerie...	»	15	»	»	15	
	Compagnie de Vermantois...	1	21	»	»	21	
	23ᵉ { 2ᵉ du Pas-de-Calais.....	34	1,026	»	3	1,023	2
	1ᵉʳ du 12ᵉ régiment.....	27	989	»	»	989	5
	1ᵉʳ du Calvados........	26	997	»	1	996	2
	27ᵉ 1/2 bᵈᵉ { 1ᵉʳ du Pas-de-Calais.....	19	1,036	»	»	1,036	4
	1ᵉʳ du 14ᵉ régiment.....	19	1,040	»	»	1,040	2
	11ᵉ des fédérés........	28	1.043	»	»	1,044	1
	2ᵉ bᵒⁿ de la 30ᵉ div. gendarmⁱᵉ.	21	339	»	»	339	3
	9ᵉ régiment de hussards....	18	353	»	»	353	
	1ᵉʳ de la 30ᵉ div. gendarmⁱᵉ...	19	342	»	»	342	3
	Dét. du 19ᵉ rég. de cavalerie.	8	123	»	»	123	
	id.	6	70	45	»	115	
	29ᵉ compᵗᵉ d'artillerie légère.	4	86	»	»	86	
	Préposés aux douanes à cheval.	1	10	»	»	10	
	id. à pied..	2	90	»	»	90	
	Compagnie d'artillerie......	4	63	»	»	63	
	1ᵉʳ bataillon troupes légères..	26	1,044	»	2	1,042	1
	2ᵉ id.	26	1,035	»	2	1,033	1
	3ᵉ id.	26	1,033	»	3	1,030	
	29ᵉ 1/2 bᵈᵉ { 14ᵉ des fédérés.........	24	976	»	1	975	2
	1ᵉʳ du 15ᵉ régiment.....	23	1,075	»	»	1,075	2
	4ᵉ de la Sarthe.........	26	1,037	»	»	1,037	1
	1ᵉʳ des Lombards.............	32	1,082	»	»	1,082	3
	11ᵉ des volontaires nationaux.	27	1,078	»	»	1,078	1
	16ᵉ bataillon id.	26	1,058	»	»	1,058	5
	20ᵉ régiment de cavalerie....	22	462	»	6	456	
	Parc d'artillerie	6	114	»	»	114	
	31ᵉ division gendarmerie.....	36	665	»	5	660	7
	Dét. du 20ᵉ de cavalerie.....	7	145	»	6	139	
	1ᵉʳ de l'Égalité.............	23	1,030	»	»	1,030	2
	7ᵉ du Nord..............	30	1,088	»	»	1,088	4
	A reporter.............	1,072	33,152	49	30	33,171	1,136

Présents sous les armes	Manque au complet	Canonniers attachés aux bataillons	Domestiques d'officiers	Charretiers	Vivandiers	Femmes de soldats	CHEVAUX de troupe ou d'artillerie	CHEVAUX d'officiers ou d'équipages	Manque au complet	OBSERVATIONS
811	27	3	12	1	4		18	2		
816	29	4	15	1	4		30	6		
821	27	3	12	1	4		23	2		
873	24	»	10	2	2		18	8		
931	24	2	11	2	2		18	11		
880	25	5	9	2	2		18	8		
916	27	4	12	2	4		18	1		
902	25	2	12	2	4		18	9		
897	25	1	14	3	4		22	8		
961	47	»	12	4	4		22	5		Hellemmes.
»	»	»	»	»	»		»	»		Lamponpont.
915	»	4	4	1	6		»	25		Annappes.
»	»	»	»	»	»		»	»		Fives, Hellemmes et Flers.
483	»	10	4	»	4		489	42		Id.
318	»	10	»	2	2		318	46		
90	»	»	80	»	»		64	143		redoutes de Fives.
40	»	»	24	1	»		46	3		Id. du camp de Flers.
51	»	»	41	»	»		82	»		Id. de Fives.
15	»	»	»	1	1		»	»		
21	»	»	4	»	»		8	»		Camp de Marque.
903	33	3	11	4	4		21	6		Mouvaux.
854	30	3	11	4	4		22	5		Camp de Marque.
879	29	»	9	4	4		17	4		Id.
851	25	3	50	4	4		18	50		Id.
864	25	2	50	4	4		18	50		Bondues.
941	24	2	7	2	6		18	10		Id.
292	19	2	12	2	3		27	4		Camp de Wambrechies.
243	»	2	1	1	6		295	29		Wasquehal.
256	25	8	13	6	»		18	14		Mouvaux.
123	»	»	»	»	»		119	23		Wasquehal.
115	»	»	»	»	»		112	8		Marque.
86	»	»	45	»	»		152	7		Id.
10	»	»	»	»	»		10	1		Mouvaux.
90	»	»	»	»	»		»	»		Pont de Marque.
63	»	»	51	»	»		76	5		Linselles.
960	»	60	4	2	4		4	8		le Blaton.
925	»	4	4	2	4		4	4		Comines.
958	»	1	4	2	4		4	11		Camp de Comines.
849	37	2	11	2	6		18	9		Id.
859	37	7	11	2	3		19	10		Id.
915	34	2	11	2	4		18	7		Id.
998	41	3	9	1	3		18	8		Id.
958	22	4	11	2	2		18	18		Id.
937	39	3	12	»	3		18	3		Comines.
413	»	5	»	»	1		403	21		Id.
114	»	»	76	»	»		111	31		Linselles.
516	90	6	21	4	10		36	6		Id.
139	»	»	»	»	»		124	9		Werwick.
815	39	»	8	1	4		16	8		les Écluses.
920	44	»	9	2	3		16	10		
28,596	873	116	725	78	133		2,964	698		

DÉSIGNATION DES CORPS		Officiers présents	Force d'hier	SOUS-OFFICIERS ET		Force d'aujourd'hui	Détachés
				Soldats rentrés au corps REMPLAC.	Morts ou désertés PERTE		
CAMPS ET CANTONNEMENTS SUR LA LYS (suite).	Report................	1,072	33,152	49	30	33,171	1,1
	2ᵉ de l'Yonne................	27	1,087	»	»	1,087	
	Détachement du 19ᵉ cavalerie.	1	30	»	»	30	
	Canonniers du 4ᵉ de l'Yonne.	4	83	»	»	83	
	Détachement du 6ᵉ d'artillerie.	1	15	»	»	15	
	Parc d'artillerie............	36	732	»	»	732	
		1,141	35,099	49	30	35,118	1,1
DIVISION AUX ENVIRONS DE CASSEL, aux ordres du général MOREAU, quartier général à Cassel. *Généraux de brigade :* Vandamme, Bertin. *Adjudants généraux :* Lacour, Schiner, Féron, Watrin. *Adjoints :* Baudot, Bayle, Valet, Féron, Watrin. *Aides de camp :* Leguay, Gobreck, Gilles.	1ᵉʳ bataillon de l'Aisne.....	23	922	»	»	922	
	2ᵉ du 81ᵉ régiment.........	26	1,046	»	»	1,046	
	2ᵉ des Basses-Alpes........	22	874	»	»	874	
	3ᵉ des fédérés.............	20	1,044	»	»	969	
	2ᵉ du 19ᵉ régiment.........	25	1,044	»	»	1,044	
	3ᵉ des chasseurs francs.....	26	1,047	»	»	1,047	
	3ᵉ des tirailleurs belges.....	125	798	»	»	798	
	Dét. du 19ᵉ chasseurs à cheval.	1	35	»	»	35	
	Id. 13ᵉ Id.	3	38	»	»	38	
	14ᵉ infanterie légère........	21	1,106	3	8	1,101	1
	9ᵉ de Paris................	27	799	2	4	797	
	2ᵉ de l'Ille-et-Vilaine.......	22	783	7	9	781	
	1ᵉʳ du 16ᵉ régiment........	27	927	»	7	920	
	Chasseurs de Cassel.......	23	1,072	»	31	1,041	
	1ᵉʳ du Calvados............	23	1,052	»	»	1,052	
	Chasseurs tirailleurs.......	21	613	2	»	615	
	4ᵉ tirailleurs belges........	97	980	1	10	971	
	2ᵉ du 1ᵉʳ régiment..........	27	780	»	»	780	
	Dét. du 1ᵉʳ d'artillerie......	1	35	»	»	35	
	2ᵉ du 24ᵉ régiment.........	24	1,039	»	»	1,039	
	1ᵉʳ de l'Ille-et-Vilaine.......	22	757	»	»	757	
	Détachement du 20ᵉ dragons.	4	87	»	»	87	
	Gendarmes................	1	47	»	»	47	
	Parc d'artillerie de Cassel...	10	127	»	»	127	
	Dét. du 13ᵉ chasseurs à cheval.	1	27	»	»	27	
	Détachement du 3ᵉ dragons..	1	15	»	»	15	
		623	16,982	15	69	16,928	
DIVISION AUX ENVIRONS DE DUNELIBRE, aux ordres du général MICHAUD, quartier général à ...? *Généraux de brigade :* Varré, Gainer, Gougelot, Desenfants, Almain. *Adjudant général :* Fachon. On ignore quels sont ses aides de camp et adjoints, n'étant pas portés sur l'état.	2ᵉ bataillon du 22ᵉ régiment.	21	858	»	»	858	
	1ᵉʳ d'Indre-et-Loir..........	22	816	»	»	816	
	2ᵉ Id.	22	977	»	»	977	
	6ᵉ de la Seine-Inférieure....	21	979	»	»	979	
	Détachement du 21ᵉ cavalerie.	3	99	»	»	99	
	1ᵉʳ du 22ᵉ régiment.........	28	1,039	»	»	1,039	
	5ᵉ de Rhône-et-Loire........	23	942	»	»	942	
	Dét. du 1ᵉʳ rég. d'artillerie...	1	13	»	»	13	
	2ᵉ du 22ᵉ régiment.........	29	1,057	»	»	1,057	
	4ᵉ de Seine-et-Oise.........	25	969	»	»	969	
	6ᵉ des fédérés.............	24	1,046	»	»	1,046	
	A reporter...............	219	8,795	»	»	8,895	

LA CAMPAGNE DE 1794 A L'ARMÉE DU NORD.

TE ARME							CHEVAUX			OBSERVATIONS
	Présents sous les armes	Manque au complet	Canonniers attachés aux bataillons	Domestiques d'officiers	Charretiers	Vivandiers	Femmes de soldats	de troupe ou d'artillerie	d'officiers ou d'équipages	Manque au complet	
1	28,596	873	116	725	78	133	2,964	698		Armentières.
»	986	18	8	11	2	4	16	8		Id.
»	30	»	»	»	»	»	30	1		Id.
»	83	»	»	»	»	»	»	»		Id.
»	15	»	»	17	»	»	20	1		le Pont Rouge.
»	732	»	»	398	»	»	759	»		Lille.
1	30,442	891	124	1,151	80	137	3,798	708		
»	876	22	4	13	2	3	18	4		Bailleul.
3	971	42	6	»	2	5	17	17		Id.
1	842	25	2	8	2	4	14	4		Meteren et Berten.
1	867	44	2	12	2	4	18	6		Steenwerck.
3	940	34	7	3	1	6	4	15		Bailleul.
3	952	»	5	2	2	4	»	10		Mont Saint-Antoine.
1	702	»	»	4	2	8	»	31		St-Jean Capelle et Croix Poperingues.
»	24	»	»	»	»	»	35	3		Bailleul.
»	29	»	»	»	»	»	38	1		Id.
8	877	»	5	1	2	6	»	7		Herzeele.
4	716	»	1	2	1	2	»	11		Houtkercke.
9	561	22	4	3	1	4	26	4		Steenwoorde.
7	738	»	»	11	1	5	18	»		Id.
1	877	»	»	1	1	2	4	»		Caester.
»	951	27	27	10	2	4	18	12		Godewaersvelde.
»	592	»	3	1	2	2	»	7		Vinnezeele.
4	839	»	12	1	1	6	»	16		Boeschepe.
4	625	10	3	13	1	6	18	11		Eecke.
»	35	18	»	»	»	»	»	»		Steenwoorde.
6	880	17	»	12	2	4	18	3		Bailleul.
1	465	33	1	11	3	1	22	3		Id.
1	81	»	»	»	»	»	84	5		Id.
»	33	»	»	»	»	2	33	1		Id.
»	96	»	»	»	»	5	28	»		Id.
»	27	»	»	»	»	»	26	1		Id.
»	16	»	»	»	»	»	15	1		Id.
77	14,484	294	82	118	30	83	434	173		
2	679	32	1	12	1	5	18	20		Leyzel.
12	658	30	5	5	»	5	18	22		Hondtschoote.
8	828	28	5	13	2	3	18	14		Houthem.
1	814	44	3	11	»	4	17	8		Hondtschoote.
1	29	»	3	1	»	1	»	110		Id.
4	942	17	7	10	1	4	17	13		Bevren.
6	676	42	1	10	3	3	16	10		Rousbrugge.
»	13	»	»	6	»	»	13	»		Id.
1	828	16	5	9	1	5	13	10		Bambeck.
5	781	21	2	12	2	4	18	10		les 5 chemins et Oost Cappel.
14	955	33	4	10	2	2	18	10		Rexpoede.
54	7,203	260	36	99	12	36	166	227		

DÉSIGNATION DES CORPS		Officiers présents	Force d'hier	Soldats rentrés au corps (REMPLAC.)	Morts ou désertés (PERTE)	Force d'aujourd'hui	Détachés
	Report................	219	8,795	»	»	8,895	71
DIVISION AUX ENVIRONS DE DUNELIBRE (suite).	Détachement du 21ᵉ cavalerie................	»	15	»	»	15	»
	21ᵉ rég. chasseurs à cheval...	20	463	»	»	463	5
	1ᵉʳ bataillon du Finistère.....	24	691	»	»	691	7
	9ᵉ du Pas-de-Calais..........	26	772	»	»	772	1
	3ᵉ de l'Oise................	31	717	»	»	717	93
	8ᵉ de Soissons..............	28	1,029	»	»	1,029	6
	1ᵉʳ de la Marne.............	24	1,024	»	»	1,024	115
	2ᵉ du 45ᵉ rég. d'infanterie....	27	867	»	»	867	9
	Détachement du 6ᵉ d'artillerie................	3	65	»	»	65	»
	Détachement du 3ᵉ d'artillerie................	4	126	»	•	126	»
	3ᵉ bataillon de la Marne.....	27	962	»	»	962	6
		433	15,526	»	»	15,526	1,281
Détachement du Parc d'artillerie aux ordres du chef de batᵒⁿ d'artillerie Bonnard.	Dét. du parc d'artillerie......	20	631	»	»	631	382
	4ᵉ compagnie du 17ᵉ bataillon de fédérés................	11	428	»	»	428	9
	5ᵉ de la Meurthe............	32	1,073	»	4	1,069	22
	1ᵉʳ de la Moselle.............	18	1,067	»	4	1,063	255
	Détachement du 19ᵉ chasseurs à cheval................	2	40	»	»	40	»
		83	3,239	»	8	3,231	668
Récapitulation : GÉNÉRAUX DIVISIONNAIRES.							
Favereau..................................		238	8,304	11	1	8,314	212
Despeaux..................................		213	7,805	»	1	7,804	181
Desjardin..................................		448	17,231	»	3	17,228	386
Fromentin..................................		533	18,429	27	11	18,445	547
Balland....................................		412	15,227	»	4	15,323	271
Goguet....................................		392	13,002	235	126	13,111	479
Pierquin...................................		308	9,246	1	6	9,241	455
Osten.....................................		255	8,049	343	7	8,385	282
Souham...................................		1,141	35,099	49	30	35,118	1,188
Moreau....................................		623	16,982	15	69	16,922	714
Michaud...................................		433	15,526	»	»	15,526	1,281
		83	3,239	»	8	3,231	668
23ᵉ régiment de chasseurs à cheval..............		6	158	»	»	158	»
Gendarmes.................................		5	73	1	»	74	»
Guides de l'Armée...........................		2	16	»	»	16	»
Total général.........................		5,077	168,486	682	266	168,902	6,950

* Totaux inexacts, à remplacer respectivement par 16,347 et 3,646. (*Note de l'auteur.*)

Présents sous les armes	Manque au complet	Canonniers attachés aux bataillons	Domestiques d'officiers	Charretiers	Vivandiers	Femmes de soldats	CHEVAUX de troupe ou d'artillerie	CHEVAUX d'officiers ou d'équipages	Manque au complet	OBSERVATIONS
7,203	260	36	99	12	36	166	227			
15	»	»	»	»	»	»	»	15		Rexpoede.
284	»	»	»	»	4	18	231			Dunkerque.
540	30	3	13	2	4	»	7			au camp de Dunkerque.
641	30	»	»	»	6	18	15			Id.
523	39	»	12	2	4	18	9			Gyvelde.
841	35	»	12	2	6	18	11			Dunkerque.
792	22	»	10	2	6	»	9			Gyvelde.
673	18	5	1	1	»	»	»			Dunkerque.
65	»	»	»	»	»	»	»			Id.
126	»	»	»	»	»	»	»			Id.
855	22	7	12	2	6	18	11			Zuytcoote.
12,558	456	51	159	23	72	256	535			
176	»	»	»	»	»	»	»			
346	»	»	»	»	»	»	»			
967	»	3	2	2	6	10	46			Réunion-sur-Oise.
755	»	»	»	»	»	»	»			
40	»	»	»	»	»	»	»			
2,284	»	3	2	2	6	10	46			
6,691	202	16	67	11	27	115	60			
6,526	226	45	120	15	30	663	168			
14,392	362	54	327	14	56	1,230	410			
15,574	467	104	423	45	68	2,728	411			
12,513	333	70	298	21	62	2,735	304			
11,121	139	49	209	16	54	2,235	315			
8,125	181	36	151	18	37	1,047	414			
7,266	102	42	138	19	33	924	84			
30,442	891	124	1,151	80	137	3,798	708			
14,484	294	82	118	30	83	454	173			
12,558	456	51	159	23	72	256	535			
2,284	»	3	2	2	6	46	10			
66	»	»	3	»	2	66	8			
69	»	3	»	»	»	68	7			
16	»	1	»	»	»	16	3			
142,127	3,653	680	3,176	294	667	17,683	3,610			

ÉTAT-MAJOR GÉNÉRAL

Général en chef de l'Armée du Nord : Pichegru.

OFFICIERS GÉNÉRAUX	AIDES DE CAMP	
Général de div^{on} Ferrand.	Abbattucci. Chaumette. Doumere. Gaume. La Brune. Vigier. Gudin. Delellée.	

Général chef de l'État-Major : Liébert.

ADJUDANTS GÉNÉRAUX	ADJOINTS AUX ADJUDANTS GÉNÉRAUX	
Forgue, chef de brigade. Nivet id. Lautour id. Deplanque, chef de bat^{on}. Crousat id. Donzelot id.	Marcotte (Forceville). Malherbe. Durand. Colignon. La Cour. Guilleminot. Marchand.	

Certifié véritable par le général de division chef de l'État-Major :

Liébert.

IV

LE SIÈGE DE LANDRECIES

Journée du 1ᵉʳ floréal an II (20 avril 1794).

1

L'adjudant général Ormancey au général de division Favereau.

Avesnes, le 1ᵉʳ floréal an II (20 avril 1794).

Tu trouveras ci-joint copie, Citoyen Général, de la lettre du général Balland. J'envoie l'original au général Fromentin qui est au Petit-Fayt, et deux copies au général Montaigu pour en faire passer une à Roulland, une à Duhesme qui est à Etrœungt et une à Schlachter, pour que tous agissent de concert.

ORMANCEY.

2

Le général Favereau au général Fromentin.

Maubeuge, le 1ᵉʳ floréal an II (20 avril 1794).

Vu la nécessité de donner au général Soland un bataillon de tirailleurs pour soutenir son poste et que je te promis hier; vu une nécessité extante (?), encore d'après la lettre du général Balland qui annonce pour demain une attaque qui, j'espère, fera repentir l'ennemi de s'être trop avancé sur le sol de la Liberté, me porte à faire marcher sur le Grand-Fayt le 1ᵉʳ bataillon des chasseurs du Hainaut. Je l'annonce au général Soland par la lettre que je lui adresse ci-incluse et que je te prie de lui faire parvenir sans délai.

Aussitôt que nous aurons purgé notre sol, tu me renverras de suite les cinq bataillons que je t'ai fait passer. Je ferai mon possible pour me rendre demain auprès de toi.

Signé : FAVEREAU.

3

Le général Favereau au général Soland.

Maubeuge, le 1ᵉʳ floréal an II (20 avril 1794).

Mon brave camarade, je fais marcher, pour te renforcer, et par ce moyen te faciliter de repousser avec plus d'impétuosité les ennemis de la liberté, le 1ᵉʳ bataillon de chasseurs du Hainaut. Je ne doute pas de ton succès dans l'attaque qui doit avoir lieu demain. Cette mesure est la suite de ta demande d'hier au soir à Fromentin, d'un bataillon d'infanterie légère.

Tu recevras des instructions et je ne doute pas de la réussite de nos armées. Elles sont bien confiées entre tes mains. La patrie te comptera au nombre de ses libérateurs.

Signé : FAVEREAU.

Aussitôt que ton opération sera finie, tu renverras le bataillon aux ordres du général de division Despeaux, à Limonfontaine, qui lui donnera sa destination.

Signé : FAVEREAU.

4

Le général Favereau au général Despeaux.

Maubeuge, le 1ᵉʳ floréal an II (20 avril 1794).

Je t'adresse, mon camarade, l'ordre (1) pour faire marcher le 1ᵉʳ bataillon des chasseurs du Hainaut sur le Grand-Fayt, pour se réunir aux troupes que commande le général Soland et recevoir ses ordres.

Le mouvement qui doit se faire demain nécessite que je renforce sa brigade pour forcer l'ennemi à une marche rétrograde; aussitôt l'opération finie, ce bataillon te rentrera; tu le feras relever par le 1ᵉʳ bataillon du Loiret cantonné à Esclaibes.

Ne perds pas de temps. Il faut qu'il arrive au moins à 3 heures

---

(1) Cet ordre (signé Favereau) porte que le 1ᵉʳ bataillon de chasseurs du Hainaut, cantonné à la ferme de la Puissance, en partira dès qu'il aura été relevé par le 1ᵉʳ bataillon du Loiret; il se rendra avec armes et bagages au Grand-Fayt pour être, jusqu'à nouvel ordre, à la disposition du général Soland.

à sa destination. L'attaque devra se faire à la pointe du jour. Ne communique ma lettre à personne.

Signé : FAVEREAU.

5

Le général Fromentin au général Favereau.

Avesnes, le 1er floréal an II (20 avril 1794).

Je te prie de répondre à la lettre de mon aide de camp et au plan d'attaque du général Balland.

J'arrive du Petit-Fayt où il n'y a rien de nouveau.

La canonnade s'est fait entendre du côté de Landrecies, et on présume que l'ennemi a attaqué le camp.

Pour seconder le plan du général Balland, il faudrait que tu m'envoyes encore des troupes et surtout de la cavalerie. Au reste, communique-moi tes ordres ou viens toi-même me les donner.

Signé : FROMENTIN.

6

Le général Favereau au général Fromentin.

1er floréal an II (20 avril 1794).

Je reçois, mon camarade, copie de la lettre que t'a écrite le général Balland, datée d'hier. Je reçois en même temps celle que tu m'écris, de ce jour, par laquelle tu me pries de répondre à celle de ton aide de camp. Tu me dis que, pour que tu exécutes le plan du général Balland, il faudrait que je t'envoie des troupes et surtout de la cavalerie. Le bataillon que je te fais passer cette nuit et que j'envoie au général Soland est le dixième que tu reçois de renfort avec près de 800 hommes de cavalerie. Il m'est impossible de t'en expédier davantage sans compromettre la position de Maubeuge. Tu peux en prendre un dans la garnison d'Avesnes; un seul, dans une occasion comme celle-ci, suffira pour faire le service de la place.

Il est impossible de rien changer aux dispositions qu'a prises le général Balland. Il faut que tu suives l'instruction de son plan et que tu tâches de faire communiquer le plus tôt possible la brigade du général Duhesme avec la colonne qui marche sur la Capelle. Ces forces réunies auront bien plus de moyens pour faire jonction avec la colonne qui partira de Cartigny.

L'ennemi a paru assez nombreux aujourd'hui devant cette place. Plusieurs obus et coups de canon les ont fait reculer.

Suivant comme ils se présenteront demain, je me déterminerai à aller à Avesnes.

Courage, mon brave ami, bientôt l'ennemi se repentira.

Signé : FAVEREAU.

7

Instruction particulière du général Dubois pour les brigades de cavalerie des deux divisions de Balland et de Goguet.

Ordre du 30 germinal au 1ᵉʳ floréal (19 au 20 avril).

La grand'garde montera tous les matins à 4 heures et restera avec celle qui viendra la relever jusqu'à 6 heures du matin du lendemain.

Les régiments seront régulièrement à 4 heures du matin sous les armes et dans le plus grand silence. Si l'ennemi ne fait aucun mouvement, ils se retireront à 7 heures du matin dans leur cantonnement en observant de tenir leurs chevaux sellés et prêts à monter à cheval au premier signal. Les généraux de brigade ordonneront aux grand'gardes des patrouilles d'heure en heure toute la nuit. Il sera commandé un capitaine pour chaque brigade de ronde de nuit. Ce capitaine commencera sa ronde à 10 heures du soir et ne rentrera à son poste ou cantonnement qu'avec son régiment. Il rendra compte au général de brigade, et par écrit, des découvertes qu'il aura faites dans ses rondes, et s'il apercevait un mouvement extraordinaire, il en rendrait compte sur-le-champ au général de brigade qui en fera aussitôt part au général de division.

Tous les jours les généraux de brigade se feront donner un état de situation des régiments dont leur brigade est composée, et ils en feront dresser un tableau qu'ils enverront tous les matins à 8 heures par une ordonnance au général de division commandant la cavalerie.

Le bien du service exigeant la plus grande surveillance, les généraux de brigade donneront les ordres les plus sévères pour qu'il ne sorte des bivouacs ou cantonnements aucun homme à cheval sans une permission par écrit de l'un de ses chefs, à moins que ce ne soit pour aller aux distributions ou comme ordonnance.

Ils ordonneront que tous les chevaux de pris sur l'ennemi soient conduits au quartier général, à moins que les chefs de corps ne soient autorisés par écrit des représentants du peuple, ou tout autrement légalement, à garder les chevaux pour leur régiment.

Ils ordonneront aux commandants des corps et s'assureront que l'ordre soit lu chaque jour à la tête de chaque régiment, veilleront à son exécution et au maintien de la bonne discipline.

Toutes les représentations et demandes utiles qui seront faites aux chefs de brigade, seront par eux communiquées au général de division.

Comme le bien du service et son ensemble exigent la plus grande harmonie, dans les cas extraordinaires, les généraux de brigade de chaque division se concerteront ensemble et feront part de leurs dispositions aux généraux de division d'infanterie les plus à portée d'eux.

Les généraux de brigade et les chefs de corps donneront l'exemple du civisme et le feront propager en stimulant le militaire, qui ne demande qu'à être instruit et à connaître à fond les principes de la cause sacrée que nous défendons (1).

Le général républicain,
ALEXIS DUBOIS.

8

Le général Alexis Dubois au citoyen d'Hautpoul, général provisoire de brigade à Vervins.

Au quartier général de Réunion-sur-Oise, le 1ᵉʳ floréal à midi (20 avril 1794).

Mon cher camarade,

J'ai reçu votre lettre ce matin. Je vous compte rendu maintenant à Vervins. Ne perdez pas de temps à chasser les esclaves de la Capelle; ce point nous est bien intéressant. Le bien du

---

(1) Des recommandations analogues sont formulées par l'ordre du 16 floréal (6 mai). Il rappelle une fois de plus que les officiers doivent bivouaquer avec la troupe au lieu d'aller coucher dans les villages et que les chevaux doivent rester au bivouac sellés pendant la nuit.

L'ordre du 18 prescrit de « tenir la main à ce que désormais il ne soit point fait de patrouilles par la cavalerie au travers des campagnes empouillées (?) en grains, quand sans faire souffrir l'armée elles pourront être faites autrement.

« Il recommande aux généraux de brigade de faire surveiller et visiter, par les aides de camp des avant-postes, les détachements et l'exécution des ordres divers. »

service exige que vos troupes bivouaquent cette nuit comme feront toutes les nôtres. C'est le seul moyen d'être à l'abri de toute suprise. Je me repose en tout sur votre zèle comme sur votre courage.

Nous réglerons cette après-midi notre ordre d'attaque et nous vous en ferons part aussitôt. J'espère et je compte d'avance sur nos succès. Il faut que le jour de demain soit un beau jour pour la République et que les hommes libres combattant contre les tyrans ne trouvent point d'obstacle pour purger le sol de la liberté. Si vous êtes porté en avant de Vervins, mandez-nous-le promptement, car il faut bien nous entendre pour faciliter nos opérations. Donnez-moi de suite de vos nouvelles.

Salut et fraternité.

Le général républicain, DUBOIS.

9

Ordre du général Dubois aux deux généraux provisoires de la cavalerie.

Le 1ᵉʳ floréal an II (20 avril 1794).

Toute la troupe sera à cheval demain 2 floréal à 3 heures précises du matin, en ordre et dans le plus grand silence.

Les généraux provisoires de brigade de la cavalerie feront la visite des avant-postes et vedettes à 4 heures.

Ils s'assureront, sur leur responsabilité, qu'il y ait dans chaque régiment une portion suffisante de cartouches pour le service des tirailleurs-éclaireurs.

Les régiments de cavalerie, dragons ou troupes légères auxquels il manquerait des ordres, s'adresseront dans le plus court délai à l'État-major du général Balland pour en obtenir.

Il est enjoint de lire le présent ordre à la tête de tous les régiments à cheval des deux divisions des généraux Balland et Goguet.

10

Le général Dubois au général de brigade provisoire d'Hautpoul.

Ordre du 1ᵉʳ au 2 floréal an II (20-21 avril 1794), à 6 heures du soir.

J'ai reçu ta seconde à cinq heures du soir. Je ne suis pas moins affecté que toi de l'inconduite ou de la lâcheté qu'ont commise les bataillons en se sauvant du chemin de l'honneur : les lâches!... ils auront bientôt à s'en repentir. Le représentant du peuple Goupilleau vient de prendre à cet égard un arrêté des plus rigoureux. Tout cela est bien désagréable pour toi ; mais il vaut mieux qu'ils aient fui sur tes derrières que devant l'ennemi. Il y a tout à craindre avec de pareils monstres. Tu n'en iras pas moins ton train, et je suis d'avance persuadé que tu seras cette nuit à la Capelle. Cela serait d'autant plus intéressant pour nous que demain à 5 heures nous attaquons l'ennemi sur trois colonnes, la première sera dirigée sur Henappes et la Neuville la 2ᵉ sur Étreux et la 3ᵉ sur l'Échelle. Alors, si tu t'étais rendu maître de la Capelle, et que tu te sois bien assuré qu'il n'y a rien sur tes derrières, tu te dirigeras sur nous pour protéger notre feu, car tu ne dois pas ignorer que tu as emmené avec toi une forte partie de notre cavalerie.

Nous avons reçu des nouvelles de Fromentin qui est à Avesnes. Il se joint demain à nous avec 8 bataillons. La garnison de Cambrai fera aussi une sortie. Toutes ces précautions me paraissent des plus sages et me donnent l'espoir de voir demain nos communications libres. J'attends de tes nouvelles par la même ordonnance. J'espère qu'elle te trouvera à la Capelle, car nous avons eu des renseignements aujourd'hui qui annoncent que l'ennemi n'a pas plus de 400 hommes dans cet endroit. Je te souhaite santé et bonheur, et suis ton ami.

ALEXIS DUBOIS.

11

Extrait des Mémoires militaires du général Duhesme.

..... Le général Duhesme reçut à midi, du général Fromentin, les dispositions suivantes d'attaque, envoyées par le général Balland.....

. . . .

Réunion-sur-Oise, le 30 germinal an II.

« D'après la position où nous sommes, et que tu connais, Général, j'ai cru pour l'intérêt public et la conservation de nos communications avec Landrecies, Avesnes et Maubeuge devoir arrêter les dispositions suivantes.

« Le camp retranché à Réunion-sur-Oise, qui se réunira à l'aile gauche aux ordres du général Goguet, attaquera franchement l'Échelle, Henappe, Etrœungt, la Neuville et Bonin.

« Une colonne partie pour Vervins et ayant ordre de se rendre à Lacapelle attaquera les postes ennemis qui défendent cette commune.

« Ces deux attaques principales se feront le 2 floréal au point du jour.

« Tu feras connaître ces dispositions à Roulland, général de brigade, commandant à Landrecies, et tu lui manderas de les favoriser par un mouvement offensif sur la droite de la Sambre, vers la Groise et les bois de Lévêque.

« Tu porteras la division sur Cartigny, Priches et Beaurepaire; si tu ne trouves pas de résistance, tu avanceras jusqu'au Nouvion.

« Envoie-nous des officiers d'ordonnance d'heure en heure, avec des chevaux de réquisition fournis par les municipalités, et ne considère pas la dépense pour nous instruire de tes démarches et de tes succès.

« J'écris en même temps au général Chapuis afin que la division de Cambrai puisse les seconder efficacement. »

Le général Duhesme ne voyant rien de particulier pour lui dans ce plan, en écrivit au général Fromentin pour savoir s'il attaquerait Lacapelle ou le bois; il ajoutait : « Je pense qu'il faut que j'attaque sur Lacapelle en gardant bien mon flanc droit depuis le bois. J'irai de là sur le bois; mais avant de tomber sur l'ennemi, je devrai laisser l'affaire s'engager; un agent secret m'a dit qu'il y avait 700 hommes quand il est entré à Lacapelle.

« J'ai pris mes avant-postes où l'ennemi avait les siens en avant de la Rouillée; il a perdu 6 hommes, et j'en ai eu un de tué; j'ai été jusqu'à Flamengeries qu'il avait évacué. »

Le général Fromentin lui répondit de n'attaquer sur aucun point que lorsqu'il entendrait les divisions que commandait le général Balland attaquer sur les points désignés dans le plan; de ne rien aventurer ni engager sérieusement jusqu'à ce qu'il en reçût du général de division Favereau, commandant alors en chef par ordre du représentant, son assentiment sur les propositions et moyens d'attaques envoyés par le général Balland.

Il ne tarda pas à en recevoir l'approbation et il en fit part au général Duhesme sur-le-champ en ces termes :

« Je te préviens, mon cher camarade, que le général de division Favereau a approuvé et ordonné l'exécution des dispositions contenues dans le plan du général Balland. Je viens d'en faire part aux généraux Montaigu et Soland avec ordre à ce dernier de ne chercher à attaquer et repousser l'ennemi que lorsqu'il entendra l'affaire engagée par Balland, ce qu'il te fera dire sur-le-champ. Lorsque tu croiras que Balland est aux prises avec l'ennemi, tu marcheras sur Lacapelle, et tu le feras dire à Soland, afin que vous puissiez agir et repousser l'ennemi de concert.

« Les munitions que tu demandes ont ordre de se trouver à Estrun. »

. . . .

12

Le général Favereau au général Fromentin.

Le 1ᵉʳ floréal an II (20 avril 1794).

Ton aide de camp m'a communiqué, mon brave camarade, la lettre que t'a écrite Montaigu, qui te fait part que le camp de Landrecies est forcé. Il ne fallait que cet événement pour augmenter nos inquiétudes. Néanmoins il ne faut pas s'abattre et redoubler notre courage. Cela ne doit rien changer aux dispositions prises par le général Balland pour entamer la nôtre. J'ai la meilleure opinion de nos succès. Je me rendrai demain à Avesnes après m'être assuré qu'il n'y a rien dans la partie du général Desjardin et en face de cette place.

Courage, mon bon ami, en avant, point de quartier, il faut un coup de collier et nous sauverons peut-être notre ville et Landrecies. Suis exactement le plan de Balland; il est extant (?) que nous n'innovions rien.

FAVEREAU.

13

Extrait du rapport du général Roulland à la Convention nationale.

Le premier Floréal les ennemis s'étendirent du côté de la Capelle, attaquèrent par une vive canonnade et une forte mousqueterie, le poste de Maroilles; nos troupes s'étant vaillamment défendues, ils n'eurent aucun succès; ils commencèrent cependant à faire des redoutes et retranchements sur la hauteur près le moulin de Favril, leurs bagages filèrent de ce côté; ils détachèrent des corps en avant sur Maroilles et redoublèrent encore sans succès leur attaque; le même soir on aperçut bien au-dessus de Catillon un grand camp que l'on crut être le camp de Vaux. Le général ne douta plus alors des intentions de l'ennemi, aussi recommanda-t-il aux troupes de redoubler de zèle et d'activité. Il plaça à la porte de France, sur la droite et près de la Folie, le 4ᵉ bataillon de la Meuse qui avait fait retraite par ordre, d'Ors et des hauteurs de ce premier endroit où l'ennemi venait d'établir des redoutes; les restes de ceux de Saint-Denis et de la 123ᵉ demi-brigade, il les plaça en avant de la porte de

France sur les routes de Réunion-sur-Oise et Maroilles ; ils eurent ordre de bivouaquer crainte de surprise et ils continrent par leur feu les tirailleurs de l'ennemi ; d'autres troupes furent disposées dans les palissades pour protéger la retraite ; les canonniers demeurèrent à leurs pièces sur les remparts, le commandant d'artillerie disposa les bastions, enfin d'après les ordres du général il ne fut rien négligé pour faire une vigoureuse défense.

Dans ces différentes fusillades, le 4e bataillon de la Meuse qui avait ordre de repousser l'ennemi qui s'approchait toujours du côté de la Folie se battit vaillamment, lui tua quelques centaines d'hommes tant par son artillerie que par sa mousqueterie : ce bataillon perdit fort peu d'hommes dans cette affaire. Le camp retranché était défendu par trois bataillons complets à peu de chose près et tout récemment complétés, ainsi que tous ceux de la garnison. . . . .
. . . .

Il y avait dans les premières redoutes, à la droite de la route du Quesnoy deux pièces de 8, ainsi que les pièces de bataille du 2e de l'Orne. Les pièces du bataillon du Gard étaient placées dans une autre redoute et pouvaient au besoin se porter sur le chemin des Étoquis où il avait été ordonné de faire un épaulement. . .
. . . .

Le général ayant eu l'intention de faire mettre dans ces redoutes des pièces de 12, le commandant d'artillerie lui observa qu'il n'y avait pas de boulets sabotés pour ce calibre et qu'il valait mieux y mettre des pièces de 8 qui tiraient infiniment plus vite, il se rendit à ces raisons ; il ne crut pas devoir y en mettre une plus grande quantité parce que l'ennemi qui était en face depuis longtemps pouvait les tourner ou les attaquer en face d'un instant à l'autre, avec d'autant plus de facilité qu'il lui était très aisé de masquer ses mouvements par le rideau de la forêt qui n'était qu'à une forte portée environ de carabine, des retranchements qui pouvaient être aisément forcés à cause de leur défectuosité et de leur immense étendue, et qu'il n'avait point assez de troupes disponibles pour pouvoir les garnir, le nouveau plan n'ayant pu être exécuté.

Les deux pièces d'artillerie du bataillon de la Mayenne étaient placées à un retranchement sur la route du Cateau et les pièces des autres bataillons furent placées dans les demi-lunes en avant de la porte de France et sur un pâté.

Le commandant d'artillerie eut ordre de faire faire tant au corps de la place qu'à l'ouvrage à cornes, des plates-formes d'attente et de déposer dans quelques-uns de ces endroits les pièces de position qui étaient nouvellement arrivées de l'arsenal de Paris.

On avertit le général que l'ennemi travaillait à démolir les embrasures d'un retranchement qu'il avait fait sur la route du Quesnoy ; il s'y porta ainsi que le citoyen Amalric chef du 2ᵉ bataillon du Gard, commandant provisoire du camp. Les ennemis s'en tinrent à cette démolition. A 11 heures du soir il fut donné ordre au chef en second du 7ᵉ des Fédérés, de se porter avec trois compagnies de son bataillon au camp, de s'adresser au commandant Amalric pour les placer, et il lui fut recommandé de faire une vigoureuse défense en cas d'attaque.

Le 1ᵉʳ floréal sur les 5 heures et demie du matin, les sentinelles avancées aperçurent un grand mouvement de troupes en avant d'elles, elles en firent avertir le commandant Amalric ; dès qu'il eut reconnu la vérité du fait, il plaça sa troupe dans les redoutes et retranchements et fit avertir le général. Les avant-postes se tiraillaient ; il monta aussitôt à cheval, se transporta au camp et vit le commandant qui lui rendit compte de toutes ses observations, lui fit remarquer que la troupe était bien disposée, que les canonniers étaient à leur poste, que tous enfin étaient prêts à faire une vigoureuse résistance.

Il fut en avant des redoutes et des retranchements sur une éminence à la droite de la redoute du Quesnoy, entre nos sentinelles et celles de l'ennemi ; il voulait reconnaître par lui-même les motifs de ces mouvements, il n'y fut pas plutôt qu'il essuya une fusillade considérable par les troupes ennemies qui étaient cachées dans les haies ; ce fut le signal. L'attaque devint générale ; elle commença de tous côtés, principalement par la droite de l'ennemi. Le général se retira, ordonna au commandant Amalric de se porter sur notre droite, pour voir ce qui s'y passait, il lui recommanda de prescrire fortement aux troupes de se battre intrépidement ; il se porta sur la gauche pour le même sujet, mais dans peu de temps les avant-postes furent forcés ; l'artillerie ennemie parut, elle était au moins de trente bouches à feu de gros et différents calibres qui battaient en front et en flanc les redoutes et détruisaient les retranchements. L'infanterie ennemie attaqua les flancs en force infiniment supérieure, elle avait de l'artillerie qui incommodait singulièrement l'infanterie française qu'elle prenait à dos et en flanc dans ses retranchements, ce qui ne l'empêcha pas de faire un feu continuel et bien soutenu.

Le général ayant reconnu la supériorité de l'ennemi, fit venir promptement les six autres compagnies du 7ᵉ bataillon des

Fédérés, leur assigna à chacune leur place et leur prescrivit de s'y maintenir à tout prix.

Au commencement de l'attaque il vint par notre droite du côté des Etoquis un régiment hollandais serré en masse, la crosse haute, comme feignant de déserter ; le chef du poste où il se présenta ne donna pas dans ce piège, il fit faire feu dessus, le régiment se défendit, il s'engagea une action ; après un combat inégal les retranchements furent forcés dans cette partie et notre troupe repoussée ; mais l'ennemi se trouva arrêté et vivement repoussé à son tour par le feu à mitraille que firent les deux pièces d'artillerie du bataillon du Gard qui étaient alors placées à l'épaulement dont il a été parlé plus haut ; l'ennemi y perdit une infinité de monde et nos troupes reprirent leurs postes aux retranchements.

Le général fit encore venir quatre compagnies du bataillon ci-devant Saint-Denis, il les plaça aux endroits des retranchements où l'ennemi paraissait le plus en force ; il fit revenir autant de tambours qu'il put, leur ordonna de battre la charge sur tous les points des retranchements, c'est un stimulant qui sert à animer l'ardeur du soldat, lui imprime la force de se soutenir à son poste pour ne l'abandonner qu'à la dernière extrémité.

Le général est jaloux de consigner ici, que les troupes de la République se sont battues intrépidement, quoiqu'il y eût parmi elles une grande quantité de recrues ; il ne peut taire aussi une lâcheté d'un capitaine des canonniers de la Mayenne qui a honteusement fui avec une de ses pièces, après avoir seulement tiré deux coups de canon (1).

Les troupes de la République ont soutenu environ six heures et demie un feu suivi et très vif de mitraille, d'obus, de boulets et de mousqueterie ; obligées de céder à la force d'au moins vingt-cinq mille hongrois, hollandais et autres qui se relevèrent successivement trois fois pendant l'attaque et qui à la fin tombèrent en masse sur l'étendue des retranchements et particuliè-

---

(1) *Nota* : La dénonciation contre ce capitaine ne fut donnée par écrit au général que dans le moment qu'il vint au conseil de guerre déclarer qu'il ne pouvait plus tenir au bastion où il commandait une batterie ; il faut croire qu'il avait eu envie de réparer sa lâcheté parce qu'il s'est fort bien battu à ce bastion jusqu'au moment où il a déclaré qu'il ne pouvait plus y tenir. Lorsque le général eut reçu cette dénonciation, il la remit aux membres de la commission militaire qui étaient présents. (Note de Roulland.)

rement sur les flancs et obligèrent par cet effort nos troupes à se replier sur les glacis, après avoir cependant fait retirer l'artillerie des redoutes ; les chevaux en avaient été tués ou blessés, les grenadiers du 2e bataillon de l'Orne ramenèrent les pièces de position à bras et la troupe rentra ; elle fut disposée dans tous les chemins couverts et sur le rempart des ouvrages à cornes, les portes furent fermées et les pont-levis levés.

Pendant l'attaque le général fit donner ordre à ceux qui étaient de garde aux tentes de les détendre et de les porter sur les glacis, ce qui fut exécuté.

. . . .

Le général avait aussi disposé de la troupe du côté de la porte de France, dans la crainte d'être attaqué de toutes parts ; il donna ordre d'en faire venir une partie, afin de renforcer les postes qui lui paraissaient en avoir besoin, elle ne put arriver à temps, les troupes étaient retirées sur les glacis et il y a lieu de croire que le second aurait été insuffisant, n'étant pas possible que 4,400 hommes avec ce renfort gardassent des retranchements où il eût fallu 10 à 12.000 hommes pour les garnir. Il avait en tout à peu près 7,200 hommes, il lui en fallait pour garder la haute commune, son avancée et les palissades ; il pouvait d'ailleurs arriver que l'ennemi en vînt à une mêlée avec les troupes du camp, qu'il les fît prisonnières ou qu'elles s'introduisissent ensemble dans la commune basse, ce qui aurait été terrible s'il n'y eût pas eu une réserve pour conserver ces communes. L'ennemi ne cessa son feu que lorsque les troupes furent retirées ; les dispositions pour la défense prises, le général fut à l'hôpital visiter les malheureux blessés, d'après les rapports il y en avait 133 ; il les consola et leur promit au nom de la Patrie les récompenses dues à leur bravoure et à leur blessure, la majeure partie de ceux qui pouvaient encore parler et de ceux mêmes qui avaient des bras et des jambes emportés, répondirent par des cris redoublés : Vive la République ! La perte que la République a fait dans cette affaire n'a pas été conséquente ; l'ennemi d'après son rapport a eu à la prise du camp plus de 1,600 hommes tués ou blessés, entre autres un colonel d'Armstadt, plusieurs officiers et beaucoup de gardes-suisses.

Dès ce moment le général ne s'occupa plus que des dispositions nécessaires pour bien soutenir un siège. Il n'y avait dans la place, ni casemates, ni souterrains que ceux des poternes et quelques blindages sous lesquels on aurait pû placer environ 700 hommes ; les blindages furent destinés pour les blessés, et une partie des munitions de bouche fut placée sous les souterrains; cependant, la garnison forte de plus de 7,000 hommes parmi lesquels il y avait beaucoup de malades, n'était autrefois en temps de guerre que de 4,000 à 4.500 environ ; mais il avait fallu une force pour garder le prétendu camp retranché ; en joignant à cette nombreuse troupe pour une aussi petite place, ses habitants, ceux de la Folie et ceux de la route de Maroilles, on ne sera pas étonné des embarras qu'occasionnait cette multitude.

La place était sans ingénieur en état de diriger le moindre travail dans un siège et sans mineurs; malgré ces fâcheuses circonstances il fallut prendre son parti ; la majeure partie de la troupe fut disposée, une portion dans les palissades pour empêcher l'approche de l'ennemi, une autre sur les remparts et aux batteries, le surplus dans les quartiers, toujours prête à marcher au besoin.

Le général se concerta avec les autorités civiles : chaque habitant reçut l'ordre de dépaver devant sa maison et il lui fit délivré à l'arsenal des pioches à cet effet ; il fut défendu à qui que ce soit de boire de l'eau de la fontaine dont les tuyaux hors la commune près le camp étaient au pouvoir de l'ennemi et communiquaient dans l'intérieur des communes haute et basse ; il fut ordonné de retirer des greniers les foins, pailles, bois et toutes autres matières combustibles, on y travailla jour et nuit, la petitesse de Landrecies occasionna dans plusieurs endroits des encombrements avec ces matériaux ; il fut donné aux ingénieurs tous les adjoints que l'on put trouver dans la place ayant quelques connaissances dans ce genre de travail.

Le citoyen Ghiesbreght (1), belge, lieutenant-colonel du génie, qui était en arrestation dans la place pour cause soi-disant de comptabilité avant l'arrivée du général à Landrecies, fut élargi par un arrêté du conseil de guerre ; vu l'urgence il lui fut ordonné à se concerter avec les autres ingénieurs et d'aviser ensemble

---

(1) L'*État de situation du Camp retranché de Landrecies lors du blocus de cette place*, par les capitaines de génie Derouët et Poitevin, indique que le chef de bataillon Ghiesbregth, du génie belge, fut chargé des travaux de défense de la place qu'il entreprit avec la plus grande activité. Mais le général Lami modifia les projets primitifs et restreignit le rôle du commandant Ghiesbreght à l'exécution d'un tracé défectueux. Derouët et Poitevin en qualifient ainsi l'intervention du général Lami : « Aussi ce dernier est lequel on doit s'en prendre, surtout après s'être vanté, à son départ pour l'armée d'Italie, de *laisser à Landrecies un beau camp retranché.* »

aux moyens les plus prompts et les plus sûrs de défendre la place. Le général lui dit que s'il était vrai qu'il eût des torts envers la République pour sa comptabilité ou autrement, il avait la plus belle occasion de les réparer en employant toute sa bonne volonté et ses talents à la défense d'une place aussi importante à la France ; soit défaut de talent, soit mauvaise volonté ou qu'il eût la tête perdue, il n'a servi presque à rien.

Le général donna des ordres pour faire élever la traverse vis-à-vis la porte du Quesnoy allant à la commune basse avec des bois, des saucissons, des tonneaux défoncés et du fumier, il ordonna d'en faire une autre qui se prolongea de la fontaine de la commune basse au coin de la maison en face; on parvint par ce moyen à masquer à l'ennemi les mouvements des troupes et les transports des munitions de guerre de la commune haute à la commune basse. Cet ouvrage était absolument nécessaire puisqu'avant qu'il fût fait le citoyen Odoyer officier du bataillon du Gard et deux volontaires furent tués par un boulet qui enfila directement la porte et les frappa de l'autre côté.

Il fit faire une espèce d'épaulement ou flèche à la droite du moulin joignant les ouvrages près la barrière qui mène au cimetière pour parer un peu les angles de la porte, des batteries de l'ennemi placées près d'Happegarde. Il fit dresser des poudrières aux batteries et y porter des munitions.

Il fut donné ordre aux habitants de porter à l'arsenal tous les plombs et fers pour fabriquer la mitraille et ordonné au commandant d'artillerie d'employer tous les moyens pour que cette mitraille fût promptement fabriquée.

14

Extrait des mémoires de d'Arnaudin.

Cependant l'armée des alliés se trouvait en mesure de s'occuper immédiatement du siège de Landrecies. Le Prince héréditaire d'Orange devait en avoir la direction. Le soir même du 17, il avait quitté Beauvois avec la plus grande partie de ses colonnes et s'était porté par Forest du côté de la forteresse menacée.

Les Français occupaient encore de ce côté les hameaux des Etoquis et de Happegarde. La partie du bois l'Évesque qui s'étend de l'un à l'autre de ces points était couverte par de bons abatis qui servaient de plus à masquer des batteries. Mais ce n'était pas là l'unique barrière que les Républicains eussent imaginé pour tenir l'ennemi à distance dans une partie où il était présumable qu'on établirait le front d'attaque. Un excellent camp retranché, en occupant toutes les hauteurs qui commandent la place en avant de l'ouvrage à cornes s'étendait de la Haute à la Basse-Sambre. Il consistait en plusieurs redoutes et redans réunis par des retranchements faisant courtine et couverts de trous de loup dans tous les endroits accessibles à la cavalerie; ce qui comprenait plus des trois quarts de son développement. . . .

Tels étaient les obstacles que l'armée du Prince d'Orange avait à surmonter avant de s'occuper des premières opérations du siège. L'attaque en fut ordonnée.

Le 18 les deux hameaux et les abatis qui les joignaient furent assaillis dans le même moment; et ce ne fut qu'avec des peines extrêmes, au milieu d'un feu terrible et continuel de l'artillerie française, qui tirait à mitraille, qu'on parvint à en chasser l'ennemi. Il s'agissait encore d'enlever le camp retranché où il était retiré. La principale redoute, celle dont le feu enfilait la grande route du côté d'Englefontaine, fut emportée après que les retranchements collatéraux eurent été enlevés d'assaut; ce que l'on dut à la résolution de quelques bataillons hollandais qui donnèrent en cette occasion des témoignages de bravoure qui ne manquèrent pas d'être remarqués. De cette même redoute qui était presque fermée à la gorge, les troupes des alliés dirigèrent le feu de leur artillerie contre les fuyards qui s'empressaient de regagner la ville. Cette redoute servit encore depuis à appuyer le flanc gauche des ouvrages de la tranchée qui furent commencés le même jour.

Le succès de cette attaque fait d'autant plus d'honneur aux troupes qui l'ont exécutée que les bois ainsi que le camp retranché étaient défendus par des troupes nombreuses, en partie le résultat de ce que les première et deuxième colonnes avaient repoussé vers la ville lors de l'affaire du 17.

Bientôt on s'occupa de déterminer l'emplacement des corps de troupes destinés à couvrir le siège. Il fut décidé qu'on en formerait deux armées d'observation, dont l'une, en allant de gauche à droite, serait placée entre la Petite-Helpe et la Haute-Sambre, et l'autre entre la Haute-Sambre et la Selle, où elle se lierait à la chaîne de postes placés le long de cette rivière; laquelle chaîne irait joindre par Douchy les postes du corps d'armée hessois stationné autour de Denain. Chacune de ces armées fut partagée en deux ailes. L'aile de gauche de celle entre la Petite-Helpe et la Haute-Sambre eut sa gauche au grand chemin de Landrecies à Avesnes qu'elle traversait un peu au-dessus de Favril, et sa droite à un ruisseau au-dessous de Priches.

. . . .

Le F. M. L. Alvinzi avait le commandement en chef de cette aile, le comte de Brugglach commandait sous lui.

L'aile de droite de l'armée d'observation de gauche s'étendait du ruisseau au-dessous de Priches à Fesmy, en arrière duquel village elle aboutissait par sa droite. . . . .
. . . .

Le F. M. L. comte de Kinsky commandait cette aile, ayant sous lui le F. M. L. comte de Lilien . . . .
. . . .

. . . . Le corps d'armée, dont on vient de donner la description, ne tarda pas à être diminué de plusieurs corps de toutes armes qui en furent détachés pour être envoyés dans le pays d'Entre-Sambre-et-Meuse où le général autrichien Kaunitz, avec une force très insuffisante, était journellement menacé par ce que l'on appelait alors la division de Maubeuge et l'armée des Ardennes.

L'armée d'observation, placée entre la Haute-Sambre et la Selle, sur les hauteurs en avant du Cateau, était aussi partagée en 2 ailes. . . . .
. . . .

L'aile droite de l'armée d'observation de droite était entièrement composée de l'armée britannique, ce qui comprenait plusieurs corps autrichiens d'infanterie et de cavalerie faisant alors partie de cette même armée. Elle était immédiatement aux ailes du duc d'York qui commandait aussi l'aile gauche de la même armée, dont tous les corps, comme on l'a vu plus haut, étaient tirés de l'armée impériale, cinq bataillons exceptés.

L'artillerie de la réserve anglaise fournissait des pièces pour les redoutes de l'aile droite, et celle de la réserve hollandaise en fournissait pour l'aile gauche.

L'armée hollandaise était chargée du service du siège. Elle était augmentée de quelques corps autrichiens et pouvait être au total de la force de 16 à 18,000 hommes.

15

Extrait du journal authentique des armées combinées publié par le « Supplément à la Gazette de Cologne », n° XXXVI.

Quartier général à Catillon, le 28 avril 1794.

L'armée destinée au siège de Landrecies, composée de troupes impériales, royales et hollandaises, sous les ordres du Prince d'Orange et du lieutenant-général comte de Latour, attaqua aujourd'hui 20 avril (1ᵉʳ floréal) l'ennemi sur la rive gauche de la Sambre qui occupait le village des Etoquis et Happegarde, l'abatis formé dans le bois l'Évêque et un camp placé devant l'ouvrage à cornes entièrement fortifié par des redoutes qui se communiquaient par des lignes les unes aux autres. Les troupes combinées chassèrent entièrement les Français de ces villages et parvinrent avec des peines incroyables et au milieu d'un feu terrible et continuel de l'artillerie qui tirait à mitraille à percer cet abatis et prirent ensuite le camp d'assaut en chassant l'ennemi dans la ville qui fut aussitôt étroitement cernée (1).

16

Extrait de la « Gazette des Deux Ponts ».

Bruxelles, 24 avril 1794.

La tranchée devant Landrecies a été heureusement ouverte dans la nuit du 20 au 21, c'est le Prince d'Orange qui conduira ce siège qui va être poussé avec la plus grande vigueur. On espère qu'après la prise de cette place, celle de Maubeuge tombera d'elle-même. La colonne commandée par le comte de Clairfayt a marché en arrière avec une partie du corps sous les ordres d'York pour venir couvrir le siège de Landrecies. La grande armée reste en avant.

---

(1) Les *Archives de la Guerre* possèdent la copie d'une lettre, datée du camp de l'armée hollandaise près de Preux-au-Bois, le 22 avril, qui relate une attaque des troupes alliées contre les Français, le 20 avril. Il s'agit évidemment de l'attaque du camp retranché de Landrecies. Toutefois ce récit, qui attribue tout le succès de la journée aux Gardes-Suisses de M. Paravicini, au régiment suisse de Gumoëres et au régiment d'infanterie de Hesse-Darmstadt, déclare que ces corps forment l'avant-garde des Alliés, ce qui est contredit par le rapport du F. M. L. Latour. De plus il place la principale phase du combat à Preux-au-Bois, évacué par les Français depuis plusieurs jours déjà.

Il est probable que ce document a déterminé l'erreur commise par Foucart et Finot dans leur étude d'ailleurs fort estimable sur la *Défense nationale dans le Nord*, où ils disent que les Français conservaient à Preux-au-Bois un camp enlevé le 22 avril seulement par deux divisions alliées, aux ordres du Prince d'Orange et du comte de Latour (T. II, p. 354).

Journée du 2 floréal an II (21 avril 1794).

17

Extrait du « Journal du général Favereau ».

... L'ennemi est attaqué et chassé de la Capelle. — La brigade du général Duvignot attaque l'ennemi à la Capelle et l'en chasse. Il se retire dans la forêt de Nouvion.

Le général Duhesme envoya sur-le-champ son infanterie légère soutenue par une colonne pour attaquer l'ennemi occupant les villages de Fontenelle et Garmouset, cette attaque réussit parfaitement, nos troupes eurent le champ de bataille et l'ennemi y perdit beaucoup de monde.

Les deux brigades font leur jonction et de concert attaquent la forêt de Nouvion sur deux points, le général Duvignot par le chemin qui va de Lacapelle à Nouvion et le général Duhesme par celui de Garmouset. Les deux brigades ayant débouché de la forêt se réunirent et attaquèrent l'ennemi, qui était en bataille sur la ligne du camp au-dessus du village où il appuyait sa droite ; et ce après avoir enlevé à l'ennemi à la baïonnette une redoute qu'il avait près de la forêt. Il est repoussé de son camp et va prendre position sur Barzy dont il est repoussé avec la même vigueur ; la nuit arrivant, le combat cessa ; et la colonne pour n'être pas prise en flanc bivouaqua sur la hauteur qui domine et regarde Barzy. L'ennemi se retira sur la hauteur de Bergues en arrière de la Sambre. . . . .

18

Extrait des « Mémoires militaires du général Duhesme ».

Attaque de Lacapelle, du bois de Nouvion et combat de Barzy en avant de Landrecies. — Le 2 floréal le général Duhesme attaqua et en rendit le compte suivant.

« En conséquence des ordres que j'avais reçus et du plan d'attaque donné par le général Balland, toutes les troupes de ma brigade furent disposées au-dessus de La Rouillée, un rideau les masquait ; l'infanterie légère et un peu de cavalerie à la gauche longeant le bois de Nouvion, l'infanterie au centre ; le reste de ma cavalerie et l'artillerie légère à ma droite.

« Aussitôt que nous entendîmes l'attaque sur la Capelle, la nôtre commença. L'infanterie légère chassa avec vigueur de Fontenelle, Garmouset les postes de l'ennemi et y tua beaucoup de monde.

« La brigade du général Duvignot s'étant emparée de la Capelle, nous fîmes jonction et nous attaquâmes la forêt de Nouvion sur deux colonnes ; la sienne, par le chemin qui va de la Capelle au Nouvion, et la mienne par le chemin qui y va de Garmouset.

« Ma brigade, après une vraie fusillade, débusqua la première l'ennemi et emporta à la baïonnette les obstacles et redoutes qu'il avait au débouché des deux chemins.

« L'autre brigade ayant aussi débouché, nous nous réunîmes et chargeâmes l'ennemi qui était en bataille sur la ligne du camp qu'il avait au-dessus du Nouvion. Il avait de l'infanterie en force dans ce village où il appuyait sa droite, une redoute à son centre formé de 2 lignes de cavalerie, et de l'infanterie dans le hameau à sa gauche ; il fut repoussé en peu de temps malgré l'avantage de cette position. Il fut sur-le-champ en reprendre une autre en avant de Barzy, d'où il fut encore chassé et poursuivi au-delà de ce village dans la direction du Sart par 2 bataillons d'infanterie qui s'étaient témérairement avancés dans la plaine au-dessus de ce village, reçurent un échec de plusieurs escadrons de cavalerie ennemie, mais qui furent débarrassés par trois escadrons de troupes légères que j'y envoyai.

« La nuit ayant fait cesser le combat, nous nous retirâmes pour ne pas être aventurés, et nous bivouaquâmes sur la hauteur en face de Barzy. . . . .

19

Le général Soland au général Fromentin.

Avesnes, le 2 floréal an II (21 avril 1794).

J'avais exécuté tous tes ordres avant de les avoir reçus, et je t'attendais près du pont où l'aide de camp du général Duhesme est venu me prévenir, ainsi que toi, qu'ils étaient au Sart, à Fesmy et au Chapeau-Rouge, avaient forcé le Nouvion et étaient près d'arriver à Catillon. Il t'a attendu et aurait voulu te proposer de faire passer demain et même cette nuit 2 bataillons ou 3 à Beaurepaire, afin de maintenir la communication avec Duhesme et Balland, et les empêcher d'être tournés. Mais je ne vois pas de bataillon à distraire de notre ligne, si ce n'est le 2ᵉ de la Meurthe et le 3ᵉ de l'Eure, en laissant le 1ᵉʳ de chasseurs du Hainaut et le 1ᵉʳ de l'Orne à la garde du pont du Petit-Fayt, et les 3 autres pour border la ligne du Petit-Fayt jusqu'à près de Maroilles. Si Petit-Fayt était tranquille, je pourrais porter de ce côté le 1ᵉʳ des chasseurs du Hainaut et, dans tous les cas, je laisserai le 10ᵉ de Paris à Cartigny pour la défense de ce village et soutenir la retraite des autres bataillons.

On pourrait faire passer la cavalerie par Cartigny si nous avions des succès qui fissent rétrograder les ennemis, et lui donner une poussée, si surtout sa cavalerie s'était portée ailleurs. Mais, dans tous les cas, je crois qu'il faudrait envoyer 2 bataillons sur Beaurepaire soutenus par un troisième à Cartigny, le tout pour empêcher Duhesme d'être tourné.

Envoie-nous l'eau-de-vie à Petit-Fayt; elle sera à portée des troupes qui en ont besoin.

Envoie-moi des caissons à cartouches et des pierres à fusil; sans quoi, point de bataille, car notre infanterie use beaucoup de munitions pour faire peu de mal.

Signé : SOLAND.

20

Le général Favereau au général Soland (au Petit et au Grand-Fayt).

Saint-Vart, le 3 floréal an II (22 avril 1794).

D'après la lettre du général Fromentin il paraissait que tu étais dans la détresse puisqu'il demandait du secours en artillerie. Je suis arrivé ici avec une pièce de 8 et un obusier et un bataillon. Comme j'ignore la position que tu occupes, et tes besoins pressants, marque-moi de suite si je peux faire marcher sur ton poste le renfort; dans le cas où il te serait inutile, je le ferai rétrograder de suite sur Maubeuge où il m'est très nécessaire, m'étant déjà beaucoup démuni pour te secourir; réponse de suite. Je suis bien aise de te prévenir que, vu les mauvais chemins, je vois presque l'impossibilité de mettre en route le train d'artillerie sans courir le risque de le briser.

FAVEREAU.

21

Le général Soland au général Favereau.

Ferme du Foyot, le 3 floréal an II (22 avril 1794).

Le général Fromentin a eu raison de te dire que j'étais dans la détresse. J'ai attaqué contre mon avis qui était pour la défensive ; et j'ai été obligé de le faire avec 2 seuls bataillons et une poignée de troupes à cheval contre des forces inverses tant en cavalerie, infanterie qu'artillerie, et en prêtant le flanc à l'ennemi qui occupe toute ma droite jusqu'à Maroilles. Ma retraite s'est faite en ordre plus même que je ne l'attendais ; et les bataillons de secours qu'on m'a envoyés ne sont arrivés qu'après qu'elle a été effectuée. Je te porte plainte contre le 47ᵉ bataillon d'infanterie qui placé dans les Hayes le Conq (?) Grand-Fayt devait défendre ce village et protéger la retraite de la cavalerie en cas qu'elle dût avoir lieu et qui s'est sauvé ainsi que le 5ᵉ de la Somme bien au-delà du pont qu'ils abandonnaient même à l'ennemi, laissant la cavalerie pour arrière-garde dans un pays couvert et dans un défilé.

Je penserais, Général, qu'on devrait dans un plan d'attaque aussi essentiel que celui que nous avons fait, écouter les observations d'un général qui depuis près de cinq mois reste dans le pays. J'avais prédit ce qui est arrivé, et il a pensé nous en coûter le blocus de ta place et celui d'Avesnes. Les ordres de partir pour les bataillons de secours ont été si mal donnés qu'ils disent ne les avoir reçus qu'à 8 heures, et enfin ils ne m'ont servi à rien ; et le bataillon de chasseurs du Hainaut ne nous a même pas fait connaître sa position. Je viens de le retrouver ce matin et de le placer.

Je ne crois pas que l'ennemi tente rien de ton côté. Tu es instruit que la Division du général Balland est extraordinairement avancée sur les derrières et les flancs de l'ennemi. Je crains bien qu'elle ne soit repoussée par mon mouvement rétrograde. Si tu pouvais m'envoyer de la cavalerie, et faire partir le bataillon que tu m'annonces à Cartigny, je tenterai demain de reprendre ma position et de seconder les généraux Duhesme et Balland dans la leur, ce que je ne puis faire sans cavalerie, l'ennemi en ayant beaucoup de ce côté. Pèse dans ta sagesse ma proposition, et, si tu l'adoptes, je cacherai cette nuit à l'ennemi les mouvements de ma cavalerie et de mon infanterie par le point de Cartigny que nous occupons encore. Je laisserai sur les hauteurs des vedettes et des petits postes, ferai entretenir derrière eux des petits feux qui feront croire à l'ennemi que la cavalerie est derrière eux, et je conduirai alors mon attaque de front pareillement à celle des généraux qui se sont avancés. Cette mesure est cependant subordonnée à la tenue de leur position actuelle dont je serai sûrement instruit dans la journée.

Tu peux ramener ton artillerie, que tu ne saurais conduire dans les chemins abominables de ce pays. J'ai fait demander la mienne au général Fromentin et fait ouvrir des chemins dans la plaine depuis Marbais jusqu'au Petit-Fayt ou au Grand.

Signé : SOLAND.

22

Le général Schlachter, commandant à Avesnes, au général Favereau.

Petit-Fayt, le 2 floréal an II (21 avril 1794).

Ci-joint, Général, copie de la lettre que m'a écrite le général Fromentin.

« L'ennemi, mon ami, nous a repoussés au-delà de la Petite-Helpe ; il nous faut absolument des forces de ce côté ; mande-le promptement au général Favereau. Nous allons nous soutenir autant que nous le pourrons. Envoie-moi promptement une pièce de 8 et un obusier de l'artillerie légère. Instruis par des courriers les généraux Duhesme et Balland de notre malheureuse position.

« *Signé* : FROMENTIN. »

Et le général Montaigu de notre événement. Nous allons tenir la Petite-Helpe où nous sommes à présent.

Signé : SCHLACHTER.

P.-S. — Pour satisfaire à la demande du général Fromentin, j'ai écrit sur-le-champ aux généraux Duhesme et Montaigu.

23

L'adjudant général Rouvin au général Favereau.

Limon, le 2 floréal an II (21 avril 1794).

Le général Mayer vient de nous donner avis que le général Montaigu battait en retraite sur lui ; les pièces de position sont en route. Il nous a demandé des moyens de retraite au cas où il serait forcé. Connaissant à peu près les intentions du général Despeaux, qui doit être chez toi à Maubeuge, je lui ai indiqué Fontaine en longeant les bois qui sont sur sa gauche pour que les troupes qui sont sur la Sambre ne soient pas tournées. Nous sommes disposés à tout.

Marque-nous de suite quelles sont tes intentions.

ROUVIN (1).

---

(1) L'aide de camp Castagna transmet copie de cette lettre, au nom de Favereau, à Fromentin ; il ajoute : « Avec du courage,

24

Ordres du général Favereau.

Le 2 floréal an II (21 avril 1794).

Au commandant du 5ᵉ bataillon de l'Yonne. — Il est ordonné au commandant du 5ᵉ bataillon de l'Yonne de partir avec armes et bagages (il laissera ses tentes tendues avec un détachement de 25 hommes commandés par un lieutenant ou un sous-lieutenant) pour se rendre à la redoute du Loup, où il trouvera une pièce de 8 et un obusier avec leurs caissons pour se rendre de là à Leval-sous-Berlaimont, où il recevra de nouveaux ordres.

Le temps presse. Aussitôt l'ordre reçu, en bataille, et parti.

Au général Muller. — Je te préviens, Général, que je fais partir le 5ᵉ bataillon de l'Yonne pour se rendre à Saint-Vaast où il recevra de nouveaux ordres.

Au général Desjardin. — Une colonne de 5 bataillons autrichiens et un régiment de cavalerie viennent de passer venant de Bavay et longeant Griswoelle, prenant la route de Beaumont. Tiens-toi sur tes gardes, prépare ta retraite dans le cas que tu sois attaqué et que tu ne puisses pas te tenir. Préviens-en les généraux Richard et Poncet pour qu'ils appuient sur toi.

Je pars avec des forces pour aller à leur rencontre près la Sambre. J'espère que je les ferai repentir. Le représentant Laurent te dira le reste.

25

Le général Favereau au représentant du peuple Laurent.

Limonfontaine, le 2 floréal an II (21 avril 1794).

Je t'adresse, Représentant, copie de la lettre du fils du général Mayer, écrite à 9 h. 30 du soir de la ferme de Saint-Vast.

« J'arrive à l'instant de Maroilles où j'ai resté depuis midi. Le général Montaigu a reçu l'ordre du général Fromentin de se replier sur Noyelles, Monceau et sur les Hayes d'Avesnes. Les pièces de position étaient déjà en route et la retraite commencée.

j'espère que nous viendrons à bout de tous ces revers. La République entière a les regards fixés sur nous. Nous sommes dignes d'elle. Il faut vaincre ou mourir à notre poste..... Le général vient de partir pour Maroilles. » (3 floréal — 22 avril.)

Je crois, s'était (sic) certainement un malentendu de part et d'autre. Après de nouveaux ordres, Montaigu a pris sa position et a pris actuellement le Petit-Maroilles. Le général Fromentin a chargé l'ennemi au Petit et Grand-Fayt. Je ne sais pas encore si nous avons réussi à cette affaire; nous avons eu au moins 100 hommes de blessés à Maroilles. Le général Fromentin a averti Montaigu que nous avons forcé le camp de Solesmes et le Cateau. Le général Mayer gardera la cavalerie avec toi jusqu'à ce que tu lui donnes de nouveaux ordres.

« *Signé* : MAYER FILS. »

Malgré nos avantages, je continue ma route avec ma colonne de républicains. Ma lettre cachetée, je monte à cheval avec le général Despeaux et nous marcherons sur Maroilles où je ferai la répartition pour renforcer les colonnes qui se trouvent trop faibles.

Signé : FAVEREAU.

26

Le général Favereau au général Montaigu (à Maroilles).

Saint-Vast-Monceau, le 3 floréal an II (22 avril 1794).

Par la lettre du général Fromentin d'hier, il paraît que l'ennemi l'a repoussé au delà de la Petite-Helpe; et par une autre qui a été écrite au représentant du peuple Laurent, il paraissait que tu avais fait ta retraite, ce qui m'a déterminé à faire marcher un bataillon avec une pièce de 8 et un obusier. Sur le rapport que vient de me faire le général Mayer, je vois que vous retenez vos postes, et même que tu les avances dans le Bas-Maroilles. Marque-moi de suite, mon camarade, si tes forces sont suffisantes. Fais passer de suite la lettre incluse au général Soland à qui je fais la même demande, et, dans le cas qu'elle vous serait à l'un et l'autre inutile, je les ferai rétrograder à Maubeuge où j'en ai le plus grand besoin, car peut-être serai-je attaqué dans cette partie-là aujourd'hui.

FAVEREAU.

27

Le général Favereau au général en chef de l'armée du Nord.

Maubeuge, le 2 floréal an II (21 avril 1794).

Je n'ai que le temps, Général, de te prévenir que la route de la Capelle est dégagée. Les dispositions que j'ai prises de concert avec le représentant Laurent ont parfaitement réussi ; mais l'affluence qu'occasionne la précipitation de l'ennemi les a, à ce que je crois, fait forcer le poste de Maroilles. En conséquence je marche dessus avec du renfort. J'espère arriver assez à temps pour opposer résistance.

Je t'apprends la fâcheuse nouvelle que le camp de Landrecies a été forcé, la communication interceptée avec cette place nous prive d'une victoire qui sauverait totalement la République.

J'ai tout l'éloge à te faire des généraux Montaigu, Soland leurs troupes. Je monte à cheval. A mon retour, je te ferai le rapport.

28

Le général Alexis Dubois au représentant du peuple Goupilleau.

Au quartier général à Bohain, le 2 floréal an II,
10 heures soir (21 avril 1794).

Citoyen Représentant, j'arrive à Bohain à l'instant, et j'ai eu la satisfaction d'y trouver le général Goguet encore existant, mais parlant très indistinctement. Sa blessure, d'après l'avis du docteur de la 71e demi-brigade qui le soigne, paraît très dangereuse. Il est atteint d'une balle qui lui traversa la poitrine et qui est sortie par sa partie postérieure. Cette balle en le traversant lui a ouvert un vaisseau de cette capacité. L'on garde le plus grand silence sur l'assassinat malgré la précaution qu'a prise le général Plaideux à son retour ici de faire venir chez lui tous les capitaines du bataillon, d'où l'on soupçonne que le délit a été commis. Demain à 7 heures du matin je ferai mettre ce bataillon sous les armes et l'interrogerai de nouveau, compte sur mes soins à ne rien négliger pour découvrir le coupable, comme les motifs qui ont pu donner lieu à un si cruel attentat. Je t'en rendrai compte aussitôt ainsi qu'au général Balland.

Je te fais conduire, d'après les ordres que j'en ai reçus, le général Plaideux. Suivant ce que m'ont dit les officiers de l'État-major du général Goguet, il paraît que ce général s'est laissé entraîner par leurs sollicitations pour aller rendre compte de l'événement fâcheux qui l'avait frappé : cette démarche inconsidérée est selon moi un oubli, mais un manque d'humanité qui peut se considérer sous un rapport moins défavorable pour lui, puisque les troupes, m'assure-t-on, étaient rentrées lorsqu'il est parti pour cela, et que c'est dans le camp que s'est commis ce malheureux événement.

L'artillerie légère a perdu 4 de ses pièces. Je ne puis encore être instruit ni par conséquent te rendre compte de la perte des bataillons, régiments ou brigades. Demain, dès que je le saurai, je t'en ferai part de même qu'au général Balland. Compte dans tous les cas sur mon zèle comme sur mon amour pour la patrie.

ALEXIS DUBOIS.

29

Pille au représentant du peuple Carnot.

Le 5 floréal an II (24 avril 1794).

Je t'envoie la dépêche que je reçois de Pichegru. L'ennemi n'a pas gardé longtemps ses nouvelles positions. Fais part à la Convention de l'affreux assassinat de Goguet et songe combien il importe à l'ouverture d'une campagne de faire un exemple terrible d'une pareille atrocité.

Indique-moi le moyen d'avoir avec toi des communications promptes quand les circonstances l'exigent et qu'on n'adresse pas à mon adjoint ce qui est pour moi.

Tu es trop bon militaire pour ne pas sentir l'importance du secret. Par exemple, comment a-t-on pu faire imprimer dernièrement dans le *Moniteur* la fin de la lettre de Jourdan qui contenait le projet de ce qu'il allait faire? Préviens bien tes collègues qu'on ne lise et qu'on n'imprime que les choses faites et jamais les choses à faire.

Adieu, cher camarade, je ne rêve qu'au succès des armes de mon pays.

Salut et fraternité.
PILLE.

30

Ordre du 8 prairial an II (27 mai 1794).

Différentes plaintes sont parvenues de ce que les chirurgiens-majors des bataillons se prêtent à accorder des billets d'hôpitaux à des soldats qui ne sont malades que de lassitude et à qui deux ou trois jours de repos suffiraient pour les rétablir, que par cet excès de faiblesse, les hôpitaux sont continuellement encombrés au point que les malades ne trouvent quelquefois plus de place.

Les chirurgiens-majors des bataillons convaincus de se prêter à ces abus, sont prévenus qu'ils seront très sévèrement punis, si la maladie des soldats auxquels ils délivreront des billets d'hôpitaux n'est suffisamment constatée, et les officiers de santé attachés aux hôpitaux seront tenus d'en rendre compte.

Le tribunal militaire près l'armée du Nord a condamné à la peine de mort, le nommé Étienne-Marie Leclerc, capitaine au 1er bataillon de la 76e demi-brigade d'infanterie convaincu d'avoir excité l'assassinat du général de division Goguet, en s'écriant au milieu d'un groupe de militaires : *A bas le général, à bas le scélérat, c'est un coquin, qu'on le tue, qu'on lui donne un coup de fusil,* et ce n'est que par suite de ces provocations que l'assassinat du général Goguet a été commis (1), et qu'après l'assassinat commis, ledit Leclerc s'est écrié : *Il n'a que ce qu'il mérite.*

31

Extrait du Journal authentique des armées combinées, publié par le « Supplément à la Gazette de Cologne », n° XXXVI.

Du quartier général à Catillon, le 28 avril 1794.

. . . .

Ce matin, 21 avril, à la pointe du jour, un corps de 18,000 Français s'avança vers le général comte de Bellegarde qui était posté près du grand blocus sur la route de Guise, fit replier les avant-postes de ce général et l'attaqua avec une nombreuse artillerie et un nombre extraordinaire de cavalerie. Dès qu'on fut instruit au quartier général de l'arrivée de l'ennemi, on détacha quelques bataillons et escadrons pour soutenir le général de Bellegarde. Mais cet officier avait déjà repoussé les Français en faisant faire à propos une attaque par sa cavalerie qui fit perdre à l'ennemi quelques centaines d'hommes, 3 canons et 2 obusiers et l'obligea à se jeter au delà du ruisseau du Noirieu.

On ne put pourtant pas poursuivre davantage l'ennemi parce qu'il se jeta dans la redoute élevée derrière le défilé près de Lesquielles qui était défendu par de forts retranchements.

Pendant que cela se passait de ces côtés, le lieutenant-général baron Alvinzy qui, pour gêner la communication de l'ennemi, s'était avancé le 18 jusqu'à Nouvion et avait occupé la Capelle, fut attaqué de grand matin dans ce dernier endroit par un corps nombreux de Français.

Le général Keim, qui occupait ce poste avec un bataillon et quelques troupes légères, se défendit contre cet ennemi supérieur

---

(1) Extrait d'une lettre de Pichegru à Pille (Lille, 12 floréal 1er mai). « Goguet est mort de sa blessure, le meurtrier n'a pas été reconnu, et le fait d'ailleurs a été rendu de différentes manières. »

en nombre avec beaucoup de bravoure. Mais le lieutenant-général baron Alvinzy ayant remarqué qu'une colonne française, forte au moins de 10,000 hommes, arrivait par Etrœungt vers Fontenelle, et qu'une autre aussi forte marchait d'Avesnes sur Cartigny, ordonna au général Keim de se retirer de la Capelle, ce qu'il exécuta; et comme il avait été donné pour instruction au général Alvinzy de se replier en cas d'attaque par une force trop supérieure et de rejoindre l'armée d'observation placée près des villages de Fesmy, Sart et Priches, le maréchal commandant en chef lui fit dire de repasser la Sambre, ce qu'il exécuta.

Après cela l'ennemi se porta sur la droite et se réunit à la colonne venue de Cartigny. Le général Finck se porta près du Pas-des-Vaches au devant des Français qui se formèrent sur les hauteurs de Malgarnie. Notre cavalerie les ayant attaqués, les culbuta. Ils se rallièrent jusqu'à trois fois qu'ils furent entièrement rompus.

L'ennemi voulut enfin forcer en même temps notre aile gauche près de Basse-Maroilles. Le général baron de Kray le battit et le repoussa; des deux côtés les Français perdirent près de 1,000 hommes.

32

Extrait des Mémoires de d'Arnaudin.

L'exécution des dispositions relatives à l'emplacement des armées d'observation devait avoir lieu le 23. En conséquence il avait été résolu de retirer les corps de chaque armée détachés dans les endroits où ils avaient pénétré après l'affaire du 17 avril; et les ordres étaient donnés pour que ce mouvement rétrograde s'effectuât dans la nuit du 21 au 22. Mais les ennemis n'attendirent pas l'issue de cette opération pour commencer de nouvelles attaques. Le 21 au matin ils se présentèrent de cinq côtés en même temps contre les avant-postes de toute la gauche de l'armée des alliés. Ils exécutèrent dès lors une manœuvre combinée qui s'étendait de la gauche à leur droite depuis la trouée de Wassigny jusqu'à l'abbaye de Maroilles. Cette opération qu'ils poussèrent avec assez de vigueur, si elle n'eut pas l'effet qu'ils s'en étaient vraisemblablement proposé, eut au moins celui de les rapprocher du front que devait occuper l'armée d'observation de gauche, de manière à ne pas laisser sans inquiétude de ce côté.

. . . .

Une colonne partie du camp français en avant de Guise, après avoir passé le Noirieu à Henappe et à Étreux, se porta d'un côté sur les Blocus et de l'autre sur Oizy, d'où elle força bientôt les postes autrichiens à se retirer. Une seconde colonne, après avoir chassé de la Capelle le général Keim qui tenait ce poste avec un bataillon et quelques corps de troupes légères, se répandit tout à coup dans la forêt de Nouvion en s'avançant toujours vers le bourg du même nom; une 3ᵉ colonne, partie d'Avesnes, pénétra par Fontenelle dans le bois dit la Haye Catelaine, contigu à la forêt de Nouvion, et par sa droite avec une quatrième colonne venant aussi d'Avesnes qui avait traversé la Petite-Helpe à Cartigny. Enfin les troupes qui occupaient le camp retranché de Maroilles faisaient dans le même temps une espèce de sortie contre les troupes autrichiennes de la petite réserve de gauche postées dans le Bas-Maroilles. Le duc d'York, informé de cette attaque qui portait en partie sur un côté dont la défense lui appartenait, se mit à la tête d'une brigade de cavalerie anglaise et de quelques bataillons autrichiens et dirigea immédiatement une partie de cette force sur la trouée de Wassigny menacée par l'abandon des Blocus, et l'autre sur le Mazinguet menacé par l'abandon de la trouée d'Oizy, à l'effet de soutenir la petite réserve autrichienne de droite particulièrement chargée de couvrir ces passages. Le général Bellegarde qui la commandait, ayant rassemblé à la hâte ce qu'il avait pu de cavalerie, pendant les premiers efforts de l'ennemi, était déjà en train d'arrêter leurs progrès. Il réussissait même à les ébranler partout. Le poste d'Oizy était déjà repris, et l'infanterie légère des alliés, maîtresse du bois d'Arrouaise, poussait l'attaque des deux Blocus où les Français se défendaient avec opiniâtreté, quoique sur le point d'être enveloppés à la droite par les Autrichiens, et à la gauche par les Anglais de la réserve. Enfin ils cédèrent après avoir perdu beaucoup de monde et quelques pièces de canon. Leur cavalerie faisait cependant encore quelques démonstrations dans la plaine située entre les bois et le Noirieu. Mais bientôt ils se retirèrent en totalité derrière ce ruisseau, où leur retraite était appuyée par les avant-postes de leur camp en avant de Guise. C'est ici le côté où ils éprouvèrent le plus de pertes pendant le cours de cette laborieuse journée. Ils laissèrent sur la place quelques centaines d'hommes et abandonnèrent aux alliés 3 ou 4 pièces de canon. Ils avaient plus de succès du côté du général Alvinzi où l'on ne put pas réussir à les empêcher de rester maîtres de toute l'étendue du bois qui couvrait cette partie de l'armée des alliés, et même de quelques postes en avant. Le général Alvinzi commandait le grand corps de réserve dont les postes extérieurs s'étendaient jusqu'à la Capelle. Ce poste, comme on l'a vu plus haut, attaqué de front et menacé d'être tourné à sa gauche par les deux colonnes ennemies de Fontenelle et de Cartigny, avait dû être abandonné. Le général Alvinzi lui-même, dans la situation où il se trouvait autour de Nouvion, voyait sa gauche sur le point d'être enveloppée par les deux colonnes, tandis qu'à sa droite il était menacé par une partie de la colonne venue du camp de Guise qui s'avançait sur la trouée d'Oizy, laquelle colonne, en poursuivant les avantages, pouvait forcer le passage de la Sambre au-dessous de Fémy et tomber sur ses derrières. En conséquence il se vit obligé d'abandonner Nouvion et tous les postes d'alentour. Il repassa la Sambre qui, dans cet endroit, n'est qu'un ruisseau, et alla se joindre à quelques corps de troupes déjà campés en arrière de Fémy, Sart et Priches. Il fut suivi immédiatement par la colonne de la Capelle qui, après s'être emparée de Nouvion, passa elle-même la Sambre à Bergues, poussa sur Fémy d'où elle pénétra par des corps avancés jusque dans le bois l'Evesque, après avoir culbuté quelques corps de cavalerie autrichiens qui, en cette occasion, manquèrent un peu de fermeté.

Cependant la colonne française de Fontenelle, qui avait dès lors gagné les hauteurs de Malgarnie et qui s'était réunie à l'autre colonne débouchant par Cartigny, faisait un mouvement par sa droite comme pour attaquer le gros de l'armée des alliés en bataille un peu en arrière de Beaurepaire. Au même instant, le général Fink qui venait d'être envoyé par le prince de Cobourg avec deux bataillons et six escadrons pour protéger la retraite du général Alvinzi, marcha au devant des Français et les atteignit à la Cense dite le Pas-de-la-Vache, où ils achevaient de se développer en couronnant toutes les hauteurs de Malgarnie, et d'où ils ne tardèrent pas à faire jouer fortement leur artillerie. La cavalerie du général Fink, qui heureusement en cet endroit trouvait un terrain favorable à ses mouvements, les aborda de tous les côtés et réussit d'abord à mettre quelque désordre dans leurs rangs. Mais bientôt, sous la protection de leur artillerie, ils venaient à bout de se rallier, et revenaient à la charge. Deux fois de suite, on les vit ainsi triompher des efforts de la cavalerie autrichienne. Enfin, à la troisième, ils furent complètement rompus et obligés de se retirer le long de la Sambre et dans les bois qu'ils avaient à dos, d'où l'on n'était pas en mesure de les déloger pour le moment. Cet engagement qui fut suivi de la retraite des Français, qui avaient pénétré dans le bois l'Evesque et même jusqu'à Catillon, donna le temps au général Alvinzi d'atteindre la place qui lui était assignée dans la position de l'armée d'observation de gauche, disposition qu'il n'aurait dû exécuter que dans la nuit suivante, comme on a pu le remarquer par ce qui a été dit plus haut. On était instruit que l'ennemi avait rassemblé des forces assez considérables en arrière de Fontenelle et de la Capelle. Ces postes en conséquence devenaient très difficiles à garder et paraissaient d'une faible importance pour le succès du siège. Mais il résultait de l'événement dont on vient de parler que les Français restés maîtres des bois dits la Haye Catelaine et la Haye Cartigny, occupaient encore en avant les villages de la Louzy-France, Malgarnie, Beaurepaire et Pezan. La Haye Cartigny et la Haye Catelaine, parties de bois contigues, sont la continuation de la forêt de Nouvion qui s'étend aussi au Nord, en changeant de nom, vers la Petite-Helpe au village de Cartigny.

33

Extrait du Mémoire de la municipalité de Landrecies.

Le premier floréal, jusqu'au six à midi, l'ennemi forma ses retranchements, toujours en nous inquiétant dans la place, où on s'occupait, pendant les intervalles, à mettre en état toutes les parties; on continuait les blindages en prenant, comme nous l'avons déjà dit, les bois des charpentes des habitants; tous les papiers des administrations furent encaissés et mis en lieu de sûreté. Sur l'observation faite aux corps constitués qu'il manquait des papiers et mitrailles à l'artillerie, et sur la remarque qui en fut faite aux habitants, ceux-ci portèrent à l'arsenal tous les papiers dont ils purent disposer, les fers, plombs et étains qui étaient en leur pouvoir pour en charger les canons et les envoyer à l'ennemi. La commune, qui avait un baril de gros sel, l'a offert pour le même usage.

Dans la nuit du quatre au cinq, on devait faire une sortie qui n'eut lieu que le 5, à 4 heures du matin; une partie de nos soldats, qu'on prit parmi ceux de bonne volonté au nombre de 1,400, furent jusque dans les retranchements; mais nos soldats, trop inférieurs en nombre, furent obligés de battre en retraite.

Journée du 3 floréal an II (22 avril 1794).

34

Le général Liébert au général Balland.

Réunion-sur-Oise, le 3 floréal an II (22 avril 1794).

Depuis plusieurs jours, mon cher camarade, je ne reçois rien depuis Maubeuge jusqu'à la division de Goguet. Fais, je te prie, rétablir les postes de correspondance pour que je puisse recevoir des nouvelles de cette partie. S'il n'est pas possible de les rétablir sur la même ligne, on peut le faire sur une ligne plus reculée.

35

Le général Fromentin au général Favereau.

Avesnes, le 3 floréal an II (22 avril 1794).

L'ennemi, mon cher camarade, a forcé le général Duhesme qui s'était porté sur Priches à battre en retraite, ce qui s'est exécuté dans le meilleur ordre. Le général Duhesme a repris son ancienne position.

Comme les forces de l'ennemi qui se portent sur le Nouvion sont considérables, je crains beaucoup qu'il ne coupe encore une fois la route de Réunion. Je t'adresse la lettre du général en chef de l'armée des Ardennes Charbonnié. Puisse ce mouvement qu'il va faire forcer l'ennemi à porter des forces de son côté.

Il nous est arrivé 600 voitures de farine.

Signé : FROMENTIN.

36

Le général Montaigu au général Favereau.

Maroilles, le 3 floréal an II (22 avril 1794).

Je te préviens, d'après la demande que tu m'as faite relativement aux forces dont je peux avoir besoin, que je ferai tous mes efforts pour me suffire de celles que j'ai. Soland, dont la position est moins avantageuse, en a plus besoin que moi.

Tout a été assez tranquille de ce côté cette nuit. J'avais effectivement hier la Basse-Maroilles; mais, pour ne point trop exposer le peu de forces que j'ai, je les ai fait repasser l'Helpe et placer militairement. Dans ce moment-ci l'ordre est donné pour chasser ces gueux-là.

Signé : MONTAIGU.

37

Le général Favereau au représentant du peuple Laurent.

Monceau-Saint-Waast, le 3 floréal an II (22 avril 1794).

Je reçois dans l'instant une lettre du général Montaigu qui me marque qu'il fera tous ses efforts pour se suffire en force. C'est la réponse à la lettre que je lui ai écrite. Je n'ai point reçu celle du général Soland. Je vais partir pour me rendre auprès de lui et de là à Avesnes, où j'apprendrai les effets des généraux Duhesme et Balland. Je fais rétrograder le 5ᵉ bataillon de l'Yonne ainsi que l'artillerie, vu l'inutilité, parce que le général Soland doit avoir reçu du général Schlachter la pièce de 8 et l'obusier de l'artillerie légère; et quant à la troupe qu'il pourrait avoir besoin, il la trouvera dans la brigade du général Mayer.

Le général Montaigu me marque qu'il vient de donner l'ordre pour chasser ces gueux-là.

J'espère qu'il tiendra sa parole.

Signé : FAVEREAU.

38

Le général Favereau au commandant du 5ᵉ bataillon de l'Yonne.

Monceau-Saint-Waast, le 3 floréal an II (22 avril 1794).

Il est ordonné au commandant du 5ᵉ bataillon de l'Yonne de partir au reçu du présent ordre pour se rendre au camp de Falize et y prendre la position qu'il y occupait. Il en rendra compte au général de division Muller et emmènera avec lui la pièce de 8 et l'obusier.

Signé : FAVEREAU.

39

Le général Favereau au général Soland.

Maroilles, le 3 floréal an II (22 avril 1794).

Si tu as besoin d'un bataillon, tu peux le demander de suite au général Mayer qui te le fera passer.

Le rapport que tu me fais contre le 47ᵉ d'infanterie et le 5ᵉ de la Somme me navre le cœur. J'espère que leur conduite à l'avenir réparera leur faute. Dans le cas contraire, surveille les officiers. Les soldats vont bien quand ils sont conduits avec bravoure. Ce qui me fait attribuer l'inconduite de ces corps, c'est le mauvais exemple de ses chefs.

Signé : FAVEREAU.

40

Le général Montaigu au général Favereau.

Maroilles, le 3 floréal an II (22 avril 1794).

Je t'annonce, mon cher camarade, l'arrivée des mineurs et du caisson de poudre. Je vais les employer de suite aux travaux. Il ne s'est rien passé de nouveau depuis que tu as été ici. L'ennemi a fait des marches et contre-marches. Il a établi plusieurs redoutes sur sa position. L'ennemi a aussi depuis deux jours lancé plusieurs bombes sur la ville. Cette dernière a fait ce matin, vers les 4 heures, une sortie sur son ancien camp. L'avantage a paru être pour la garnison. N'étant point soutenue, elle a été obligée de se retirer, suivant toute apparence avec beaucoup d'ordre. Il est cruel d'être spectateur sans pouvoir seconder nos braves frères d'armes.

Signé : MONTAIGU.

41

Le général Favereau au général Montaigu.

Maubeuge, le 3 floréal an II (22 avril 1794).

Je te préviens, Citoyen général, que l'ordre vient d'être donné à douze mineurs de se rendre sur-le-champ auprès de toi avec leurs outils et quatre quintaux de poudre pour opérer la mine à la tête du pont de Maroilles. Aussitôt que leurs travaux seront finis, tu auras soin de les renvoyer à Maubeuge où ils sont d'une grande utilité (1).

Le général t'exhorte à lui faire part de tout ce qui se passera de ton côté et environs.   P. O. du général Favereau.

CASTAIGNA.

---

1. « Il est ordonné au commandant de l'arsenal de livrer sur-le-champ 4 quintaux de poudre de mine, et à son défaut de la poudre à canon, pour service pressé de la République (pour fougasser le pont de Maroilles).

« FAVEREAU. »

« Il est ordonné au commandant des mineurs en garnison à

42

Le représentant du peuple Laurent au général Favereau (à Avesnes ou Maroilles).

Maubeuge, le 3 floréal an II (22 avril 1794).

Nous avons eu hier ici deux prisohniers qui n'ont pas pu dire précisément le nom de l'endroit que nous avions pris, mais qui par leurs descriptions ont désigné le Cateau.

Un de nos hussards a assuré que l'ennemi était bloqué dans la forêt du Nouvion. Hier soir, environ 2,000 hommes ont filé vers Beaumont avec de la cavalerie et de l'artillerie. J'ai tout de suite fait prévenir Desjardins qui t'apprenait le même mouvement dans une lettre que j'ai cru devoir ouvrir. Nos deux ordonnances se sont croisées. Il est sur ses gardes. On voit par là que, d'une part, ils se ménagent une retraite par le point d'Ochette d'après nos autres nouvelles, et de l'autre qu'ils se portent ailleurs pour faire une division quelconque.

Je pense qu'aujourd'hui tu aideras à les frotter à Maroilles, tandis que Duhesme et Balland les écharperont au Nouvion. Puissent Chapuis et Goguet avancer sur Landrecies. Alors ils seraient dans la déroute complète. Il n'y aurait plus qu'à les prendre d'un coup de filet. Vive la République ! Périssent les traîtres et les esclaves !

Signé : LAURENT.

43

Le représentant du peuple Laurent au général Favereau (à Avesnes).

Maubeuge, le 3 floréal an II (22 avril 1794).

Le général Pichegru a approuvé ta nomination et nos mesures. Le général Ferrand est à Réunion ; concerte-toi avec lui pour couper la retraite aux esclaves d'Autriche et sauver Landrecies qui n'a point de bois. Tout cela peut s'exécuter par une attaque

---

Maubeuge de faire partir sur-le-champ un détachement de douze mineurs, commandés par un officier et un sous-officier, pour se rendre à Maroilles et y recevoir les ordres du général Montaigu. Ce détachement vivra en bon ordre et prendra avec lui les vivres qu'il a reçus et se rendra dans la zone. Il sera fourni une voiture pour porter les outils et la poudre.

« FAVEREAU. »

vive et bien combinée. J'en écris à Ferrand et à Balland. Si tu as quelque chose à leur mander, tu peux profiter de mon courrier.

Il n'y a rien de nouveau ici. Une colonne ennemie a filé sur Beaumont, qui sans doute battait déjà en retraite; elle pouvait être de 2,000 hommes d'infanterie et de 2 escadrons de cavalerie. J'en ai averti Desjardins qui m'en avertissait lui-même, et je puis t'assurer que nous sommes sur nos gardes.

P.-S. — Recommande qu'on ait bien soin des blessés.

Tu dois recevoir des farines et des fourrages. Ne nous oublie pas; à ton arrivée, je te ferai part des projets de Pichegru.

44

Le représentant du peuple Laurent au général Favereau.

Maubeuge, le 3 floréal an II (22 avril 1794).

Si tu crois ne pas avoir besoin de la troupe, et que tu la fasses rétrograder, elle pourra nous servir non seulement pour la défensive, mais en cas qu'on veuille s'emparer de Beaumont. Ce serait le moment si l'ennemi est grandement battu. Il faudrait alors écrire à Pichegru de tenter une attaque générale, et alors nous nous acheminerions vers Beaumont pour l'enlever de vive force, et les cerner de plus près et plus en grand.

Dis-moi aussi qu'aura fait Montaigu? et si les succès répondent à notre attente. Il faudra concerter amplement avec les généraux et revenir ici pour agir.

Mande-moi vite ce que tu sais d'Avesnes.

45

Le général Alexis Dubois au général d'Hautpoul.

Réunion-sur-Oise, le 2 ou 3 floréal an II (21 ou 22 avril 1794).

Tu dois, mon cher camarade, avoir reçu deux pièces de canon et deux bataillons conformément à tes désirs. Je te préviens que le général Ferrand se dispose à faire attaquer incessamment d'une manière vigoureuse; tu en seras prévenu à temps pour prendre tes mesures en conséquence. Je présume sous deux rapports majeurs que tu ne seras pas attaqué de manière à perdre ta position de la Capelle; ou, du moins, je suis plus qu'assuré que tu feras tout pour conserver nos communications. Je te le répète encore avec autant d'enthousiasme que je te connais de bravoure prends, mon cher camarade, toutes les mesures pour te garantir.

P.-S. — Fais-moi parvenir l'état de situation des troupes à cheval sous tes ordres.

46

Le général Alexis Dubois au général de brigade provisoire de cavalerie Gaudin.

Réunion-sur-Oise, le 3 floréal an II minuit (22 avril 1794).

Par ta lettre, mon cher camarade, il paraît que Hautpoul n'est ni attaqué, ni attaquant et qu'il conserve nos communications, ce qui est très intéressant : tu as bien fait de retirer ce qu'il avait de ta brigade, et réunir ton régiment, mais je l'aimerais mieux à Leschelle qu'à Villers où tu parais désirer le ramener d'un moment à l'autre ; il peut être utile à la droite et je crois que tu feras bien de retourner à Leschelle jusqu'à nouvel ordre, c'est d'ailleurs l'avis du général Ferrand qui vient commander en chef les divisions de droite.

N'oublie jamais qu'un vrai militaire ne doit pas se retirer sans ordres ou au moins sans être attaqué avec des forces supérieures.

Ton quartier général doit être à Leschelle et non à Villers.

47

Extrait des Mémoires militaires du général Duhesme.

. . . .

« A la pointe du jour le 3 floréal, le combat recommença. Sachant que l'ennemi faisait marcher une colonne sur Beaurepaire, j'y envoyai sur-le-champ un bataillon d'infanterie et trois escadrons pour tenir le village car il était à craindre que se dirigeant sur Etrœungt par le chemin, il ne nous coupât la retraite ; en même temps, pour faire diversion à cette attaque et à celle que j'entendais du côté de Grand-Fayt, j'en formai une vigoureuse par quatre bataillons qui, passant le vallon avec leurs pièces, gagnèrent la hauteur vis-à-vis où l'ennemi était en bataille. Il déploya alors une force très imposante et fit jouer sur nous plus de douze pièces de position, toutes de 7 et de 13 ; les boulets pleuvaient comme la grêle, malgré cette disposition de force et d'artillerie (car nous n'avions que six bouches à feu et nos pièces de campagne) nous tînmes plus de six heures, mais les quatre bataillons n'avaient pu se maintenir sur la hauteur et avaient été forcés de repasser le vallon quoique en bon ordre, et nous étions à notre tour vigoureusement attaqués sur notre gauche et à notre centre par des colonnes que l'on voyait se rafraîchir continuellement.

« Je reçus à ce moment une lettre du général Soland qui m'apprenait que l'ennemi était en grandes forces du côté du Petit-Fayt et Grand-Fayt; voyant d'ailleurs que la division du général Balland n'avait pas opéré sa jonction avec nous par Boué, comme elle aurait dû le faire, ce qui nous exposait à être tournés par le Nouvion, et craignant d'être tournés par Beaurepaire que l'ennemi forçait malgré la belle résistance des troupes que j'y envoyai; nous décidâmes la retraite qui eut lieu dans le plus bel ordre possible (sans que l'ennemi ait osé nous poursuivre), ma brigade sur Fontenelle, et celle du général Duvignot sur Lacapelle; nous tenons ces positions, et par ce moyen la route est libre (1).

« Notre infanterie a fait des merveilles, 3,000 hommes que l'ennemi dirigeait sur 800 des nôtres qui tenaient le village de

---

(1) Voir une lettre adressée au Comité du Salut public par le Comité d'agence secrète de la commune de Vervins, le 4 floréal an II, 23 avril 1794.

« ... La retraite de notre armée s'est faite avec tant d'ordre que nous n'avons perdu personne. Les troupes de la République occupent la Capelle et la Flamengerie. Les fourrages et les vivres se sont portés avec rapidité sur Avesnes et Maubeuge. Le citoyen Rogio, commissaire du citoyen Laurent, représentant du peuple nous est un sûr garant de la sûreté de la route, car, en ce moment, il nous presse de verser sur les villes désignées tout ce qui se trouve disponible dans notre arrondissement.

« L'administration du district a multiplié les ordonnances et les réquisitions. Déjà les vivres se mettent en marche et il semble qu'incessamment tout le contingent sera fourni conformément aux ordres de la commission des subsistances.

« ... P.-S. — Nous apprenons en ce moment que les convois rétrogradent et qu'il n'est pas sûr d'expédier davantage vers Avesnes et Maubeuge.

« P.-S. à 8 heures du matin le 5 floréal.

« Le général de division Duvignot vient de donner l'ordre de faire filer tous les convois en annonçant que la route se trouvait absolument libre. »

Barzy, n'ont jamais pu les forcer; n'ayant plus de cartouches; ils attendaient l'ennemi à la baïonnette.

« Le succès de la première journée est dû en grande partie au 32e bataillon d'infanterie légère par l'opiniâtreté de son attaque dans le bois de Nouvion; le 5e bataillon des Vosges, le 10e de Seine-et-Oise et le 2e de la Vienne méritent aussi des éloges.

« La position du terrain n'a pas permis à la cavalerie de donner; mais l'imposante fermeté du 22e régiment de cavalerie est remarquable. J'ai eu à peu près dans ma brigade 3 ou 400 hommes pris, tués ou blessés. L'ennemi a dû faire une perte plus considérable suivant tous les rapports. Nous avons pris environ 200 hommes et un caisson de cartouches, dont nous nous sommes servis de suite, et nous n'avons pas seulement laissé un fusil.

« Les déserteurs s'accordent à dire que l'armée des Autrichiens est au moins de 100,000 hommes; ils en ont déployé à peu près 20,000 contre nous qui n'étions que 10,000. Aussi cette affaire est à la gloire de la nation française; elle fait l'éloge de la valeur des républicains et fonde notre espérance sur les jeunes gens de la première réquisition (A). »

On voit par ce rapport que cette attaque nous avait procuré l'avantage que l'on devait raisonnablement s'en promettre, savoir : la reprise de la Capelle et nos communications, ce qui aurait pu se faire sans d'aussi grands efforts; car l'ennemi s'étendant jusques au-delà de la forêt de Nouvion, n'y avait poussé que des troupes légères.

Cependant une attaque mieux concentrée dans le plan et l'exécution aurait pu nous donner un avantage plus décidé; il aurait été facile, par exemple, de couper ce qui était dans la Capelle.

Il paraît qu'on avait le projet de débloquer Landrecies puisque presque toutes les colonnes d'attaques semblaient y tendre; mais elles furent toutes repoussées.

Le général Chapuis, très fort en cavalerie, fut battu et fait prisonnier dans les plaines de Solesmes; son artillerie fut toute prise, et cette division regagna Cambrai dans le plus grand désordre (1).

(A) On demande beaucoup d'indulgence pour ces mémoires qui furent faits à la hâte dans un temps où le général Duhesme avait peu d'expérience et où tous les chefs, en général, étaient dans l'enfance de l'art militaire. (Note de Duhesme.)

(1) Duhesme commet une erreur de date; la défaite de Chapuis eut lieu le 7 floréal (26 avril).

La colonne du général Goguet, sans faire une perte aussi considérable, ne fut guère plus heureuse ; elle fut repoussée et s'en fut, jusque dans son camp retranché sous Guise, et ce malheureux général fut tué d'un coup de fusil parti d'une demi-brigade qu'il s'était vainement efforcé de ramener à la charge, et à laquelle il reprochait sa lâcheté. Le général Balland tenta peu ; il n'eut donc ni échec ni combat.

Les troupes que ce général avait détachées par Vervins sur la Capelle, sous les ordres du général Duvignot, emportèrent en peu de temps la Capelle, et leur jonction avec la brigade du général Duhesme fit qu'elles se trouvèrent sous le commandement de ce dernier qui était plus ancien que Duvignot.

Les deux autres brigades de la division du général Fromentin ne sortirent pas de leur position.

Le général Montaigu qui tenait Maroilles y fut même vigoureusement attaqué et ne s'y maintint que par de grands efforts.

On reprit donc les anciennes positions mais Duvignot et d'Hautpoul, qui commandait la cavalerie, occupèrent la Capelle et y protégèrent la communication.

L'ennemi, en plaçant ses avant-gardes vers Priches et au-delà de Barzy avait pris position derrière une ligne de circonvallation qui, dominant le petit Maroilles, passait en avant de Favril et vers le hameau de Heroir, et continuait en arrière du petit ruisseau qui, prenant sa source entre le bois de l'Evêque et du petit Locguignol, se jette dans la Sambre vis-à-vis Catillon.

48

Extrait du journal de Favereau du 3 floréal.

Les troupes sous les ordres des généraux Duhesme et Duvignot qui avaient passé la nuit au bivouac sur la hauteur qui domine Barzy attaquent l'ennemi à la pointe du jour dans ses mêmes positions sur la hauteur, lequel y avait établi au moins 30 pièces de canons de 13 et de 17 soutenus par une force majeure qui ayant détaché une colonne sur Beaurepaire obligea le général Duhesme, dans la crainte certaine d'être coupé, de faire sa retraite sur Fontenelle et celle du général Duvignot sur la Capelle ce qui a été opéré dans le plus grand ordre, ce qui tenait la route d'Avesnes libre et facilitait l'arrivage des subsistances et munitions.

Suite de l'attaque du général Duhesme. Sa retraite. — Les troupes de ces deux brigades se sont couvertes de gloire dans ces deux journées, le 32ᵉ d'infanterie légère dans la première journée a montré lors de l'attaque de la forêt de Nouvion une intrépidité sans exemple, le 5ᵉ des Vosges et le 10ᵉ de Seine-et-Oise ci-devant Versailles, et le 1ᵉʳ du 56ᵉ méritent aussi les plus grands éloges.

La position du terrain n'ayant pas permis au 22ᵉ régiment de cavalerie de charger, il a tenu avec une fermeté exemplaire au milieu d'une grêle de boulets.

Dans les deux journées de cette opération nous avons eu à regretter 80 de nos braves frères d'armes tués et près de 200 blessés; suivant tous les rapports, l'ennemi a eu tant tués que blessés près de 1,500 hommes.

Nous n'avons pris à l'ennemi qu'un caisson à cartouches d'infanterie.

Les rapports s'accordent sur la force de l'ennemi aux environs de Landrecies à 120,000 hommes.

Trait héroïque. — Les jeunes gens de la 1ʳᵉ réquisition se sont dans toutes les actions montrés avec distinction. Voici un trait à citer. Le citoyen Malgry, volontaire au 5ᵉ bataillon des Vosges, posté en tirailleur lors de l'attaque de la redoute au bout de la forêt de Nouvion est atteint d'un boulet de canon qui lui emporte la cuisse droite et lui casse la jambe gauche. « J'ai payé (dit-il) mon tribut à la patrie, je mourrai satisfait! mais je plains ma mère! Si j'en reviens, mes deux bras resteront pour la nourrir. »

49

Extrait du « Rapport du général Roulland à la Convention nationale ».

... Le même jour (3 floréal-22 avril) il se fit entendre un feu nourri d'artillerie et de mousqueterie du côté de Maroilles et une forte canonnade du côté de Solesme. Il ordonna au 2ᵉ bataillon de l'Orne de faire une sortie par la porte de France, afin de faire diversion, retenir une partie des troupes ennemies et donner l'avantage à celles de la République qui paraissaient être engagées dans une action qui pouvait préparer la levée du blocus de Landrecies. Après une fusillade de quelques heures, le bataillon de l'Orne fut obligé de rentrer dans la place sans avoir pu contribuer au succès qu'on pouvait espérer. On doit dire à la gloire des troupes de la République qu'elles firent dans cette occasion tout ce qu'on avait droit d'attendre d'elles; on ne doit pas douter aussi que si l'action engagée eût forcé l'ennemi à faire des mouvements rétrogrades, le général n'eût employé sa forte et trop nombreuse garnison à seconder les opérations de l'armée française; il fut obligé d'attendre de nouvelles occasions.

Le même jour l'ennemi fit filer un grand nombre de caissons et voitures sur les hauteurs de Favril, qui parurent faire la navette, aller et venir. Il ne put rien statuer sur ces mouvements contraires; mais à l'entrée de la nuit il crut remarquer que l'ennemi commençait à tracer et tendre son camp.

50

Le général de brigade Roulland commandant en chef la place de Landrecies, à ses frères d'armes de la garnison de cette place[1].

Landrecies, le 3 floréal an II (22 avril 1794).

Camarades,

Nous touchons à des événements qui exigeront de nous beaucoup d'efforts; nous sommes l'avant-garde de la République, c'est le poste de l'honneur. C'est ici qu'il faut nous couvrir de gloire en nous sacrifiant pour la patrie qu'il nous est peut-être réservé de sauver. Eh bien! pour remplir cette tâche aussi honorable que périlleuse; il faut nous résigner à tous les genres de sacrifices. Il faut que nous ne nous occupions plus que de nos devoirs de soldats et je dois dire ici que beaucoup de vous les négligent. Le service se fait avec tant d'insouciance que pour avoir sous les armes un détachement on est quelquefois obligé de faire assembler les bataillons. Il en résulte toujours des lenteurs qui exposent et le salut de la patrie et celui même des soldats qui y donnent lieu, j'espère qu'à l'avenir les choses se passeront autrement; mes ordres pour le rassemblement des bataillons ou détachements seront toujours adressés aux chefs des corps, que je rends responsables des retards qu'éprouverait l'exécution; je les préviens que je serai sévère à cet égard.

J'ai encore à me plaindre de ce que plusieurs d'entre vous sont du matin au soir dans les cabarets où ils se grisent et font du tapage. On en voit courir dans les rues dans un état d'ivresse, se livrer à des déclamations qui ne peuvent qu'alarmer dans ces circonstances. Cette conduite déshonore le soldat et plus encore l'officier, l'énerve et le distrait nécessairement de son service,

---

(1) Pièce n° 3, annexée au *Rapport de Roulland*.

car pour se présenter au feu il faut pouvoir disposer de ses facultés morales et physiques et l'excès de la boisson les absorbe.

Je défends à tous les cabaretiers, aubergistes et autres de recevoir aucun soldat ou officier chez eux avant 7 heures du soir à peine de prison et d'amende.

Il sera fait des patrouilles continuelles qui visiteront les cabarets pour y maintenir l'ordre et arrêter ceux qu'elles rencontreront dans un état d'ivresse. Les officiers saisis seront destitués. Si les patrouilles ne faisaient pas bien leur devoir sur ce point, je les punirai exactement.

Camarades, vous parlerai-je encore de la discipline, cette vertu des braves, cette arme qui fait toujours vaincre. En vous choisissant des chefs ne leur avez-vous pas promis respect et obéissance? Ne les avez-vous pas cru dignes de vous commander? Ayez donc toujours en eux la même confiance. Quand ils vous parlent ils sont les organes de la République pour laquelle vous portez les armes. Voyez vos ennemis : ils sont souples, ils sont disciplinés et cela parce qu'on les stimule à coups de bâtons. Eh bien! vous qui êtes commandés par vos égaux, vous à qui on prodigue tous les égards, toutes les jouissances possibles, vous qui pouvez demander et obtenir la punition de vos chefs eux-mêmes s'ils manquaient, vous qui excellez sur nos ennemis en courage et en bravoure, montrez vous aussi supérieurs à eux par la régularité de votre conduite, par votre attachement à vos devoirs, par votre soumission à vos chefs; en un mot, par votre discipline, je l'attends de votre républicanisme; le sang de nos frères répandu sous vos yeux, votre pays à venger, appellent sur cet objet votre attention.

En cas que, contre mon attente, la voix de la persuasion ne produise pas tout l'effet que je désire, je vais établir une commission pour juger tous les délits. Je vous réponds que les châtiments seront toujours proportionnés à la gravité des cas et des dangers qui nous environnent.

La présente proclamation sera également transcrite par les adjudants-majors sur leurs livres d'ordres pour en donner connaissance à toutes les compagnies et cela sur-le-champ.

ROULLAND.

Journée du 4 floréal an II (23 avril 1794).

51

Ordre du 29 au 30 germinal.

Lille, le 29 germinal an II (18 avril 1794).

On distribuera aujourd'hui à l'armée les papiers-nouvelles.

Il a été rendu compte au général en chef que la plupart des fusils et mousquetons envoyés dans les ateliers d'armes pour être réparés se trouvaient sans platine (1). Cette dilapidation qui ne peut se faire que par des ennemis de la chose publique est très préjudiciable aux intérêts de la République et à l'armement des bataillons; en conséquence, il rend les chefs de corps responsables de ces dilapidations, et il prévient une fois pour toutes que les armes qui arriveront aux ateliers de réparation, seront visitées, que celles auxquelles il manquera des platines ou des baïonnettes seront mises en note par le commandant d'artillerie qui la fera passer au général en chef, qui ordonnera en conséquence des retenues sur les appointements du chef de corps.

Le général en chef a en outre observé que quantité de militaires sont en ce moment détenus dans les prisons, ce qui prive la République d'autant de bras dont elle a le droit d'attendre des services : quelques-uns d'entre eux ont peut-être péché par

---

(1) En exécution de l'ordre du jour ci-dessus le général Duhesme prescrivit, dans sa brigade, les dispositions suivantes, en date du 4 floréal an II (23 avril 1794) :

« Les bataillons feront faire un appel exact dans chaque compagnie.

« Le général de brigade, en rendant le juste tribut d'éloges à la valeur de tous les faits d'armes, se plaint de ce que plusieurs lâches ont quitté le champ de bataille sans aucun prétexte; plusieurs ôtent les chiens, les platines de leurs fusils pour avoir une excuse; il prie les camarades de dénoncer au Conseil de discipline tous ces lâches.

« Il exhorte la brigade à la surveillance dans le service; chaque corps lui enverra un état des hommes tués, blessés, prisonniers ou égarés. »

ignorance et ils ne se seraient pas mis dans ce cas, s'ils avaient eu connaissance du Code pénal militaire. Il renouvelle ici l'ordre exprès aux officiers généraux, chefs de corps, commandants de place et de détachement, de le lire et faire lire à la tête des troupes, une fois tous les huit jours, ou au moins chaque décade.

Il invite ici les tribunaux et commissions militaires à mettre le plus grand zèle dans leurs opérations, afin de rendre promptement au service des citoyens qui, n'ayant pas commis de fautes ou délits graves, se trouvent assez punis par la longue détention qu'ils ont déjà supportée. . . . .

52

Le général Soland au général Favereau.

A la Cense de Foyot, le 4 floréal an II (23 avril 1794).

L'ennemi ne fait aucun mouvement et il est 8 heures. On ne tire nulle part. Il a déployé hier sur les généraux Duhesme et Anselme 30 à 40,000 hommes avec 40 et plus de pièces de position suivant le rapport du général Duhesme. Toutes les forces sont réunies sur environ une lieue de distance et d'arrondissement sur les hauteurs de Prisches et de Favril; et elles y sont prêtes à faire un vigoureux coup de main. Si elles sont tournées comme je le prétends et comme je le présume, ils tenteront la trouée entre Landrecies et Maroilles par le pont Salirier ou par le Grand-Fayt pour passer celui de Berlaimont; et les forces que nous avons à leur opposer dans tous les points ne sont pas suffisantes contre leur nombreuse cavalerie et artillerie. Pour cela ils n'ont qu'à mettre la nuit leur artillerie de position en battant vis-à-vis Grand et Petit-Fayt où je n'ai que 2 pièces de 12 et de 8 et 2 obusiers de 6 pouces à leur opposer. Ils chasseront facilement ou démonteront cette artillerie et forceront la cavalerie à se mettre à couvert derrière le coteau. Dès lors leur infanterie filera le long de la rivière et attaquera la nôtre; ils amèneront des pièces devant le pont et balaieront ce qui le garde et qui fuira sans ordre, et sans qu'on puisse les arrêter. Dieu sait ensuite avec des troupes aussi insubordonnées et peu accoutumés au feu comment se fera la retraite. Ce que je te marque n'est pas consolant, je le sais; mais je te dois dire la vérité. Puisse-t-elle parvenir aux oreilles de nos représentants et puissent-ils y remédier! Le désordre est à son comble, et à une lieue à la ronde tout est pillé par les troupes. La gendarmerie n'arrête personne, et les

Français ont plus fait de mal cent fois que l'ennemi. Les brigadiers, maréchaux des logis dans la cavalerie n'osent rien dire aux soldats, crainte d'être oubliés dans les nominations; et dans l'infanterie, d'ailleurs, le soldat n'écoute personne. On a tant dénigré les généraux et les officiers, et quelques-uns se sont si mal conduits que le désordre est à son comble. Pardon, Général, si je répands dans ton sein l'amertume qui ronge le mien. Je suis Français et républicain, et je ne puis voir sans indignation que les gens placés pour servir la patrie sont ceux qui la ruinent et la trahissent par l'insubordination, source de tous nos revers.

Le soldat va avec courage en avant; mais voit-il la cavalerie ennemie, il se rompt, se débande et se fait hacher. Ce ne serait rien que de perdre des lâches qui ne sont pas les enfants de la patrie; mais sauver son pays est tout. Parlez au brave Laurent; qu'il ordonne quelques exécutions militaires sur les lâches et les pillards, et la victoire sur les lâches est en permanence pour nous.

Je t'embrasse,
Signé : Soland.

53

Le général Montaigu au général Favereau.

Le 4 floréal an II (23 avril).

Mon cher camarade, tout est fort tranquille jusqu'à présent. L'ennemi s'est borné à faire des redoutes auprès du moulin de Favril. D'après le rapport qui vient de m'être fait, il paraît qu'il porte une colonne du côté de Landrecies.

Signé : Montaigu.

54

Le général Ferrand au général Favereau.

Réunion-sur-Oise, le 4 floréal an II (23 avril 1794).

Me proposant, mon cher camarade, d'agir sous peu de jours, je t'engage à m'instruire sur-le-champ du nombre de bataillons que tu pourrais me fournir sans trop dégarnir les points défensifs de la Sambre. Je désirerais pouvoir disposer de 10 à 12,000 hommes à point nommé. En conséquence, je t'engage à faire préparer en tout point, sans en désigner le motif, les troupes disponibles sur lesquelles je pourrais compter. J'écris au général en chef de l'armée des Ardennes pour le même objet afin qu'il opère une diversion à l'époque qui lui sera fixée. Tu as dû recevoir une lettre à laquelle étaient jointes deux lettres pour le général Desjardins et Fusillier. Il est on ne peut pas plus instant que ces généraux se rendent ici.

55

Le général Favereau au général Ferrand.

Le 4 floréal an II (23 avril 1794).

Je reçois ta lettre d'hier, mon camarade ; inclus l'ordre pour le général Desjardin que je lui ai fait passer de suite (1). . . .

. . . .

Le représentant Laurent se propose de donner au général Richard le grade de divisionnaire (2) pour lui confier cette partie comme étant le seul qui connaisse les positions. Je ferai de mon côté tout ce qui dépendra de moi pour que tout aille pour le mieux, mais je fais une perte bien conséquente.

J'ai fait parvenir au général Fromentin l'ordre pour le citoyen Fusilier, chef du 1er bataillon du 56e régiment, étant dans sa division.

Mon cœur éprouve une sensation bien sentie d'être sous tes ordres. Sois sûr du zèle qui m'anime pour te seconder.

J'apprends par le général Desjardin, qui m'écrit, que l'ennemi attaque nos avant-postes (3). . . . .

. . . .

---

(1) *Favereau à Desjardin.*

4 floréal an II (23 avril 1794).

« Je t'adresse, mon camarade, l'ordre pour que tu te rendes au quartier général de Réunion-sur-Oise. J'en éprouve tant de peine que je vois cette partie intéressante dénuée d'un officier qui y était important.

« Je reçois à l'instant ta lettre qui dit que nous sommes attaqués dans nos avant-postes ; marque-moi dans quelle partie et ceux que nous tenons.

« *Signé* : FAVEREAU. »

(2) Dans une lettre, datée de Réunion-sur-Oise, le 5 floréal an II (24 avril 1794) Ferrand écrit à Favereau : « Tu emploieras à la place [de Desjardin] le général Richard auquel le représentant Laurent veut donner le grade de général de division. »

(3) *Desjardin à Favereau.*

4 floréal an II (23 avril 1794).

« Je te préviens que les avant-postes sont attaqués et que

Je t'en ferai passer les détails aussitôt que je les aurai reçus (1).

Je te préviens que je ne suis pas en grande force relativement au terrain que je suis obligé de garder. . . . .
. . . .

Sans cette mesure nous aurions été privés de recevoir des secours en vivres de Laon, puisqu'Avesnes n'en avait que pour six jours et nous, nous en avions plus que pour quinze jours. Sans ce renfort, l'ennemi se serait emparé des Hayes d'Avesnes, Maubeuge et Landrecies n'étant pas appuyées. . . . . . .
. . . .

56

Extrait des « Mémoires des campagnes du général de division Desjardin ».

4 floréal.

. . . .
L'ennemi déboucha de Coursolre vers 5 heures du matin, l'artillerie légère qui avait été envoyée en avant de la ferme de Fauquemont foudroye cette colonne et ayant tout l'avantage possible démonte toutes les batteries que les impériaux cherchent à établir; ils font mine de vouloir charger notre cavalerie, font passer 12,000 chevaux par Bercilly J, y attirent notre attention et par cette manœuvre habile et des mouvements précis parviennent à faire passer la Thure à de l'artillerie et en établir six pièces avec beaucoup d'avantage.

---

l'ennemi avance; s'il continue, il sera à propos de faire porter un bataillon sur les hauteurs de Ferrière (la Grande).

« DESJARDIN. »

(1) « Le chef d'escadron du 6ᵉ régiment de cavalerie cantonné à Limonfontaine enverra de suite un détachement de 30 hommes de son escadron pour se rendre à Cerfontaine où le commandant recevra les ordres du général de division Desjardin. Il mettra la plus grande célérité. Le temps presse.

« FAVEREAU. »

Au général Despaux. — « Je te préviens que je fais partir un détachement du 6ᵉ régiment de cavalerie pour aller à Cerfontaine. L'ennemi attaque nos avant-postes du côté de Solre-Libre, Il cherche peut-être à nous faire faire diversion. Tiens-toi sur tes gardes. Préviens-en le général Mayer.

« FAVEREAU. »

Longtemps on se canonne de part et d'autre et l'artillerie française quoique inférieure en nombre n'en causa pas moins de perte aux Autrichiens.

Le bois qu'attaquait la colonne est emporté; les bivouacs de la Thure cèdent à la supériorité, se retirent, se rallient à chaque position favorable et livrent autant de fois de nouveaux combats où l'avantage leur reste. Eccles et Berelles K servent de point de retraite à cette troupe, le 10ᵉ bataillon d'infanterie légère les défend, y arrêta l'ennemi jusqu'à 10 heures du matin, enfin la colonne F ayant par son déployement O débordé Berelles; et une colonne L (1) qui venaient d'emporter Solre-le-Château où elle avait forcé les trois bataillons N, aux ordres du lieutenant-colonel Liénard (2) ayant fait passer le pont de Solrinnes à un parti de 300 hussards M. le général de brigade Poncet ordonna au 10ᵉ bataillon d'infanterie légère de quitter Eccles et Berelles, et de se replier sur Terrières-la-Petite P pour s'y défendre jusqu'à dernière extrémité. Ce mouvement s'exécuta à temps, car cette cavalerie M venant de Solrinnes eût enveloppé l'infanterie qui défendait Eccles et Berelles.

A ce moment le comte Kaunitz occupait donc : avec la 1ʳᵉ colonne Fauquemont, Aibes et Quiévelon; avec la 2ᵉ Eccles, Berelles et Solrinnes; enfin Solre-le-Château avec la 3ᵉ qui avait rejeté les 3 bataillons du lieutenant-colonel Liénard sur Beugnies et dont la cavalerie avait poussé jusqu'au bois d'Avesnes.

L'ennemi se trouvait très supérieur par la réunion Q de la colonne venant d'Hestrud. Mais cependant notre position resserrée E lui en imposait beaucoup, il resta sans faire de mouvement; la brigade et la ligne continuaient à se canonner; une fusillade très vive se fait entendre vers Jeumont; le bruit de l'artillerie lui succède et bientôt un cri suivi de mille cris annonce que les impériaux campés à Merbe ont passé la Sambre et se portent sur

---

(1) Cette colonne ennemie est celle qui déboucha de Xivry sous les ordres du général Prince de Reuss, prit Solre-le-Château et repoussa les Français sur Beugnies.

(2) En note des « *Mémoires de Desjardin* » :

Le lieutenant-colonel Liénard fait part au général Desjardin de l'attaque qu'il a éprouvée la veille, des circonstances qui l'ont occasionnée et tournée à son désavantage; une partie des revers reçus sur ce point semblent dus au capitaine commandant le 2ᵉ bataillon de la Nièvre qui n'a pu rallier ses compagnies.

Jeumont : le général Desjardin ordonne au général Poncet de subordonner ses mouvements à ceux de la brigade de gauche, et de se porter avec deux escadrons H et de l'artillerie légère pour renforcer et protéger la retraite des troupes ; repoussé des bois de la Thure à son arrivée R le général Richard lui annonce que les revers sont réparés, la valeur du 2ᵉ bataillon du Haut-Rhin avait arraché les succès de l'ennemi et repris des postes que la foudre défendait.

La gauche A des Français venait d'obtenir un succès avec la plus mauvaise position et leur droite E essuyait un revers en abandonnant une bien plus avantageuse et rentrait vaincue dans les lignes de Cerfontaine sans s'être battue.

Le général Poncet en ordonnant au 10ᵉ bataillon d'infanterie légère de quitter Eccles et Berelles pour se porter sur Ferrières-la-Petite avait oublié de faire occuper Quiévelon seul débouché par où l'ennemi pût le tourner, les Autrichiens y étaient entrés et s'étaient emparés du bois des Cailleux S, ce qui détermina la retraite des Français ; elle se fit en désordre T, sur les redoutes I. Le général Desjardin rassuré sur la gauche A qu'il venait de quitter arrive à la droite avec la division d'artillerie légère et les deux escadrons qu'il en avait détachés. Son premier soin est de rallier les bataillons désunis : il fait venir de Maubeuge un obusier et un bataillon pour renforcer les lignes de Cerfontaine et après avoir assuré les moyens d'une retraite honorable il s'avance et se prépare à un nouveau combat.

Le 10ᵉ bataillon d'infanterie légère P reçoit ordre de marcher sur Solrinnes U et de s'en emparer à tel prix que ce fût, pour couper à l'ennemi sa communication de Solre-le-Château ; l'ordre est exécuté V, alors l'infanterie et la cavalerie française se portent en avant pour reprendre la position d'Aibes E, l'ennemi s'y défend longtemps et se retire en mettant le feu au village de ce nom.

57

Extrait de la « Gazette de Cologne », n° XXXVII.

Solre-le-Château (le Bourg)
Colleret (le camp de) } près Beaumont, le 22 avril 1794.

Le comte de Kaunitz, général d'artillerie, ayant concentré le 22 avril (3 floréal) près Beaumont 9 bataillons et 10 escadrons de son armée, composée d'Autrichiens et Hollandais, attaqua sur 3 colonnes le Bourg de Solre-le-Château et le camp de Colleret défendus par quelques batteries.

Les Français attirent à la rencontre de la colonne qui marchait à la droite, commandée par le G-M. Degenschild ; mais la valeur des Autrichiens et le feu bien ménagé de leur artillerie forcèrent les Français à la retraite malgré leur supériorité ; ils furent poursuivis par la cavalerie autrichienne avec tant d'impétuosité qu'ils eurent à peine le temps de gagner le camp de Maubeuge.

La colonne du milieu commandée par le colonel Lewachich chassa également les Français et les poursuivit jusqu'à Obrechies.

La colonne de gauche commandée par le général de Reuss qu'il conduisait par Xivry sur les derrières de Solre-le-Château éprouva la plus forte résistance, les Français étant quatre fois plus forts. Malgré cette supériorité elle les mit en fuite.

Les hussards de Barco se distinguèrent dans cette affaire. Une division de ce régiment commandée par le major Barco, qui perdit 3 chevaux dont 2 par des coups de feu et un qui fut percé de coups de bayonnettes, donna si fort dans l'infanterie française qu'ils perdirent près de 500 hommes tués et 40 qui furent faits prisonniers. Le reste ne dut son salut, dans sa fuite, qu'à la faveur des broussailles dont le terrain était couvert.

Les Français furent mis dans le plus grand désordre. La cavalerie a fui jusque dans les broussailles d'Avesnes, et leur infanterie s'est jetée dans le bois qui est devant cette place jusqu'où les hussards les poursuivirent.

58

Le général Schlachter au général Favereau.

Avesnes, le 4 floréal an II (23 avril 1794).

Dans le moment, je viens de recevoir une lettre de Solre-Libre du chef Lancernaux qui m'annonce ce qui suit : « Nous sommes attaqués par des forces supérieures et forcés de nous retirer sur Avesnes.

« L'ennemi est fort. Nous sommes encore sur les hauteurs. »

Signé : Le chef LANCERNAUX.

Par copie conforme.

Signé : SCHLACHTER.

P.-S. — Tâche d'envoyer promptement des forces. Donnes-en connaissance au représentant Laurent.

59

Le général Favereau au général Fromentin.

Le 4 floréal an II (23 avril 1794).

Je reçois, mon cher camarade, la lettre que t'a écrite Charbonnié et que tu me fais passer ; je vais me concerter avec Desjardin pour y répondre dans tous ces détails.

Tu me dis que la retraite du général Duhesme à raison des forces de l'ennemi s'est faite hier au soir dans le plus grand ordre, tant mieux ; mais je ne sais pas comment s'est faite celle de la colonne qui s'est jointe à celle de Duhesme par la Capelle, car 300 dragons du 12e ont fait la leur sur les hauteurs du Petit et Grand-Fayt.

Je t'adresse un ordre pour le Commandant du 56e d'infanterie qui est dans ta division. Tu lui feras passer.

Signé : FAVEREAU.

60

Le général Favereau au général en chef de l'armée des Ardennes.

Le 4 floréal an II (23 avril 1794).

Je te donne avis, général, que l'ennemi attaque nos avant-postes depuis Bersilly jusqu'à Solre-Libre. Mes troupes soutiennent avec fermeté. Comme l'ennemi a été repoussé de la forêt de Nouvion et que cette position lui était très favorable pour cerner Avesnes, Maubeuge et Landrecies qui l'est déjà, je crois qu'il file des forces par Beaumont dans le pays de Chimay pour tâcher de donner la main à l'armée qu'ils ont en position depuis Landrecies jusqu'à cette forêt, occupant les hauteurs de Favril et Prisches ; leurs forces dans cette partie sont conséquentes en troupes, surtout en cavalerie, appuyée d'une artillerie formidable, de façon que, si leur jonction se fait du côté de la Capelle, il faudrait une armée conséquente pour les débusquer. En conséquence, je crois qu'il serait intéressant, général, que tu fasses porter en forces une colonne sur Beaumont pour s'en emparer vigoureusement ; sûr moyen de leur couper toutes ressources. Quant à moi, je tiendrai les positions de Grandrieux, Hestrud et la partie du Bois-sur-Sambre, pour qu'au moment que tu attaqueras, je fasse filer du renfort pour te seconder sur la gauche.

Tu dois savoir que le général Ferrand commande en chef depuis Cambrai jusqu'ici ; il a des ordres du général Pichegru pour opérer, et sûrement il doit en avoir pour se concerter avec toi. Le temps presse ; ne donnons pas le temps à l'ennemi de se retrancher. Dès que tu attaqueras, envoie-moi d'heure en heure par ordonnance toutes tes dispositions et attaque le plus tôt possible.

Signé : FAVEREAU.

61

Le général Favereau au général Fromentin.

Le 4 floréal an II (23 avril 1794).

L'ennemi attaque mes avant-postes ; il est actuellement dans les environs de Solre-Libre. Je soupçonne qu'il fait filer ses troupes par Beaumont pour se porter à revers sur la forêt de Nouvion. Dans ce cas, préviens le général Duhesme pour qu'il envoie des patrouilles à cheval sur les derrières et le plus loin pour s'éclairer.

Je fais partir un courrier au général en chef de l'armée des Ardennes. Je t'invite fortement d'attaquer Beaumont avec vigueur. Soutiens toujours. Le moins de retraite possible. Je te ferai part de tout ce qui se passera. Fais-en autant de ton côté.

Signé : FAVEREAU.

62

Le général Fromentin au général Favereau.

Avesnes, le 4 floréal an II (23 avril 1794).

Les troupes qui étaient à Solre-le-Château battent en retraite, elles sont maintenant dans les bois dits la Haye d'Avesnes. J'envoie un courrier pour faire venir un escadron de Grand-Fayt pour protéger leur retraite, envoie-leur de prompts secours, car l'ennemi pourrait encore les forcer à quitter les bois.

Signé : FROMENTIN.

63

Le général Favereau au général Ferrand.

Le 4 floréal an II (23 avril 1794).

L'attaque vigoureuse que nous a fait aujourd'hui l'ennemi, nous a coûté les postes de Solre-le-Château et Hestrud. Le général Desjardin fait le plus grand éloge de sa troupe; pendant un moment nous avons été repoussés, et pas un fuyard.

Nous sommes rentrés dans nos cantonnements, et tous ceux

où l'ennemi a passé sont brûlés. Il est bien extant de les chasser de notre territoire, car ils y causent bien des dégâts.

Tu dois avoir reçu ma lettre de ce matin relativement à Desjardin qui ne peut pas quitter dans ce moment. Ta présence nous est trop précieuse et elle tranquillise beaucoup le représentant Laurent. Je ne puis pas être partout, car je crains bien que peut-être cette nuit nous soyons attaqués à Marpent et au Mont.

Tu auras sûrement écrit au général en chef de l'Armée des Ardennes pour l'engager d'attaquer.

Notre perte en hommes ne se compte pas, tant elle est peu nombreuse; celle de l'ennemi ne l'est guère plus. Peut-être que demain la danse recommencera, et j'espère que nous aurons plus de succès. Les troupes qui nous attaquent sont en partie des émigrés.

Le représentant Laurent attend avec impatience que tu commences ton travail. Nous le désirons d'autant que nous avons besoin de vivres.

En fermant ma lettre, j'apprends par Fromentin qu'il a rentré dans Solre-Libre, que nous le garderons.

Signé : FAVEREAU.

64

Le général Favereau au général Fromentin.

Le 4 floréal an II (23 avril 1794).

L'ennemi n'a eu de succès sur nous dans la journée que Solre-Libre et Hestrud que nous n'avons pu tenir à raison de leurs forces. Leur impétuosité les a fait avancer jusqu'à la hauteur de Colleret, mais bientôt notre artillerie légère et notre cavalerie leur a fait faire retraite. Nous sommes actuellement dans nos cantonnements et nous attendons demain pour recommencer. Les troupes que nous avions à Solre-Libre ont fait leur retraite dans la Haye d'Avesnes et le commandant marque qu'il y tiendra vigoureusement.

J'ai reçu une lettres des camarades Soland et Montaigu. Tous me marquent que l'ennemi est en force en face d'eux. Écris au général Ferrand. Engage-le de ton côté pour presser son mouvement. Je ne peux dans ma position que soutenir, et je n'ai aucunes forces disponibles. Instruis-moi de ce qui se passe chez toi.

Signé : FAVEREAU.

65

Le général Favereau au général Despaux.

Le 4 floréal an II (23 avril 1794. Minuit).

Je reçois à l'instant, mon camarade, ta lettre qui m'annonce les mouvements de l'ennemi. Prends toutes les mesures que tu trouveras prudentes pour lui opposer en cas d'attaque. Redouble tous tes postes et aie la plus grande surveillance.

L'ennemi s'était emparé de tous les avant-postes du général Desjardin ; mais nous les avons repris, excepté Hestrud. Il nous avait également pris Solre-Libre ; le général Fromentin les en a chassés et se garde militairement sur les hauteurs en avant de cette ville.

Lorsque tu voudras faire des mouvements, multiplie-les en mettant ta troupe sur deux rangs et à quelque distance les uns des autres. De la prudence, de la surveillance et du courage. Ce sont les triomphes de la République.

Signé : FAVEREAU.

66

Le général Favereau au général Desjardin.

Le 4 floréal an II (23 avril 1794. Minuit).

Le général Fromentin écrit de 7 heures du soir qu'il vient d'entrer dans Solre-Libre et qu'il va faire bivouaquer toute la troupe sur les hauteurs. Il y a conduit un escadron de cavalerie qu'il m'invite à lui renvoyer, mais que je garderai. Cette agréable nouvelle doit te donner pour demain bon espoir. Tu feras bien d'écrire au commandant de ce poste et lui marquer la position que tu as pour l'appuyer. Je viens de donner l'ordre pour leur faire passer du pain et de l'eau-de-vie.

Le Représentant t'attendait ce soir. Tu feras bien de lui marquer tous les mouvements que tu as faits aujourd'hui. Il m'a paru le désirer.

Signé : FAVEREAU.

67

Extrait des Mémoires de d'Arnaudin.

. . . . . Tandis que ces choses se passaient sur les bords de la Haute-Sambre, les postes de l'Escaut, de la Selle et de l'Escaillon étaient aussi inquiétés par l'ennemi. Le même jour, 22 avril, les Français du Camp de César attaquèrent de nouveau les avant-postes des Hessois campés à Denain ; et, en même temps, des corps de troupes qui avaient passé l'Escaut à Bouchain et entre Bouchain et Cambray, tombaient sur les postes de Douchy, Avesnes-le-Sec et Villers en Cauchie qu'ils forçaient à se replier, et se rendirent de suite maîtres des villages d'Aspres, Saulzoir et Montrecourt, situés sur la Selle, d'où ils ne tardèrent pas à faire des incursions vers l'Écaillon qu'ils traversèrent près de Bermerain pour se porter en petits détachements, d'un côté vers le Quesnoy et de l'autre vers Valenciennes. Du côté de Valenciennes ils pénètrent presque jusqu'à Famars.

Le général Clerfayt, avec une partie de l'armée qu'il commandait en avant de Tournay, s'était avancé vers Saint-Amand depuis la première attaque des postes hessois à Denain et sur la Selle. Aussitôt qu'il eut connaissance de la nouvelle apparition de l'ennemi, il se hâta de marcher sur Denain pour soutenir le général Wurmb qui y commandait les Hessois. Au moyen de quelques corps qu'il fit passer au delà de l'Escaut près de Douchy, il parvint à arrêter les progrès de l'ennemi dans cette partie.

De son côté, le duc d'York, instruit que les avant-postes de l'armée hessoise venaient d'être repoussés, envoya le 23 un détachement de cavalerie pour prendre plus particulièrement connaissance de l'état des choses. Ce détachement, que commandait le général Otto, trouva l'ennemi si supérieur en forces et si avantageusement posté autour de Villers-en-Cauchie, qu'il crut ne devoir rien entreprendre avant d'avoir reçu du renfort. Le duc d'York détacha sur-le-champ une division de cuirassiers de Zeschwitz, la brigade de cavalerie du général Mansel et le 11ᵉ régiment de dragons légers. Ces troupes n'étant parvenues qu'à la nuit au lieu de leur destination, l'attaque fut remise au lendemain; et, par l'effet d'une fausse interprétation des ordres, elles n'eurent pas l'avantage d'y participer d'abord. La mémoire du général Mansel, qui commandait ce détachement, s'est bien relevée du reproche, qu'on aurait pu lui imputer en cette occasion, par la conduite brave qu'il tint deux jours après dans l'affaire mémorable où il eut l'honneur de perdre si glorieusement la vie.

68

Extrait du « Journal du général Bonnaud ».

. . . . . Le surlendemain (4 floréal), cette colonne (1), jointe à toutes les forces auprès de Cambrai et de Bouchain, se porta

---

(1) 5,000 hommes d'infanterie avec le général Proteaux, précédés de 1,500 chevaux et 4 pièces d'artillerie légère avec le

sur Avesnes-le-Sec et après une affaire assez sérieuse et avoir poussé l'ennemi au delà de la petite rivière de Selle, lui avoir fait quelques prisonniers dans le village d'Hespres où il était extrêmement retranché, la division prit position derrière cette rivière; l'ennemi nous montra ce jour-là plus de 4,000 hommes de cavalerie; nous en avions 4,500 et environ 15,000 hommes d'infanterie. Les généraux Chapuis, Proteau étaient de mon avis sur cette position que je croyais très dangereuse ayant à droite Solesmes et à gauche Valenciennes et le camp de Denain où l'ennemi avait beaucoup de forces. . . . .

69

Ordre concernant les crimes et délits militaires qui pourraient se commettre dans la place de Landrecies déclarée être en état de siège.

Landrecies, le 4 floréal an II (23 avril 1794).

ARTICLE PREMIER. — Tout commandant de troupe qui aura reçu l'ordre de la tenir prête à marcher pour une expédition quelconque et qui ne se sera pas conformé à l'heure prescrite, sera sur-le-champ mis provisoirement en état d'arrestation, destitué de ses fonctions et traduit au tribunal compétent.

ART. 2. — Il en sera de même pour tout officier qui ne se rendra pas au lieu et à l'heure indiqués pour le rassemblement de sa troupe et s'il n'a marché à l'ennemi, il sera puni conformément à l'article du code militaire.

ART. 3. — Tout soldat qui ne se sera pas rendu à ses drapeaux, d'après l'ordre donné par le chef, sera puni conformément à l'article du code militaire, et s'il se trouve ivre au moment de marcher à l'ennemi il sera puni de deux mois de prison et privé de l'honneur de défendre les remparts, son nom mis à l'ordre et envoyé à sa municipalité et à la société populaire de son endroit; l'exemple de la part des chefs étant le premier mobile qui mène à la victoire, tout chef de quelque grade que ce soit qui se trouvera ivre au moment d'une expédition sera sur-le-champ mis en

---

général Bonnaud reçurent le 2 floréal l'ordre d'aller prendre position au Camp de César et furent mis le 2 floréal sous le commandement du général Chapuis, commandant la division de Cambrai, actuellement 5e du Nord.

état d'arrestation, dégradé à la tête de sa troupe, son nom mis à l'ordre, envoyé à sa municipalité et à la société populaire de son endroit et si sa troupe avait souffert par sa faute il sera renvoyé à l'article du code pénal.

ART. 4. — Tout chef de corps qui ne se sera pas assuré auparavant que sa troupe marche, que les fusils, pierres à feu, épinglettes, pierres de rechange, cartouches, soient complets et en bon état, sera personnellement responsable des désordres qui pourraient en résulter et puni suivant la rigueur des lois; il en sera de même envers tout officier de sa troupe qui aurait négligé le moindre de ces détails si essentiels et si utilement liés à l'affermissement et au salut de la république et au ménagement de ses finances et de ses munitions; tout vrai Français doit en être infiniment avare puisqu'elles doivent être pour eux le prix de leur généreux dévouement à la patrie; les différentes épargnes doivent enfin servir au soulagement des pères, des mères, des veuves, des orphelins, des généreux citoyens qui auront versé leur sang pour le salut de la patrie et de la liberté.

ART. 5. — Tout militaire de tout grade qui, dans le moment d'une action et sans en avoir reçu l'ordre, quittera son poste sans un ordre précis de retraite, sera puni conformément à l'article du code pénal; il en sera de même pour tout militaire qui, dans une affaire crierait : Nous sommes trahis, nous sommes vendus, ou enfin tout autre propos tendant à ébranler le courage et la fidélité des combattants en les portant au désordre et à la déroute.

ART. 6. — Il est expressément défendu de faire aucun rassemblement quelconque, armé ou non armé; des troupes à l'ennemi doivent être disposées à pouvoir combattre dans cinq minutes et leurs bagages chargés en dix, tout individu qui ne se conformera pas à cet ordre sera sur-le-champ traduit au tribunal compétent.

ART. 7. — Tout officier d'artillerie qui ne s'assurera pas si ses caissons sont bien garnis, ses pièces en bon état, ses attelages, enfin tous les attirails nécessaires à cette partie, sera personnellement responsable des inconvénients ou malheurs arrivés, faute de précautions ou par négligence, et sera puni conformément à la rigueur des lois.

ART. 8. — Le directeur de l'artillerie étant spécialement chargé de la distribution des munitions de guerre, des armes, sera personnellement responsable des mauvais emplois qui pourraient être faits dans cette intéressante partie, tiendra toujours en règle ses registres de recettes et dépenses pour être présentés et vérifiés par le conseil de guerre toutes les fois que celui-ci l'exigerait.

ART. 9. — Le commissaire des guerres étant spécialement chargé de la surveillance des magasins de vivres, boissons, viandes salées, viandes fraîches, farines, fourrages, sera personnellement responsable des dilapidations qui pourraient se commettre dans cette partie et fera punir sur-le-champ, conformément à la loi, les agents de ces différentes branches d'administration qui y auraient porté atteinte; il en rendra compte sur-le-champ au commandant de la place et celui-ci au général; il sera de même responsable envers le conseil de guerre des arrêtés qui auraient été pris par ce dernier pour les épargnes, s'il ne les fait sur-le-champ mettre à exécution; il s'assurera pareillement de la police de l'hôpital, de l'exactitude des officiers de santé, de la propreté et enfin si nos braves frères d'armes ont tous les secours que des républicains se doivent entre eux et que les circonstances peuvent permettre; il s'assurera pareillement de vérifier si les fourgons et voitures nécessaires au service de la place sont en état et en fera faire les réparations sur la demande qu'il en fera au conseil de guerre, tous ces différents objets sont sous son expresse responsabilité.

ART. 10. — Tout militaire qui par sa faute perdra ses armes, sera privé de l'honneur de combattre, il en sera de même pour tout militaire qui sera trouvé ivre et hors de raison courant dans les rues pendant le siège; ces sortes d'orgies ne pouvant que donner une très mauvaise idée de ceux qui s'y livrent et étant très préjudiciables au bien du service.

ART. 11. — Il est défendu à tout cafetier, aubergiste et cabaretier de donner à boire à aucun militaire sous peine d'être puni très sévèrement et d'en donner à qui que ce soit auparavant 7 heures du matin et plus tard qu'à 7 du soir; les autorités constituées sont instamment invitées à faire faire des visites journalières pour faire arrêter les délinquants. Les patrouilles sont spécialement chargées de maintenir le bon ordre et la tranquillité publique.

ART. 12. — En cas d'alerte ou de feu, occasionnés par le feu de l'ennemi ou par tout autre accident imprévu, il est expressément défendu à aucune citoyenne de sortir de sa maison ou de donner aucun cri d'alarme. Celles qui se porteraient à ces excès seront sur-le-champ arrêtées et punies sévèrement; il en sera de même toutes les fois que la générale battera; elles devront sur-le-champ rentrer chez elles et s'occuper seulement de donner tous les secours possibles aux blessés; le service des pompes et de garantir les maisons, appartient à la garde citoyenne ou aux troupes disposées à cet effet.

Art. 13. — Le général, intimement convaincu de la bravoure des soldats que la Patrie lui a confiés pour la défense de la place, se persuade que tous les bons citoyens de Landrecies feront plus que jamais leurs efforts pour se soustraire à la domination des tyrans, puisqu'il s'agit de leur liberté, et qu'ils ne démentiront pas la bravoure qu'ils ont montrés, dans les siècles passés, lorsqu'il s'agissait même de la défense des despotes et qu'aujourd'hui c'est pour eux-mêmes, pour la postérité et la cause la plus sainte et la plus légitime.

*Le général de brigade
aux armées de la République française*,
Roulland.

Journées des 5 et 6 floréal an II (24 et 25 avril 1794).

70

Le général en chef Pichegru au général Favereau.

Lille, le 5 floréal an II (24 avril 1794).

J'ai reçu avec un double plaisir, mon cher général, ta lettre du 2, d'abord parce qu'elle me donne de tes nouvelles, et parce qu'elle confirme le rétablissement de votre communication qui m'avait déjà été annoncée. Il est bien instant de rétablir promptement celle de Landrecies qui doit se trouver pressé depuis que le camp retranché a été forcé. Ferrand a dû t'écrire à ce sujet, et je ne doute pas que vous ne preniez de concert les mesures les plus efficaces et les plus promptes pour y parvenir. Le général Charbonnié va se rapprocher des divisions de Desjardin et de Fromentin. Il serait fort heureux qu'ils puissent opérer une jonction sur ce point. Nous nous mettrons demain en mouvement de ce côté-ci, et nous toucherons vigoureusement s'il le faut.

Je joins ici les lettres de service du général Duhesme.

L'éloge que tu fais des généraux Montaigu, Soland et des troupes qu'ils commandent ne m'étonne pas; ils se sont comportés selon leur coutume.

Signé : Pichegru.

71

Le général Ferrand au général Fromentin.

Réunion-sur-Oise, le 6 floréal an II (25 avril 1794).

Je t'envoie, mon cher camarade, copie de la lettre que je viens de recevoir du général en chef. Tu y verras combien il est essentiel d'agir avec vigueur. Du courage et de l'audace, la fortune sera pour nous.

P.-S. — La lettre que je te fais passer doit te déterminer encore plus que mes vues qui sont que tu portes le plus de forces possible sur Maroilles, 10,000 hommes si tu peux. Songe que de l'attaque importante sur ce point dépend le succès de l'entreprise.

Signé : FERRAND.

72

Le général Ferrand au général Favereau.

Réunion-sur-Oise, le 6 floréal an II (25 avril 1794).

Je crois devoir, mon cher camarade, te faire passer le plan général du projet d'attaque, lequel est dans le cas de te diriger sur la conduite que tu dois tenir. J'y joins aussi une lettre du général Fromentin qui te convaincra combien il est essentiel que tu fournisses au point qui doit attaquer Maroilles. Le passage de la Sambre ne pouvant être tenté au moment où l'ennemi sera attaqué sur tous les points ne doit pas te faire redouter de porter les forces sur Maroilles. Je compte sur une puissante diversion de ta part, et j'en préviens le général Fromentin.

On attaquera à la pointe du jour, c'est-à-dire à 4 heures.

Signé : FERRAND.

73

Le général Fromentin au général Ferrand.

Avesnes, le 6 floréal an II (25 avril 1794).

J'ai reçu l'ordre d'attaquer demain. Je le ferai et seconderai de mon mieux cette opération ; mais je te préviens que si on ne me donne des forces considérables pour Maroilles, l'ennemi pourrait quelquefois faire une trouée sur le point. Cela serait de même au Grand et au Petit-Fayt dont il faudra rétablir les postes. Il pourrait quelquefois résulter de cette attaque qu'on compromette les villes de Maubeuge et Avesnes, car tu sens que la brigade de Montaigu et Soland sont trop faibles pour attaquer, mais pourraient seulement se tenir sur la défensive et attaquer l'ennemi lorsque les divisions de gauche l'auraient mis en déroute. Quant à Duhesme, il marchera sur Beaurepaire. Tu sens que ceci n'est qu'une observation.

L'ennemi a des redoutes formidables sur les hauteurs de Priches et de Favril. Je suis très aise que tu m'envoyes des munitions, car j'en avais besoin. J'ai déjà donné les ordres nécessaires à cet égard pour qu'on ne les emploie pas mal à propos et pour qu'on renvoie les caissons vides.

L'affaire de Solre-Château n'était qu'un coup de main, et je n'ai pas eu de peine à le reprendre. Ils ont tout pillé, volé et cassé.

Signé : FROMENTIN.

Plus bas : G. BARBOU.

74

Mars, aide de camp du général Fromentin, au général Favereau.

Avesnes, le 6 floréal an II (25 avril 1794).

Je t'adresse ci-joint copie d'une lettre écrite au général Fromentin par le général Soland. Elle contient des observations sur l'attaque de demain. Elles me paraissent infiniment réfléchies. En effet, s'il attaque Favril, l'ennemi qui est en avant de Priches l'attaquera par son flanc droit, et les forces considérables de Favril (seront pendant ce temps) sur son front. Qu'a-t-il à lui opposer? une force qui n'est pas de 7,000 hommes. J'espère que le général Ferrand à qui, comme toi, j'ai envoyé copie de cette lettre, le fera tenir sur la défensive. D'ailleurs l'expérience qu'on doit avoir acquise le 2 prouve que non seulement nous n'avons pas de succès à espérer de ce côté, mais malheureusement peut-être la perte de la brigade si on ne donne contre-ordre.

Au reste, tu connais la position qu'occupe le général Soland et tu peux juger du danger que courront tous les postes placés sur l'Helpe, notamment Maroilles et ceux qui font face à Berlaimont.

Le général Soland, qui me charge de te prévenir de toutes ces observations, croit que sûrement tu les as faites au général Ferrand.

. . . .

Signé : MARS.

75

Lettre du général Soland au général Fromentin adressée par Mars, aide de camp du général Fromentin, au général Favereau.

A la Cense de Foyot, le 6 floréal an II (25 avril 1794).

Il est impossible que celui qui ordonne que j'attaque connaisse la position de l'ennemi et mes forces sur ce point. Sait-il que j'ai en tête 35,000 hommes au moins, 40 pièces de canon de position, une cavalerie formidable, et sait-il enfin que je n'ai que 7,000 hommes d'infanterie et cavalerie dans une étendue de plus de 2 lieues de plaine, que l'ennemi a plus de 20 escadrons pour me charger dans ma retraite qui sera longue, et sur 3 défilés, et qu'il profitera d'une déroute inévitable pour passer la rivière et bloquer d'un seul trait Maubeuge et Avesnes, et enlever Maroilles. Dans ma position respectable, quoique avec une poignée de monde, je lui ferai payer cher son audace, au lieu qu'en lui livrant les passages par une attaque aussi disproportionnée et en plaine où on me prendra en tête, en flanc et en queue, on compromet le salut de la République et de toutes les villes du Hainaut. J'obéirai certainement, mais, pour l'avoir fait, tu sais ce qu'il a pensé en coûter. Ceux qui donnent de tels ordres icy ne connaissent ni nos forces ni le pays. Le bien, le salut de la République exige que je les instruise de la vérité. Je connais mon terrain parfaitement, et je jure que, pour peu que l'ennemi nous charge, il ne peut en réchapper un seul de ma brigade. Envoie ma lettre très vite au général Ferrand, car, s'il ne nous ordonne pas la défensive, non seulement Maubeuge et Avesnes seront bloquées, mais encore ils iront prendre par derrière la division qui fait face à Berlaimont. Je pourrais seconder l'attaque si l'ennemi étant attaqué en tête et en flanc était mis en déroute. Encore risquerais-je de faire assassiner ma brigade, ne pouvant appuyer ni ma droite ni ma gauche à rien. Je te conjure donc au nom de la patrie de faire changer l'ordre d'attaque qui me concerne, car tout est perdu dans le cy-devant Hainaut si on y persiste. Maroilles est tourné et enlevé ainsi que moi puisqu'il appuie ma droite et moi sa gauche du côté de l'Helpe opposé à l'ennemi; mais en la passant je suis hors de défense.

P.-S. — On m'a dit de me mettre sur 2 lignes. Je n'ai pas de quoi faire le quart de la première. Il me faudrait 30,000 hommes et je n'en ai que huit, et surtout point de cavalerie, une seule pièce d'artillerie légère et un obusier.

Signé : SOLAND.

Pour copie conforme,
   MARS,
  aide de camp du général Fromentin.

76

Le général Fromentin au général Favereau.

Avesnes, le 5 floréal an II (24 avril 1794).

Je t'adresse le rapport d'un déserteur. Tu y verras que l'ennemi se dispose à tenter l'assaut de Landrecies et enlever le poste de Maroilles. Il dit qu'il y a 60,000 hommes pour cette expédition. Un prisonnier fait à Solre-Libre dit qu'il est arrivé 32,000 hommes à Beaumont et 22 pièces de canon.

Lorsque je sus hier que le cantonnement de Solre-Libre était évacué, je me portai de ce côté, je ralliai les troupes et j'avançai sur Solre-Libre où il n'y avait plus personne.

Suivant les rapports de quelques habitants de Solre-Libre, l'ennemi n'avait que 3 régiments de cavalerie et un d'infanterie. Je crois plutôt que ce n'était que 3 détachements de cavalerie.

Communique ma lettre au représentant du peuple Laurent.

Signé : FROMENTIN.

77

Le général Favereau au général Ferrand.

Le 5 floréal an II (24 avril 1794).

Voici, général, le rapport d'un déserteur du régiment de Kunigk.

Il dit qu'il y a 60,000 hommes autour de Landrecies, que l'ordre est donné à 4 régiments autrichiens pour monter à l'assaut. Cette force est destinée pour prendre Landrecies et Maroilles. Il dit 30,000 hommes à Berlaimont, commandés par le général Alvinzi, et que l'empereur commande l'armée.

Un autre prisonnier fait à Solre-Libre dit qu'il est arrivé 32,000 hommes sous Beaumont avec 22 pièces de canon.

Si toutes ces forces existaient, l'attaque que nous avons eue hier eût été à leur avantage; au contraire, ils ont perdu beaucoup de monde.

. . . .

Signé : FAVEREAU.

78

Le général Favereau au général Fromentin.

Le 6 floréal an II (25 avril 1794).

Je reçois avec la lettre que m'a écrite ton aide de camp, mon camarade, copie de celle que t'a écrite le général Soland. Ses réflexions sont très bonnes et bien calculées par son expérience du terrain, mais il ne peut rien changer aux dispositions du général Ferrand. Peut-être que, d'après la lettre qu'il aura reçue, il pourra donner de nouveaux ordres.

Marque-moi de suite quelle position tu tiendras demain pour me faciliter notre correspondance. Moi je tiendrai celle en-dessus de Consolre jusqu'à Grandrieu. Le représentant Laurent y sera aussi.

Signé : FAVEREAU.

79

Le général Favereau au général Desjardin.

Le 6 floréal an II (25 avril 1794).

Au reçu de la présente, rends-toi de suite auprès de moi. J'ai des objets de la plus grande conséquence à te communiquer.

FAVEREAU.

80

Le général Favereau au général Ferrand.

Le 6 floréal an II (25 avril 1794).

Je reçois à l'instant, mon cher camarade, ta lettre du 5 de ce mois à laquelle était jointe copie de celle écrite au général en chef de l'armée des Ardennes. Je fais partir de suite des exprès pour me réunir les généraux des divisions qui me sont confiées. Nous nous rendons chez le représentant du peuple Laurent où nous tiendrons notre conseil.

Il m'est absolument impossible de t'envoyer le général Desjardin. J'en ai fait part au Représentant du peuple qui, comme moi, a senti l'importance de laisser ce général dans sa division. Cette mesure est vraiment de Salut public. Notre attaque d'avant-hier m'a appris combien le général Desjardin est précieux dans cette partie.

Signé : FAVEREAU.

81

Le général Desjardin au général Favereau.

Cerfontaine, le 6 floréal an II (25 avril 1794).

D'après ta lettre, je dois attaquer tout de suite à la pointe du jour; et, si je puis m'emparer de Beaumont, faut-il que je le fasse? N'y aurait-il pas de l'imprudence? Aurai-je assez de monde pour le garder si l'armée des Ardennes n'arrive pas? Je ne crois pas qu'il y ait grand'force. Réponds-moi sur-le-champ. Comme je veux m'emparer de Bousignies en même temps, envoie-moi l'obusier que j'avais avant-hier.

Signé : DESJARDIN.

A cette lettre Favereau répondit en ces termes :

Je crois comme toi, mon cher général, qu'il y aurait de l'imprudence de tenter, avec ton peu de forces, la prise de Beaumont, étant indécis de celles de l'ennemi ; il ne faut pas compromettre le succès de nos armes. D'elle dépend le succès de la République. Tu as reçu copie de la lettre que le général en chef de l'armée des Ardennes m'a écrite en réponse à la mienne du 2. Il recevra ce soir celle d'aujourd'hui qui le déterminera à s'emparer vigoureusement du terrain qui nous facilitera une jonction. Le bruit de son artillerie devra te servir de guide. Tiens-toi toujours en mesure et empare-toi du poste de Bousignies. Nous nous verrons demain. Laurent sera des nôtres. Je vais te faire expédier pour Cerfontaine un obusier.

Signé : FAVEREAU.

82

Le général Desjardin au général Favereau.

Ferrières-la-Petite, le 6 floréal an II (25 avril 1794).

Je crois encore, comme je te l'ai mandé, que l'ennemi veut filer sur les hayes d'Avesnes. Il a fait passer des forces sur Solre-Libre. Le commandant de ce poste m'a fait dire qu'il tenait ferme. On présume qu'ils ont envoyé de 9 à 10,000 hommes pour faire le mouvement. Je viens d'envoyer une reconnaissance à Damouzy pour m'assurer du mouvement. Les forces qui nous ont attaqués sur Consolre paraissent se diriger en partie sur Wattignies.

Signé : DESJARDIN.

83

Le général Desjardin au général Favereau.

Ferme de la Brique, le 6 floréal an II (25 avril 1794),
une heure et demie du matin.

Je reçois un rapport que l'ennemi file dans les bois d'Hestrud. Je recommande qu'on prenne garde à Wattignies, car il gagnerait le pays d'Avesnes. Cela m'inquiète un peu. Prends des mesures en conséquence et dis-moi ce que je dois faire. Je reçois un autre rapport qui m'annonce que l'ennemi a placé des pontons entre Beaumont et Consolre, ce qui fait que je diminue mes forces du bois de Berelles pour garnir la trouée de Consolre.

Signé : DESJARDIN (1).

---

(1) A ces craintes Favereau répond qu'il envoie à Desjardin un de ses aides de camp conformément à ses désirs. « Tu me marques, ajoute-t-il, que l'ennemi file dans le bois d'Hestrud. Tu l'auras sûrement fait fouiller. Je n'ai pas de forces pour me porter sur la partie de Wattignies. Un courrier que je reçois du général Ferrand, m'oblige de faire marcher encore deux autres bataillons sur Maroilles. Tu me marques aussi que l'ennemi a placé des pontons entre Beaumont et Consolre, ce qui fait que tu diminues tes forces du bois de Berelles pour garnir cette trouée. Dans les deux cas, ci-dessus existants, tu aurais pu prendre un peu de ta colonne pour garder les deux parties menacées. Tu as bien fait de mettre la réserve à Colleret. » . . . .

Mais Desjardin n'est pas délivré de ses craintes sur ses flancs et en renouvelle encore l'expression. « On m'instruit que l'ennemi se porte en forces sur la Sambre, et particulièrement sur l'abbaye de la Thure. Dois-je faire porter des forces ou replier pour couvrir la Sambre? Envoie-moi de suite des ordres. Les forces ne sont pas fortes à Beaumont. Je n'entends pas l'armée des Ardennes. »

Et Favereau de répondre le lendemain : « Je reçois ta lettre de 9 heures. Tu ne dois point ralentir. Agis militairement, et prends bien garde de te laisser tourner. L'ennemi a peut-être l'air de n'avoir personne à Beaumont, pour te tromper ; tiens-toi sur tes gardes. L'armée des Ardennes devrait pourtant agir, le général en chef me le marque. Je t'ai envoyé copie de la lettre qu'il m'a écrite. »

Signé : FAVEREAU.

84

Extrait des « Mémoires du général Desjardin ».

Le général Desjardin reçoit ordre du général Favereau d'assurer la défense de la Sambre depuis Requignies jusqu'à Solre-sur-Sambre et l'embouchure de la Thure, de se porter avec le reste de la troupe qu'il commande sur Coursolre, Bersilly, de soutenir l'attaque de Beaumont que l'armée des Ardennes devait faire le lendemain à la pointe du jour, opérer sa jonction avec elle, pour seconder la prise de ce poste, forcer les impériaux à dégarnir ce point, leur couper la communication avec les insurgés du pays de Chimay et rétablir celle de Maubeuge à Philippeville.

Le général Desjardin fait reconnaître le pays en avant, les chemins des bois de Berelles et du Foyot et sur les rapports des reconnaissances des officiers d'état-major, il prend les dispositions suivantes . . . .

. . . .

Le général Desjardin fit aussitôt exécuter cette disposition, redoubla ses avant-postes pour dérober son mouvement à l'ennemi et passa la nuit au bivouac.

Des sapeurs furent envoyés pour rétablir les communications dans les bois de Berelles et Foyot, et y détruire les abattis qui avaient été faits précédemment.

Le reste de la compagnie se porta sur la Thure avec l'adjoint aux adjudants généraux Richard; cet officier fait construire sur cette rivière deux ponts de bois G. H. pour faciliter le passage de la droite et du centre.

Dans la nuit des rapports, très différents les uns des autres, parvinrent sur les impériaux et la situation et état militaire du poste de Beaumont qu'ils occupaient, en même temps un officier français de garde aux postes avancés rapporte que de la cavalerie autrichienne s'est avancée derrière Leugnies, où elle est en bataille.

Le général craignant d'avoir à lui en opposer une trop faible ordonne au lieutenant-colonel Liénard de faire porter à 4 heures et demie du matin à la droite des Hayes du Sars, sur les hauteurs de Leugnies, l'escadron du 6º régiment de Cavalerie I, qu'il recevait de nouveaux ordres dans cette position.

85

Le général Dubois au commandant Beaumois, chef d'escadrons du 3ᵉ Régiment de dragons.

Le 5 floréal an II (24 avril 1794).

Je te préviens, citoyen commandant, que le bien du service exige que chaque brigade soit commandée par un officier intelligent, c'est à ce titre que je te choisis pour commander la brigade de droite composée des deux escadrons de ton régiment et du 20ᵉ de dragons; tu voudras bien donner les ordres à cette brigade lorsque je t'en adresserai : tu te feras donner une ordonnance du 20ᵉ tous les jours et tu exigeras un état de situation que tu m'adresseras tous les matins avec celui de ton régiment. C'est, à commencer dès aujourd'hui, à toi seul que j'aurai à faire. Tu établiras ton quartier général au village près de tes bivouacs, et tu donneras le commandement de tes deux escadrons au capitaine le plus ancien. Tu pourras de même choisir un officier intelligent pour te servir d'aide de camp. Je compte dans tous les cas sur ton zèle comme sur ton courage : le représentant du peuple qui m'autorise à faire ce choix attend de toi les plus grands soins et la plus exacte surveillance : accuse-moi au plus tôt la réception de cette lettre. Tu trouveras ci-joint l'instruction journalière à laquelle tu voudras bien te conformer.

Salut, amitié et fraternité.

86

Extrait du « Rapport du général Rouland à la Convention nationale ».

. . . « Le 5 [floréal] la Commission militaire fut établie, les Membres furent invités à remplir leurs fonctions; il en fut donné connaissance à tous les corps avec ordre au chef de brigade, commandant amovible, de punir sévèrement les chefs de corps et officiers qui n'exécuteraient pas ceux qui leur auraient été donnés, il leur fit ordonner de dénoncer les délinquants directement à la commission.

Le même jour sur la demande des Commandants d'artillerie d'un officier provisoire et sur la proposition qu'ils firent au général du citoyen Deguin, sous-officier, des talents duquel ils faisaient les plus grands éloges et attestaient son civisme; il lui donna ordre de remplir provisoirement dans la place le grade de second lieutenant; il l'engagea à mettre tous ses moyens en usage pour la défense de la forteresse, à se porter dans les différentes batteries, à aider tous ses camarades de ses sages conseils, enfin de faire tout ce qui dépendrait de lui pour le bien de la République; il lui promit au nom de sa patrie une récompense proportionnée à ses actions.

Il donna ordre au commissaire des guerres de s'assurer sur-le-champ si les farines et les subsistances déposées chez les citoyens étaient à l'abri du feu de l'ennemi, au cas contraire d'y pourvoir par toutes sortes de moyens sur-le-champ.

Il demanda dans chaque corps cent hommes de bonne volonté pour former des compagnies de siège; il fit sentir qu'il fallait qu'ils fussent tous décidés à vaincre, qu'il voulait les réunir aux compagnies des grenadiers pour s'en servir dans l'occasion aux endroits les plus périlleux et pouvoir les trouver au besoin lorsqu'il s'agirait de soutenir vigoureusement un assaut si l'ennemi parvenait à le rendre praticable. Ces compagnies assemblées promirent au Général au nom de l'honneur, au nom de la République, qu'elles rempliraient valeureusement les devoirs qu'elles venaient de s'imposer volontairement, auxquels il leur avait fait l'honneur de les destiner.

Les 4, 5 et 6 l'ennemi s'occupa de la continuation de ses boyaux parallèles et de ses batteries sur lesquels on tirait autant qu'il était possible, il garnit ses embrasures de saucissons et les disposa de manière à recevoir des canons. Le général ayant reconnu par ces embrasures que leur direction portait sur les flancs et fronts des ouvrages à cornes et de la place, résolut de ruiner ces travaux et d'enclouer les bouches à feu avant qu'elles eussent endommagé la forteresse.

En conséquence il fit faire des clous sans communiquer à l'ouvrier leur usage, craignant les indiscrétions et surtout celles des déserteurs à l'ennemi.

La nuit du 5 au 6 il fit assembler chez lui tous les chefs des corps, les commandants des compagnies de grenadiers et de siège, il leur fit part de sa résolution et déclara qu'il fallait l'exécuter à tout prix.

Il fut arrêté que quatre compagnies de grenadiers et quatre compagnies de siège marcheraient en échelon par la droite sur les flancs des ouvrages de l'ennemi, que chaque compagnie de siège suivrait dans le même ordre la compagnie des grenadiers de son bataillon, que les autres compagnies de grenadiers et de siège marcheraient pareillement en échelon et dans le même ordre par la gauche; que les bataillons du Gard et le septième des Fédérés ainsi que cinq compagnies des autres bataillons se porteraient de même au moment convenable sur le centre pour s'emparer des hauteurs et secourir au besoin les flancs en les renforçant et les soutenant dans leur attaque ou dans leur retraite; que cinq cents soldats les moins instruits seraient pris dans les différents bataillons pour renforcer les pionniers et serviraient à détruire les ouvrages de l'ennemi lors qu'il en aurait été chassé; il leur fut distribué à cet effet des pioches.

Le général donna le commandement de cette expédition à l'adjudant général Frémont très en état de la diriger. Il en prévint tous les chefs assemblés, leur ordonna de défendre à tous les soldats sous quelque prétexte que ce fût de tirer un seul coup de fusil, avant d'être rendu aux ouvrages et batteries de l'ennemi qu'il fallait emporter de vive force à la baïonnette. Il ordonna que l'eau-de-vie serait donnée à toutes les troupes avant la sortie qui devait être exécutée pour 2 heures du matin au plus tard, marcher de suite à l'ennemi et l'attaquer comme il a été dit. Les clous et marteaux furent délivrés aux compagnies de grenadiers et de siège et il y eut des troupes disposées dans les chemins couverts et sur le rempart de l'ouvrage à corne pour soutenir au besoin la retraite de l'attaquant.

Les troupes obligées de défiler par les poternes dans la nuit, ne purent mettre dans leur marche tout l'ordre et la célérité qu'on eût dû attendre d'elles, cependant elles se trouvèrent en bataille en dehors des ouvrages à 3 heures un quart, elles se mirent en mouvement pour exécuter les dispositions ordonnées; la droite fut bien au but, mais maladroitement elle répondit trop tôt à quelques sentinelles qui tirèrent dessus, ce qui fit prendre les armes à l'armée ennemie; la droite continua néanmoins sa marche, attaqua vigoureusement l'ennemi et le força même jusqu'à ses retranchements sur lesquels quelques Français montèrent et tuèrent quelques Autrichiens; il n'en fut pas de même de la gauche : aux premiers coups de fusil et de canon de l'ennemi, elle fut saisie d'une terreur panique si forte qu'elle rentra dans les palissades, d'où il ne fut pas possible de la faire sortir malgré les ordres réitérés qu'on lui donna d'avancer.

La droite ayant reconnu qu'elle n'était point soutenue par la gauche, commença à se décourager, mais elle fut sur-le-champ renforcée par cinq compagnies tirées du front et elle se battit vigoureusement pendant près de deux heures.

L'adjudant général Frémont voyant que la gauche se refusait

entièrement à avancer, se vit forcé d'ordonner la retraite à la droite qui la fit en très bon ordre. Les troupes rentrèrent dans la place sans avoir été bien incommodées du feu de l'ennemi qui n'osa point quitter ses retranchements, parce qu'on avait eu la précaution de laisser des tirailleurs pour protéger la retraite. Cette affaire a coûté cinq à six hommes à la République et quelques blessés.

La position de la place devenant tous les jours de plus en plus alarmante, le général fit demander dans les bataillons un bon nageur et plongeur; un officier du Bataillon de la Mayenne lui en présenta un de son corps, il lui proposa trois mille livres, même tout ce qu'il exigerait, pour aller à Maroilles porter une lettre au général Montaigu, afin de le prévenir d'un signal qu'il ferait faire par des fusées au moment où la place serait réduite à la dernière extrémité, et dans le cas où il pût parvenir à faire retirer la majeure partie de la troupe et des habitants sur Maroilles, ce qui ne pouvait en aucune manière se faire que de nuit en étant secondé par la troupe de Maroilles à l'entrée de cette commune. Le citoyen du Bataillon de la Mayenne promit au général d'exécuter sa proposition, mais lorsqu'il voulut la lui faire remplir, il s'y refusa en disant que cette mission était trop dangereuse et qu'il craignait de ne pas réussir.

87

Extrait des « Mémoires de d'Arnaudin ».

Le 24 avril, à 7 heures du matin, le général Otto fit avancer sa cavalerie qui consistait en deux escadrons de hussards et deux autres du 15e régiment de dragons légers. Elle chargea vigoureusement la cavalerie française formée en avant et sur les flancs du village de Villers-en-Cauchie, l'entama et l'obligea à lâcher pied. L'infanterie française, rangée en arrière dans les alentours du village, la soutint quelque temps d'un feu très vif de mousqueterie et de mitraille. Mais enfin elle fut obligée de céder et de chercher son salut dans la fuite en se retirant en désordre, partie vers Bouchain, partie vers Cambrai après avoir abandonné quelques pièces de canon.

Cette attaque était soutenue par le général d'artillerie Clerfayt, qui de son côté tombait sur le village d'Haspres et s'en rendait maître. Là il passa la Selle avec 2 bataillons et 8 escadrons. Il mit les dragons de Latour à la poursuite de l'arrière-garde des Français, et, conjointement avec le général Otto, il les chassa jusqu'à Ivry. Les Anglais dans cette affaire eurent 57 hommes tués, 17 blessés et quelques égarés. Ils n'avaient pas fait une aussi grande perte dans la journée du 17 avril. Cependant les travaux devant Landrecies étaient poussés avec une extrême vigueur. La première parallèle, dans tout son développement, touchait presque à son dernier point de perfection; mais aucune batterie n'était encore en état d'agir, lorsque le 25 à la pointe du jour les ennemis au nombre d'environ mille hommes firent une sortie et attaquèrent en même temps les deux ailes de la tranchée. C'était précisément à l'époque du renouvellement des gardes, en sorte que les Français trouvèrent à combattre une force double; et après avoir essuyé un feu redoutable de mitraille et de mousqueterie, ils furent contraints de se retirer dans la forteresse, sans avoir réussi à produire aucun dommage dans les ouvrages des assiégeants; et eux-mêmes ils éprouvèrent une perte d'hommes assez considérable. Quelques pertes réitérées de cette nature, loin de leur nuire, n'avaient d'autre effet que de les mettre plus à leur aise dans Landrecies, dont la garnison était presque double de ce qu'elle aurait dû être, eu égard à la capacité de la place.

Enfin tout était disposé pour que dans le cours de la nuit suivante presque toutes les batteries de la première parallèle pussent être armées et mises en état d'agir contre la ville.

Ces batteries, au nombre de 10, contenaient, à l'époque du 26 avril, 60 bouches à feu, dont 44 canons de différents calibres et 16 mortiers qui devaient jouer en même temps.

88

Le Prince héréditaire d'Orange au Prince de Saxe-Cobourg.

Quartier général de Bousies, le 25 avril 1794.

. . . . . Jusqu'ici nous n'avons pas reçu les divers rapports de l'action du 20, lors de la prise du camp retranché ; je ne manquerai pas de vous les communiquer. En attendant, j'ai encore l'honneur d'informer votre H. P. que le général de la cavalerie, prince Frédéric d'Orange, s'étant porté avec la cavalerie de la République et une division du régiment de Caraiczay le 24 de la position de Catillon vers les hauteurs de Forest, entre les rivières de Selle et d'Ecaillon, l'ennemi venant avec une forte colonne de Cambrai et de Bouchain s'avança jusqu'à la Selle et envoya même des partis jusqu'à la Rhonelle; mais que le lieutenant général Otto, l'ayant attaqué en flanc, il s'est retiré avec une perte considérable, et qu'ainsi les affaires ont été rétablies de ce côté-là sur l'ancien pied. Les avant-postes du prince Frédéric d'Orange sont actuellement à Solesmes.

89

Le duc d'York au secrétaire d'État Dundas.

Le Cateau, le 25 avril 1794.

Monsieur, En conséquence de la demande faite par le prince de Cobourg, j'envoyai avant-hier un détachement de cavalerie pour reconnaître l'ennemi qui, suivant les rapports, s'était rassemblé au Camp de César près de Cambrai. Cette patrouille que le général Otto accompagna lui-même trouva l'ennemi très en force et si avantageusement posté au village de Villers-en-Cauchie qu'il envoya chercher du renfort que je détachai immédiatement. Ce renfort fut composé de deux escadrons du régiment de Zettwitz, de la brigade de cavalerie pesante du général Mansel, et du 11e régiment de dragons légers. Comme ils ne purent arriver avant qu'il fût nuit, le général Otto fut obligé de différer l'attaque jusqu'au lendemain. Lorsqu'elle eut lieu peu après la pointe du jour, il donna ordre alors à deux escadrons du 15e de dragons légers de charger l'ennemi, ce qu'ils firent avec le plus grand succès; et trouvant une ligne d'infanterie postée en arrière de la cavalerie, ils continuèrent la charge sans hésiter et la rompirent également. S'ils avaient été convenablement soutenus, la destruction entière de l'ennemi en aurait dû être la suite; mais, par quelque méprise, la brigade du général Mansel n'arriva pas à temps pour cet effet. L'ennemi fut néanmoins complètement repoussé et obligé à se retirer en grand désordre dans Cambrai avec la perte de 1,200 hommes tués sur le champ de bataille e de 3 pièces de canon. La bravoure manifestée par ces troupes, particulièrement par le 15e de dragons légers, leur fait le plus grand honneur; et, eu égard au danger de leur situation, au moment qu'elles se trouvèrent abandonnées sans soutien, la perte qu'elles éprouvèrent n'est pas considérable. Le seul officier blessé fut le capitaine Aylett du 15e régiment, qui eut le malheur de l'être grièvement dans le corps par un coup de baïonnette. Je vous envoie ci-joint un état des tués, blessés et égarés en cette occasion (cet état porte les tués à 57, les blessés à 17 et 9 égarés; 46 chevaux tués).

La première parallèle à Landrecies est si avancée qu'on a dessein de placer cette nuit le canon sur les batteries qui ouvriront leur feu demain. L'ennemi a tenté ce matin de faire deux sorties, mais il a été repoussé avec une perte considérable (1).

FRÉDÉRICK.

---

(1) La lettre ci-dessus fut publiée, par ordre du gouvernement anglais, dans le n° 13,648 du journal *The London Gazette*, le 30 avril 1794.

V

LANDRECIES

Journée du 7 floréal (26 avril 1794).

Le désastre de Troisvilles. — L'attaque des divisions Dubois et Balland au sud; des brigades Duhesme, Soland, Montaigu à l'est; démonstration des divisions Despeaux sur la Sambre (rive sud) et Muller sur la rive droite de la Sambre.

1

Extrait des opérations du général en chef Pichegru.

Pichegru connaissait à fond l'esprit de nos défenseurs, il savait à n'en pas douter que leur courage bouillant est presque nul dans le système de défense; de plus il craignait de se hasarder dans les plaines de la Picardie, où nos troupes, peu faites aux manœuvres, n'auraient à coup sûr pas tenu devant les mieux exercées, de l'Europe, et où la grande supériorité de la cavalerie ennemie aurait pu nous devenir irréparablement funeste, dans le plus petit échec.

Ces considérations bien senties, il conçut le projet de faire une trouée en Flandre, pour arrêter par cette diversion les succès que semblaient se promettre les coalisés et pour les empêcher de pousser avec vigueur le siège de Landrecies. En conséquence il vint lui-même à Lille pour activer le rassemblement de son aile gauche, et en diriger les mouvements. Il ordonna au général Moreau de venir de Cassel avec sa division, il ne laissa sur toute cette frontière que celle du général Michaud qui avait tout au plus 12,000 hommes. L'aile gauche réunie près de Lille quoique ne comptant que deux divisions offrait pourtant un corps bien respectable. Souham en commandait la 1re, il avait au moins 32,000 combattants sans y comprendre la brigade du général Osten qui gardait la Marque avec 8,000 hommes depuis Pont-à-Marque jusqu'à Bouvines. Moreau, qui avait la seconde, pouvait tabler sur 20,000 bien effectifs.

L'histoire ne nous a pas encore retracé un héros dont l'activité peut être mise en parallèle avec celle de Pichegru. Huit jours après sa défaite du 28, il se vit à même d'exécuter son nouveau plan, et cela dans des pays épuisés de toutes les manières par le séjour continuel des armées.

Le 26 avril ou 7 floréal. — Enfin le 7 floréal tout fut mis en mouvement; le corps du général Desjardin se porta sur la Sambre pour inquiéter les ennemis en même temps que le centre attaquait les deux grands corps d'observation qu'ils avaient pour couvrir le siège de Landrecies; l'un aux ordres du prince de Cobourg faisait face à nos divisions de Guise et Capelle, l'autre commandé par le duc d'York campait à Troisvilles en masquant la route de Cambrai au Cateau. Nos attaques diverses se firent avec la plus grande vigueur, mais, par un enchaînement constant de malheurs, notre corps du centre fut entièrement défait. La division avec laquelle le général Chapuis attaqua le duc d'York fut particulièrement accablée du plus grand désastre; elle était partie de Cambrai divisée en trois colonnes, les deux premières s'étaient réunies pour attaquer Troisvilles par leur droite, en appuyant leur gauche à Caudry, tandis que la 3ᵉ gagnait les plaines. L'attaque devint bientôt générale, mais tandis que les succès se balançaient, le général-major anglais Mansel, à la tête de la cavalerie britannique et autrichienne, vint tourner notre gauche, mit la cavalerie de cette aile en fuite, et s'empara du village de Caudry qui resta encombré de cadavres des deux partis; en vain les braves carabiniers accoururent pour arrêter les progrès de l'ennemi; trop faibles pour lui résister ils furent bientôt eux-mêmes forcés de se retirer.

Le général Chapuis sentant combien sa position était critique, surtout contre les forces supérieures qu'il avait à combattre et qui l'attaquaient de tous côtés, ordonna à ses troupes de se poster derrière un profond ravin, qu'elles parvinrent à gagner sans accident remarquable.

Le général Mansel enhardi par ses brillants succès ne tarda pas à nous y attaquer, et malgré notre feu de mitraille qui culbute son premier rang, il franchit le ravin et parvient, secondé de l'infanterie ennemie, à percer en différents endroits. Tout plie alors, et le **général Chapuis** tombe au pouvoir du vainqueur, dont la cavalerie, chargeant nos fuyards et sabrant partout, empêche de nous rallier et nous jette dans Cambrai. L'artillerie de Chapuis resta presque en entier au pouvoir de l'ennemi; on ne sauva avec les débris de sa division que 3 pièces de canon : il en avait emmené une trentaine.

2

Extrait du « Journal du général Bonnaud ».

7 floréal. — A 8 heures du matin, lors de l'attaque, les troupes composant la colonne de droite que je commandais et surtout la cavalerie se montrent avec beaucoup de confiance; l'ennemi fut poussé avec vigueur, depuis le village de Ligny jusqu'au delà de Troisvilles, derrière lequel l'ennemi avait un camp de cavalerie qui, obligé de fuir à la hâte, laissa une partie de ses équipages. Les fortes redoutes que l'ennemi avait construites en avant de ce village, joint à ce que la colonne du centre où étaient les généraux Chapuis et Proteau étaient en arrière, me forcèrent de m'arrêter. Pendant cet intervalle de temps, l'ennemi se rassura, se ravitailla et examina notre position et nos forces et fit ses dispositions, et à la faveur d'une faute commise par la colonne du centre qui, au lieu de se tenir sur les hauteurs et s'appuyer sur le village de Bertry, marcha en colonne dans le fond à droite, appuya trop sur moi et découvrit par là son flanc gauche; où elle fut vivement attaquée par un gros de cavalerie au moment où, d'après mon avis, le général Chapuis ordonna un mouvement par la gauche, pour réparer la faute et se porter sur ce dernier village; le 7ᵉ et le 13ᵉ de cavalerie commandés par le chef de brigade Baillot (1), le 3ᵉ et le 10ᵉ hussards que j'avais fait mouvoir pour protéger ce mouvement furent mis en un instant en déroute. Je me trouvais en ce moment à la gauche de ma colonne avec les carabiniers, le 5ᵉ et le 6ᵉ de hussards; le 13ᵉ régiment de dragons commandé par le chef de brigade Boyer, où j'avais mis mon aide de camp (excellent officier de cavalerie) couvrait ma droite. L'infanterie était en seconde ligne et appuyée de quelques petits bois; tout était dans la meilleure contenance possible; je crus n'avoir rien de mieux à faire que de me porter avec les carabiniers au secours de la colonne du centre. Quel fut mon étonnement et ma douleur lorsqu'après avoir enfoncé et dispersé l'ennemi, que je pris en flanc, par

---

(1) Le chef de brigade Faral-Baillot commandait le 13ᵉ de cavalerie.

conséquent avec avantage, je ne vis pas un seul individu du nombre de toute la cavalerie commandée par le chef de brigade Baillot; non seulement pas un n'était revenu à la charge, d'après la facilité que leur en avait donné les carabiniers, mais pas un ne paraissait plus. Au même instant ma droite fut attaquée et forcée (la cavalerie que l'ennemi employa à cette droite était en partie celle qui aurait dû être contenue par la division de Saint-Quentin qui après maints accidents ne donna point comme elle devait le faire) à se retirer avec plus de désordre que de pertes; la cavalerie que j'avais si vigoureusement chargée se rallia à l'instant, se joignit à un renfort et se disposa de nouveau à attaquer la queue de la colonne d'infanterie qui venait d'être si maltraitée et qui fuyait en désordre. Je portai les carabiniers lentement à leur secours, leur présence les rassura et à la faveur d'un grand ravin la retraite s'exécuta en bon ordre.

. . . .

... Ainsi se passa cette malheureuse affaire où cette division perdit son chef, 1,200 hommes tant tués que prisonniers ou morts de fatigue ou d'exténuation, environ 40 pièces de canon dont la plupart furent laissées parce que les chevaux ne pouvaient plus les mener.

Ce qui constate ce fait c'est que dans les deux autres sorties, qui eurent lieu les jours suivants, nous trouvâmes plusieurs caissons qui n'avaient été qu'abandonnés et non pris par l'ennemi; la mauvaise espèce des charretiers d'alors ne contribua pas peu à cette grande perte d'artillerie.

. . . .

3

Extrait du « Journal du général Favereau ».

. . . . La division du général Montaigu à Maroilles attaque à la pointe du jour l'ennemi et le poursuit jusqu'à Priches où il avait élevé des redoutes inexpugnables qui ont trois fois été à la veille d'être enlevées par nos troupes qui, chaque fois, ont été repoussées. Dans cette affaire la Basse-Maroilles et Priches ont été en grande partie brûlés. Il est certain que si la colonne du général Montaigu eût été secondée par les divisions des généraux Balland et Goguet, ainsi que la brigade du général Soland qui ne donna qu'à 7 heures, nos succès eussent été très fructueux parce que l'ennemi attaqué sur plusieurs points eût été forcé de disséminer ses forces qui toutes tombèrent sur le général Montaigu, qui fut réduit à faire sa retraite sur Maroilles après avoir perdu beaucoup de monde, dont l'état de situation n'est pas parvenu au général Favereau.

La route de la Capelle étant libre et le général Fromentin plus à portée de communiquer avec le général Ferrand, la division de ce premier ne fit plus partie du commandement du général Favereau, sans cependant cesser la correspondance d'amitié, de laquelle résultait le plus grand avantage pour nos armées.

Situation des divisions Muller, Despeaux, Fromentin et Desjardin.

Sous le titre : *Détail des troupes qui ont participé au mouvement du 7 courant*, le *Journal de Favereau* fait connaître les positions occupées à cette date par les corps de ces 4 divisions.

NOMS DES CORPS	INFANTERIE		ARTILLERIE		CAVALERIE		OBSERVATIONS
	Officiers.	Sous-officiers et soldats.	Officiers.	Sous-officiers et canonniers.	Officiers.	Sous-officiers et cavaliers.	
Garnison de Maubeuge.							
1ᵉʳ bat. de la Meurthe............	25	850					
2ᵉ — du 56ᵉ rég. d'infanterie.....	20	816	3	22			
7ᵉ — du Doubs.................	23	748	3	42			
6ᵉ régiment de cavalerie..........					15	290	Employés aux attaques
Détachement des 3ᵉ, 7ᵉ, 8ᵉ et 9ᵉ d'artil.			25	534			2 flancs de la place et faubourg de Mons.
Camp retranché.							
Bataillon de Molière.............	22	836	3	25			
1ᵉʳ bataillon du Nord (A).........							Nota : A, B, porté par
5ᵉ — de l'Yonne...........	32	817	3	44			reur ayant été détach
6ᵉ — de l'Yonne...........	32	755	3	33			Maroilles.
1ᵉʳ — de la Haute-Vienne (B).							
Détachement du 3ᵉ rég. d'artillerie.			14	238			
Total....................	154	4,822	53	938	15	290	
Division du général Despeaux.							
6ᵉ bataillon du Pas-de-Calais......	27	799	3	30			Occupant les postes d'... mont, le bois du Ques... et harcelant l'ennem... la Sambre.
Grenadiers du 6ᵉ bat. du Pas-de-Calais.	3	80					Occupant les postes d... Bussière, Bachand, la...
1ᵉʳ bataillon du Loiret............	21	783	3	52			me de la Puissance... mont, harcelant é... ment l'ennemi sur... Sambre.
3ᵉ bataillon de la Meurthe........	24	865	3	34			Occupant les postes de... Berlaimont et harce... l'ennemi sur la Sam...
Détachement du 3ᵉ rég. d'artil. et 7ᵉ.			3	85			Aux pièces en posit... et les redoutes sur... Sambre.
A reporter.............	75	2,527	12	201			

NOMS DES CORPS	INFANTERIE		ARTILLERIE		CAVALERIE		OBSERVATIONS
	Officiers.	Sous-officiers et soldats.	Officiers.	Sous-officiers et canonniers.	Officiers.	Sous-officiers et cavaliers.	
Report........................	75	2,527	12	201			Ayant des détachements vis-à-vis Bachand et Berlaimont pour servir de vedettes.
...tachement du 6ᵉ rég. de cavalerie.					4	129	
Total....................	75	2,527	12	201	4	129	
...taché de la division de Despaux ...our renforcer celle de Montaigu à Maroilles.							
bataillon du Nord................	21	816	2	23			Sortent de la division du général Despeaux.
— du 17ᵉ rég. d'infanterie..	24	920	3	28			
— du 25ᵉ d'infanterie......	21	791	3	37			
Détaché du camp de Maubeuge à Maroilles.							
...ᵉ bataillon du Nord................	28	894	5	21			Ce bataillon sort de la division du général Despeaux.
— des Vosges...............	31	938	3	35			Sortent du camp retranché de Maubeuge.
— du Nord.................	28	693	3	43			
— de la Haute-Vienne....	28	876	3	28			
Renfort pour Maroilles.....	181	5,928	20	215			
...ᵉ bataillon du 68ᵉ régiment d'infanterie............	27	746					Cette division commandée par le gᵃˡ Montaigu devait agir de concert avec la colonne du gᵃˡ Soland sur la Helpe, tâcher de forcer l'ennemi et le chasser de Favril et délivrer la place de Landrecies. Les mouvements devaient être secondés par la colonne du gᵃˡ Duhesme et la divis. du gᵃˡ Balland sous Réunion-sur-Oise.
— du 19ᵉ régiment d'infanterie............	26	675					
— du 45ᵉ régiment d'infanterie............	29	780	2	27			
— de l'Oise............	23	847	3	35			
...ᵉ division de gendarmerie à pied........................	20	432	2	36			
...ᵉ bataillon de Paris........	29	932	3	44			
...ʳ bataillon du 74ᵉ régiment d'infanterie...................	22	730	2	28			
...ᵉ régiment de cavalerie.........					19	497	
Total des forces à Maroilles.	357	11,070	32	385	19	497	
Troupes sous les ordres du général Soland.							Nota : (A) sort de la division de Despeaux ; (B) sort de la division de Desjardin ; (C) sort de la brigade de Duhesme. Cette brigade gardait la Helpe pour en opposer le
...ʳ bat. des chasseurs du Hainaut (A).	27	889					
...ᵉ bataillon de l'Eure (B)...........	25	950	3	50			
— de la Somme (C)......	34	795	3	30			
A reporter.................	86	2,634	6	80			

NOMS DES CORPS	INFANTERIE		ARTILLERIE		CAVALERIE		OBSERVATIONS
	Officiers.	Sous-officiers et soldats.	Officiers.	Sous-officiers et canonniers.	Officiers.	Sous-officiers et cavaliers.	
Report...............	86	2,634	6	80			passage à l'ennemi. ligne tenait depuis tigny, les Gr. et Petit F jusque près Maroi Ces mouvements deva être concertés avec c des gén. Duhesme sur et Montaigu sur la dr. taquer l'ennemi qui o pait Priches et tâche faciliter les secours à ter à Landrecies.
6ᵉ bataillon du Haut-Rhin............	24	804	3	37			
4ᵉ régiment de hussards............					20	610	
1ᵉʳ bataillon de l'Orne............	25	843	3	32			
2ᵉ escadron, 12ᵉ rég. de chasseurs à cheval......................					8	206	
2ᵉ bataillon de la Meurthe.........	29	794	3	44			
Détachement du 22ᵉ rég. de cavalerie.					9	150	
10ᵉ bataillon de Paris.............	30	850					
Total..................	194	5,925	15	193	37	966	
Troupes sous les ordres du général Duhesme (a).							(a) Cette brigade occu Fontanelle et sa com nication avec Beaurep par la haie de Catel ainsi que celle du M vion ; elle devait attaq de concert avec celle gᵃˡ Duvignot qui occu la Capelle jusqu'à Bui L'ennemi occupait Nouvion, et avec cell gᵃˡ Soland l'ennemi occupait aussi Bea paire et Priches.
5ᵉ bataillon des Vosges............	27	790	3	40			
10ᵉ — de Seine-et-Oise......	25	854	2	32			
1ᵉʳ — du 18ᵉ rég. d'infanterie.	26	813	2	24			
32ᵉ — d'infanterie légère....	24	850					
2ᵉ — de la Vienne.........	28	946	3	43			
1ᵉʳ — du 56ᵉ rég. d'infanterie.	25	749					
12ᵉ rég. de chasseurs à cheval.....					10	290	
22ᵉ — de cavalerie.............					12	462	
Total...................	155	5,004	10	139	22	752	
Division du général Desjardin.							(b) Occupant les canton ments de Recquignie Rocq.
4ᵉ bataillon franc (b).............	24	840					
3ᵉ — de la Haute-Marne (c)..	29	866	3	29			(c) Occupant ceux de M pent et Jeumont.
2ᵉ — du Haut-Rhin (d)......	27	952					
6ᵉ — de l'Oise (e)...........	28	936	3	50			(d) Gardant le bois Solre-sur-Sambre.
2ᵉ — de la Nièvre (e).......	19	846	3	48			
2ᵉ — du 68ᵉ rég. d'infant. (e).	27	807	2	27			(e) Occupait le canton ment de Solre-le-Châte et la tête des hayes vesnes.
Total...................	154	5,247	11	154			
Colonne disponible.							
10ᵉ bataillon d'infanterie légère (f).	23	753					(f) Cette colonne était position sur la haut en avant d'Aibes pour fendre Coursolre occ par nos troupes, Solr Château et Bersillies e ciliter l'attaque de Be mont par l'armée des dennes et faire sa jo tion avec elle.
1ᵉʳ — du 18ᵉ rég. d'infanterie.	23	753					
1ᵉʳ — du 49ᵉ —	25	996		17			
1ᵉʳ — du 89ᵉ —	17	900		25			
2ᵉ — du Calvados...........	26	962	2	20			
2ᵉ — de Mayenne-et-Loire...	29	858	2	26			
15ᵉ compagnie d'artillerie légère...			4	87			
Détachement du 3ᵉ rég. d'artillerie.			6	102			
— du 6ᵉ rég. de cavalerie.					9	140	
7ᵉ régiment de dragons............					29	468	
16ᵉ rég. de chasseurs à cheval....					17	286	
	143	5,222	14	277	55	894	

4

Extrait du « Rapport du général Roulland ».

. . . .

. . . Quoique le général eût vérifié plusieurs fois la fabrication des cartouches, qu'il les eût fait calibrer et recommandé sous les plus grandes peines d'y apporter la plus scrupuleuse attention, à cause des plaintes que les soldats faisaient qu'elles étaient trop grosses et mal faites, il donna ordre au citoyen Tourbé, gendarme national, de surveiller cette fabrication sans pouvoir en être détourné; il lui parut fort intelligent, très actif et qu'il désirait être employé utilement.

Malgré le feu vif et suivi des batteries de la place, l'ennemi jeta une quantité prodigieuse de bombes qui mirent le feu dans différents endroits et causèrent de grands dégâts.

Il fut ordonné aux chefs des corps de faire faire une seconde lecture aux soldats du règlement provisoire, pour qu'ils ne puissent en prétendre cause d'ignorance. Il fut donné connaissance de la demeure de l'accusateur public, membre de la commission militaire. Il fut ordonné aux ingénieurs et leurs agents secondaires de surveiller la célérité des travaux et de prendre tous les moyens pour la défense de la place. Il fut ordonné le plus grand calme et silence dans le cas d'alerte, avec ordre aux gendarmes nationaux de faire rentrer chez eux les particuliers et les femmes, d'arrêter ceux qui pourraient causer du désordre par des cris d'alarme, ceux qui se porteraient à des excès.

Les autorités civiles furent invitées à prendre tous les moyens qui étaient en elles pour y parvenir. La garde citoyenne fut destinée pour éteindre et prévenir l'incendie, pour travailler avec les soldats qui avaient été choisis à cet effet et ceux qui seraient ensuite commandés pour les seconder. Enfin, la plus grande surveillance dans le service intérieur et extérieur fut ordonnée. L'ordre le plus sévère fut donné pour arrêter les soldats qui s'étaient permis de piller dans la basse commune et de prendre les moutons destinés pour les malades; il fut ordonné de les traduire à la commission militaire.

Il fut ordonné aux chefs d'artillerie de faire éclairer par des pots à feu les ouvrages de l'ennemi pour pouvoir y tirer dessus, d'approvisionner toutes les batteries. Comme il y avait deux chefs d'artillerie, il fut ordonné qu'il en resterait toujours un sur les remparts.

Le feu ayant pris près des magasins à poudre et de l'arsenal, il fut ordonné à la troupe de s'y porter pour abattre les maisons incendiées; enfin tous les ordres nécessaires dans les circonstances furent donnés et surveillés, ce qui n'empêcha pas que le feu de l'ennemi pendant la nuit du 7 au 8 ne causât de grands dégâts par l'effet des bombes, quoique les batteries de la place ripostassent avec toute la vigueur possible.

5

Extrait du « Mémoire de la Municipalité de Landrecies ».

Le 7 floréal, une canonnade très vive se fit entendre sur Maroilles; nous vîmes nos forces s'avancer sur les hauteurs de la porte de France et l'ennemi faire différents mouvements. Le général Roulland fit de suite sortir les compagnies de siège qui, après s'être bien battues, furent forcées, par une nouvelle colonne ennemie, à battre en retraite vers les 11 heures; et, à midi, le bombardement commença.

A 3 heures après-midi, le général, conjointement avec les autorités, firent le tour du rempart avec un drapeau tricolore en encourageant nos soldats; ils le placèrent sur la batterie la plus en face de l'ennemi et, en outre, au haut de la tour de l'église.

Dans la même journée, la ville basse fut généralement incendiée et une partie des maisons de la place

6

Extrait des « Mémoires de d'Arnaudin ».

Dès le soir du 25 avril, une armée composée en partie des troupes du Camp de César et de la garnison de Cambrai se rassembla sous les murs de cette ville en front de l'armée des alliés. Elle était, disait-on, forte de près de 25,000 hommes et accompagnée de 79 bouches à feu, tant pièces de campagne et de bataille qu'obusiers. Là elle se partagea en trois colonnes qui se mirent en mouvement pendant la nuit.

La première en commençant par la gauche s'avança droit sur Inchy par la grande route de Cambrai au Cateau. La seconde se dirigea sur Ligny; et la 3e, après avoir traversé Esne, Walincourt, Serain et Premont se porta sur Marets, d'où, par les plaines de Busigny elle menaçait la gauche de l'armée du duc d'York.

La colonne qui marchait par la grande route de Cambrai, après quelques boulets échangés, eut bientôt forcé les postes de Bethencourt, d'Audencourt et d'Inchy à se replier. Chacun de ces postes n'était défendu que par 2 compagnies d'infanterie, quelques chasseurs à pied et un canon de bataillon. Un brouillard épais à la faveur duquel l'ennemi avait atteint, sans être aperçu, tous les avant-postes de l'armée britannique, lui avait procuré ce premier succès. Dans cet état de choses, la colonne française de gauche négligeant absolument tout ce qui était à la gauche du grand chemin de Cambrai, se contenta de garnir le poste de Caudry, s'avança entre Audencourt et la cense du Tronquoy, où réunie à une partie de la colonne qui débouchait par Ligny, elle se mit en bataille et poussa un fort détachement avec de l'artillerie sur Troisvilles. Ce village, qui n'était pas plus fortement gardé que les postes précédemment enlevés, dut aussi être abandonné. Et, dès lors, les Français dirigèrent tous leurs efforts contre la batterie n° 2 du camp anglais faisant face à Troisvilles. Mais malgré un feu très vif de leur part qui dura près de deux heures, ils ne réussirent point à l'emporter, et le lieutenant-colonel Congrève, qui y commandait, leur riposta avec tant de succès de deux pièces de 6 chargées à mitraille que, loin de réussir à pousser plus avant, ils se virent même obligés d'abandonner le village.

Ce qui toutefois décida la défaite sanglante qu'ils éprouvèrent en cet endroit, ce fut principalement la faute impardonnable qu'ils commirent immédiatement après qu'ils eurent pris possession des postes dont on vient de parler. Au lieu d'employer une partie de leurs forces à soutenir leur gauche tout à fait découverte du côté de Béthencourt, non seulement la colonne arrivée par la grande route, mais encore la plus grande partie de celle qui s'était dirigée sur Ligny, étaient venues s'entasser entre Caudry, le Coquelet, Audencourt et la cense du Tronquoy, avec leur nombreuse artillerie dont une partie, placée au hasard, servait plus à les embarrasser qu'à les défendre.

Le duc d'York s'aperçut bientôt de l'avantage qui lui était présenté et s'empressa d'en profiter. Il crut premièrement nécessaire de détourner l'attention des ennemis du mouvement qu'il avait dessein de faire exécuter sur leur gauche en continuant de les occuper sérieusement en front. Ce qu'il fit en ordonnant une vive canonnade qui, d'abord dirigée contre Troisvilles, continua d'avoir lieu contre les troupes françaises qui, après avoir abandonné ce poste, se repliaient sur Inchy et Beaumont en gagnant la grande route. Cette canonnade était soutenue par quelques corps de troupes légères qui, s'étant d'abord approchés avec trop peu de précaution de quelques vergers et bocages situés à la gauche de Troisvilles, se trouvèrent tout à coup sous le feu de quelques pièces d'artillerie masquées qui tiraient sur eux à mitraille. Ce qui les força de se replier, mais étant bientôt parvenus à se rallier, ils revinrent sur l'ennemi qui, après un engagement de peu de durée, abandonna le poste avec deux canons. Et bientôt on vit la cavalerie légère des alliés voltiger dans la plaine en front du gros de l'armée ennemie. Ce fut dans ces circonstances que le duc d'York détachait la cavalerie de l'aile droite de son camp. Elle était composée de six escadrons de cuirassiers autrichiens de Zeschwitch, deux escadrons des Bleux et six idem des 1ᵉʳ, 3ᵉ et 6ᵉ Dragons gallois. Ces six derniers escadrons anglais provenaient de la brigade du général Mansel et d'une partie de celle du colonel Vyse. Le général Otto se mit à la tête de cette colonne, et prenant sa direction par Béthencourt, il vint tomber sur le flanc gauche et les derrières des deux colonnes ennemies réunies et développées entre Caudry et la cense de Tronquoy. Le général-major Mansel, à la tête de la cavalerie anglaise et soutenu à sa droite par les cuirassiers autrichiens, attaqua le poste de Caudry défendu par un corps de près de 2,000 hommes d'infanterie et 500 chevaux avec 14 pièces de canon. Après une faible résistance, il emporta le poste et s'empara de l'artillerie. Les Français, surpris à leur tour, ne songeaient pas à faire usage de tous les moyens de défense qui restaient à leur disposition.

Tandis que la cavalerie anglaise et autrichienne tombait ainsi de tous côtés sur l'infanterie ennemie, le corps de cavalerie qui aurait dû la soutenir se sauvait à toute bride par la route de Cambrai. Le corps presque entier des carabiniers français que le général républicain envoyait au secours de cette partie de son armée si vigoureusement entamée fut arrêté dans l'exécution de cette opération par le général Dundas qui vint au-devant de lui à la tête des 15ᵉ et 16ᵉ régiments de dragons légers accompagnés de quelques hussards. Il fut ainsi obligé de se retirer du côté de Ligny, et il lui fut fait quelques prisonniers dans la retraite.

La colonne du général Mansel avec les cuirassiers autrichiens commandés par le prince de Schvartzemberg, après la défaite du corps posté à Caudry, continua sa marche victorieuse et vint prendre à dos du gros des deux colonnes ennemies formées en bataille sur deux lignes, la gauche à Audencourt, et la droite un peu en avant de la ferme du Coquelet. Les troupes françaises ne surent pas tenir contre une attaque aussi vigoureuse faite sur le flanc gauche et par derrière, en même temps qu'ils entendaient tirer en avant du côté de Troisvilles. Le danger de leur position leur fit perdre courage et, sans faire presque aucun mouvement pour se défendre, elles abandonnèrent le champ de bataille dans le plus grand désordre. Les uns pour fuir plus aisément jetaient à terre leurs sacs, leurs gibernes et leurs fusils, et les autres se livraient en suppliant à la discrétion du vainqueur; mais la cavalerie alliée tombait indistinctement sur tous ceux qu'elle pouvait atteindre.

L'infanterie française, traitée de la manière que l'on vient de décrire, se retirait en partie par sa droite vers un vallon qui existe entre Ligny et Coquelet. Elle était encore accompagnée de huit pièces de canon qui se trouvèrent arrêtées dans leur passage par une espèce de chemin creux qu'il fallait traverser pour atteindre l'autre côté du ravin. Elles y demeurèrent embarrassées avec leurs caissons et furent prises.

Une autre partie de cette même infanterie, au lieu de prendre par le ravin dont on vient de parler, se portait un peu plus en avant vers un autre ravin immédiatement au-dessous de la ferme de Tronquoy et qui coïncide avec le premier.

Les fuyards réunis à quelques corps de leurs propres troupes qui étaient stationnées en réserve dans cet endroit parvinrent à se rallier en arrière sous la protection de 14 pièces d'artillerie, en partie couvertes par les Hayes qui environnent la cense du Tronquoy.

Le général Mansel, à la tête de la cavalerie, se mit en devoir de traverser le ravin pour charger les troupes qui étaient formées de l'autre côté. Mais tout à coup il fut assailli par un feu terrible d'artillerie chargée à mitraille qui d'abord culbuta son premier rang. La cavalerie anglaise, par tout cela, ne fut point déconcertée; elle continua sa marche sous le feu de l'ennemi et arriva en bon ordre de l'autre côté du ravin, où elle joignit le front des bataillons français qu'elle attaqua avec la plus grande vivacité. En moins d'une demi-heure la plupart jetèrent bas les armes et se sauvèrent. On tomba sur les canons qui furent pris après que les canonniers eurent été égorgés.

Ce fut dans cette occasion que le général Mansel reçut une décharge de mitraille dont une balle, après lui avoir fracassé le menton, lui sortit entre les deux épaules. Un autre éclat de mitraille lui mit le bras gauche en pièces. Son cheval fut tué sous lui. Une de ses ordonnances périt à ses côtés et l'autre fut blessée. Le major Payne, son aide-major, eut son cheval percé d'un coup de balle; et son fils, qui était son aide de camp, mais vraisemblablement emporté par son cheval au milieu de la colonne française en retraite, fut emmené prisonnier.

Le colonel Vyse, dont une partie de la brigade composait le corps de cavalerie commandé par le général Mansel, avait pris le commandement du tout après la mort de ce brave officier, et ce fut lui qui dirigea les derniers succès de cette partie de la cavalerie des alliés dans cette brillante journée.

Quant aux débris de l'infanterie française qui avait pris par le grand ravin, ils s'étaient joints de l'autre côté à un détachement de la colonne du centre qui gardait le poste de Ligny. Là ils ne tardèrent pas à avoir sur les bras les cuirassiers autrichiens à la tête desquels le prince de Schwarzemberg était à leur poursuite. Ce corps de cavalerie franchit sans difficulté le fossé qui avait arrêté les huit pièces d'artillerie ennemie, atteignit l'autre côté du ravin et se trouva de nouveau au milieu des bataillons républicains en désordre dont il fut de nouveau fait un assez grand carnage. Les Français qui n'étaient point encore revenus de leur première épouvante continuaient à n'opposer aucune résistance, et les Autrichiens à ne faire aucun quartier; ce qui opéra parmi les vaincus une fuite si précipitée que l'infanterie anglaise qui s'avançait immédiatement pour soutenir la cavalerie ne put jamais arriver assez tôt.

Tandis que ces succès s'obtenaient à la droite de l'armée britannique, on n'était pas moins heureux à la gauche. Les corps avancés de l'armée française qui débouchaient par Prémont et Maretz avaient déjà pénétré jusqu'à Maurois et Honnechy. Les deux escadrons du 7e régiment de dragons légers avec quelques compagnies franches qui s'étaient crus obligés d'abandonner ces postes se repliaient sur la gauche du camp entre 8 et 9 heures du matin. Ils rencontrèrent d'abord dans leur retraite les deux escadrons du 11e régiment de dragons légers qui venaient les relever conformément à l'ordre habituel du service journalier. Bientôt après ils furent joints par deux autres escadrons des hussards de l'archiduc Ferdinand que le duc d'York détachait pour les aider à arrêter les progrès de l'ennemi dans cette partie où il n'était plus qu'à 1/4 de lieue du camp. Le major Stephanitz, qui était à la tête des hussards, prit le commandement des six escadrons, et, conformément aux ordres du général en chef, il marcha avec eux contre les Français qui occupaient Maurois et Honnechy. Ces derniers les voyant se déployer dans la plaine à droite et à gauche du chemin qui conduit à ces villages et prendre des positions qui manifestaient sensiblement l'intention de les envelopper, ne les attendirent pas; ils se replièrent sur le gros de leur colonne qui était stationné entre Maretz et Prémont. Mais ils n'exécutèrent pas ce mouvement rétrograde sans être parfois atteints par différents pelotons de la cavalerie légère des alliés qui en sabrèrent quelques-uns. Enfin la colonne ennemie, informée sans doute de ce qui se passait à la gauche et au centre de l'armée dont elle faisait partie, se mit dès lors elle-même en devoir de faire sa retraite. Les Français perdirent encore quelques hommes en cette occasion, et dans leur fuite précipitée, ils furent obligés d'abandonner deux ou trois bouches à feu qui ajoutèrent à la prise énorme d'artillerie que firent les alliés dans cette mémorable affaire.

Tels sont les détails de l'action qui eut lieu du côté de l'armée anglaise. L'ennemi doit y avoir perdu au delà de 1,200 hommes en tués ou blessés. On lui fit près de 400 prisonniers, parmi lesquels il faut compter le général Chapuis qui commandait en chef dans cette expédition. Il y perdit en outre 35 pièces d'artillerie avec un nombre proportionné de caissons de munitions. Les Anglais de leur côté laissèrent sur le champ de bataille 2 officiers et 54 soldats, et les Autrichiens un peu moins. Mais la perte qui excita le plus généralement les regrets de toute l'armée fut celle du brave général Mansel. On eut de plus 4 officiers et 96 soldats blessés, et enfin un officier et 5 soldats égarés ou prisonniers.

Le succès de cette affaire importante fut uniquement dû aux efforts de la cavalerie. L'engagement, quoique très vif, ne fut pas de longue durée; et, tout au contraire, du côté de l'armée d'observation de gauche, l'attaque, quoique infiniment moins sanglante, dura presque jusqu'à la nuit (1). . . . .
. . . .

De quelque importance qu'aient été les moyens employés par les Français dans l'expédition dont on vient de rendre compte, il paraît que ceux qui dirigeaient l'ensemble de leur opération ne s'étaient pas proposé d'en venir à un engagement décisif. Au moins les instructions trouvées sur le général Chapuis annonçaient des dispositions conformes à ce que l'on vient d'avancer. Elles donnaient en même temps des éclaircissements importants sur le rapport de cette attaque avec celles qui devaient avoir lieu en même temps dans le pays d'Entre-Sambre et Meuse et dans la West-Flandre. Toutes les attaques partielles et tous les mouvements des Français depuis l'investissement de Landrecies, particulièrement dirigées contre les armées d'observation, n'avaient probablement pas d'autre objet que d'attirer toutes les forces des alliés dans un même endroit, c'est-à-dire au centre, afin de faci-

---

(1) D'Arnaudin résume les combats livrés du côté de la Petite-Helpe et fait remarquer que les Français n'éprouvèrent pas une déroute comparable à celle de Troisvilles; ils perdirent cependant 14 pièces.

liter le succès des invasions collatérales ce qui malheureusement ne leur réussit que trop complètement (1).

7

Le général Chapuis au Comité de Salut public.

Le Cateau, le 9 floréal an II (28 avril 1794).

Messieurs les représentants,

Cette lettre ne suivra pas d'aussi près que je l'aurais désiré la connaissance qu'on vous a sûrement donnée des malheureux succès de la journée du 26 avril. On vous a sans doute appris que la colonne du centre de la division de Cambrai avec laquelle j'étais sorti de cette place, la veille à 11 heures du soir, s'est mise en bataille au delà de Beauvois et que nous avons commencé par éteindre le feu de 3 batteries qui étaient en deçà et sur la gauche d'Audencourt; qu'ensuite j'ai fait passer la colonne à droite de ce village pour attaquer le camp de Troisvilles ainsi que le portaient les ordres du général en chef Pichegru, laissant néanmoins à gauche dudit village 2 bataillons, 1 régiment de cavalerie, quelques pelotons de hussards, le 5e bataillon franc et 2 pièces d'artillerie à cheval pour protéger notre flanc.

Ces dispositions faites, j'ai fait avancer et établir l'artillerie de position et à cheval par battre les redoutes de Troisvilles.

Le général Bonneau qui commandait la colonne de droite et qui avait passé par Wambaix, Ligny et Clary, se faisant alors

---

(1) D'Arnaudin a précédemment formulé l'observation suivante au sujet du plan des Français :

« Il n'est pas inutile d'observer que ce vaste projet d'attaque enfanté, sans doute, par le comité de Salut public était le sujet de la conversation de presque tous les soldats républicains plus de deux mois avant que l'exécution en ait été tentée et peut-être même avant que les moyens en eussent été rassemblés. On pouvait savoir dans les cabinets des alliés qu'en France on calculait sur ses effets, comme sur ceux d'une entreprise dont le succès ne devait pas être mis en doute. Mais, vraisemblablement, on considérait de pareils bruits comme le résultat de cette jactance ridicule au ton de laquelle la République était montée dès sa naissance, qu'elle avait affiché de conserver dans les moments les plus embarrassants comme nécessaire pour soutenir le courage des patriotes et qui, par là même, était susceptible de signifier peu de chose. »

apercevoir sur les hauteurs, je lui envoyai l'ordre de précipiter sa marche et de se mettre en bataille sur la droite et en deçà de Troisvilles afin d'attaquer simultanément (1). . . . .
. . . .

Le général Bonneau qui était à la droite et en deçà de Troisvilles a dû faire sa retraite par Ligny sur les hauteurs duquel j'ai su depuis qu'il avait pris une bonne position avec une grande partie de la cavalerie du centre commandée par le colonel Baillot du 13ᵉ régiment, qui s'est joint à lui, et qui eût mieux fait de couvrir l'infanterie de la colonne du centre, la seule qui fut et qui put être attaquée. Couvert par cette colonne, le général Bonneau n'a pas dû éprouver d'échec.

Quant à la colonne de gauche qui observait Solesmes, nous n'en avons eu aucune nouvelle, mais je suis très certain qu'elle n'a pas été attaquée.

N'avais-je donc pas mille fois raison, MM. les représentants, quand par ma lettre du 24 avril je priais le général en chef qui vous en a sans doute rendu compte, de conférer à un autre un commandement dont une circonstance qui a manqué d'avoir une suite aussi funeste que la journée du 26, m'avait fait connaître l'énorme poids et l'importance. . . . .

J'invoque ici le témoignage de votre collègue le représentant Bollet qui, présent aux actions des 24 et 26, a vu comment dans la matinée du 24, après avoir prévenu dans les plaines d'Avesnes-le-Sec un événement semblable à celui du 26, j'ai failli le voir arriver l'après-midi; qu'un autre à ma place eût éprouvé un malheur semblable parce qu'il ne lui eût pas été possible de prendre des mesures plus justes pour l'exécution des ordres du général en chef et que les charretiers ou lâches ou malveillants les eussent également renversés.

Salut et fraternité,
Chapuis.

P. S. — Bruxelles, 7 mai 1794.

On m'avait fait espérer qu'on enverrait un parlementaire à Cambrai le surlendemain de mon arrivée au Cateau et je croyais en profiter pour vous envoyer cette lettre; mais ma translation à Bruxelles où je suis arrivé hier au soir m'en ayant empêché, je saisis le premier instant propice pour vous la transmettre.

J'ose espérer, MM. les représentants, que vous jetterez vos regards sur moi pour me faire échanger et que, si ce revers que

---

(1) Les détails que Chapuis donne sur le combat ont été reproduits dans le texte du chapitre v.

la prudence de mes dispositions devait écarter de moi n'a pas altéré la confiance que j'ai eu le bonheur d'inspirer dans d'autres circonstances, vous voudrez bien me fournir d'autres occasions de la justifier.   Salut et fraternité,

CHAPUIS.

8

Extrait de l'arrêté des représentants du peuple près l'armée du Nord.

Lille, le 3 prairial an II (22 mai 1794).

Vu les divers renseignements, pris sur la conduite et le civisme du général de brigade Chapuis qui commandait la division de Cambrai et fait prisonnier à l'affaire du 7 floréal, desquels renseignements il résulte, notamment, que le général Chapuis n'a été fait prisonnier à l'affaire du 7 floréal, qu'après avoir reçu un coup de sabre sur le bras et avoir été démonté, et qu'il a constamment refusé de crier : Vive Sa Majesté impériale ! comme on voulait l'y forcer ;

Considérant que si les bruits calomnieux sur la conduite du général Chapuis après l'affaire du 7 floréal prescrivaient des mesures de sûreté générale à l'égard de ses plus proches parents, maintenant qu'il est constant que ce général s'est conduit en brave républicain, l'intérêt de la République comme la justice exigent de lui restituer, ainsi qu'à sa famille, le bien précieux d'être reconnu pour avoir constamment servi la patrie avec zèle et courage ;

Arrêtent que les citoyens Chapuis, adjudant-général chef de l'état-major de la division de Douai, Dufresne, adjudant de la place de Cambrai, et Chapuis, aide de camp du général Chapuis, mis en état d'arrestation par arrêté des représentants du peuple Bollet et Florent-Guyot, en date du 11 floréal, sont mis en liberté et réintégrés dans les postes et emplois qu'ils occupaient au moment de leur arrestation ; il leur est donné main levée pure et simple des scellés opposés dans leur maison, après néanmoins que la reconnaissance en aura été faite par le fonctionnaire qui les a apposés.

Le présent arrêté sera adressé aux comités révolutionnaires de Douai et de Cambrai, qui demeurent chargés de sa prompte et entière exécution (1).   *Signé* : FLORENT-GUYOT.

Pour copie conforme :

Le Général de division : LECLAIRE.

---

(1) Cet arrêté fut porté à la connaissance de l'armée par l'ordre du jour du 13 prairial (1er juin).

9

Le général Chapuis au Comité de Salut public.

Bruxelles, le 4 prairial an II (23 mai 1794).

Messieurs les représentants,

Je profite du départ pour la France de l'adjudant-général Frémont, pour vous envoyer un duplicata de la lettre que je vous ai écrite précédemment, pour vous rendre compte du malheureux événement du 26 avril, dans la crainte qu'elle ne se soit égarée dans les mouvements qu'a faits notre armée où elle a dû être adressée. Le détail que vous allez lire est littéralement vrai, quoiqu'on ne puisse rejeter sur de fausses mesures de ma part l'échec que j'ai essuyé, je n'en suis pas moins accablé; car l'amour-propre en moi est un sentiment qui cédera toujours aux considérations du bien public; ainsi ce n'est pas ma réputation comme général, mais le tort causé par le revers que j'ai essuyé, que j'ai le désir de réparer, en vous priant de vouloir bien favoriser et accélérer mon échange.

Salut et fraternité,
CHAPUIS.

10

Le général Chapuis au général de brigade Pille, commissaire de la 9ᵉ commission exécutive (1).

Paris, le 21 vendémiaire an IV (octobre 1796).

Le citoyen René-Bernard Chapuis, général de division, qui a été fait prisonnier de guerre le 7 floréal, l'an 2 de la République, venant d'être échangé, demande à être réemployé.

Le titre avec lequel il se présente est sa conduite civile et militaire depuis la révolution, conduite qui lui a mérité les suffrages des représentants du peuple près l'armée du Nord, notamment des citoyens Laurent et Ballet qui ont été témoins de ses travaux pendant l'hiver de 1793 à 1794 (v. s.) où, dans plus de 60 sorties, il a enlevé à l'ennemi au moins 10,000 voitures de subsistances, une grande quantité de chevaux et de bêtes à cornes, et fait beaucoup de prisonniers.

Si la malveillance gagée et jalouse de ses succès, après avoir

---

(1) Lettre conservée aux *Archives administratives de la guerre* (Dossier Chapuis).

cherché à les traverser par tous les moyens imaginables, pendant qu'il commandait à Cambrai, s'est plu à répandre sur la malheureuse circonstance qui l'a fait tomber au pouvoir des ennemis de la République, les bruits calomnieux qu'il n'a appris qu'à son retour à Paris, le témoignage honorable que lui a rendu le citoyen représentant Florent-Guyot, par l'arrêté ci-joint, puis sur les lieux mêmes, vingt-sept jours après ce malheureux événement, est bien fait pour dissiper tous les doutes et fixer l'opinion publique sur les sentiments invariables qui l'ont toujours animé pour sa Patrie, sentiments dont il a donné de nouvelles marques dans le danger qu'a couru la chose publique les 13 et 14 du présent mois; quoique cet arrêté ne fasse pas mention d'une circonstance fort difficile où il s'est trouvé, qui est celle où entrant au Cateau, immédiatement après avoir été fait prisonnier, et blessé de deux coups de sabre, les mauvais citoyens de cette commune apportèrent une échelle au pied d'une potence, le menaçant, lui et son aide de camp, de les y faire monter, s'ils ne criaient : *Vive Louis XVII*!, ce qu'ils repoussèrent, l'un et l'autre, avec indignation, invoquant le droit des gens auprès de l'officier chargé de leur conduite, qui avait une peine infinie à faire écarter par l'escorte les flots de peuple qui leur prodiguaient les injures et les menaces.

Quant à ses dispositions militaires pour le succès de l'attaque qu'il avait ordre de faire sur le camp de Troisvilles, elles étaient telles, qu'il ne croit pas possible d'en faire de plus justes.

Il devait forcer un camp assis en plaine, de 25,000 hommes, dont 12,000 de cavalerie.

Il part de Cambrai le 6 floréal à 11 heures 1/2 du soir avec la colonne du centre, composée de 10,000 hommes d'infanterie et de 1,200 de cavalerie, et suit la route du Cateau, tandis que la colonne de droite, d'une force à peu près égale, partie du camp de César, prenait le chemin de Vambaix, et qu'une troisième colonne de 4,000 hommes se portait sur le camp de Solesmes, pour l'observer et l'inquiéter.

A 3 heures du matin du 7 floréal l'avant-garde de la colonne du centre engagea le combat auprès de Beauvois, avec les avant-postes ennemis. La colonne de droite se faisant alors apercevoir sur les hauteurs de Clary, le général Chapuis envoya au général Bonnaud qui la commandait, l'ordre de précipiter sa marche, tandis qu'avec la colonne du centre, il s'emparait de 3 batteries avancées du camp qu'il allait attaquer. Cette opération achevée, il mit la colonne du centre en bataille sur deux lignes, la gauche appuyée sur le village d'Audencourt. N'ayant rien à craindre pour la droite de cette colonne, qui était soutenue par celle de droite, le général Chapuis devait porter sa principale attention sur Audencourt où était appuyée la gauche de celle du centre ; aussi y plaça-t-il quatre bataillons complets avec leurs pièces et établit-il deux pièces d'artillerie légère à chaque flanc du village et deux régiments de cavalerie à son front, avec encore une pièce de 8 et un obusier d'artillerie légère. Deux régiments de hussards et un bataillon de chasseurs francs étaient répandus en tirailleurs à la gauche de ce village et devaient se lier avec la colonne des 4,000 hommes, qui s'était portée vis-à-vis le camp de Solesme.

Telles furent les dispositions qui précédèrent l'établissement du reste de l'artillerie légère, de deux pièces de 12, d'une pièce de 8 long et de 2 obusiers, pour battre les redoutes qui emprisonnaient le camp de Troisvilles.

Elles étaient établies et le feu était aussi vif qu'il le pouvait être avec une artillerie aussi faible, lorsque le représentant citoyen Bollet parut, arrivant de Douai. Il félicita le général Chapuis sur ses dispositions en lui disant : *Général, je vois bien que tu veux que j'aille aujourd'hui dîner au Cateau!*

Sur le désir que fit paraître le représentant de voir le camp de Troisvilles, le général Chapuis le conduisit auprès des pièces en batterie, et comme le feu de l'ennemi se dirigeait sur elles, il lui proposa de se retirer à la distance d'environ un quart de lieue derrière la colonne du centre, qui était hors de portée, sur une hauteur qu'il lui indiqua, d'où il pourrait apercevoir sans danger les mouvements respectifs des deux armées, et il lui donna une quinzaine de cavaliers, pour l'escorter et s'en servir comme d'ordonnances, en cas qu'il eût quelques ordres ou avis à lui envoyer.

Cependant, le général Chapuis s'apercevant, par la contenance de l'ennemi, qu'il lui serait impossible de forcer le camp, sans exécuter une charge générale et simultanée sur toutes les redoutes qui l'environnaient, envoya chercher les généraux Bonneau et Proteau, pour se concerter avec eux sur les mesures à prendre pour l'enlever à la baïonnette.

A l'arrivée du général Bonneau, le général Chapuis aperçut une colonne de cavalerie ennemie, qui débouchait d'un ravin sur la gauche, ce qu'il lui fit remarquer, quoique cette colonne ne fût pas assez considérable pour lui donner beaucoup d'inquiétude, il ne laissa pas que d'envoyer aux carabiniers l'ordre de se porter au front d'Audencourt, ce village sur lequel était appuyée la gauche de la colonne du centre. A peine l'ordonnance était-il parti pour porter cet ordre aux carabiniers que les quatre bataillons qui occupaient Audencourt, en sortirent par toutes les issues, ainsi que les deux pièces d'artillerie légère, qui soutenaient la cavalerie, culbutant la colonne, qui fuyait éparse devant eux. Le général Chapuis, aussitôt qu'il aperçut ce désordre, accourut au galop, mais en un clin d'œil il devint tel, qu'il ne lui resta plus, au milieu des cris de *sauve-qui-peut*, jetés par les charretiers d'artillerie et répétés par tout le monde, que l'espoir de rallier la colonne derrière un petit ravin qui était à environ 2,000 pas. Pour atteindre avec plus de vitesse la tête de la colonne avant qu'elle l'eût franchi, le général Chapuis qui s'en trouvait pressé et environné, s'en dégagea allongeant son flanc droit auprès du village abandonné d'Audencourt; il en sortit par toutes les issues un escadron de hussards d'Esterhazy qui fondèrent sur lui, ainsi que sur un aide de camp, le seul qui ne l'eût pas abandonné, au travers desquels il se fit jour de sabre à la main. Sans doute il devait succomber sous tant d'ennemis, et il ne dissimule pas qu'il cherchait plutôt la mort que de tomber en leur pouvoir; mais ayant été reconnu pour général à ses marques distinctives, ils s'attachèrent principalement à sabrer son cheval, pour le faire prisonnier.

Cependant, il se trouvait déjà, ainsi que son aide de camp, dégagé de cet escadron, qui continuait néanmoins de les charger tous les deux : un rayon d'espoir d'échapper, malgré les profondes blessures qu'avaient reçues et que recevaient encore en ce moment leurs chevaux, leur restait encore, quand un régiment de dragons anglais qui était en bataille devant la tête de la colonne du centre immobile, que sa position et son immobilité lui faisaient prendre pour un des deux régiments qui avaient abandonné le front du village d'Audencourt, détacha un peloton, qui par un mouvement sur sa droite, les enveloppa et les fit prisonniers.

Telles sont les circonstances de la prise du général Chapuis et telles furent ses dispositions pour l'exécution de l'ordre positif qu'il avait reçu du général en chef d'attaquer de vive force le camp de Troisvilles. Si le succès ne les a pas couronnés comme tant d'autres affaires où il a fait le métier de soldat et de général, notamment dans celle du 4 du même mois, dans les plaines d'Avesnes-le-Sec, où il fit environ 800 prisonniers et prit à peu près autant de chevaux, il ose se flatter que ce n'est pas parce que ses mesures ont eu moins de justesse.

Le général de division : CHAPUIS.

Chez la Citoyenne Barbe CHAPUIS, Cour Martin, rue Hugue.

11

Extrait du registre d'ordres du général Dubois. Supplément à l'ordre du 6 au 7 floréal an II (25 au 26 avril 1794).

Supplément à Bousson. — Le général de brigade provisoire Bousson fera prendre les armes à toute sa brigade à 3 heures du matin et la formera en bataille à la droite et en avant du camp retranché. Il fera relever ses grand'gardes des deux régiments dans le plus grand ordre et silence, afin qu'à 3 heures et demie du matin tout le monde soit prêt à partir. Le général s'en rapporte à cet égard à son zèle et à son exactitude.

Ce jour l'heure sera indiquée pour la distribution de l'eau-de-vie.

Supplément à Desprez. — Le général Desprez, *même ordre*, en ajoutant que le 3ᵉ de cavalerie sera divisé de sa brigade pour protéger la marche d'une brigade d'infanterie dont Radet sera chargé pour un instant.

Supplément à Gaudin. — Le général Gaudin, *même ordre*, en ajoutant que le général Balland lui donnera une destination et le prévenant que l'escadron aux ordres de Peluchenau doit le rejoindre et en a l'ordre, ainsi que son détachement de Réunion.

12

Ordre du 7 au 8 floréal an II (26 au 27 avril 1794).

9 heures du soir.

Le général félicite les troupes à cheval de la division de gauche et particulièrement le 8ᵉ de cavalerie ; mais il se plaint aussi de ce que quelques cavaliers, dragons ou chasseurs, se permettent des dilapidations, qui, quoique légères, ne laissent pas que de ternir la bonne réputation que se sont faite et dont jouissent à juste titre, les troupes à cheval, qu'il a le plaisir de commander.

13

Le général Favereau au général Ferrand.

Le 7 floréal an II (26 avril 1794).

Je reçois par ton courrier à 6 h. et demie du matin ta lettre, mon cher général, datée d'hier, par laquelle tu me réitères l'ordre d'envoyer le plus de forces possible à Maroilles. J'ai exécuté à cet égard les ordres que tu m'as donnés le 5 du courant. Tu m'as donné celui d'en envoyer premièrement 2,000 et à la fin de ta lettre tu portes la demande à 4 à 5,000 hommes.

J'ai donné l'ordre pour que 4 bataillons marchent sur ce point, vu que j'avais déjà envoyé. C'était là remplir ses vues. D'après ta lettre que je reçois dans le moment, je fais encore filer deux bataillons que je prends au camp. Je te préviens que cela diminue considérablement mes forces, mais puisque ta crainte est fixée sur ce point, je ne perds pas un instant.

Il eût été à désirer que j'eusse reçu hier ta lettre. Ces 2 bataillons auraient été rendus à leur poste à l'heure dite ; ils y seront vers les 2 heures après midi.

Tu me dis que mon état de situation se porte à 34,000 hommes. Tu dois te rappeler que je t'ai marqué que, pour faire ouvrir la communication avec la Capelle, j'ai été obligé de me dégarnir de 5 bataillons.

La brigade du général Duhesme qui gardait la partie de Solre-Libre, il a fallu que je (la) remplace de façon qu'étant beaucoup démuni de forces j'étais obligé de donner plus d'extension à la ligne qui m'est confiée. Tu connais l'importance des positions depuis Maubeuge jusqu'à Bachant, qui n'est gardée que par 3 bataillons ; l'ennemi y est en assez grande force, et je ne doute pas qu'il ne tente un passage.

J'apprends dans ce moment, par un rapport que me fait Desjardin, que l'ennemi file dans le bois d'Hestrud et qu'il a placé des pontons entre Beaumont et Coursolre, ce qui m'inquiète beaucoup, et je n'ai dans cette partie que 5,000 hommes pour attaquer Coursolre et opposer aux forces de Beaumont qui sont conséquentes puisqu'il y existe 22 pièces de position.

Nous ferons tous nos efforts, tu en es persuadé. Je vais monter à cheval pour me porter vers Coursolre et faire éclairer dans la partie d'Hestrud.

Signé : FAVEREAU.

14

Le général Favereau au général Ferrand.

Le 7 floréal an II (26 avril 1794).

.... Le général Despeaux a tenu toute la journée l'ennemi en haleine ; la place de Maubeuge en a fait autant. Le camp retranché a fait sortir plusieurs fois des demi-bataillons sur deux rangs qui se sont mis en évidence. Je désire que toutes ces diversions aient produit l'effet que tu désires ainsi que moi. On l'inquiétera encore demain pour conserver une partie de ses forces, et ce jusqu'à ce que tu me marques de m'arrêter. . . .

Signé : FAVEREAU.

15

Le général Ferrand au général Favereau.

Réunion-sur-Oise le 8 floréal an II (27 avril 1794).

Je viens de recevoir, général, le courrier qui tu m'as fait passer et qui m'annonce le succès qu'a obtenu le général Desjardin...

Je n'ai pas encore reçu de nouvelles de la division de Cambrai ayant cessé son feu de bonne heure. Tout me porte à croire qu'elle a été repoussée. La division de Balland a éprouvé la déroute la plus complète, elle s'est retirée sans ordre sur les hauteurs de Leschelles et a fait perte de plusieurs pièces d'artillerie.

Cherche toujours à inquiéter l'ennemi en répétant différents mouvements, mais sans agir offensivement jusqu'à nouvel ordre de ma part.

Signé : FERRAND.

16

Le général Ferrand au général Favereau.

Réunion-sur-Oise, le 8 floréal an II (27 avril 1794).

J'attends, mon cher camarade, avec impatience de tes nouvelles sur les événements qui se sont passés hier dans tes divisions. Celle de Balland n'a pas été heureuse, la déroute la plus complète s'étant mise dans sa troupe. La division de gauche, après avoir avancé jusqu'à Fesmy, s'est retirée dans ses mêmes positions sans éprouver de perte. Je n'ai encore reçu aucun courrier de Cambrai, ce qui m'inquiète infiniment.

Signé : FERRAND.

17

Le chef du génie Marescot au représentant Carnot.

Maubeuge, le 9 floréal an II (28 avril 1794).

La campagne, mon cher Carnot, ne débute pas avec tout l'avantage que nous devions attendre de la grandeur de nos moyens sur cette frontière. Je vais te mettre, autant qu'il m'est possible, au courant des premiers événements.

Le 28 germinal, l'ennemi a fait un très grand mouvement. Il

s'est porté en très grande force du Cateau à la Capelle, brûlant et égorgeant tout sur sa route ; il s'est ensuite avancé sur Avesnes essayant de forcer tous nos postes de la Petite-Helpe, surtout Maroilles. En même temps il attaquait et forçait le mauvais camp retranché de Landrecies. (Tu sais ce que je t'en ai écrit et si l'on devait attendre quelque résistance de ce mauvais retranchement.) L'ennemi avait encore assemblé à la vue de Maubeuge un camp qui nous parut plus nombreux en tentes qu'en hommes et faisait de fausses démonstrations sur la droite de cette place.

Par cette manœuvre l'ennemi a menacé en même temps Landrecies, Avesnes et Maubeuge.

La première de ces places s'est trouvée investie ; et la commucation des deux autres avec l'intérieur s'est trouvée interceptée.

Le représentant du peuple Laurent nomma aussitôt un général en chef provisoire pour commander les 4 divisions qui se trouvaient séparées de l'armée du Nord. L'ennemi fut bientôt chassé de la Capelle avec une perte assez grande, et la communication entre l'intérieur et l'armée du Nord rétablie. Nos postes de Maroilles, de Grand et Petit-Fayt renforcés se tinrent si bien que les Autrichiens ne purent jamais forcer la Petite-Helpe. Ce passage de rivière manqué a dû leur coûter nécessairement beaucoup de monde.

Cependant le général en chef, parti pour Lille, revint vite à Réunion et y arrêta pour le 7 un plan d'attaque générale. Voici ce que j'en sais. Le général en chef a dû, de sa personne, se porter sur Courtray avec un corps nombreux pour faire une diversion puissante dans cette partie. Notre camp près de Paillancourt (le camp de César) a dû attaquer le camp ennemi de Solesmes ; le corps nombreux que nous avons à Cambrai a dû se porter sur le Cateau. Nos différentes divisions postées depuis Réunion-sur-Oise jusqu'à la Capelle ont dû attaquer les Autrichiens à Priches, Favril et dans la forêt de Nouvion. Enfin notre petit camp de Colleret d'un côté et l'armée des Ardennes de l'autre devaient se porter sur Beaumont, poste important qui assure nos communications avec Philippeville et Givet, et nous assure le pays de Chimay dont les habitants ont pris les armes contre nous et ne laissent pas de faire des ravages.

Je ne puis te donner de détails que sur cette dernière attaque qui a complètement réussi. Un régiment de cavalerie ennemie avait chargé deux de nos bataillons qu'il avait trouvés en désordre et commençait à lui faire beaucoup de mal lorsque notre 7e régiment de dragons est arrivé fort à propos et a chargé cette cavalerie ennemie avec une vigueur et un ordre vraiment admirables.

Aussi, dans un instant, la terre a-t-elle été couverte d'ennemis qui étaient presque tous des émigrés.

Beaucoup de chevaux ont été pris. Arrivé près de Beaumont, j'ai été reconnaître ce poste le plus près qu'il m'a été possible. Je l'ai trouvé très susceptible d'insulte. L'artillerie ennemie répondait à la nôtre avec 5 pièces de gros calibre. Ce qui faisait présumer qu'il pouvait y avoir d'autre pièces plus petites et des forces nombreuses. Le général résolut donc de rester en position en attendant l'arrivée de l'armée des Ardennes qui se faisait longtemps attendre.

L'ennemi a évacué Beaumont pendant la nuit, faisant partir avec lui de force presque tous les habitants. Quoique l'ennemi ait beaucoup travaillé à l'enceinte délabrée de cette ville, elle n'est cependant pas susceptible d'une résistance sérieuse. J'ai proposé des ouvrages au général qui m'a répondu n'avoir aucun moyen pour les faire exécuter. J'y ai cependant laissé un ingénieur pour travailler s'il est possible.

Quant aux autres attaques, tout ce que j'en sais, c'est qu'on n'a pu parvenir à dégager Landrecies qui est bombarbé depuis avant-hier. J'imagine que le général en chef va prendre de prompts moyens pour aller à son secours. Il n'y a pas de temps à perdre car cette petite place ne peut tenir longtemps. Je regarderais sa perte comme un grand malheur. Tu vois que l'ennemi a changé son plan d'attaque de l'année dernière. Si on lui laisse prendre Landrecies, il me paraît clair qu'aussitôt après, il cherchera à couper la communication de Maubeuge et d'Avesnes avec l'intérieur et qu'il se portera sur Avesnes et ensuite sur Maubeuge. Nous avons cependant de puissantes forces sur pied. J'espère qu'on va prendre des moyens pour nous rendre la supériorité que nous devons avoir et pour nous tirer du rôle défensif et honteux que l'ennemi voudrait nous faire jouer.

On travaille toujours à tes redoutes, mais beaucoup plus lentement que je voudrais. Malgré les réquisitions que j'ai fait donner à toutes les communes circonvoisines et que j'ai fait appuyer de la signature du citoyen représentant Laurent, les habitants des campagnes viennent en très petit nombre. Si l'ennemi, suivant ce que je viens de te dire, cherche à arriver sur nous par les derrières, ces redoutes n'auront plus autant d'utilité. Le général en chef ne m'a point répondu à ce sujet.

Salut et Fraternité, ton concitoyen,

MARESCOT,
Chef du génie à Maubeuge.

18

Le général Liébert à l'adjudant général Merlin (à Cambrai).

Le 9 floréal an II (28 avril 1794).

J'ai reçu hier ta lettre, citoyen. Elle m'a consterné, je te l'avoue. Je suis surpris de n'avoir reçu aucun détail de l'affaire qui vous est arrivée, ni par toi, ni par le général qui a pris le commandement des troupes à la place de Chapuis, fait prisonnier. Je lui écris la lettre ci-jointe que tu voudras bien lui faire remettre de suite. J'ai d'ailleurs appris avec regret que tu es hors d'état de servir dans ce moment. Je t'adresse l'ordre de te rendre à Lille, où tu pourras recevoir des soins chez tes parents.

Salut fraternel,

Signé : LIÉBERT.

19

Le général Liébert au commandant de la division aux ordres du général Chapuis.

Le 9 floréal an II (28 avril 1794).

L'adjudant général Merlin m'a annoncé hier, citoyen, l'affaire malheureuse qui est arrivée dans la division du général Chapuis. Il m'a appris que ce général a été fait prisonnier. Je t'avoue que je suis surpris de n'avoir reçu de toi aucun détail sur cette affaire. Tu voudras bien m'en donner promptement. Tu me feras connaître aussi les dispositions que tu auras prises. Tu te concerteras avec les généraux de ta droite et de ta gauche, et principalement avec le général Ferrand qui a établi son quartier général à Réunion-sur-Oise.

L'adjudant général Merlin étant blessé et ne pouvant servir activement, je lui donne l'ordre de se rendre à Lille, où il pourra se faire soigner chez ses parents, et je le ferai remplacer aussitôt que le général en chef aura répondu à la proposition que je lui ai faite à ce sujet.

Salut et fraternité,

Signé : LIÉBERT.

20

Le général Liébert au général Ferrand.

Le 9 floréal an II (28 avril 1794).

Je n'ai pu hier, mon cher général, t'annoncer moi-même nos succès dans cette partie. J'étais dans mon lit, tourmenté par une fièvre qui me laissa heureusement un jour de repos. Nos troupes sont à Courtray où l'on a pris trois canons, fait quelques prisonniers et trouvé des magasins que nous faisons évacuer. Nous sommes également à Ypres ; Menin est bloqué, et doit être attaqué incessamment. J'ai fait mettre à l'ordre du jour nos succès pour encourager les troupes de la droite. Il est indispensable de les stimuler et de relever leur énergie abattue par un revers. Je t'invite à prendre à ce sujet toutes les mesures que ta sagesse te suggérera.

Abatucci m'a donné les détails sur l'affaire que vous avez eue le 7. J'ai vu que l'inaction des troupes dans la partie que tu commandes a été provoquée par la division de Cambrai aux ordres du général Chapuis. J'ai appris hier que ce général a été fait prisonnier, et son adjudant général Merlin qui m'a écrit ne m'a donné aucun détail sur cette affaire malheureuse, et lui-même est hors d'état de servir, ayant été culbuté par une charge de dragons de Latour. Cette négligence à m'envoyer des rapports journaliers m'a déterminé à enjoindre, par l'ordre du jour, aux adjudants généraux, chargés du détail de l'État-Major des divisions, d'être plus exacts à l'avenir à me rendre des comptes journaliers sans lesquels je ne puis instruire le général en chef de ce qui se passe, et encore moins le Comité de Salut public auquel il doit être fait un rapport, comme tu le sais, toutes les décades. Je t'invite à veiller à l'exécution de cet ordre qui intéresse essentiellement le service et à le concerter avec le général qui a remplacé provisoirement Chapuis.

J'espère, mon cher général, que tes opérations seront mieux secondées et qu'elles seront suivies du succès que l'on doit en attendre. Mais je te prie encore de te faire rendre des comptes par les divisions à tes ordres, pour que ton adjudant général puisse me les transmettre sommairement et sans délai.

Salut fraternel,

Liébert.

21

Le général Liébert au général en chef Pichegru.

Le 8 floréal an II (27 avril 1794), 5 heures du soir.

Je reçois au moment, mon cher Général, une lettre consternante de l'adjudant général Merlin qui est à Cambrai. Il m'annonce que le général Chapuis a été fait prisonnier, et que lui-même s'est échappé après une charge faite par les carabiniers contre les dragons de Latour. Il est à présent dans son lit hors d'état de servir, et il demande l'ordre de se rendre chez ses parents à Lille pour y être mieux soigné. Il ne me donne d'ailleurs aucun autre renseignement, ce qui me surprend d'autant plus qu'il paraît que Chapuis a été fait prisonnier le 5. Je te prie de me mander si tu as reçu quelques détails à ce sujet. Comme il est indispensable de faire venir l'adjudant général Merlin qui pourra, aussitôt son arrivée, donner de plus grands éclaircissements, je te propose de le faire remplacer par l'adjudant général Rondi qui est à La Fère. J'attends ta réponse pour lui expédier l'ordre si tu le juges convenable.

Je t'avoue, mon cher général, que cette nouvelle m'afflige beaucoup et que je suis très surpris de ne recevoir aucun rapport des divisions de droite; mais demain j'en demanderai de journaliers par l'ordre du jour.

Salut et amitié sincère,
Signé : LIÉBERT.

22

Florent Guyot, représentant du peuple près l'armée du Nord, au Comité de Salut public.

Cambrai, le 15 floréal an II (4 mai 1794).

Citoyens collègues,

J'ai pris de nouveaux renseignements sur les échecs des 5 et 7; il était mathématiquement démontré que l'armée devait être battue et sans l'intrépidité des carabiniers et le sang-froid, comme le courage, du général Bonnaud qui a chargé plusieurs fois à leur tête, la déroute aurait été complète et l'armée absolument dissipée. Ajoute à toutes les dispositions prises pour être battu qu'on avait harassé plusieurs jours auparavant l'infanterie par des marches forcées et sans objet (1). . . . .

23

Le duc d'York à lord Dundas.

Le Cateau (26 avril 1794).

Monsieur,

C'est du champ de bataille que j'ai le plaisir de vous apprendre, pour l'information de Sa Majesté, le glorieux succès que l'armée

---

(1) Voir cette lettre dans le *Recueil des Actes du Comité de Salut public*, par F.-A. Aulard, t. XIII, p. 275.

sous mes ordres a eu aujourd'hui. Ce matin, à la pointe du jour, l'ennemi m'a attaqué de tous les côtés. Après un combat de peu de durée, mais rude, j'ai réussi à le repousser avec grand carnage. Le général ennemi Chapuis a été fait prisonnier; et nous sommes maîtres de 35 pièces de canon de l'ennemi. La conduite de la cavalerie britannique a été au-dessus de tout éloge. Il m'est impossible pour le présent de vous rendre compte de la perte qu'ont essuyée les troupes du Roi : j'ai lieu de croire qu'elle n'est pas considérable. Les seuls officiers que j'ai appris avoir été tués et qui sont, je crois, les seuls qui aient perdu la vie en cette occasion sont le général-major Mansel, le capitaine Pigot et le capitaine Fellows du 3ᵉ régiment des gardes-dragons. L'armée commandée par S. M. l'Empereur a été attaquée en même temps; et les seules particularités dont je suis informé pour le présent, c'est que l'ennemi y a été également repoussé avec beaucoup de pertes. Je ne manquerai pas de vous envoyer un rapport plus complet par la première occasion. Je suis, etc.

Signé : FRÉDÉRICK.

Monsieur,

A la suite de la lettre que je vous ai écrite immédiatement après l'engagement, je viens d'apprendre en ce moment de la part de S. M. l'Empereur que le général comte de Kinski et le général-major de Bellegarde, après avoir repoussé l'ennemi de Priches avec grand carnage, l'ont poursuivi aussi longtemps que le jour le leur a permis vers la Capelle et lui ont pris 22 pièces de canon; de sorte qu'actuellement nous sommes déjà en possession de 57 pièces de canon prises aujourd'hui sur l'ennemi.

Signé : FRÉDÉRICK.

24

Bulletin extraordinaire publié par le Gouvernement.

Bruxelles (28 avril 1794).

Un courrier arrivé ce matin (28 avril) du quartier général et expédié pour Vienne par l'Empereur nous a annoncé l'importante nouvelle d'une victoire complète remportée le 26 de ce mois par les armées combinées sur l'armée française dans les plaines du Cambrésis. Les troupes alliées ont déployé dans cette glorieuse journée une valeur incomparable; et l'armée impériale y a ajouté encore, s'il est possible, à sa gloire. L'attaque des Français était formée sur quatre colonnes de 25,000 hommes chacune. Elles furent toutes repoussées et dispersées. Le carnage a été horrible. Les trophées consistent en plus de 60 canons, beaucoup de caissons et de drapeaux; et l'on y a fait beaucoup de prisonniers, parmi lesquels se trouve le général Chapuis. Tels sont les premiers détails donnés verbalement par le courrier qui est un officier témoin de toute l'affaire. Le Maréchal prince de Cobourg sachant la Flandre menacée a détaché d'abord un corps considérable pour la couvrir.

TABLEAU GÉNÉRAL

DES FORCES DE L'ARMÉE DU NORD

à l'époque du 10 floréal an **II**
de la République française Une et Indivisible (29 avril 1794).

ÉTAT-MAJOR GÉNÉRAL

Général commandant l'Armée.......... PICHEGRU.
Chef de l'État-Major général............ LIÉBERT.

GÉNÉRAUX DE DIVISION
Favereau, Desjardin, Despeaux, Muller, Fromentin, Balland, Dubois, Drut, Souham, Michaud, Ferrand, Eblé, Leclaire, Parent, Moreau, Bonnaud, Lobader, Le Maire.

GÉNÉRAUX DE BRIGADE
Richard, Ransonnet, Mayer, Poncet, Coligny, Almain, Soland, Montaigu, Duhesme, Thory, Bastoul, Duvignot, Laprun, Plaideux, Proteau, Salm, Laurent, Noël, Pierquin, Osten, Macdonald, Baillot, Dumonceau, Daendels, Compère, Vandamme, Malbranq, Ganier, Gougelot, Désenfans.

ADJUDANTS-GÉNÉRAUX
Forgues, Nivet, Lautour, Sauviac, Crouzat, Donzelot, Deplanque, Charpentier, Rouvin, Allain, Hacquin, Ormancey, Mortier, Pille, Mireur, Chapuis, Delaunay, Bonneville, Duverger, Reynier, Dazémar, Metrot, Vanbœcop, Fréron, Watrin, Schiner, Durut, Bruyant, Bellemontre, Bardenel, Bonnard, Barbou, Ferroz, Merlin.

ADJOINTS AUX ADJUDANTS-GÉNÉRAUX
Guilleminot, Marchant, Decouchy, Collignon, Donzelot, Marcotte, Malherbe, Moras, Durand, Jacquet, Ameil, Richard, Ledru, Compère, Malerot, Lempérière, Valat, Salligny, Girard, Gouré, Fourcart, Maurin, La Montagne, Rousselot, Fabus, Roussel, Ouzouf, Salomon, Varlet, Morin, Boutin, Sement, Faujas, Sauvan, Marliany, Millet, Ausset, Sarrut, Rousseaux, Van Merlen, Plaichard, Hespe, Guillard, La Boinette, Falck, La Croix, Baudot, Wallis, Feron, Bayle, Watrin, Fachon, Enee, Rivart, Le François, Dapremont, Crochet, Floch, Duverney.

DÉNOMINATION DES CORPS	EMPLACEMENT	Nombre d'officiers	Infanterie	Infanterie légère	D'artillerie
1ᵉʳ régiment d'infant. 2ᵉ bataillon....	Cassel.	1	170	»	»
5ᵉ id. dép............	Saint-Quentin.	1	19	»	»
6ᵉ id. id............	Soissons.	2	24	»	»
15ᵉ id. id............	Hesdin.	1	23	»	»
16ᵉ id. id............	Abbeville.	1	29	»	»
19ᵉ id. id............	Abbeville.	1	7	»	»
19ᵉ id. id............	Abbeville.	1	10	»	»
22ᵉ id. id............	Montagne s. m.	»	33	»	»
22ᵉ id. id............	Bergues.	1	48	»	»
24ᵉ id. id............	Arras.	1	9	»	»
25ᵉ id. id............	Doullens.	2	50	»	»
36ᵉ id. id............	La Fère.	2	13	»	»
38ᵉ id. id............	Saint-Quentin.	1	43	»	»
43ᵉ demi-brigade 2ᵉ bataillon........	Lille.	27	1,157	»	»
45ᵉ régiment dép..................	Hesdin.	1	23	»	»
45ᵉ id. id..................	Hesdin.	1	18	»	»
47ᵉ id. id..................	Amiens.	8	25	»	»
54ᵉ id. id..................	Cambrai.	22	1,036	»	»
54ᵉ id. id..................	Bapaume.	2	20	»	»
56ᵉ id. 2ᵉ bataillon............	Maubeuge.	23	951	»	»
68ᵉ demi-brigade dép............,....	Amiens.	2	48	»	»
71ᵉ régiment dép..................	Saint-Quentin.	2	20	»	»
71ᵉ régiment...................	Douai.	9	1,069	»	»
72ᵉ id. dép..................	Laon.	2	23	»	»
74 id. id..................	Arras.	3	47	»	»
83ᵉ id. id..................	Laon.	4	106	»	»
83ᵉ id. id..................	Arras.	1	34	»	»
90ᵉ id. id..................	Arras.	1	54	»	»
98ᵉ id. id..................	Doullens.	»	23	»	»
102ᵉ id.	Douai.	25	1,044	»	»
102ᵉ id. dép..................	Saint-Quentin.	»	17	»	»
104ᵉ id. id..................	Amiens.	1	9	»	»
104ᵉ id. 1ᵉʳ bataillon............	Cambrai.	25	1,044	»	»
104ᵉ id. 2ᵉ id.	Cambrai.	23	1,036	»	»
1ᵉʳ bataillon de la Sarthe dép........	Abbeville.	»	9	»	»
1ᵉʳ de la Mayenne.................	Landrecies.	29	1,059	»	»
Bataillon de la 17ᵉ Dᵒⁿ dit 1ʳᵉ de l'Oise.	La Fère.	16	392	»	»
1ʳᵉ de la Moselle grenad............	La Fère.	3	78	»	»
1ᵉʳ de la Haute-Marne dép..........	Laon.	2	45	»	»
1ᵉʳ de la commune de Paris dép.....	Laon.	2	3	»	»
1ᵉʳ des Côtes-du-Nord dép..........	Douai.	2	43	»	»
1ᵉʳ des Républicains...............	Cambrai.	36	1,085	»	»
1ᵉʳ de l'Oise.....................	Cambrai.	30	1,045	»	»
1ᵉʳ de la Somme..................	Cambrai.	30	1,049	»	»
1ᵉʳ de l'Ille-et-Vilaine dép..........	Hesdin.	2	26	»	»
1ʳᵉ de la Vienne dép....	Soissons.	5	30	»	»
1ᵉʳ de l'Aisne dép.................	Soissons.	2	57	»	»
1ᵉʳ de la Meurthe.................	Maubeuge.	28	991	»	»

LA CAMPAGNE DE 1794 A L'ARMÉE DU NORD.

GARNISONS

De cavalerie légère	En prison	En congés ou permissions	Aux hôpitaux	Détachés	Présents sous les armes	Total	Manque au complet	CHEVAUX				
								d'officiers	de troupes	En état de faire le service	Total	Manque au complet
»	»	»	»	»	170	170	»	»	»	»	»	»
»	»	»	»	»	19	19	»	»	»	»	»	»
»	»	»	2	»	22	24	»	»	»	»	»	»
»	»	»	1	»	22	23	»	1	»	»	1	»
»	»	»	»	»	29	29	»	»	»	»	»	»
»	»	»	»	»	7	7	»	»	»	»	»	»
»	»	»	»	»	10	10	»	»	»	»	»	»
»	»	»	»	»	33	33	»	»	»	»	»	»
»	»	»	»	»	48	48	»	»	»	»	»	»
»	»	»	»	»	9	9	»	»	»	»	»	»
»	»	»	6	»	44	50	»	»	»	»	»	»
»	»	»	1	»	12	13	»	»	»	»	»	»
»	»	»	»	»	43	43	»	»	»	»	»	»
»	1	»	164	52	940	1,157	»	4	21	»	25	»
»	»	4	»	»	19	23	»	»	»	»	»	»
»	»	1	1	1	15	18	»	»	»	»	»	»
»	»	»	»	»	25	25	»	»	»	»	»	»
»	28	11	106	72	819	1,036	29	5	»	»	5	»
»	»	»	»	»	20	20	»	»	»	»	»	»
»	»	»	101	30	820	951	»	4	18	»	22	»
»	»	»	»	»	48	48	»	»	»	»	»	»
»	»	»	»	»	20	20	»	»	»	»	»	»
»	1	»	170	561	337	1,069	»	38	»	»	38	»
»	»	»	»	»	23	23	»	»	»	»	»	»
»	»	»	»	»	47	47	»	1	»	»	1	»
»	»	»	6	12	88	106	»	1	»	»	1	»
»	»	»	»	4	30	34	»	»	»	»	»	»
»	»	»	2	»	52	54	»	1	»	»	1	»
»	»	»	3	»	20	23	»	»	»	»	»	»
»	3	»	131	56	854	1,044	11	2	»	»	2	»
»	»	»	»	»	17	17	»	»	»	»	»	»
»	»	»	»	»	17	17	»	»	»	»	»	»
»	3	2	264	14	761	1,044	»	5	»	»	5	26
»	»	6	140	»	890	1,036	»	11	»	»	11	»
»	»	»	»	»	9	9	»	»	»	»	»	»
»	»	2	132	»	925	1,059	»	6	18	»	24	»
»	»	15	28	»	349	392	658	»	»	»	»	»
»	»	»	3	»	75	78	2	»	»	»	»	»
»	»	»	»	»	25	25	»	»	»	»	»	»
»	»	»	»	»	3	3	»	»	»	»	»	»
»	3	»	»	»	40	43	»	»	»	»	»	»
»	3	4	137	1	940	1,085	»	5	18	»	23	»
»	7	2	125	56	855	1,045	»	7	17	»	24	»
»	»	13	19	56	961	1,049	»	2	18	»	20	»
»	»	»	»	»	26	26	»	»	»	»	»	»
»	»	»	12	»	18	30	»	»	»	»	»	»
»	»	2	3	»	52	57	»	»	»	»	»	»
»	2	»	120	27	842	991	»	9	»	»	9	»

DÉNOMINATION DES CORPS	EMPLACEMENT	Nombre d'officiers	Infanterie	Infanterie légère	D'artillerie
1ᵉʳ de Seine-et-Marne	Avesnes.	26	1,104	»	»
1ᵉʳ de la Manche dép	Péronne.	2	116	»	»
1ᵉʳ d'Indre-et-Loire dép	Péronne.	1	16	»	»
1ᵉʳ de la Somme dép	Bapaume.	1	12	»	»
1ᵉʳ de Bergues	Boulogne.	33	707	»	»
1ᵉʳ des Bouches-du-Rhône	Calais.	27	1,041	»	»
1ᵉʳ de Cambrai	Dunkerque.	28	1,033	»	»
1ᵉʳ de la Marne dép	Dunkerque.	1	85	»	»
2ᵉ des Basses-Alpes dép	Béthune.	1	6	»	»
2ᵉ du Gard	Landrecies.	31	1,057	»	»
2ᵉ de l'Orne	Landrecies.	26	1,049	»	»
2ᵉ de l'Oise	Bouchain.	30	1,049	»	»
2ᵉ des Ardennes	Cambrai.	38	1,052	»	»
2ᵉ de la Somme dép	Hesdin.	1	10	»	»
2ᵉ d'Indre-et-Loire dép	Hesdin.	2	18	»	»
2ᵉ de la Meurthe dép	Soissons.	1	32	»	»
2ᵉ de la Vienne dép	Soissons.	1	16	»	»
2ᵉ des Vosges dép	Soissons.	1	17	»	»
2ᵉ d'Ille-et-Vilaine dép	Amiens.	»	22	»	»
2ᵉ du Bec-d'Ambez dép	Montagne s. m.	»	11	»	»
2ᵉ de la Corrèze	Lille.	34	1,074	»	»
2ᵉ des Fédérés	Dunkerque.	29	1,007	»	»
2ᵉ des Deux-Sèvres	Cambrai.	24	1,011	»	»
3ᵉ des Nationaux	Douai.	15	1,035	»	»
3ᵉ de l'Aube	Cambrai.	28	1,037	»	»
3ᵉ de l'Yonne	Cambrai.	22	1,040	»	»
3ᵉ du Lot dép	Saint-Omer.	1	552	»	»
3ᵉ du Lot	Gravelines.	35	981	»	»
3ᵉ de la Marne dép	Dunkerque.	1	76	»	»
4ᵉ de l'Yonne dép	Abbeville.	1	»	»	»
4ᵉ du Pas-de-Calais grenad	Saint-Venant.	1	23	»	»
4ᵉ de la Meuse	Landrecies.	26	1,154	»	»
4ᵉ de l'Yonne	Douai.	12	1,058	»	»
4ᵉ des Fédérés	Cambrai.	29	1,068	»	»
4ᵉ des Ardennes dép	Avesnes.	3	102	»	»
4ᵉ des Nationaux	Péronne.	25	1,055	»	»
4ᵉ du Nord dép	Bergues.	1	9	»	»
4ᵉ de Lille	Dunkerque.	30	450	»	.
5ᵉ de l'Aisne dép	Chauny.	»	5	»	»
5ᵉ de l'Oise dép	Laon.	»	2	»	»
5ᵉ du Nord	Douai.	20	1,039	»	»
5ᵉ de Paris	Cambrai.	32	1,028	»	»
5ᵉ de l'Aisne	Hesdin.	»	3	»	»
5ᵉ de Rhône et Loire	Montagne s. m.	»	33	»	»
6ᵉ de Paris bon conseil dit	Réunion.	3	142	»	»
6ᵉ de Soissons	Bouchain.	22	1,216	»	»
6ᵉ du Nord dép	Laon.	1	12	»	»
6ᵉ du Jura	Laon.	1	8	»	»
6ᵉ du Pas-de-Calais dép	Hesdin.	1	9	»	»
6ᵉ du Haut-Rhin	Avesnes.	29	1,054	»	»
6ᵉ de Soissons dép	Bapaume.	1	8	»	»

LA CAMPAGNE DE 1794 A L'ARMÉE DU NORD.

légère	En prison	En congés ou permissions	Aux hôpitaux	Détachés	Présents sous les armes	Total	Manque au complet	CHEVAUX d'officiers	de troupes	En état de faire le service	Total	Manque au complet
»	6	3	144	73	878	1,104	»	14	17	»	51	»
»	»	1	1	»	114	116	»	»	»	»	»	»
»	7	»	2	»	7	16	»	»	»	»	»	»
»	»	»	»	»	12	12	»	»	»	»	»	»
»	3	»	68	121	515	707	»	1	»	»	1	»
»	»	5	60	126	847	1,041	26	3	18	»	21	»
»	4	»	108	8	913	1,033	»	6	»	»	6	»
»	»	»	»	»	85	85	»	»	»	»	»	»
»	»	»	»	»	6	6	»	»	»	»	»	»
»	1	»	57	»	999	1,057	»	11	18	»	29	»
»	»	»	31	»	1,018	1,049	»	7	17	»	24	»
»	2	1	186	60	800	1,049	»	9	18	»	27	»
»	»	»	192	49	811	1,052	»	4	11	»	15	»
»	»	»	2	»	8	10	»	»	»	»	»	»
»	»	»	3	»	15	18	»	»	»	»	»	»
»	»	»	3	»	29	32	»	»	»	»	»	»
»	»	»	»	»	16	16	»	»	»	»	»	»
»	»	»	3	»	14	17	»	»	»	»	»	»
»	»	»	»	»	22	22	»	»	»	»	»	»
»	»	»	»	»	11	11	»	»	»	»	»	»
»	»	1	80	24	969	1,074	»	10	18	»	28	»
»	4	»	78	9	916	1,007	»	3	22	»	25	»
»	»	3	93	7	908	1,011	78	3	15	»	18	»
»	1	2	98	246	688	1,035	»	11	17	»	28	»
»	15	130	1	»	891	1,037	39	22	18	»	40	»
»	»	3	96	62	879	1,040	27	24	»	»	24	»
»	»	»	»	»	552	552	»	»	»	»	»	»
»	»	»	49	9	923	981	44	11	18	»	29	»
»	»	»	»	»	76	76	»	»	»	»	»	»
»	»	»	»	»	»	»	»	»	»	»	»	»
»	»	»	»	»	23	23	»	»	»	»	»	»
»	1	14	88	»	1,051	1,154	»	2	18	»	20	»
»	»	»	40	424	594	1,058	»	20	4	»	24	»
»	»	»	128	39	901	1,068	»	5	»	»	5	»
»	2	»	37	»	63	102	»	2	3	»	5	»
»	4	»	52	2	997	1,055	»	2	18	»	»	»
»	»	»	»	»	9	9	»	»	»	»	»	»
»	3	»	29	»	418	450	»	»	»	»	»	»
»	»	»	»	»	5	5	»	»	»	»	»	»
»	»	»	»	»	2	2	»	»	»	»	»	»
»	»	»	163	170	702	1,039	»	6	10	»	16	»
»	2	1	106	31	888	1,028	12	5	18	»	23	»
»	»	»	»	»	3	3	»	»	»	»	»	»
»	»	»	»	»	33	33	»	»	»	»	»	»
»	17	»	16	50	76	142	»	»	»	»	»	»
»	»	3	227	62	907	1,216	»	5	19	»	24	»
»	»	»	»	»	12	12	»	»	»	»	»	»
»	»	»	»	1	7	8	»	»	»	»	»	»
»	»	1	»	»	8	9	»	»	»	»	»	»
»	»	»	171	»	883	1,054	»	10	18	»	28	»
»	»	»	»	»	8	8	»	»	»	»	»	»

III.

DÉNOMINATION DES CORPS	EMPLACEMENT	Nombre d'officiers	Infanterie	Infanterie légère	D'artillerie
6⁰ des Fédérés dép	Bergues.	»	8	»	»
7⁰ des Fédérés	Landrecies.	34	1,101	»	»
7⁰ de l'Yonne	Bouchain.	26	1,012	»	»
7⁰ de la Seine-Inférieure	Hesdin.	1	15	»	»
7⁰ de Paris dép	Soissons.	3	32	»	»
7⁰ du Doubs	Maubeuge.	28	1,027	»	»
8⁰ de Soissons dép	Abbeville.	1	7	»	»
8⁰ de Paris	Douai.	13	1,081	»	»
8⁰ de Seine-et-Oise dép	Soissons.	1	12	»	»
9⁰ de la Réserve	Landrecies.	32	1,038	»	»
9⁰ de la Seine-Inférieure	Lille.	27	1,062	»	»
9⁰ du Pas-de-Calais dép	Dunkerque.	2	222	»	»
10⁰ id.	Hesdin.	3	38	»	»
11⁰ des Vosges	La Fère.	1	29	»	»
15⁰ de Paris	Dunkerque.	30	634	»	»
23⁰ des Nationaux	Douai.	31	1,047	»	»
25⁰ id. dép	Péronne.	1	10	»	»
27⁰ id. dép	Arras.	1	16	»	»
27⁰ id. dép	Arras.	1	61	»	»
Détachement de divers corps	Doulens.	»	42	»	»
Détachement id.	Saint-Venant.	»	10	»	»
Batt. en grange	Soissons.	1	32	»	»
Travaill. bretons	Dunkerque.	23	748	»	»
Id. des fortifications	Bergues.	»	182	»	»
Détachement du batⁿ de Clermont	Boulogne.	»	9	»	»
Bataillon de l'Egalité dép	Lille.	1	8	»	»
Vétérans du Nord	Fort Saint-Foix.	2	55	»	»
Id. 49⁰ compagnie	Arras.	2	43	»	»
Vétérans nationaux	Amiens.	3	26	»	»
Id. 33⁰ compagnie	Montagne s. m.	2	37	»	»
Invalides	Lille.	1	33	»	»
Total de l'Infanterie		**1,330**	**49,603**	»	»
2⁰ légion Batave	Ardres.	12	»	73	»
2⁰ de chasseurs francs	Ardres.	4	»	41	»
2⁰ de tirailleurs dép	Bergues.	3	»	17	»
3⁰ chasseurs francs	Ardres.	2	»	10	»
3⁰ d'infanterie légère	Saint-Quentin.	10	»	520	»
4⁰ id.	Chauny.	1	»	47	»
4⁰ de tirailleurs	Ardres.	2	»	22	»
5⁰ id.	Dunkerque.	116	»	978	»
6⁰ id.	Cassel.	1	»	308	»
14⁰ d'infanterie légère	Amiens.	1	3	49	»
21⁰ demi-brigade 3⁰ bataillon	Réunion.	8	»	486	»
21⁰ id. dép	Péronne.	1	»	9	»
32⁰ bataillon dép	Montagne s. m.	»	»	15	»
32⁰ id. id.	Abbeville.	1	»	15	»
Chasseurs de Cassel	Abbeville.	1	»	35	»
2⁰ compagnie Nantaise	Béthune.	6	»	164	»
Total de l'Infanterie légère		**169**	»	**2,759**	»

LA CAMPAGNE DE 1794 A L'ARMÉE DU NORD. 719

légère	En prison	En congés ou permissions	Aux hôpitaux	Détachés	Présents sous les armes	Total	Manque au complet	d'officiers	de troupes	En état de faire le service	Total	Manque au complet
	»	»	24	»	8	8	»	»	»	»	»	»
	»	»	24	»	1,077	1,101	»	9	18	»	27	»
	8	»	211	»	793	1,012	28	3	18	»	21	»
	»	»	»	»	15	15	»	»	»	»	»	»
	»	2	»	»	30	32	»	»	»	»	»	»
	4	»	262	4	757	1,027	»	11	18	»	29	»
	»	»	»	»	7	7	»	»	»	»	»	»
	2	»	76	571	432	1,081	9	28	17	»	45	»
	»	»	»	»	12	12	»	»	»	»	»	»
	3	»	68	33	934	1,038	»	4	17	»	21	»
	1	»	40	19	1,002	1,062	»	6	13	»	19	»
	»	»	»	»	222	222	»	»	»	»	»	»
	»	»	3	»	35	38	»	»	»	»	»	»
	»	»	»	»	29	29	»	»	»	»	»	»
	10	»	52	4	568	634	»	»	»	»	»	»
	6	»	47	7	987	1,047	»	4	34	»	38	»
	»	»	»	»	10	10	»	»	»	»	»	»
	»	»	»	»	16	16	»	»	»	»	»	»
	»	»	»	»	61	61	»	»	»	»	»	»
	»	2	2	»	38	42	»	»	»	»	»	»
	»	»	»	»	10	10	»	»	»	»	»	»
	»	»	»	»	32	32	»	»	»	»	»	»
	4	»	18	»	726	748	»	»	»	»	»	»
	»	»	»	»	182	182	»	»	»	»	»	»
	»	»	»	»	9	9	»	»	»	»	»	»
	»	»	»	»	8	8	»	»	»	»	»	»
	»	»	1	»	52	55	»	»	»	»	»	»
	2	»	»	»	26	43	»	»	»	»	»	»
	1	16	»	»	26	26	»	»	»	»	»	»
	»	»	»	»	37	33	»	»	»	»	»	»
	»	»	»	»	37	33	»	»	»	»	»	»
	164	235	4,895	3,153	41,136	49,603	963	363	560	»	923	30
	»	1	3	»	69	73	382	1	»	»	1	»
	»	»	1	»	40	41	»	1	»	»	1	»
	»	»	»	»	17	17	»	»	»	»	»	»
	»	»	2	»	8	10	»	1	»	»	1	»
	2	»	79	19	420	520	»	»	»	»	»	»
	»	»	2	3	12	17	»	»	»	»	»	»
	»	3	»	»	19	22	»	1	»	»	1	»
	6	»	68	93	808	978	»	»	»	»	»	»
	»	»	»	»	308	308	»	»	»	»	»	»
	»	»	»	»	49	49	»	»	»	»	»	»
	»	»	89	9	388	486	»	8	»	»	8	»
	»	»	1	»	8	9	»	»	»	»	»	»
	»	»	»	»	15	15	»	»	»	»	»	»
	»	»	»	»	15	15	»	»	»	»	»	»
	»	»	»	»	35	35	»	»	»	»	»	»
	2	»	18	»	144	164	»	»	»	»	»	»
	13	4	263	124	2,355	2,759	382	12	»	»	12	»

DÉNOMINATION DES CORPS	EMPLACEMENT	Nombre d'officiers	Infanterie	Infanterie légère	D'artillerie
Canonniers du 2ᵉ bᵒⁿ du 56ᵉ régiment.	Maubeuge.	»	»	»	»
Id. du 71ᵉ id.	Douai.	»	»	»	»
Id. 1ᵉʳ de la Mayenne	Landrecies.	»	»	»	»
1ᵉʳ des Républicains	Cambrai.	»	»	»	»
1ᵉʳ de l'Oise	Cambrai.	»	»	»	»
1ᵉʳ de la Somme	Cambrai.	»	»	»	»
1ᵉʳ de Seine-et-Marne	Avesnes.	»	»	»	»
1ᵉʳ de la Manche	Péronne.	»	»	»	»
1ᵉʳ de Bergues	Boulogne.	»	»	»	»
1ᵉʳ des Bouches-du-Rhône	Calais.	»	»	»	»
1ᵉʳ de Cambrai	Dunkerque.	»	»	»	»
1ᵉʳ du Gard	Landrecies.	»	»	»	»
2ᵉ de l'Orne	Landrecies.	»	»	»	»
2ᵉ de l'Oise	Bouchain.	»	»	»	»
2ᵉ des Ardennes	Cambrai.	»	»	»	»
2ᵉ de la Corrèze	Lille.	»	»	»	»
2ᵉ des Fédérés	Dunkerque.	»	»	»	»
2ᵉ des Deux-Sèvres	Cambrai.	»	»	»	»
3ᵉ des Nationaux	Douai.	»	»	»	»
3ᵉ de l'Aube	Cambrai.	»	»	»	»
3ᵉ du Lot	Gravelines.	»	»	»	»
4ᵉ de la Meuse	Landrecies.	»	»	»	»
4ᵉ des Fédérés	Cambrai.	»	»	»	»
4ᵉ des Nationaux	Péronne.	»	»	»	»
5ᵉ du Nord	Douai.	»	»	»	»
5ᵉ de Paris	Cambrai.	»	»	»	»
6ᵉ de Soissons	Bouchain.	»	»	»	»
6ᵉ du Haut-Rhin	Avesnes.	»	»	»	»
7ᵉ des Fédérés	Landrecies.	»	»	»	»
7ᵉ de l'Yonne	Bouchain.	»	»	»	»
7ᵉ du Doubs	Maubeuge.	»	»	»	»
9ᵉ de la Réserve	Landrecies.	»	»	»	»
9ᵉ de la Seine-Inférieure	Lille.	»	»	»	»
23ᵉ des Nationaux	Douai.	»	»	»	»
Total des Canonniers des bataillons		»	»	»	1,
1ᵉʳ régiment d'artillerie dét	Landrecies.	1	»	»	
1ᵉʳ id. id.	Bouchain.	4	»	»	
1ᵉʳ id. id.	Cambrai.	21	»	»	
1ᵉʳ id. id.	Saint-Quentin.	1	»	»	
1ᵉʳ id. id.	Bergues.	1	»	»	
1ᵉʳ id. id.	Avesnes.	2	»	»	
2ᵉ id. id.	Arras.	1	»	»	
3ᵉ id. id.	Douai.	8	»	»	
3ᵉ id. id.	Bergues.	4	»	»	1
3ᵉ id. id.	Dunkerque.	5	»	»	
3ᵉ id. id.	Arras.	3	»	»	
3ᵉ, 7ᵉ et 9ᵉ id.	Maubeuge.	26	»	»	
6ᵉ id. id.	Aire.	1	»	»	
6ᵉ id. id.	Douai.	5	»	»	1,
6ᵉ id. id.	Péronne.	3	»	»	
6ᵉ id. id.	Saint-Omer.	»	»	»	

LA CAMPAGNE DE 1794 A L'ARMÉE DU NORD.

De cavalerie légère	En prison	En congés ou permissions	Aux hôpitaux	Détachés	Présents sous les armes	Total	Manque au complet	CHEVAUX d'officiers	de troupes	En état de faire le service	Total	Manque au complet
»	»	»	»	»	24	24	»	»	»	»	»	»
»	»	»	»	»	23	23	»	»	»	»	»	»
»	»	»	»	»	25	25	»	»	»	»	»	»
»	»	»	»	»	69	69	»	»	»	»	»	»
»	»	»	»	»	32	32	»	»	»	»	»	»
»	»	»	»	»	20	20	»	»	»	»	»	»
»	»	»	»	»	18	18	»	»	»	»	»	»
»	»	»	»	»	2	2	»	»	»	»	»	»
»	»	»	»	»	46	46	»	»	»	»	»	»
»	»	»	»	»	50	50	»	»	»	»	»	»
»	»	»	»	»	31	31	»	»	»	»	»	»
»	»	»	»	»	25	25	»	»	»	»	»	»
»	»	»	»	»	35	35	»	»	»	»	»	»
»	»	»	»	»	20	20	»	»	»	»	»	»
»	»	»	»	»	23	23	»	»	»	»	»	»
»	»	»	»	»	48	48	»	»	»	»	»	»
»	»	»	»	»	36	36	»	»	»	»	»	»
»	»	»	»	»	22	22	»	»	»	»	»	»
»	»	»	»	»	51	51	»	»	»	»	»	»
»	»	»	»	»	27	27	»	»	»	»	»	»
»	»	»	»	»	35	35	»	»	»	»	»	»
»	»	»	»	»	26	26	»	»	»	»	»	»
»	»	»	»	»	55	55	»	»	»	»	»	»
»	»	»	»	»	47	47	»	»	»	»	»	»
»	»	»	»	»	18	18	»	»	»	»	»	»
»	»	»	»	»	62	62	»	»	»	»	»	»
»	»	»	»	»	41	41	»	»	»	»	»	»
»	»	»	»	»	25	25	»	»	»	»	»	»
»	»	»	»	»	36	36	»	»	»	»	»	»
»	»	»	»	»	72	72	»	»	»	»	»	»
»	»	»	»	»	40	40	»	»	»	»	»	»
»	»	»	»	»	34	34	»	»	»	»	»	»
»	»	»	»	»	33	33	»	»	»	»	»	»
»	»	»	»	»	38	38	»	»	»	»	»	»
»	»	»	»	»	1,189	1,189	»	»	»	»	»	»
»	»	»	1	1	54	56	»	»	»	»	»	»
»	»	»	4	10	94	108	»	»	»	»	»	»
»	12	»	29	6	381	428	10	9	»	»	9	»
»	»	»	»	»	18	18	»	»	»	»	»	»
»	»	»	2	»	14	16	»	»	»	»	»	»
»	1	»	»	»	35	36	»	»	»	»	»	»
»	»	»	»	»	25	25	»	»	»	»	»	»
»	»	1	1	»	114	116	»	1	11	»	12	»
»	»	»	3	4	77	84	»	»	»	»	»	»
»	»	»	»	11	134	145	»	»	»	»	»	»
»	1	»	6	»	46	53	7	»	»	»	»	»
»	2	»	36	28	516	582	»	»	»	»	»	»
»	»	»	»	»	19	19	»	»	»	»	»	»
»	1	1	3	1,689	76	1,770	87	4	»	»	4	»
»	»	»	2	»	45	47	8	3	»	»	3	»
»	»	»	»	»	53	53	»	1	»	»	1	»

DÉNOMINATION DES CORPS	EMPLACEMENT	Nombre d'officiers	Infanterie	Infanterie légère	D'artillerie
6ᵉ régiment d'artillerie dét.......	Gravelines.	1	»	»	
6ᵉ id. id.......	Bergues.	1	»	»	
6ᵉ id. id.......	Dunkerque.	3	»	»	
7ⁿ id. id.......	Calais.	1	»	»	
9ᵉ id. id.......	Saint-Venant.	2	»	»	
9ᵉ id. id.......	Bouchain.	1	»	»	
9ᵉ id. id.......	Douai.	70	»	»	1,3
9ᵉ id. id.......	Béthune.	5	»	»	
1ʳᵉ compagnie de Douai.......	Douai.	3	»	»	
1ʳᵉ de Paris.......	Douai.	4	»	»	1
1ʳᵉ de Beaurep.......	Cambrai.	3	»	»	
1ʳᵉ de Fontaine-Grenelle.......	Cambrai.	1	»	»	
2ᵉ de Paris.......	Douai.	4	»	»	1
2ᵉ de Douai.......	Douai.	3	»	»	
2ᵉ du Th. fr.......	Cambrai.	1	»	»	
7ᵉ des Vétérans.......	Boulogne.	5	»	»	
11ᵉ de Volontaires nationaux.......	Douai.	»	»	»	
Artillerie de ligne.......	Lille.	20	»	»	3
id. rémoise.......	Bergues.	3	»	»	
id. de Rennes.......	Douai.	3	»	»	
id. de Paris.......	Soissons.	2	»	»	
id. d'Avesnes.......	Avesnes.	3	»	»	
id. de Meulan.......	Péronne.	3	»	»	
id. volontaires.......	Lille.	30	»	»	5
Artificiers.......	Péronne.	1	»	»	
Total des Canonniers des Parcs.......		259	»	»	6,93
Mineurs du 9ᵉ régiment.......	Béthune.	2	»	»	4
id.	Douai.	8	»	»	2
Mineurs.......	Bouchain.	»	»	»	
Mineurs.......	Saint-Omer.	»	»	»	
id. 1ʳᵉ compagnie.......	Cambrai.	1	»	»	9
id. 4ᵉ id.	Maubeuge.	3	»	»	9
Sapeurs.......	Bouchain.	2	»	»	19
Sapeurs.......	Cambrai.	11	»	»	1,60
Sapeurs.......	Saint-Omer.	»	»	»	1,60
Ouvriers du 9ᵉ régiment.......	Douai.	5	»	»	10
3ᵉ compagnie d'ouvriers.......	Douai.	1	»	»	2
8ᵉ id.	Douai.	»	»	»	3
10ᵉ id.	Douai.	4	»	»	7
11ᵉ id.	Douai.	2	»	»	10
Total des mineurs, sapeurs.......		39	»	»	4,20
Canonniers des Parcs.......		259	»	»	6,93
id. des bataillons.......		»	»	»	1,18
Total de l'Artillerie.......		298	»	»	12.32
5ᵉ compagnie d'artillerie légère.......	Douai.	2	»	»	»
27ᵉ id.	Douai.	3	»	»	»
Compagnie des Ardennes.......	Cambrai.	3	»	»	»
Total de l'Artillerie légère.......		8	»	»	»

LA CAMPAGNE DE 1794 A L'ARMÉE DU NORD.

légère	En prison	En congés ou permissions	Aux hôpitaux	Détachés	Présents sous les armes	Total	Manque au complet	CHEVAUX				Manque au complet
								d'officiers	de troupes	En état de faire le service	Total	
»	»	»	1	»	25	26	»	»	»	»	»	»
»	»	»	1	1	14	16	»	»	»	»	»	»
»	»	»	5	6	56	67	»	»	»	»	»	»
»	»	»	»	»	18	18	»	»	»	»	»	»
»	»	»	»	»	27	27	»	»	»	»	»	»
»	»	»	»	»	17	17	»	»	»	»	»	»
»	»	»	57	269	983	1,309	»	6	1	»	7	»
»	2	»	2	30	47	81	2	»	»	»	»	»
»	1	»	1	»	97	99	»	1	»	»	1	»
»	1	3	12	2	95	113	»	2	»	»	2	»
»	»	»	3	»	77	80	»	»	1	»	1	»
»	11	2	9	27	38	87	»	»	»	»	»	»
»	»	1	12	»	108	121	»	»	»	»	»	»
»	1	»	1	»	97	99	»	1	»	»	1	»
»	1	»	»	»	12	13	»	»	»	»	»	»
»	»	»	»	»	47	47	»	»	»	»	»	»
»	»	»	2	»	17	19	»	»	»	»	»	»
»	»	»	20	»	329	349	»	»	»	»	»	»
»	»	»	7	16	46	69	»	»	»	»	»	»
»	»	»	2	2	37	41	»	»	»	»	»	»
»	»	4	»	»	21	25	»	»	»	»	»	»
»	»	»	1	2	68	71	»	»	20	»	20	»
»	1	»	1	»	31	33	3	»	»	»	»	»
»	»	»	29	2	514	545	»	»	»	»	»	»
»	»	»	»	1	5	6	»	»	»	»	»	»
	35	12	253	2,107	4,527	6,934	115	28	33	»	61	»
»	»	1	»	»	41	42	»	»	»	»	»	»
»	»	»	14	33	169	216	»	2	»	»	2	»
»	»	»	»	»	12	12	»	»	»	»	»	»
»	»	»	»	»	16	16	»	»	»	»	»	»
»	»	»	»	72	22	94	6	»	»	»	»	»
»	1	3	1	67	23	95	»	»	»	»	»	»
»	»	»	27	3	164	194	»	»	»	»	»	»
»	»	5	6	1,001	588	1,600	6	»	»	»	»	»
»	»	»	»	»	1,600	1,600	»	1	»	»	1	»
»	»	»	2	»	102	104	»	»	»	»	»	»
»	»	3	»	10	12	25	»	»	»	»	»	»
»	»	»	2	»	32	34	»	»	»	»	»	»
»	»	»	1	13	57	71	»	»	»	»	»	»
»	»	»	1	33	57	101	»	»	»	»	»	»
	1	12	54	1,232	2,905	4,204	12	3	»	»	3	»
	35	12	253	2,107	4,527	6,934	115	28	33	»	61	»
»	»	»	»	»	1,189	1,189	»	»	»	»	»	»
	36	24	307	3,339	8,621	12,327	127	31	33	»	64	»
»	»	»	5	31	64	100	»	5	92	»	97	»
»	2	»	9	26	62	99	1	»	4	»	4	47
»	»	»	11	»	87	98	»	60	117	»	177	»
	2	»	25	57	213	297	1	65	213	»	278	47

DÉNOMINATION DES CORPS	EMPLACEMENT	Nombre d'officiers	Infanterie	Infanterie légère	D'artillerie
1ᵣ des carabiniers	Cambrai.	20	»	»	»
1ᵣ de cavalerie dét	Péronne.	2	»	»	»
1ᵉ id. id	Amiens.	4	»	»	»
3ᵉ id. dép	Amiens.	4	»	»	»
6ᵉ id. dét	Maubeuge.	9	»	»	»
13ᵉ id. id	Cambrai.	30	»	»	»
21ᵉ id. dét	Bergues.	1	»	»	»
22ᵉ id. dép	Amiens.	5	»	»	»
Total de la grosse Cavalerie		75	»	»	»
20ᵉ division de gendarmerie	Douai.	1	»	»	»
29ᵉ id. id	Lille.	7	»	»	»
Gendarmes d'	Avesnes.	»	»	»	»
Gendarmes de	Landrecies.	»	»	»	»
Gendarmerie nationale	Bouchain.	»	»	»	»
Id. id	La Fère.	»	»	»	»
Id. en résidence	Douai.	1	»	»	»
Gendarmerie nationale	Doullens.	1	»	»	»
Id. id	Aire.	»	»	»	»
Id. de la Nièvre	Réunion.	3	»	»	»
Cavalerie de Bergues	Bapaume.	3	»	»	»
Total de la Gendarmerie		16	»	»	»
Total de la grosse Cavalerie		75	»	»	»
Total de la grosse Cavalerie		91	»	»	»
3ᵉ de dragons dét	Cassel.	»	»	»	»
10ᵉ id. id	Bouchain.	6	»	»	»
13ᵉ id. dép	Noyon.	8	»	»	»
20ᵉ id. id	Doullens.	1	»	»	»
20ᵉ id. id	Noyon.	11	»	»	»
20ᵉ id. dét	Saint-Quentin.	4	»	»	»
Total des Dragons		30	»	»	»
1ᵣ de chasseurs	Douai.	18	»	»	»
16ᵉ id. dét	Saint-Quentin.	1	»	»	»
17ᵉ id. id	Saint-Quentin.	»	»	»	»
19ᵉ id. id	Saint-Quentin.	»	»	»	»
19ᵉ id. id	Réunion.	»	»	»	»
19ᵉ id. id	La Fère.	»	»	»	»
21ᵉ id. dép	Aire.	1	»	»	»
21ᵉ id. dét	Béthune.	12	»	»	»
21ᵉ id. id	Arras.	2	»	»	»
21ᵉ id. id	Ardres.	»	»	»	»
21ᵉ id. id	Saint-Omer.	»	»	»	»
21ᵉ id. id	Gravelines.	»	»	»	»
21ᵉ id. id	Calais.	»	»	»	»
21ᵉ id. id	Bergues.	»	»	»	»

LA CAMPAGNE DE 1794 A L'ARMÉE DU NORD.

légère	En prison	En congés ou permissions	Aux hôpitaux	Détachés	Présents sous les armes	Total	Manque au complet	d'officiers	de troupes	En état de faire le service	Total	Manque au complet
»	2	2	6	»	424	434	»	40	443	»	483	»
»	»	»	3	»	53	56	»	1	55	»	56	»
»	»	»	»	»	91	91	»	»	90	»	90	»
»	»	»	»	»	110	110	»	»	102	»	102	»
»	2	»	11	2	159	174	»	20	154	»	174	»
»	11	»	13	1	541	566	106	44	546	»	590	»
»	»	»	1	»	18	19	»	1	19	»	20	»
»	»	»	»	»	102	102	»	»	13	»	13	»
»	15	2	34	3	1,498	1,552	106	106	1,422	»	1,528	»
»	»	»	1	7	21	29	4	1	28	»	29	4
»	3	»	15	10	86	114	»	10	107	»	117	»
»	»	»	»	»	16	16	»	»	16	»	16	»
»	»	»	»	»	9	9	»	»	9	»	9	»
»	»	»	»	»	3	3	»	»	2	»	2	1
»	»	»	»	»	4	4	»	»	4	»	4	»
»	»	»	»	»	21	21	»	1	18	»	19	5
»	»	»	»	3	2	5	»	1	4	»	5	1
»	»	»	»	»	»	3	»	»	3	»	3	»
»	»	»	6	11	38	55	»	»	55	»	55	»
»	8	20	»	3	135	166	»	4	160	»	164	»
»	11	20	22	34	338	425	4	17	406	»	423	11
»	15	2	34	3	1,498	1,552	106	106	1,422	»	1,528	»
»	26	22	56	37	1,836	1,977	110	123	1,828	»	1,951	»
11	»	»	»	»	11	11	»	»	10	»	10	»
141	»	»	14	4	123	141	»	9	138	»	147	»
670	11	»	76	4	579	670	»	15	246	»	261	134
41	1	»	2	»	38	41	»	2	1	»	3	40
561	»	»	55	»	506	561	»	16	223	»	239	151
114	1	»	5	16	92	114	»	7	84	»	91	»
538	13	»	152	24	1,349	1,538	»	49	702	»	751	325
313	»	»	»	»	313	313	»	»	»	»	»	»
58	»	»	3	»	55	58	»	2	60	»	62	»
3	»	»	»	»	3	3	»	»	3	»	3	»
5	»	»	»	»	5	5	»	»	5	»	5	»
33	»	»	»	»	33	33	»	»	33	»	33	»
28	»	»	»	»	28	28	»	»	28	»	28	»
31	»	»	»	1	30	31	»	1	31	»	32	»
742	4	1	61	259	417	742	62	20	121	»	141	319
51	»	»	»	»	51	51	»	»	»	»	»	»
3	»	»	»	»	3	3	»	»	»	»	»	»
50	»	»	»	»	50	50	»	1	50	»	51	»
5	»	»	»	»	5	5	»	»	5	»	5	»
4	»	»	»	»	4	4	»	»	4	»	4	»
14	»	»	»	»	14	14	»	»	14	»	14	»

DÉNOMINATION DES CORPS	EMPLACEMENT	Nombre d'officiers	Infanterie	Infanterie légère	D'artillerie
21ᵉ de chasseurs dét............	Dunkerque.	5	»	»	»
23ᵉ id. id............	Lille.	7	»	»	»
23ᵉ id. id............	Avesnes.	2	»	»	»
Chasseurs de Versailles............	Bouchain.	5	»	»	»
Total des Chasseurs............		50	»	»	»
3ᵉ de hussards............	Cambrai.	20	»	»	»
4ᵉ id.	Landrecies.	3	»	»	»
4ᵉ id.	Laon.	7	»	»	»
6ᵉ id.	Chauny.	9	»	»	»
6ᵉ id.	Douai.	9	»	»	»
8ᵉ id.	Cassel.	»	»	»	»
8ᵉ id.	Aire.	1	»	»	»
10ᵉ id.	Laon.	17	»	»	»
10ᵉ id.	Cambrai.	16	»	»	»
Total des { Hussards............		82	»	»	»
Chasseurs............		53	»	»	»
Dragons............		30	»	»	»
Total de la Cavalerie légère............		165	»	»	»
Omission.					
25ᵉ régiment, 2ᵉ bataillon............	Séclin.	22	1,022	»	»
68ᵉ demi-brigade............		87	3,213	»	»
4ᵉ du Nord............	de Lille.	26	1,197	»	»
8ᵉ des Fédérés............		23	1,057	»	»
21ᵉ des Nationaux............		27	1,108	»	»
27ᵉ id.		14	537	»	»
Total de l'Infanterie............		199	8,134	»	»
Canonniers du 2ᵉ batᵒⁿ du 25ᵉ rég...		»	»	»	31
68ᵉ demi-brigade............		»	»	»	93
4ᵉ du Nord............	dit de Lille.	»	»	»	39
8ᵉ des Fédérés............		»	»	»	65
Total de l'Artillerie............		»	»	»	228
6ᵉ de dragons............		8	»	»	»

LA CAMPAGNE DE 1794 A L'ARMÉE DU NORD.

légère	En prison	En congés ou permissions	Aux hôpitaux	Détachés	Présents sous les armes	Total	Manque au complet	CHEVAUX d'officiers	de troupes	En état de faire le service	Total	Manque au complet
50	1	»	1	»	48	50	»	»	31	»	31	»
49	»	»	»	»	49	49	»	17	45	»	62	»
34	1	»	»	»	33	34	»	»	36	»	36	»
26	1	»	4	54	67	126	44	5	100	»	105	62
99	7	1	69	314	1,208	1,599	106	46	569	»	615	381
23	3	34	98	34	354	523	»	36	500	»	536	»
00	»	»	»	»	100	100	»	5	100	»	105	»
63	»	»	50	14	299	363	»	21	302	»	323	»
82	1	14	48	»	419	482	»	16	141	»	157	232
98	4	»	»	»	94	98	»	32	88	»	120	»
5	»	»	»	»	5	5	»	»	3	»	3	»
20	»	»	»	»	20	20	»	1	23	»	24	»
68	»	16	46	»	306	368	»	29	249	»	278	»
67	5	»	13	»	149	167	292	21	133	»	154	286
26	13	64	255	48	1,746	2,126	292	161	1,539	»	1,700	518
99	7	1	69	314	1,208	1,599	106	46	569	»	615	381
38	13	»	152	24	1,349	1,538	»	49	702	»	750	325
63	33	65	476	386	4,303	5,263	398	256	2,810	»	3,066	1,224
»	11	»	111	31	869	1,022	»	4	25	»	29	»
»	1	»	273	153	2,786	3,213	»	20	54	»	74	»
»	2	»	75	288	832	1,197	»	5	»	»	5	»
»	»	»	69	16	972	1,057	»	8	18	»	26	»
»	6	3	82	47	970	1,108	»	12	18	»	30	»
»	»	»	56	60	421	537	»	2	4	»	6	»
»	20	3	666	595	6,850	8,134	»	51	119	»	170	»
»	»	»	»	»	31	31	»	»	»	»	»	»
»	»	»	»	»	93	93	»	»	»	»	»	»
»	»	»	»	»	39	39	»	»	»	»	»	»
»	»	»	»	»	65	65	»	»	»	»	»	»
»	»	»	»	»	228	228	»	»	»	»	»	»
02	8	»	7	»	187	202	»	10	172	»	182	»

728 LA CAMPAGNE DE 1794 A L'ARMÉE DU NORD.

DESTINATION	DÉNOMINATION DES CORPS	EMPLACEMENT	Nombre d'officiers	Infanterie	Infanterie légère	D'artillerie
						CORP
	1ᵉʳ régᵗ d'infanterie, 2ᵉ bataillon....	Leesle.	27	778	»	»
	2ᵉ id. 1ᵉʳ id.	Hélesmes.	28	1,059	»	»
	5ᵉ id. 2ᵉ id.	Leysel.	22	1,145	»	»
	12ᵉ id. 1ᵉʳ id.	Mouveaux.	27	989	»	»
	12ᵉ id. 2ᵉ id.	Hélesmes.	42	1,053	»	»
	14ᵉ id. 1ᵉʳ id.	Marque.	19	1,060	»	»
	15ᵉ id. 1ᵉʳ id.	Villedieu.	23	1,062	»	»
	16ᵉ id. 1ᵉʳ id.	Stœnvorde.	27	1,040	»	»
	17ᵉ id. 1ᵉʳ id.	Saint-Vaast.	27	1,046	»	»
	18ᵉ id. 1ᵉʳ id.	Cerfontaine.	26	1,055	»	»
	18ᵉ id. 2ᵉ id.	Falize.	26	1,034	»	»
	19ᵉ id. 1ᵉʳ id.	Maroilles.	26	1,037	»	»
	19ᵉ id. 2ᵉ id.	Cassel.	29	1,075	»	»
	22ᵉ id. 1ᵉʳ id.	Beveren.	26	1,009	»	»
	22ᵉ id. 2ᵉ id.	Bambeck.	29	1,044	»	»
	24ᵉ id. 2ᵉ id.	Hucke.	24	1,060	»	»
	25ᵉ id. 1ᵉʳ id.	Baschamp.	24	983	»	»
	36ᵉ id. 2ᵉ id.	Ribouville.	21	1,317	»	»
	43ᵉ id. 1ᵉʳ id.	Lalouvière.	27	1,175	»	»
	45ᵉ id. 1ᵉʳ id.	Maroilles.	19	1,059	»	»
	45ᵉ id. 2ᵉ id.	Dunkerque.	30	960	»	»
	47ᵉ id. 1ᵉʳ id.	Favril.	23	1,065	»	»
	49ᵉ id. 1ᵉʳ id.	Rocq.	28	1,268	»	»
	56ᵉ id. 1ᵉʳ id.	Clairfayt.	23	1,069	»	»
	62ᵉ id. 1ᵉʳ id.	Catillon.	22	1,335	»	»
	68ᵉ id. 1ᵉʳ id.	Berelles.	27	1,053	»	»
	68ᵉ id. 2ᵉ id.	Cerfontaine.	29	1,011	»	»
	71ᵉ demi-brigade	Bohain.	75	3,271	»	»
	74ᵉ régiment, 2ᵉ bataillon..........	Leval.	19	1,067	»	»
	76ᵉ demi-brigade	Bohain.	75	3,076	»	»
	81ᵉ régiment, 2ᵉ bataillon..........	près Cassel.	26	1,057	»	»
	83ᵉ id. 2ᵉ id.	Begnicourt.	27	1,045	»	»
	89ᵉ id. 1ᵉʳ id.	Quiévelon.	17	1,164	»	»
	90ᵉ id. 1ᵉʳ id.	Aigremont.	30	1,046	»	»
	90ᵉ id. 2ᵉ id.	Mons-en-Pevelle.	26	1,015	»	»
	98ᵉ id. 2ᵉ id.	Aubigny.	23	1,042	»	»
	102ᵉ demi-brigade, 2ᵉ bat..........	près Réunion.	28	1,129	»	»
	1ᵉʳ de l'Allier....................	Hélesmes.	30	1,058	»	»
	1ᵉʳ du Pas-de-Calais...............	Marque.	19	1,043	»	»
	1ᵉʳ des Lombards..................	Villedieu.	32	1,081	»	»
	1ᵉʳ de l'Egalité...................	Werwick.	23	1,024	»	»
	1ᵉʳ de l'Aisne....................	près Cassel.	24	1,064	»	»
	1ᵉʳ du Calvados...................	Godwelde.	25	1,050	»	»
	1ᵉʳ d'Ille-et-Vilaine...............	Canel.	22	1,080	»	»
	1ᵉʳ du Nord	Falize.	31	1,029	»	»
	1ᵉʳ de la Vienne..................	Etreux.	26	1,366	»	»
	1ᵉʳ de la Haute-Vienne............	Falize.	31	1,043	»	»
	1ᵉʳ du Loiret.....................	Eclaibes.	24	1,042	»	»

LA CAMPAGNE DE 1794 A L'ARMÉE DU NORD.

légère	En prison	En congés ou permissions	Aux hôpitaux	Détachés	Présents sous les armes	Total	Manque au complet	CHEVAUX			Total	Manque au complet
								d'officiers	de troupes	En état de faire le service		

PES DISPONIBLES

	2	»	84	72	620	773	202	18	»	»	29	»
	22	»	99	66	872	1,059	»	6	30	»	36	»
	»	4	53	136	952	1,145	»	22	18	»	40	»
	»	»	84	56	849	989	51	5	22	»	27	»
	1	4	87	39	922	1,053	»	9	18	»	27	»
	»	»	124	27	909	1,060	»	50	18	»	68	»
	4	4	154	28	872	1,062	»	10	19	»	29	»
	3	»	242	15	780	1,040	»	»	18	»	18	»
	1	»	124	2	919	1,046	»	33	18	»	51	»
	»	19	135	86	815	1,055	»	24	18	»	42	»
	»	14	152	42	826	1,034	6	3	8	»	11	»
	3	»	93	68	873	1,037	»	17	18	»	35	»
	3	20	80	34	938	1,075	»	15	18	»	33	»
	4	2	90	14	899	1,009	31	14	15	»	29	»
	6	»	140	106	792	1,044	23	10	13	»	23	»
	12	»	119	40	889	1,060	7	»	»	»	»	»
	»	5	161	26	791	983	73	4	18	»	22	»
	»	3	256	23	1,035	1,317	»	3	18	»	21	»
	»	»	154	»	1,021	1,175	»	6	18	»	24	»
	1	19	207	48	784	1,059	»	13	18	»	31	»
	»	20	94	46	800	960	82	8	»	»	8	»
	4	2	148	41	870	1,061	»	13	18	»	31	»
	»	1	224	47	996	1,268	»	13	18	»	31	»
	»	6	144	48	871	1,069	»	13	18	»	31	»
	3	»	257	56	1,019	1,335	»	9	18	»	27	»
	2	»	203	102	744	1,053	»	13	»	»	13	»
	1	»	133	70	807	1,011	29	27	19	»	46	»
	»	»	288	114	2,869	3,271	»	18	56	»	74	»
	»	46	92	54	875	1,067	»	14	18	»	32	»
	»	»	506	»	2,570	3,076	»	28	56	»	84	»
	8	3	71	25	950	1,057	»	7	16	»	23	»
	19	»	113	60	853	1,045	»	4	»	»	4	»
	1	»	238	25	900	1,164	»	8	26	»	34	»
	1	»	118	52	875	1,046	26	7	22	»	29	»
	2	10	48	85	870	1,015	29	4	15	»	19	»
	1	»	26	59	956	1,042	»	»	18	»	18	»
	»	»	206	47	876	1,129	»	4	37	»	41	»
	»	1	110	44	903	1,058	»	15	18	»	33	»
	»	»	115	35	893	1,043	5	50	18	»	68	»
	3	»	70	31	977	1,081	»	8	18	»	26	»
	6	»	185	29	804	1,024	20	7	16	»	23	»
	»	»	49	1	1,014	1,064	»	4	18	»	22	»
	»	2	79	28	944	1,053	»	13	18	»	31	»
	»	6	84	28	962	1,080	»	3	22	»	25	»
	»	»	267	70	692	1,029	40	12	17	»	29	»
	»	»	327	16	1,023	1,366	»	9	20	»	29	»
	»	»	141	26	876	1,043	»	5	21	»	26	»
	»	14	180	65	783	1,042	»	12	18	»	30	»

DESTINATION	DÉNOMINATION DES CORPS	EMPLACEMENT	Nombre d'officiers	Infanterie	Infanterie légère	D'artillerie
	1ᵉʳ de la Haute-Marne	Catillon.	30	1,318	»	»
	1ᵉʳ de Saint-Denis	La Groize.	34	1,030	»	»
	1ᵉʳ de l'Orne	Avesnes.	21	1,042	»	»
	1ᵉʳ d'Indre-et-Loire	Hondschoote.	22	1,037	»	»
	1ᵉʳ du Finistère	près Dunkerque.	23	1,086	»	»
	1ᵉʳ de la Marne	près Dunkerque.	24	1,032	»	»
	1ᵉʳ de l'Eure	Arleux.	31	1,066	»	»
	1ᵉʳ des Côtes-du-Nord	L'Écluse.	24	919	»	»
	1ᵉʳ d'Eure-et-Loir	Mérigny.	27	1,081	»	»
	1ᵉʳ de Valenciennes	Mons-en-Pevelle.	23	1,046	»	»
	2ᵉ de la Manche	Hélesmes.	28	1,036	»	»
	2ᵉ du Pas-de-Calais	Marque.	34	1,025	»	»
	2ᵉ de l'Yonne	Armentières.	27	1,087	»	»
	2ᵉ des Basses-Alpes	Meteren.	25	1,038	»	»
	2ᵉ d'Ille-et-Vilaine	Steenvoorde.	25	1,073	»	»
	2ᵉ du Calvados	Dancousies.	28	1,028	»	»
	2ᵉ de la Nièvre	Cerfontaine.	22	1,044	»	»
	2ᵉ du Haut-Rhin	Collerets.	27	1,215	»	»
	2ᵉ de Mayenne-et-Loire	Ferrière-la-Petite.	31	1,024	»	»
	2ᵉ de la Somme	Catillon.	21	1,266	»	»
	2ᵉ du Bec d'Ambez	Mazinguet.	26	1,174	»	»
	2ᵉ de la Vienne	Liessies.	23	1,052	»	»
	2ᵉ de la Meurthe	Ors.	20	1,050	»	»
	2ᵉ d'Indre-et-Loire	Houtem.	24	921	»	»
	3ᵉ de la Somme	Hélesmes.	31	1,032	»	»
	3ᵉ du Calvados	Marque.	27	992	»	»
	3ᵉ des Fédérés	Stenverk.	22	1,040	»	»
	3ᵉ de la Meurthe	Saint-Rémy.	27	1,069	»	»
	3ᵉ de l'Eure	Cerfontaine.	28	1,040	»	»
	3ᵉ de la Haute-Marne	Jeumont.	32	1,040	»	»
	3ᵉ de l'Oise	Ghyvelde.	25	1,076	»	»
	3ᵉ de la Marne	Dunkerque.	27	965	»	»
	4ᵉ de la Sarthe	Villedieu.	27	1,041	»	»
	4ᵉ du Nord	Saint-Aubin.	23	1,036	»	»
	4ᵉ de Seine-et-Oise	Oost Capel.	30	969	»	»
	4ᵉ de la Somme	Cantin.	24	1,040	»	»
	5ᵉ de l'Aisne	Hélesmes.	27	1,032	»	»
	5ᵉ de la Côte-d'Or	Hélesmes.	27	1,025	»	»
	5ᵉ de l'Yonne	Falize.	35	1,039	»	»
	5ᵉ de la Somme	Cerfontaine.	37	988	»	»
	5ᵉ du Haut-Rhin	Wassigny.	26	1,104	»	»
	5ᵉ des Vosges	Solre Libre.	25	1,016	»	»
	5ᵉ de l'Oise	Maroilles.	30	1,066	»	»
	5ᵉ de Rhône-et-Loire	Rexpoede.	24	924	»	»
	5ᵉ de la Meurthe	Réunion.	32	1,069	»	»
	6ᵉ de l'Yonne	Falize.	35	1,039	»	»
	6ᵉ du Pas-de-Calais	Saint-Rémy.	33	1,042	»	»
	6ᵉ de l'Oise	Requignies.	31	1,040	»	»
	6ᵉ du Jura	Wassigny.	27	1.237	»	»
	6ᵉ de Paris	Noyelle.	30	1,051	»	»
	6ᵉ de la Seine-Inférieure	Hondschoote.	21	1,067	»	»

	En prison	En congés ou permissions	Aux hôpitaux	Détachés	Présents sous les armes	Total	Manque au complet	CHEVAUX				Manque au complet
								d'officiers	de troupes	En état de faire le service	Total	
	3	4	294	22	995	1,318	»	13	18	»	31	»
	1	»	115	1	913	1,030	»	14	18	»	32	»
	3	15	178	25	821	1,042	»	9	18	»	27	»
	10	8	60	46	913	1,037	30	22	18	»	40	»
	1	2	31	30	1,022	1,086	»	3	17	»	20	»
	4	3	136	117	772	1,032	8	8	18	»	26	»
	1	3	63	32	967	1,066	»	26	17	»	43	»
	»	»	121	69	729	919	»	5	7	»	12	»
	2	16	76	46	941	1,081	»	2	20	»	22	»
	4	1	213	226	602	1,046	8	3	26	»	29	»
	»	»	120	21	895	1,036	3	9	18	»	27	»
	»	»	89	35	901	1,025	8	6	21	»	27	»
	»	»	48	50	989	1,087	»	8	16	»	24	»
	2	»	37	»	999	1,038	4	4	14	»	18	»
	3	»	297	15	758	1,073	»	4	26	»	30	»
	2	2	46	18	960	1,028	12	8	18	»	26	»
	2	»	192	6	844	1,044	»	2	41	»	43	»
	51	»	211	1	952	1,215	»	5	18	»	23	»
	4	2	164	»	854	1,024	16	7	18	»	25	»
	2	2	230	23	1,009	1,266	»	7	18	»	25	»
	»	1	222	16	935	1,174	»	11	21	»	32	»
	5	»	111	10	926	1,052	»	7	14	»	21	»
	»	45	145	54	806	1,050	»	13	18	»	31	»
	7	9	62	34	809	921	146	14	18	»	32	»
	»	1	144	21	866	1,032	13	6	18	»	24	»
	5	1	81	25	880	992	48	4	17	»	21	»
	2	10	64	29	935	1,040	5	6	18	»	24	»
	»	»	148	56	865	1,069	»	4	20	»	24	»
	»	»	88	2	950	1,040	»	30	18	»	48	»
	2	»	170	4	864	1,040	»	14	18	»	32	»
	»	2	71	57	946	1,076	»	10	18	»	28	»
	»	11	38	66	850	965	»	8	18	»	26	»
	2	»	121	20	898	1,041	»	7	18	»	25	»
	»	»	208	12	816	1,036	20	11	17	»	28	»
	1	2	106	68	792	969	98	10	18	»	28	»
	»	2	120	24	894	1,040	»	7	14	»	21	»
	10	3	85	102	832	1,032	8	2	18	»	20	»
	20	3	86	58	858	1,025	15	2	23	»	25	»
	1	3	211	8	816	1,039	1	4	17	»	21	»
	6	23	170	»	789	988	79	2	18	»	20	»
	»	»	230	16	858	1,104	»	4	22	»	26	»
	2	1	114	»	899	1,016	»	10	18	»	28	»
	1	2	115	3	945	1,066	»	11	18	»	29	»
	3	2	137	119	663	924	143	12	18	»	30	»
	»	»	80	22	967	1,069	»	10	46	»	56	»
	»	4	280	»	755	1,039	1	13	18	»	31	»
	4	1	155	7	875	1,042	»	4	37	»	41	»
	»	»	104	»	936	1,040	»	17	18	»	35	»
	3	4	186	28	1,006	1,227	»	14	18	»	32	»
	»	»	91	18	942	1,051	»	11	15	»	26	»
	4	»	134	19	910	1,067	»	8	16	»	24	»

DESTINATION	DÉNOMINATION DES CORPS	EMPLACEMENT	Nombre d'officiers	Infanterie	Infanterie légère	D'artillerie
	7ᵉ du Pas-de-Calais...	Hélesmes.	29	1,048	»	»
	7ᵉ du Nord...	Ecluse.	30	1,089	»	»
	8ᵉ de Soissons...	Zuitcoote.	27	1,056	»	»
	8ᵉ de la Meurthe...	Pont-à-Marque.	30	1,084	»	»
	9ᵉ de Paris...	Houkerque.	27	1,050	»	»
	9ᵉ du Nord...	Haumont.	31	1,090	»	»
	9ᵉ du Pas-de-Calais...	Dunkerque.	31	794	»	»
	10ᵉ des Nationaux...	Hélesmes.	25	1,038	»	»
	10ᵉ du Calvados...	Hélesmes.	31	1,094	»	»
	10ᵉ de Paris...	Grand-Fayt.	32	1,031	»	»
	10ᵉ de Seine-et-Oise...	Solre Libre.	25	1,013	»	»
	10ᵉ du Pas-de-Calais...	Arleux.	23	976	»	»
	11ᵉ des Fédérés...	Bondues.	28	1,043	»	»
	11ᵉ des Nationaux...	Villedieu.	26	1,078	»	»
	11ᵉ des Vosges...	Rouzies.	34	1,059	»	»
	14ᵉ des Fédérés...	Villedieu.	24	1,073	»	»
	16ᵉ des Nationaux...	Villedieu.	26	1,052	»	»
	17ᵉ des Nationaux...	Bégnicourt.	30	1,076	»	»
	27ᵉ de la Réserve...	Sulin.	15	595	»	»
	Bataillon de Molière...	Falize.	25	1,040	»	»
	30ᵉ de gendarmerie...	Bondues.	21	340	»	»
	30ᵉ divisⁿ de gendⁱᵉ 2ᵉ bataillon...	Wasquehal.	19	310	»	»
	31ᵉ id. id.	Lincelles.	42	650	»	»
	32ᵉ id. id.	Mazinguet.	36	619	»	»
	34ᵉ id. id.	Maroilles.	23	451	»	»
	Préposés des douanes...	Bondues.	2	53	»	»
	Total de l'Infanterie...		**3,409**	**132,301**	»	»
	1ᵉʳ bataillon de tirailleurs...	Pont-à-Bruck.	117	»	1,027	»
	1ᵉʳ de troupes légères...	Lincelles.	27	»	1,041	»
	1ᵉʳ chasseurs du Hainaut...	La Puissance.	27	»	1,010	»
	2ᵉ des troupes légères...	Blaton.	26	»	1,019	»
	2ᵉ des tirailleurs...	Rosbrugge.	104	»	1,102	»
	3ᵉ des troupes légères...	Commines.	26	»	1,023	»
	3ᵉ chasseurs francs...	Saint-Antoine.	23	»	1,043	»
	3ᵉ chasseurs belges...	Saint-Jean-Capelle.	126	»	1,128	»
	4ᵉ chasseurs francs...	Solre.	23	»	1,020	»
	4ᵉ chasseurs belges...	Bœschepe.	97	»	963	»
	1ᵉʳ chasseurs francs...	Herclun.	32	»	943	»
	5ᵉ chasseurs à pied...	Pont-à-Marque.	27	»	1,068	»
	10ᵉ bataillon infanterie légère...	Hestrud.	24	»	1,020	»
	14ᵉ id. id.	Herzelle.	24	»	1,104	»
	21ᵉ demi-brigade, 1ᵉʳ bataillon...	Longchamp.	24	»	1,017	»
	21ᵉ id. 2ᵉ id.	Vallée Mulâtte.	19	»	1,113	»
	32ᵉ bataillon infanterie légère...	Beaurieux.	28	»	1,031	»
	Chasseurs de Cassel...	Caester.	23	»	1,056	»
	Chasseurs tirailleurs...	Viennezelle.	23	»	566	»
	Cⁱᵉ de Seine-et-Marne...	Aurois.	3	»	75	»
	Total de l'Infanterie légère...		**823**	»	**19,369**	»

LA CAMPAGNE DE 1794 A L'ARMÉE DU NORD.

légère	En prison	En congés ou permissions	Aux hôpitaux	Détachés	Présents sous les armes	Total	Manque au complet	CHEVAUX				Manque au complet
								d'officiers	de troupes	En état de faire le service	Total	
»	»	»	112	43	893	1,048	»	8	22	»	30	»
»	»	23	97	48	921	1,089	»	5	16	»	31	»
»	4	3	123	67	859	1,056	»	7	18	»	25	»
»	1	1	78	10	994	1,084	»	10	16	»	26	»
»	2	»	69	55	924	1,050	»	»	12	»	12	»
»	»	»	187	9	894	1,090	»	8	19	»	27	»
»	7	3	108	13	663	794	273	»	»	»	»	»
»	»	»	144	21	873	1,038	4	8	18	»	26	»
»	2	4	61	56	971	1,094	»	5	22	»	27	»
»	13	4	120	2	892	1,031	»	15	11	»	26	»
»	»	»	83	6	926	1,015	»	11	14	»	25	»
»	1	»	117	102	756	976	»	9	7	»	16	»
»	1	»	90	17	937	1,045	97	4	27	»	31	»
»	4	»	104	15	955	1,078	»	10	18	»	28	»
»	»	»	78	43	938	1,059	»	11	16	»	25	»
»	6	»	105	25	937	1,073	»	9	18	»	27	»
»	4	»	58	53	937	1,052	»	3	18	»	21	»
»	»	1	31	19	1,025	1,076	»	20	19	»	39	»
»	2	»	16	»	577	595	»	»	12	»	12	»
»	3	»	192	5	840	1,040	»	12	18	»	30	»
»	1	»	19	32	288	340	97	4	27	»	31	»
»	2	1	50	»	259	310	95	14	18	»	32	»
»	12	48	56	40	494	650	232	8	36	»	44	»
»	2	»	124	22	471	619	»	6	36	»	42	»
»	36	8	81	4	322	451	»	9	66	»	75	»
»	»	»	»	»	53	53	»	»	»	»	»	»
	389	489	16,259	4,620	110,444	132,201	2,058	1,237	2,385	»	3,622	»
»	»	»	88	»	939	1,027	»	23	»	»	23	»
»	»	1	86	15	939	1,041	»	8	4	»	12	»
»	»	»	110	»	889	1,010	30	12	»	»	12	»
»	6	3	92	3	915	1,019	22	9	4	»	13	»
»	9	16	143	»	934	1,102	»	20	»	»	20	»
»	5	»	68	8	942	1,023	18	11	4	»	16	»
»	4	»	92	3	944	1,043	1	»	»	»	»	»
»	3	1	56	»	1,068	1,128	»	11	»	»	17	»
»	»	3	116	61	840	1,020	20	4	6	»	10	»
»	15	»	19	40	889	963	7	»	»	»	»	»
»	2	1	22	13	905	943	»	18	»	»	18	»
»	7	4	73	10	974	1,068	»	4	4	»	8	»
»	1	»	178	88	753	1,020	20	»	12	»	12	»
»	4	4	97	59	940	1,104	»	7	»	»	7	»
»	»	»	124	44	849	1,017	»	6	»	»	6	»
»	1	»	98	21	993	1,113	»	1	4	»	5	»
»	»	38	115	»	878	1,031	»	»	»	»	»	»
»	6	19	137	50	844	1,056	»	»	»	»	»	»
»	»	10	»	»	536	566	478	»	»	»	»	»
»	1	»	»	»	74	75	»	»	»	»	»	»
	64	100	1,734	426	17,045	19,369	596	134	38	»	172	»

III.

47

DESTINATION	DÉNOMINATION DES CORPS	EMPLACEMENT	Nombre d'officiers	Infanterie	Infanterie légère
	Canonniers du 2ᵉ batᵒⁿ du 1ᵉʳ régᵗ...	Leesle.	»	»	»
	Id. du 1ᵉʳ batᵒⁿ du 2ᵉ régᵗ......	Hélesmes.	»	»	»
	Id. du 2ᵉ id. du 5ᵉ id.......	Leyzel.	»	»	»
	Id. du 1ᵉʳ id. du 12ᵉ id........	Mouveaux.	»	»	»
	Id. du 2ᵉ id. du 12ᵉ id.......	Hélesmes.	»	»	»
	Id. du 1ᵉʳ id. du 14ᵉ id........	Marque.	»	»	»
	Id. du 1ᵉʳ id. du 15ᵉ id........	Villedieu.	»	»	»
	Id. du 1ᵉʳ id. du 17ᵉ id.......	Saint-Vaast.	»	»	»
	Id. du 1ᵉʳ id. du 17ᵉ id........	Saint-Vaast.	»	»	»
	Id. du 1ᵉʳ id. du 18ᵉ id........	Cerfontaine.	»	»	»
	Id. du 1ᵉʳ id. du 19ᵉ id........	Maroilles.	»	»	»
	Id. du 1ᵉʳ id. du 22ᵉ id........	Beveren.	»	»	»
	Id. du 2ᵉ id. du 22ᵉ id........	Bambeck.	»	»	»
	Id. du 1ᵉʳ id. du 25ᵉ id........	Bachamp.	»	»	»
	Id. du 2ᵉ id. du 36ᵉ id........	Ribouville.	»	»	»
	Id. du 1ᵉʳ id. du 43ᵉ id........	La Louvière.	»	»	»
	Id. du 1ᵉʳ id. du 43ᵉ id........	Maroilles.	»	»	»
	Id. du 2ᵉ id. du 45ᵉ id........	Dunkerque.	»	»	»
	Id. du 1ᵉʳ id. du 47ᵉ id........	Favril.	»	»	»
	Id. du 1ᵉʳ id. du 49ᵉ id........	Rocq.	»	»	»
	Id. du 1ᵉʳ id. du 56ᵉ id........	Cleirfayt.	»	»	»
	Id. du 1ᵉʳ id. du 62ᵉ id........	Catillon.	»	»	»
	Id. du 2ᵉ id. du 68ᵉ id........	Cerfontaine.	»	»	»
	Id. de la 71ᵉ demi-brigade......	Bohain.	»	»	»
	Id. du 2ᵉ batᵒⁿ du 74ᵉ régiment...	Leval.	»	»	»
	Id. de la 76ᵉ demi-brigade......	Bohain.	»	»	»
	Id. du 1ᵉʳ batᵒⁿ du 89ᵉ régᵗ......	Quévelon.	»	»	»
	Id. du 1ᵉʳ id. du 90ᵉ id........	Aigremont.	»	»	»
	Id. du 2ᵉ id. du 90ᵉ id........	Mons-en-Pevelle.	»	»	»
	Id. du 2ᵉ id. du 98ᵉ id........	Aubigny.	»	»	»
	Id. du 2ᵉ id. de la 162ᵉ 1/2-brᵈᵉ.	près Réunion.	»	»	»
	Id. du 1ᵉʳ id. de l'Allier........	Hélesmes.	»	»	»
	Id. du 1ᵉʳ id. du Pas-de-Calais..	Marque.	»	»	»
	Id. du 1ᵉʳ id. des Lombards....	Villedieu.	»	»	»
	Id. du 1ᵉʳ id. de l'Égalité......	Werwick.	»	»	»
	Id. du 1ᵉʳ id. du Nord........	Falize.	»	»	»
	Id. du 1ᵉʳ id. de la Vienne.....	Etreux.	»	»	»
	Id. du 1ᵉʳ id. de la Hte-Vienne.	Falize.	»	»	»
	Id. du 1ᵉʳ id. du Loiret........	Eclaibes.	»	»	»
	Id. du 1ᵉʳ id. de la Haute-Marne.	Catillon.	»	»	»
	Id. du 1ᵉʳ id. de Saint-Denis ...	La Groize.	»	»	»
	Id. du 1ᵉʳ id. de l'Orne........	Avesnes.	»	»	»
	Id. du 1ᵉʳ id. d'Indre-et-Loire..	Hondschoote.	»	»	»
	Id. du 1ᵉʳ id. du Finistère......	près Dunkerque.	»	»	»
	Id. du 1ᵉʳ id. de la Marne......	près Dunkerque.	»	»	»
	Id. du 1ᵉʳ id. de l'Eure	Arleux.	»	»	»
	Id. du 1ᵉʳ id. des Côtes-du-Nord.	L'Écluse.	»	»	»
	Id. du 1ᵉʳ id. d'Eure-et-Loir....	Mérigny.	»	»	»
	Id. du 1ᵉʳ id. de Valenciennes..	Mons-en-Pevelle.	»	»	»
	Id. du 2ᵉ id. de la Manche....	Helesmes.	»	»	»
	Id. du 2ᵉ id. du Pas-de-Calais..	Marque.	»	»	»
	Id. du 2ᵉ id. de l'Yonne.......	Armentières	»	»	»
	Id. du 2ᵉ id. du Calvados......	Damousies.	»	»	»

LA CAMPAGNE DE 1794 A L'ARMÉE DU NORD.   735

De cavalerie légère	En prison	En congés ou permissions	Aux hôpitaux	Détachés	Présents sous les armes	Total	Manque au complet	CHEVAUX d'officiers	de troupes	En état de faire le service	Total	Manque au complet
»	»	»	»	»	13	13	»	»	»	»	»	»
»	»	»	»	»	29	29	»	»	»	»	»	»
»	»	»	»	»	29	29	»	»	»	»	»	»
»	»	»	»	»	30	30	»	»	»	»	»	»
»	»	»	»	»	24	24	»	»	»	»	»	»
»	»	»	»	»	25	25	»	»	»	»	»	»
»	»	»	»	»	37	37	»	»	»	»	»	»
»	»	»	»	»	»	»	»	»	»	»	»	»
»	»	»	»	»	28	28	»	»	»	»	»	»
»	»	»	»	»	24	24	»	»	»	»	»	»
»	»	»	»	»	22	22	»	»	»	»	»	»
»	»	»	»	»	19	19	»	»	»	»	»	»
»	»	»	»	»	18	18	»	»	»	»	»	»
»	»	»	»	»	37	37	»	»	»	»	»	»
»	»	»	»	»	22	22	»	»	»	»	»	»
»	»	»	»	»	26	26	»	»	»	»	»	»
»	»	»	»	»	18	18	»	»	»	»	»	»
»	»	»	»	»	18	18	»	»	»	»	»	»
»	»	»	»	»	18	18	»	»	»	»	»	»
»	»	»	»	»	17	17	»	»	»	»	»	»
»	»	»	»	»	16	16	»	»	»	»	»	»
»	»	»	»	»	20	20	»	»	»	»	»	»
»	»	»	»	»	27	27	»	»	»	»	»	»
»	»	»	»	»	69	69	»	»	»	»	»	»
»	»	»	»	»	12	12	»	»	»	»	»	»
»	»	»	»	»	67	67	»	»	»	»	»	»
»	»	»	»	»	25	25	»	»	»	»	»	»
»	»	»	»	»	4	4	»	»	»	»	»	»
»	»	»	»	»	24	24	»	»	»	»	»	»
»	»	»	»	»	28	28	»	»	»	»	»	»
»	»	»	»	»	24	24	»	»	»	»	»	»
»	»	»	»	»	27	27	»	»	»	»	»	»
»	»	»	»	»	25	25	»	»	»	»	»	»
»	»	»	»	»	41	41	»	»	»	»	»	»
»	»	»	»	»	40	40	»	»	»	»	»	»
»	»	»	»	»	43	43	»	»	»	»	»	»
»	»	»	»	»	22	22	»	»	»	»	»	»
»	»	»	»	»	28	28	»	»	»	»	»	»
»	»	»	»	»	52	52	»	»	»	»	»	»
»	»	»	»	»	16	16	»	»	»	»	»	»
»	»	»	»	»	40	40	»	»	»	»	»	»
»	»	»	»	»	32	32	»	»	»	»	»	»
»	»	»	»	»	33	33	»	»	»	»	»	»
»	»	»	»	»	38	38	»	»	»	»	»	»
»	»	»	»	»	23	23	»	»	»	»	»	»
»	»	»	»	»	25	25	»	»	»	»	»	»
»	»	»	»	»	19	19	»	»	»	»	»	»
»	»	»	»	»	23	23	»	»	»	»	»	»
»	»	»	»	»	18	18	»	»	»	»	»	»
»	»	»	»	»	25	25	»	»	»	»	»	»
»	»	»	»	»	33	33	»	»	»	»	»	»
»	»	»	»	»	19	19	»	»	»	»	»	»
»	»	»	»	»	20	20	»	»	»	»	»	»

DESTINATION	DÉNOMINATION DES CORPS	EMPLACEMENT	Nombre d'officiers	Infanterie	Infanterie légère	D'artillerie
	Canonniers du 2ᵉ batᵒⁿ de la Nièvre.	Cerfontaine.	»	»	»	4
	Id. du 2ᵉ batᵒⁿ de Mayenne-et-L..	Ferrière.	»	»	»	2
	Id. du 2ᵉ id. de la Somme.....	Catillon.	»	»	»	1
	Id. du 2ᵉ id. du Bec d'Ambez..	Mazinguet.	»	»	»	4
	Id. du 2ᵉ id. de la Vienne.....	Liessies.	»	»	»	4
	Id. du 2ᵉ id. de la Meurthe....	Ors.	»	»	»	4
	Id. du 3ᵉ id. de la Somme.....	Helesmes.	»	»	»	2
	Id. du 3ᵉ id. du Calvados......	Marque.	»	»	»	2
	Id. du 3ᵉ id. de la Meurthe....	Saint-Rémy.	»	»	»	3
	Id. du 3ᵉ id. de l'Eure........	Cerfontaine.	»	»	»	50
	Id. du 3ᵉ id. de la Hte-Marne..	Jeumont.	»	»	»	2
	Id. du 3ᵉ id. de l'Oise........	Ghyvelde.	»	»	»	3
	Id. du 3ᵉ id. de la Marne......	Dunkerque.	»	»	»	2
	Id. du 4ᵉ id. de la Sarthe.....	Villedieu.	»	»	»	35
	Id. du 4ᵉ id. de Seine-et-Oise..	Oost Capel.	»	»	»	21
	Id. du 4ᵉ id. du Nord.........	Saint-Aubin.	»	»	»	23
	Id. du 4ᵉ id. de la Somme.....	Cantin.	»	»	»	23
	Id. du 5ᵉ id. de l'Aisne.......	Helesmes.	»	»	»	27
	Id. du 5ᵉ id. de la Côte-d'Or...	Helesmes.	»	»	»	27
	Id. du 5ᵉ id. de l'Yonne......	Falize.	»	»	»	4
	Id. du 5ᵉ id. de la Somme.....	Cerfontaine.	»	»	»	30
	Id. du 5ᵉ id. du Haut-Rhin.....	Wassigny.	»	»	»	68
	Id. du 5ᵉ id. des Vosges......	Solre Libre.	»	»	»	20
	Id. du 5ᵉ id. de l'Oise........	Maroilles.	»	»	»	22
	Id. du 5ᵉ id. du Rhône et Loire.	Roxpoède.	»	»	»	41
	Id. du 6ᵉ id. de l'Yonne......	Falize.	»	»	»	33
	Id. du 6ᵉ id. du Pas-de-Calais..	Saint-Rémy.	»	»	»	50
	Id. du 6ᵉ id. de l'Oise........	Réquignies.	»	»	»	50
	Id. du 6ᵉ id. du Jura.........	Wassigny.	»	»	»	22
	Id. du 6ᵉ id. de Paris.........	Noyelle.	»	»	»	34
	Id. du 6ᵉ id. de la Seine-Inférᵉ.	Hondschoote.	»	»	»	37
	Id. du 7ᵉ id. du Pas-de-Calais..	Helesmes.	»	»	»	25
	Id. du 7ᵉ id. du Nord.........	Ecluse.	»	»	»	44
	Id. du 8ᵉ id. de la Somme.....	Zuitcoote.	»	»	»	34
	Id. du 8ᵉ id. de la Meurthe....	Pont-à-Marque.	»	»	»	21
	Id. du 9ᵉ id. du Nord.........	Haumont.	»	»	»	21
	Id. du 9ᵉ id. du Pas-de-Calais..	Dunkerque.	»	»	»	40
	Id. du 10ᵉ id. des Nationaux....	Helesmes.	»	»	»	24
	Id. du 10ᵉ id. du Calvados......	Helesmes.	»	»	»	55
	Id. du 10ᵉ id. de Seine-et-Oise..	Solre Libre.	»	»	»	56
	Id. du 10ᵉ id. du Pas-de-Calais..	Arleux.	»	»	»	66
	Id. du 11ᵉ id. des Fédérés......	Bondues.	»	»	»	21
	Id. du 11ᵉ id. des Nationaux	Villedieu.	»	»	»	22
	Id. du 11ᵉ id. des Vosges......	Rouzies.	»	»	»	35
	Id. du 14ᵉ id. des Fédérés	Villedieu.	»	»	»	37
	Id. du 16ᵉ id. des Nationaux	Villedieu.	»	»	»	39
	Id. du 17ᵉ id. des Nationaux	Bugnicourt.	»	»	»	27
	Id. du 27ᵉ id. de la réserve.....	Séclin.	»	»	»	18
	Bataillon de Molière.............	Falize.	»	»	»	25
	30ᵉ divᵒⁿ de gendarmerie, 1ᵉʳ batᵒⁿ...	Bondues.	»	»	»	21
	30ᵉ id. 2ᵉ id. ...	Wasquehal.	»	»	»	24

LA CAMPAGNE DE 1794 A L'ARMÉE DU NORD.

légère	En prison	En congés ou permissions	Aux hôpitaux	Détachés	Présents sous les armes	Total	Manque au complot	CHEVAUX d'officiers	de troupes	En état de faire le service	Total	Manque au complot
»	»	»	»	»	48	48	»	»	»	»	»	»
»	»	»	»	»	26	26	»	»	»	»	»	»
»	»	»	»	»	16	16	»	»	»	»	»	»
»	»	»	»	»	41	41	»	»	»	»	»	»
»	»	»	»	»	40	40	»	»	»	»	»	»
»	»	»	»	»	44	44	»	»	»	»	»	»
»	»	»	»	»	25	25	»	»	»	»	»	»
»	»	»	»	»	29	29	»	»	»	»	»	»
»	»	»	»	»	34	34	»	»	»	»	»	»
»	»	»	»	»	50	50	»	»	»	»	»	»
»	»	»	»	»	29	29	»	»	»	»	»	»
»	»	»	»	»	33	33	»	»	»	»	»	»
»	»	»	»	»	22	22	»	»	»	»	»	»
»	»	»	»	»	35	35	»	»	»	»	»	»
»	»	»	»	»	21	21	»	»	»	»	»	»
»	»	»	»	»	23	23	»	»	»	»	»	»
»	»	»	»	»	23	23	»	»	»	»	»	»
»	»	»	»	»	27	27	»	»	»	»	»	»
»	»	»	»	»	27	27	»	»	»	»	»	»
»	»	»	»	»	44	44	»	»	»	»	»	»
»	»	»	»	»	30	30	»	»	»	»	»	»
»	»	»	»	»	68	68	»	»	»	»	»	»
»	»	»	»	»	20	20	»	»	»	»	»	»
»	»	»	»	»	22	22	»	»	»	»	»	»
»	»	»	»	»	41	41	»	»	»	»	»	»
»	»	»	»	»	33	33	»	»	»	»	»	»
»	»	»	»	»	50	50	»	»	»	»	»	»
»	»	»	»	»	50	50	»	»	»	»	»	»
»	»	»	»	»	22	22	»	»	»	»	»	»
»	»	»	»	»	34	34	»	»	»	»	»	»
»	»	»	»	»	37	37	»	»	»	»	»	»
»	»	»	»	»	25	25	»	»	»	»	»	»
»	»	»	»	»	44	44	»	»	»	»	»	»
»	»	»	»	»	34	34	»	»	»	»	»	»
»	»	»	»	»	21	21	»	»	»	»	»	»
»	»	»	»	»	21	21	»	»	»	»	»	»
»	»	»	»	»	40	40	»	»	»	»	»	»
»	»	»	»	»	24	24	»	»	»	»	»	»
»	»	»	»	»	55	55	»	»	»	»	»	»
»	»	»	»	»	56	56	»	»	»	»	»	»
»	»	»	»	»	66	66	»	»	»	»	»	»
»	»	»	»	»	21	21	»	»	»	»	»	»
»	»	»	»	»	22	22	»	»	»	»	»	»
»	»	»	»	»	35	35	»	»	»	»	»	»
»	»	»	»	»	37	37	»	»	»	»	»	»
»	»	»	»	»	39	39	»	»	»	»	»	»
»	»	»	»	»	27	27	»	»	»	»	»	»
»	»	»	»	»	18	18	»	»	»	»	»	»
»	»	»	»	»	25	25	»	»	»	»	»	»
»	»	»	»	»	21	21	»	»	»	»	»	»
»	»	»	»	»	24	24	»	»	»	»	»	»

DESTINATION	DÉNOMINATION DES CORPS	EMPLACEMENT	Nombre d'officiers	Infanterie	Infanterie légère	D'artillerie
	31ᵉ divᵒⁿ de gendarmerie, 2ᵉ batᵒⁿ....	Lincelles.	»	»	»	9
	32ᵉ id. 2ᵉ id. ...	Mazinguet.	»	»	»	8
	34ᵉ id. 2ᵉ id. ...	Maroilles.	»	»	»	10
	1ᵉʳ batᵒⁿ de la 21ᵉ demi-brigade d'infⁱᵉ.	Longchamp.	»	»	»	
	Total des Canonniers des bataillons......		»	»	»	3,39
	1ᵉʳ régiment d'artillerie............	Steenvorde.	»	»	»	2
	1ᵉʳ id. id.	Rosbrugge.	2	»	»	1
	1ᵉʳ id. id.	La Fère.	1	»	»	1
	3ᵉ id. id.	Ferrière-lª-Grande.	14	»	»	25
	3ᵉ id. id.	Limon.	2	»	»	5
	3ᵉ id. id.	Cerfontaine.	6	»	»	11
	3ᵉ id. id.	Dunkerque.	8	»	»	15
	6ᵉ id. id.	Saint-Rouge.	1	»	»	1
	6ᵉ id. id.	Lille.	1	»	»	1
	6ᵉ id. id.	Aulnoy.	1	»	»	3
	6ᵉ id. id.	Dunkerque.	3	»	»	6
	6ᵉ id. id.	près Réunion.	2	»	»	4
	6ᵉ id. id.	Pont-à-Marque.	5	»	»	8
	6ᵉ id. id.	La Fère.	8	»	»	17
	7ᵉ id. id.	La Fère.	1	»	»	7
	8ᵉ id. id.	Fives.	»	»	»	1
	9ᵉ id. id.	Mons-en-Pevelle.	»	»	»	
	Parc d'artillerie de............	Commines.	6	»	»	11
	Parc d'artillerie de............	Lille.	39	»	»	83
	Parc d'artillerie de............	Cassel.	12	»	»	18
	Parc d'artillerie d'............	Avesnes.	5	»	»	11
	Parc d'artillerie de............	Pont-à-Marque.	3	»	»	
	1ᵉʳ bataillon de la Moselle.........	La Fère.	18	»	»	1,00
	Canonniers du 8ᵉ de Paris.........	Pont-à-Marque.	1	»	»	2
	11ᵉ compagnie de la Seine-Inférieure.	Marque.	3	»	»	
	Canonniers de la Charente.........	Fives.	1	»	»	
	Canonniers de la Charente.........	Flers.	»	»	»	
	Compagnie de Virmantois.........	Pont-à-Bruck.	1	»	»	
	Canonniers de Bonne-Nouvelle......	Lille.	1	»	»	
	Id. de la Foudroyante montagne.	près Réunion.	2	»	»	
	Canonniers à............	Arleux.	11	»	»	15
	Id. du 4ᵉ de l'Yonne............	Armentières.	4	»	»	8
	Sapeurs de Cambrai............	Louvroie.	8	»	»	7
	Pionniers de la Somme............	Ferrière-lª-Grande.	3	»	»	1
	Id. du Pas-de-Calais............	Ferrière-lª-Grande.	1	»	»	
	Total des Canonniers des Parcs......		174	»	»	4,9
	Total des Canonniers des bataillons......		»	»	»	3,3
	Total de l'Artillerie............		174	»	»	8,3
	1ʳᵉ compagnie d'artillerie légère....	Beaulieu-Basse.	3	»	»	»
	5ᵉ id. id.	Cantin.	1	»	»	»
	11ᵉ id. id.	Mons-en-Pevelle.	4	»	»	»

LA CAMPAGNE DE 1794 A L'ARMÉE DU NORD.

légère	En prison	En congés ou permissions	Aux hôpitaux	Détachés	Présents sous les armes	Total	Manque au complet	CHEVAUX d'officiers	de troupes	En état de faire le service	Total	Manque au complet
»	»	»	»	»	93	93	»	»	»	»	»	»
»	»	»	»	»	87	87	»	»	»	»	»	»
»	»	»	»	»	101	101	»	»	»	»	»	»
»	»	»	»	»	6	6	»	»	»	»	»	»
»	»	»	»	»	3,398	3,398	»	»	»	»	»	»
»	»	»	1	»	23	24	»	12	»	»	12	»
»	»	»	»	»	13	13	»	13	»	»	13	»
1	»	»	»	»	17	18	»	»	»	»	»	»
4	»	»	21	»	234	259	»	»	»	»	»	»
2	»	»	»	»	53	55	»	3	»	»	3	»
»	»	»	7	5	102	114	»	127	»	»	127	»
»	»	»	»	»	153	153	»	»	»	»	»	»
»	»	»	»	»	15	15	»	5	29	»	34	»
»	»	»	»	»	14	14	»	»	9	»	9	»
2	»	»	3	»	30	35	»	»	47	»	47	»
»	»	»	»	»	69	69	»	»	»	»	»	»
»	»	»	»	»	43	43	»	1	34	»	35	»
»	»	»	»	»	83	83	»	2	39	»	41	»
3	1	»	5	»	165	174	»	»	»	»	»	»
4	»	»	4	»	65	73	»	»	»	»	»	»
»	»	»	»	»	17	17	»	»	»	»	»	»
»	»	»	»	»	9	9	»	»	»	»	»	»
»	»	»	»	»	114	114	»	31	111	»	142	»
»	»	»	»	»	839	839	»	»	759	»	759	»
»	»	2	16	28	136	182	»	»	18	»	18	»
»	»	»	9	4	98	111	»	»	»	»	»	»
»	»	»	»	»	60	60	»	»	81	»	81	»
»	»	»	53	255	755	1,063	»	13	18	»	31	»
»	»	»	»	»	21	21	»	»	8	»	8	»
»	»	»	»	24	34	58	»	1	35	»	36	»
»	»	»	»	»	38	38	»	»	82	»	82	»
»	»	»	»	»	39	39	»	3	46	»	49	»
»	»	»	»	»	22	22	»	»	10	»	10	»
»	»	»	»	»	20	20	»	»	»	»	»	»
»	»	»	»	»	43	43	»	1	37	»	38	»
»	»	»	»	»	154	154	»	67	100	»	167	»
»	»	»	»	»	85	85	»	»	»	»	»	»
2	3	»	123	6	640	774	»	»	»	»	»	»
»	»	»	»	»	113	113	»	»	»	»	»	»
»	»	»	»	»	88	88	»	»	»	»	»	»
18	6	»	242	322	4,404	4,992	»	124	1,618	»	1,742	112
»	»	»	»	»	3,398	3,398	»	»	»	»	»	»
18	6	»	242	322	7,802	8,390	»	124	1,618	»	1,742	112
»	»	»	6	2	91	99	»	4	50	»	54	»
»	4	»	»	»	30	34	»	47	24	»	71	»
»	»	»	»	»	91	91	»	143	64	»	207	6

DESTINATION	DÉNOMINATION DES CORPS	EMPLACEMENT	Nombre d'officiers	Infanterie	Infanterie légère	D'artillerie
	12ᵉ compagnie d'artillerie légère....	Catillon.	3	»	»	»
	15ᵉ id. id.	Jeumont.	4	»	»	»
	24ᵉ id. id.	près Réunion.	4	»	»	»
	25ᵉ id. id.	Grand-Blocus.	4	»	»	»
	27ᵉ id. id.	Pont-à-Marque.	1	»	»	»
	29ᵉ id. id.	Marque.	2	»	»	»
	Total de l'Artillerie légère............		26	»	»	»
	2ᵉ de carabiniers.................	près Courtray.	25	»	»	»
	1ᵉʳ de cavalerie..................	Hélesmes.	27	»	»	»
	3ᵉ régiment de cavalerie...........	près Réunion.	30	»	»	»
	6ᵉ id. id.	Fontaine.	4	»	»	»
	6ᵉ id. id.	Cerfontaine.	9	»	»	»
	8ᵉ id. id.	près Réunion.	29	»	»	»
	16ᵉ id. id.	Mazinguet.	31	»	»	»
	17ᵉ id. id.	Oizy.	34	»	»	»
	19ᵉ id. id.	Marque.	20	»	»	»
	19ᵉ id. id. dét........	Wasquehal.	7	»	»	»
	19ᵉ id. id.	Armentières.	1	»	»	»
	19ᵉ id. id.	Bailleul.	1	»	»	»
	20ᵉ id. id.	Commines.	23	»	»	»
	20ᵉ id. id. dét........	Lincelles.	7	»	»	»
	21ᵉ id. id. dét........	Hondschoote.	3	»	»	»
	21ᵉ id. id.	Steenvorde.	1	»	»	»
	22ᵉ id. id.	Cerfontaine.	27	»	»	»
	24ᵉ id. id. dét........	Raucourt.	6	»	»	»
	25ᵉ id. id.	Leval.	21	»	»	»
	25ᵉ id. id.	Ponthibaut.	4	»	»	»
	Total de la grosse Cavalerie		310	»	»	»
	Gendarmerie Nationale.............	Cassel.	1	»	»	»
	Gendarmerie Nationale.............	Avesnes.	1	»	»	»
	Gendarmerie de la Nièvre..........	près Réunion.	3	»	»	»
	Id. du quartier général....	Lille.	5	»	»	»
	....	Lille.	2	»	»	»
	Total de la Gendarmerie		12	»	»	»
	Total de la grosse Cavalerie		322	»	»	»
	3ᵉ de dragons.................	Catillon.	24	»	»	»
	7ᵉ id.	Colleret.	29	»	»	»
	12ᵉ id.	près Réunion.	27	»	»	»
	13ᵉ id.	Bégnicourt.	27	»	»	»
	20ᵉ id.	près Réunion.	28	»	»	»
	Total des Dragons............		135	»	»	»

De cavalerie légère	En prison	En congés ou permissions	Aux hôpitaux	Détachés	Présents sous les armes	Total	Manque au complet	d'officiers	de troupes	En état de faire le service	Total	Manque au complet
»	2	»	23	»	74	99	»	4	229	»	224	»
»	»	»	8	»	87	95	»	170	57	»	227	»
»	»	»	8	»	92	100	»	8	119	»	127	»
»	2	»	7	»	91	100	»	4	207	»	211	»
»	»	»	»	»	27	27	»	»	57	»	57	»
»	»	»	»	»	53	53	»	7	136	»	143	»
»	4	4	52	2	636	698	»	387	934	»	1,321	6
»	»	»	»	»	365	365	»	41	381	»	422	»
»	1	1	17	10	485	514	»	42	448	»	490	»
»	»	»	»	»	460	461	»	40	505	»	545	»
»	2	»	3	1	127	133	»	6	132	»	138	»
»	2	»	7	7	138	154	»	13	133	»	146	»
»	3	»	28	6	538	575	»	63	551	»	614	»
»	»	»	15	»	378	393	»	64	508	»	632	»
»	»	2	8	»	476	486	»	44	457	»	501	»
»	»	»	»	»	346	346	»	37	341	»	378	»
»	»	»	»	»	115	115	»	14	111	»	125	»
»	»	»	»	9	30	30	»	1	30	»	31	»
»	»	»	»	»	20	29	»	1	29	»	30	»
»	5	2	32	»	415	454	»	41	393	»	434	»
»	1	»	1	»	137	139	»	9	124	»	133	»
»	1	»	»	69	30	100	»	»	100	»	100	»
»	»	»	»	»	33	33	»	»	33	»	33	»
»	»	12	»	36	491	539	»	55	489	»	544	»
»	»	»	3	1	205	209	»	14	209	»	223	»
»	1	»	28	»	358	387	»	27	333	»	360	»
»	6	»	»	»	85	91	»	4	74	»	78	»
»	22	17	142	139	5,432	5,752	»	516	5,441	»	5,957	»
»	»	»	1	»	27	28	»	1	37	»	28	»
»	»	»	2	»	16	18	»	1	18	»	19	»
»	1	»	6	1	44	52	»	3	52	»	55	»
»	»	»	»	7	65	72	»	6	71	»	77	»
»	»	»	1	»	15	16	»	2	16	»	18	»
»	1	»	10	8	167	186	»	13	184	»	197	»
»	23	17	152	147	5,599	5,938	»	529	5,625	»	6,154	»
593	1	»	38	»	554	593	»	43	334	»	377	»
14	9	»	30	616	459	1,114	»	45	476	»	521	»
538	5	»	20	1	512	538	»	38	512	»	550	»
543	»	»	»	»	543	543	»	60	545	»	605	»
486	8	»	74	50	354	486	»	36	360	»	396	»
74	23	»	162	667	2,422	3,274	»	222	2,227	»	2,449	»

DESTINATION	DÉNOMINATION DES CORPS	EMPLACEMENT	Nombre d'officiers	Infanterie	Infanterie légère	D'artillerie
	5ᵉ de chasseurs	Hélesmes.	37	»	»	»
	6ᵉ id.	Ribouville.	37	»	»	»
	12ᵉ id.	Solre Libre.	40	»	»	»
	13ᵉ id.	Pont-à-Marque.	21	»	»	»
	14ᵉ id.	Fretin.	11	»	»	»
	16ᵉ id.	Aibes.	17	»	»	»
	19ᵉ id.	Bailleul.	1	»	»	»
	21ᵉ id.	Dunkerque.	20	»	»	»
	23ᵉ id.	Lille.	7	»	»	»
	Total des Chasseurs		191	»	»	»
	2ᵉ de hussards	près Réunion.	18	»	»	»
	4ᵉ id.	Priches.	33	»	»	»
	5ᵉ id.	Cantin.	32	»	»	»
	6ᵉ id.	Pont-à-Marque.	6	»	»	»
	8ᵉ id.	Cassel.	5	»	»	»
	9ᵉ id.	Bondues.	6	»	»	»
	9ᵉ id.	Mouveaux.	13	»	»	»
	Total des { Hussards		113	»	»	»
	Chasseurs		191	»	»	»
	Dragons		135	»	»	»
	Total de la Cavalerie légère		439	»	»	»

RÉCAPI

ARMÉE DU NORD	officiers	de l'infa
Troupes des garnisons	2,061	44,4
Troupes disponibles	5,193	110,4
Troupes omises	218	6,8
Total	7.472	158,4
Total général, officiers compris	Effectif	

Il faudra déduire la garnison de Landrecies composée de 5,942 hommes d'infanterie. Il a de plus été jeté dans Landrecies dans le commencement du siège deux bataill

Certifié conforme aux États envoyés à l'État-Major.

LA CAMPAGNE DE 1794 A L'ARMÉE DU NORD.

En prison	En congés ou permissions	Aux hôpitaux	Détachés	Présents sous les armes	Total	Manque au complet	CHEVAUX d'officiers	de troupes	En état de faire le service	Total	Manque au complet
2	»	20	50	506	578	»	45	509	»	554	»
6	»	62	41	563	672	»	69	567	»	636	»
1	»	11	»	644	656	»	84	626	»	710	»
»	»	»	124	203	327	»	39	290	»	329	»
»	»	»	»	239	239	»	10	208	»	218	»
1	»	2	»	285	288	»	27	288	»	315	»
»	1	4	9	21	35	»	2	33	»	35	»
7	»	13	50	397	467	»	»	245	»	245	»
»	»	1	»	49	50	»	12	30	»	42	»
17	1	113	274	2,907	3,312	»	288	2,796	»	3,084	»
3	1	29	15	224	272	»	26	246	»	272	»
3	4	22	160	478	607	»	54	481	»	535	»
8	1	31	4	399	443	»	46	425	»	471	»
»	»	»	»	106	106	»	7	106	»	113	»
»	»	2	»	132	134	»	5	134	»	139	»
»	»	28	5	95	128	»	8	111	»	119	»
»	»	»	»	168	168	»	17	166	»	183	»
14	6	112	184	1,602	1,918	»	163	1,669	»	1,832	»
17	1	113	274	2,907	3,312	»	288	2,796	»	3,084	»
23	»	162	667	2,422	3,274	»	222	2,227	»	2,449	»
54	7	387	1,125	6,931	8,504	»	673	6,692	»	7,365	»

ION

erie	de l'artillerie	de l'artillerie légère	de la cavalerie	de la cavalerie légère	présents sous les armes
	8,621	213	1,836	4,303	58,464
	7,802	636	5,599	6,931	148,457
	228	.....	208	187	7,473
	16,651	849	7,643	11,421	214,394
.... 263,603	Actif 221,866

de cavalerie et de 182 officiers, ensemble........................... 6,576 hommes
 nom et dont la force est estimée à............................ 2,000 —
                   Total.. 8,576 hommes

Au quartier-général à Lille, le 20 floréal 2ᵉ année Républicaine.

Général de Division chef de l'État-Major général,
                    LIÉBERT.

VI

LA CAPITULATION DE LANDRECIES

8 au 11 floréal an II (27 au 30 avril 1794).

1

Le général Fromentin au général Ferrand.

Avesnes, le 8 floréal an II (27 avril 1794).

Le général Montaigu vient de prévenir le général Soland que Landrecies est pris. L'ennemi a fait une réjouissance en faisant trois décharges dans toute la ligne. Deux colonnes ennemies ont filé sur Landrecies.

Nous voilà maintenant dans la position la plus cruelle. L'ennemi va se porter sur Avesnes et Maubeuge. Et que vont devenir le poste de Maroilles et ceux que j'ai le long de l'Helpe dont la force est médiocre? Indique-moi au plus vite ce que je dois faire et sur quel endroit je vais faire ma retraite.

Si la prise de Landrecies n'est pas vraie, elle n'est qu'avancée, car il est tout en feu et ne peut plus tenir longtemps.

Réponds-moi par le même courrier.

Communique ma lettre au représentant Laurent.

P.-S. — Je reçois à l'instant deux mots de Montaigu que je te transcris. Le feu de l'ennemi sur Landrecies avait cessé pendant à peu près 3 heures. Je présumai qu'il avait emporté la ville de vive force ou qu'elle s'était rendue. Je me suis trompé agréablement. Elle n'est pas prise. Le brave Roulland répond à leur sommation par un feu très vif.

Signé : FROMENTIN.

2

Le général Favereau au général Desjardin.

Le 8 floréal an II (27 avril 1794).

Je fais partir de suite, mon camarade, un courrier pour Ferrand qui apprendra avec plaisir ta jonction avec l'armée des Ardennes. L'ennemi foutra le camp à cette nouvelle. Dans la disposition de tes troupes, après la prise de Beaumont, mets en réserve 4 à 5 bataillons prêts à marcher dans le cas que j'en reçoive l'ordre du général en chef.

Signé : FAVEREAU.

3

Ordre du 8 floréal an II (27 avril 1794).

Il est ordonné au citoyen commandant les troupes de la République cantonnées à Solre-Libre, d'en partir sur-le-champ avec la colonne qu'il commande, tant infanterie que cavalerie, pour se rendre sous les murs d'Avesnes où il recevra les ordres du général Fromentin. Ce commandant fera observer à sa troupe le plus grand ordre et la mettra en bataille jusqu'à ce que le général lui ait donné sa destination.

Signé : FAVEREAU.

4

Le général Favereau au général Fromentin.

Le 8 floréal an II (27 avril 1794).

Je t'adresse, mon camarade, trois bataillons, le 6e de l'Oise, le 1er du 68e et le 2e de la Nièvre et un détachement du 6e de cavalerie et du 22e. Ils se rendront sous les murs d'Avesnes où tu leur donneras des ordres ultérieurs. Connaissant l'importance de la position de Maroilles, je me suis concerté avec les représentants du peuple Laurent et Levasseur et le général Charbonnié, commandant en chef l'armée des Ardennes, qui ont senti comme moi combien il était précieux de venir au secours de Landrecies.

Signé : FAVEREAU (1).

---

(1) Par une lettre précédente du même jour, Favereau a annoncé à Fromentin l'occupation de Beaumont où il va se rendre avec le représentant Laurent. Il ajoute qu'il va envoyer trois bataillons à Avesnes pour être aux ordres de Fromentin.

5

Le général Fromentin au général Favereau.

Avesnes, le 8 floréal an II (27 avril 1794).

Je te préviens, mon cher camarade, que Landrecies se défend toujours vigoureusement, qu'on le canonne, et que le feu ne discontinue pas, on l'entend jusqu'ici.

Les 3 bataillons que tu m'as annoncés par ta lettre d'aujourd'hui ne me sont pas encore arrivés. Tu trouveras ci-joint une lettre du général Ferrand que je viens de recevoir par le retour du courrier que je lui ai envoyé.

Tu voudras bien me renvoyer aussi l'escadron du 22e régiment de cavalerie que j'avais envoyé à Solre-Libre puisque nous y sommes entrés. J'en ai le plus grand besoin.

Continue tes conquêtes.

Signé : Fromentin.

6

Le général Ferrand au général Favereau.

Réunion-sur-Oise, le 8 floréal an II (27 avril 1794).

. . . . . Les divisions que j'ai dans cette partie étant très faibles et surtout découragées, je vais en augmenter les forces en faisant venir 10,000 hommes de la division de Cambrai. Il faut espérer qu'avec ce renfort on parviendra à rétablir les choses. Tu m'annonces pouvoir mettre à ma disposition 4 à 5 bataillons. Tu n'auras qu'à les envoyer au général Fromentin. Ils serviront à renforcer la brigade de Soland pour laquelle Fromentin demande une augmentation. Je préviens Fromentin de ce mouvement auquel je t'engage à procéder de suite.

Signé : Ferrand.

7

Le général Despeaux au général Favereau.

Limonfontaine, le 8 floréal an II (27 avril 1794).

. . . . . Le bombardement de cette nuit (1) et la canonnade de ce matin ayant cessé, tout fait croire que Landrecies est au pouvoir de l'ennemi. Ce qui me le fait croire davantage,

---

(1) Du 7 au 8 floréal (26 au 27 avril).

c'est que les batteries assiégeantes ont cessé leur feu, et les assiégés en ont fait autant à la même heure. Toute la troupe qui borde les hauteurs de Maroilles a tiré une salve de 3 coups de canon à poudre en signe de réjouissance, l'ennemi se retranche considérablement en face de Maroilles. . . . .

Je t'observe que les trois bataillons qui me restent dans la division font le service de huit, qu'ils sont tous de garde ; il ne sera pas possible qu'ils continuent, étant tous de garde . . . . .

8

Le général Dubois au général d'Hautpoul, à la Capelle.

Le 8 floréal an II (27 avril 1794).

J'ai communiqué ta lettre au général en chef et je lui ai demandé de te conserver le citoyen Desayer, capitaine des guides. Ce général m'a répondu qu'il était impossible que cet homme restât avec toi, vu qu'il en avait le plus grand besoin. A l'égard des chevaux nécessaires, le général m'instruit qu'il en a été pris plusieurs hier, et qu'on les a conduits à Vervins ; il t'autorise à les faire revenir et à les employer au service de ton artillerie légère.

Le général autorise également le canonnier qui a pris un cheval hier à l'ennemi à le garder en le payant toutefois le prix fixé par la loi, s'il s'est défait du sien. Quant à l'officier d'artillerie légère qui est en arrestation, il sera jugé incessamment.

Je te préviens, mon cher camarade, que j'envoie au 12e régiment de dragons et au 17e de cavalerie de la (part) du général en chef, l'ordre de partir demain à 4 heures du matin de la Capelle, pour se rendre au camp retranché de Lesquielles-sous-Réunion : ces régiments seront remplacés par le 9e de cavalerie et le 20e de dragons. Le bien du service exige cette mutation.

Continue à me donner de tes nouvelles et à m'envoyer tes rapports de situation.

Salut, amitié et fraternité.

9

Ordre du général Dubois au général de brigade provisoire Bousson.

Le 8 floréal an II (27 avril 1794).

Je te préviens, mon cher camarade, que j'envoie l'ordre au 20e régiment de dragons sous tes ordres de partir demain à

4 heures du matin avec armes et bagages pour se rendre à la Capelle sous ceux du citoyen d'Hautpoul, qui est également prévenu de l'ordre que j'envoie au 12e régiment de dragons de venir remplacer sous ton commandement le 20e qui est parti.

Ordre du général Dubois au citoyen Desprez.

Même date.

Même avertissement que ci-dessus relativement au départ du 3e régiment de cavalerie qui sera remplacé par le 17e (1).

10

Le général Dubois au général d'Hautpoul.

Le 9 floréal an II (28 avril 1794).

Il est ordonné par le général en chef que les régiments de cavalerie qui sont sous le commandement du commandant d'Hautpoul, prennent les armes demain 10 floréal à 3 heures du matin, pour partir à 4 heures précises et se rendre aux lieux désignés dans l'instruction qu'il recevra du général Balland et à laquelle il voudra bien se conformer.

Le général Balland n'ayant que le 16e régiment de cavalerie, tu voudras bien y joindre le 20e régiment de dragons, afin d'égaliser les forces. Ce régiment devra être rendu à Leschelles avant 4 heures du matin. Le bien du service exige que tu appuies ta gauche à Balland, que tu te concertes avec lui en tout point et que tu ne te portes pas trop en avant pour éviter d'être tourné.

11

Le général Dubois au général de brigade provisoire Desprez.

Le 9 floréal an II (28 avril 1794).

Il est ordonné au citoyen Desprez de faire prendre les armes demain 10 à 3 heures du matin à sa brigade de cavalerie dans le plus grand ordre et silence. Le 8e régiment de cavalerie partira du camp retranché à 3 heures et demie pour éclairer la colonne d'infanterie qui doit se porter sur les hauteurs d'Hen-

---

(1) Voir dans le registre du général Dubois les ordres envoyés aux 3e et 17e de cavalerie, 12e et 20e de dragons

napes, pour protéger le flanc gauche de l'armée et aller faire sa jonction au-dessus d'Etreux.

L'ordre étant donné au commandant de la colonne d'infanterie de laisser deux bataillons au Petit Blocus pour secourir Wassigny, le commandant du 8ᵉ de cavalerie y laissera également un escadron pour soutenir l'infanterie.

Le général Desprez fera porter le 17ᵉ régiment de cavalerie en avant du camp retranché appuyant sa droite à la chaussée.

On compte sur son zèle pour l'exécution du présent (1).

12

Extraits d'arrêtés du Comité de Salut public.

Du 9 floréal an II (28 avril 1794). . . . . Schérer, général de division à l'Armée du Rhin, Kléber, général de division à l'Armée de l'Ouest, et Dubois, général de brigade à l'Armée du Rhin se rendront sans délai à l'Armée du Nord (2).

Du 15 floréal an II (4 mai 1794). . . . . Rier, général de brigade commandant au second de Strasbourg, se rendra sans délai à l'Armée du Nord.

(Même date). . . . . Stettenhofen, ancien général de brigade à l'Armée du Nord, se rendra sans délai en qualité de général de division au quartier général de Réunion-sur-Oise, pour y prendre les ordres du général en chef Pichegru.

13

Le général Fromentin au général Favereau.

Avesnes le 9 floréal an II (28 avril 1794).

Les 3 bataillons et les 2 détachements que tu m'as annoncés viennent d'arriver. Je vais les faire partir sur-le-champ : le 6ᵉ de l'Oise et le 68ᵉ pour Maroilles, le 2ᵉ de la Nièvre et les 2 déta-

---

(1) Un ordre semblable est adressé aux généraux de brigade Bousson et Gaudin.

(2) Pichegru écrivit à Pille, le 14 floréal (3 mai) : « J'apprends avec plaisir, Citoyen, que tu as donné des ordres aux généraux Schérer et Kléber de se rendre à l'armée du Nord. Le premier m'est connu, l'autre jouit d'une excellente réputation, ils nous seront ici d'un grand secours. » . . . .

chements de cavalerie pour Petit et Grand-Fayt sous les ordres de Soland.

Le feu continue toujours sur Landrecies.

Donne-moi des renseignements sur la position de ton armée. J'apprends indirectement qu'elle avance beaucoup. . . . .

Signé : FROMENTIN.

14

Le général Ferrand au Comité de Salut public.

Réunion-sur-Oise, le 9 floréal an II (28 avril 1794).

Je m'empresse à détruire les fâcheuses nouvelles que je vous ai données par mon courrier de nuit.

Voici ce que le général Fromentin me marque : « L'ennemi avait cessé son feu pendant à peu près trois heures. Je présumais qu'il avait emporté la ville de vive force ou qu'elle s'était rendue. Je me suis trompé agréablement; elle n'est pas prise. Le brave Roulland répond à la sommation par un feu très vif. Au moment où je t'écris, l'ennemi bat vigoureusement la place; un coup n'attend pas l'autre. C'est un feu continuel auquel Roulland riposte. »

Je fais attaquer demain depuis Cambrai jusqu'à Maubeuge. La jonction de l'armée des Ardennes avec celle du Nord me promet une diversion de ce côté. Le zèle de mes frères d'armes me secondant, nous ferons nos efforts pour bien mériter de la patrie.

Salut et fraternité,
FERRAND.

15

Le général Ferrand au général Favereau.

Réunion-sur-Oise, le 9 floréal an II (28 avril 1794).

La position critique de Landrecies, mon cher camarade, ne me permet pas d'attendre plus longtemps pour attaquer de nouveau l'ennemi et le forcer à abandonner son entreprise sur cette place. Fais en conséquence toutes les dispositions pour opérer une diversion dans la partie que tu occupes, et fais passer en même temps tout ce qui te restera de disponible au général Fromentin, sa division étant celle qui doit attaquer le plus vigoureusement.

D'après ce que tu as mandé, tu lui as déjà envoyé 7 bataillons sur Maroilles et 3 qui doivent être en route pour le joindre, lesquels au nombre de dix réunis à sa division la met dans un état respectable et dans le cas d'en imposer à l'ennemi; mais nous ne pouvons nous dissimuler non plus qu'il y a de grandes forces dans cette partie. Ainsi je t'engage à faire les derniers efforts pour lui envoyer encore du renfort. L'armée des Ardennes qui appuie ta droite te donne des ressources dont il faut profiter sur-le-champ. Après-demain peut-être serait-il trop tard.

L'attaque est pour demain 10 floréal à la pointe du jour.

Toute la gauche sera sous les armes.

Communique sur-le-champ ma lettre au commandant de l'armée des Ardennes afin que vous agissiez de concert.

Signé : FERRAND.

16

Extrait du « Journal du général Bonnaud ».

Le 9, le général Proteau qui avait pris le commandement de cette division reçut ordre du général Ferrand de se présenter de nouveau sur le même point; ce qui fut exécuté, mais nulle affaire ne fut engagée.

Le 11, même ordre; il y eut ce jour-là quelques petites affaires mais sans perte de part et d'autre, le sujet de ces attaques était pour chasser l'ennemi du Cateau et débloquer Landrecies.

J'ai maintes fois, en parlant de ces différentes affaires, en considérant les grands succès de cette campagne, appliqué le proverbe qui dit : A quelque chose malheur est bon; il n'y a pas effectivement de doute que si elles eussent réussi c'eût été aux dépens du grand plan qui a été suivi après avec tant d'avantages.

Le même jour et sans m'en prévenir les représentants du peuple Bollet et Florent Guyot prirent un arrêté par lequel ils me nommaient au grade de général de division avec injonction de prendre le commandement de celle de Cambrai. Le soir même, au moment où les représentants du peuple me firent appeler pour me faire part de leur arrêté auquel malgré mes instances et observations ils m'ordonnèrent d'obéir, on vint nous rendre compte que l'ennemi avait approché la ville et qu'un camp assez considérable était tendu sur les hauteurs de Florenville; tous les rapports s'accordaient à celui-là et ne laissaient pas de doute que l'ennemi cherchait à bloquer Cambrai.

La place était peu apprivisionnée, point de fourrages, il y avait du grain et presque pas de farine, une forte partie des forces de la division était dans la ville ou dans les villages environnnants, en avant de l'Escaut; il eût été très dangereux de se laisser surprendre. Après avoir concerté avec les généraux Proteau et Noël (ce dernier arriva le même jour pour être employé à la division) et en avoir prévenu les représentants, j'ordonnai que quatre bataillons et 200 chevaux resteraient dans la place et que dès le matin du 12, on passerait l'Escaut pour prendre la position de Fontaine-Notre-Dame, en même temps six bataillons et un régiment de cavalerie commandés par le général Compère qui arriva ce jour-là à la division venant de Douai, bordaient la rive gauche de l'Escaut depuis Rumilly jusqu'à Hordain et quatre autres bataillons et un régiment de cavalerie occupaient la même rive depuis Crèvecœur jusqu'à Cambrai; les ponts sur toute cette étendue étaient coupés.

Soit que ce mouvement déjouât son projet, soit qu'il ne fût pas tel que les rapports donnaient lieu de le croire, l'ennemi ne fit aucun mouvement sur nous; le soir nous reprîmes la même position que le matin.

Le lendemain je reçus l'ordre du général Ferrand d'envoyer un général et 4,500 hommes à Saint-Quentin.

17

Le général Mayer au général Favereau.

Réunion-sur-Oise, 10 floréal an II (29 avril 1794).

Je te préviens, mon camarade, que le général Montaigu a reçu l'ordre d'attaquer l'ennemi. Cette attaque doit se faire sur tous les points et j'espère que nous réussirons mieux qu'à l'attaque dernière. Il paraît toujours qu'elle est mieux combinée, et nous avons ordre de ne pas avancer plutôt que votre gauche ainsi que nous règle tous ces mouvements. Il faut espérer que Balland travaillera mieux qu'à l'ordinaire, car c'est sur ses mouvements que nous devons régler notre attaque.

Le pauvre Landrecies est presque tout brûlé et se défend toujours vigoureusement. J'espère que nous le délivrerons et que nous chasserons ces gueux.

Signé : MAYER.

18

Le duc d'York à lord Dundas.

Le Cateau, le 30 avril 1794.

Monsieur,

C'est avec une satisfaction particulière que j'ai l'honneur de vous informer de la reddition de Landrecies. Ce matin la ville a offert de capituler et a demandé une suspension d'armes de 48 heures pour en arranger les articles ; mais cette demande a été absolument refusée ; et on leur a donné seulement une demi-heure pour se décider, délai qui sur une seconde demande a été prolongé à une heure. Cependant, avant que ce temps fût écoulé, des députés de la ville en sont sortis ; et, après une très courte conférence, ils ont consenti à livrer la place ce soir à 5 heures et que la garnison restera prisonnière de guerre. Cet événement heureux qu'on ne s'attendait pas à voir arriver si tôt fait compensation avec la nouvelle désagréable que nous avons reçue aujourd'hui d'un échec que le général de Clerfayt a essuyé à Mouscron. Ce poste avait été repris sur l'ennemi par un corps hanovrien aux ordres du général-major comte d'Oyenhausen le soir précédent : mais l'ennemi l'ayant cerné en quelque façon, le général Clerfayt qui avait joint les Hanovriens avec 6 bataillons autrichiens a été à la fois obligé de se retirer et a pris une nouvelle position à l'effet de couvrir le grand chemin de Tournay à Courtrai. Sur cet avis l'Empereur m'a prié de marcher ce soir aussitôt que possible vers Saint-Amand et de là, s'il est nécessaire, à Tournay au secours du général Clerfayt (1).

Signé : FRÉDÉRICK.

19

Extrait de l'ordre du général Dubois.

Du 11 au 12 floréal an II (30 avril — 1ᵉʳ mai 1794).

. . . .

La troupe sera sous les armes à 4 heures précises de ce soir, le 8ᵉ et le 17ᵉ de cavalerie se porteront en avant du camp retranché ; le 8ᵉ fera le même mouvement et suivra la même marche par Hennapes que le 10 précédent ; il restera tout entier sur la côte du Petit-Blocus jusqu'à nouvel ordre. Le 17ᵉ appuyera sa droite à la chaussée en avant de l'infanterie dont il couvrira et éclairera la marche jusqu'à Étreux.

---

(1) Cette lettre fut publiée par le journal *The London Gazette*, n° 13650. Ce journal relate que la lettre fut apportée par M. Tems, un des messagers de S. M.

20

Les représentants du peuple Richard et Choudieu au Comité de Salut public.

Lille, le 11 floréal an II (30 avril 1794).

Votre lettre du 9 nous annonce des alarmes très vives pour la situation des affaires de la République dans le centre de l'armée du Nord. Nous nous empressons de vous tranquilliser. L'effet naturel de nos succès dans la Flandre maritime et aux Ardennes doit être de diviser les forces ennemies et de les diriger en grande partie sur ces deux points. Nous sommes sûrs alors de les chasser de notre territoire et de les battre sur le leur. La marche qu'ils suivent dans ce moment nous mène infailliblement à ce résultat. Comme ils ne se déterminent qu'à regret à diminuer leur grande armée, et qu'ils ont de fausses idées de nos moyens qu'ils ne croient pas aussi considérables, ils ne font passer des troupes que partiellement et par détachements, à mesure que nos progrès leur donnent l'éveil sur la direction que nous suivons. Notre intention est de poursuivre sans relâche notre entreprise et de ne pas leur laisser un moment de repos.

Il n'est pas vrai que Landrecies soit au pouvoir de l'ennemi; du moins nous avons lieu de le croire. Nos forces au centre sont peut-être plus considérables que celles de Cobourg et si elles eussent été commandées par des hommes plus intelligents et plus hardis, nous ne doutons pas qu'elles eussent obtenu les mêmes avantages que celles avec lesquelles nous avons marché. Le brave Ferrand que nous venons d'envoyer à Réunion fait ce qu'il peut, mais il n'a presque pas d'officiers en état de le seconder. Nous réparerons tout cela en mettant chacun à sa place; et, Landrecies fût-il pris, nous ne cesserons pas d'être convaincus que l'armée du Nord dévorera dans cette campagne les ennemis de la République qu'elle est chargée de combattre.

Nous attendons impatiemment le résultat de l'attaque d'hier sur l'armée qui cerne Landrecies. Il court des bruits qui nous sont avantageux, mais ce ne sont que des bruits.

Nous ne pouvons vous exprimer combien est complète la victoire d'hier. Le désordre dans l'armée ennemie est à son comble. La bravoure de nos soldats s'est développée d'une manière étonnante. Nous vous rendrons compte des traits particuliers qui ont caractérisé cette journée et celle d'aujourd'hui. Le 5e des chasseurs à cheval, les carabiniers 1er Régiment et le 1er de cavalerie se sont couverts de gloire, les gendarmes à pied ont également fait des prodiges, en un mot il n'est point de corps qui n'ait vivement fait son devoir.

La République est débarrassée d'un grand nombre de scélérats émigrés qui ont péri sous les coups de nos braves soldats à Menin. Le nombre des pièces d'artillerie prises dans ces 2 journées passe quarante. Les objets de munitions, de transports et d'approvisionnement de tout genre sont dans une immense quantité. Nous ferons rentrer plus de 2,000 chariots chargés.

Salut et fraternité,
CHOUDIEU, RICHARD.

21

Le général Desjardin au général Favereau.

Beaumont, le 10 floréal an II (29 avril 1794).

... Conformément au désir du général Ferrand, j'ai fait faire une attaque sur Hantes. Il y a très peu de force dans ce village. Les tirailleurs y sont entrés. Je me serais bien gardé d'y prendre position de crainte de contrarier les opérations du général en chef. D'ailleurs c'est que la position n'est pas tenable pour moi dans ce moment.

La retraite s'est faite dans le plus grand ordre et j'ai fait retirer toutes les troupes. J'ai eu 3 hommes et 6 chevaux de blessés. La perte de l'ennemi est bien plus considérable par l'artillerie légère et les tirailleurs. Je ne sais si l'Armée des Ardennes a fait un mouvement.

. . . .

Signé : DESJARDIN.

22

Le général Ferrand au général Favereau.

Réunion-sur-Oise, le 10 floréal an II (29 avril 1794).

J'ai reçu, mon cher camarade, ta lettre datée du 9 floréal que j'ai reçue par retour du courrier que je t'ai envoyé et par laquelle tu m'annonces avoir fait passer à la division de Fromentin ce dont tu pouvais disposer. Puisse le projet conçu par Charbonnié s'exécuter ! J'espère que son armée tiendra l'ennemi qu'il a vis-à-vis de lui en échec et qu'il ne pourra se porter sur aucun point de ta Division (1).

---

(1) Favereau adresse copie de cette lettre à Despeaux en lui faisant observer que son rôle consiste à « inquiéter l'ennemi et le tenir en échec sans se compromettre ».

23

Le général Favereau au général Ferrand.

Le 10 floréal an II (29 avril 1794).

J'ai reçu, mon camarade, ta lettre de ce jour..... J'ai fait parvenir au général en chef de l'Armée des Ardennes celle que tu m'as envoyée hier relative à l'attaque d'aujourd'hui. Le général Desjardin tient l'ennemi en échec devant Beaumont et Despeaux sur la Sambre.

. . . .

Écris à la Fère pour qu'on nous fasse parvenir de la poudre. Nous en avons le plus grand besoin. La division de Fromentin nous a presque épuisés. De mon côté je vais en faire la demande. Appuie-la fortement.

Signé : FAVEREAU.

24

Le général Ferrand au général Favereau.

Réunion-sur-Oise, le 10 floréal an II (29 avril 1794).

Notre attaque, quoique heureuse, mon cher camarade, n'a pas rempli le but que nous nous étions proposé, ayant été obligés de la suspendre dans le moment où tout nous présageait des succès. La division de Cambrai qui a perdu une partie de ses canons à l'affaire du 7 n'a pu opérer la diversion que nous nous étions promise, ce qui nous a forcé à la retraite.

Après-demain 12 nous attaquerons de nouveau. Ainsi je compte que tu opéreras une forte diversion du côté des Ardennes, et je t'engage à prévenir le général de cette armée de l'attaque que je compte faire. Aie soin surtout que les troupes de la rive gauche de la Sambre cherchent à inquiéter l'ennemi par leur mouvement.

Signé : FERRAND.

25

Le général Ferrand au général Favereau.

Réunion-sur-Oise, le 11 floréal an II (30 avril 1794).

Le peu de réussite de nos efforts, mon cher général, nous prouve qu'il faut employer le plus de forces possible pour réussir dans notre opération. En conséquence il faut que tu augmentes les nôtres d'une partie des tiennes et pour ce, tu n'attaqueras pas l'ennemi avec force dans la partie de Beaumont. Tu te contenteras de faire quelques mouvements qui puissent l'inquiéter. Tu te porteras sur la rive gauche de la Sambre et sur le point de Maroilles qu'il faut absolument que tu renforces, étant obligé de dégarnir ce point pour renforcer les brigades de Soland et de Duhesme.

L'attaque commencera à la pointe du jour. J'espère que cette journée sera heureuse et qu'elle rivalisera avec celle du Mont Cassel.

Je t'envoie le plan d'attaque (1).

Tirant 6,000 hommes de Maroilles, il faut que tu y fasses au moins passer 5,000 hommes. Je n'écris pas au représentant, imaginant bien que tu lui communiques mes lettres.

Signé : FERRAND.

26

Le général Favereau au général Despeaux.

Le 11 floréal an II (30 avril 1794).

Je t'adresse, mon camarade, copie de la lettre que je viens de recevoir du général Ferrand, relativement à l'attaque qui doit recommencer demain. Tu y verras qu'il désire que tes troupes fassent des mouvements pour inquiéter l'ennemi et par conséquent y attirer son attention. Pour lors, s'il s'y rassemblait, il faudrait le recevoir à coups de canon; mais défend qu'on tire des coups inutiles. Notre munition est précieuse. . . . . .

Suit la copie de la lettre de Ferrand (2). . . . .

27

Le général Ferrand au général Favereau.

Réunion-sur-Oise, le 11 floréal an II (30 avril 1794).

Je m'aperçois, dans l'instant, mon cher camarade, que je ne t'ai pas prévenu que l'attaque de demain n'aurait pas lieu, Cambrai ne pouvant pas être en mesure par la perte d'artillerie

---

(1) Voir le plan d'attaque dans le texte, page 8.
(2) Voir lettre de Ferrand à Favereau. 10 floréal-29 avril.
Favereau adresse également copie de cette lettre à Desjardins et à Charbonnié (11 floréal-30 avril). Il insiste sur l'utilité d'une forte diversion au nord de Beaumont pour y attirer l'attention de l'ennemi et diminuer ses forces sur Landrecies.

faite dans la journée du 7, perte qui n'est pas encore réparée et qui empêche cette division d'attaquer avec vigueur pour attirer l'ennemi dans cette partie et l'obliger de se dégarnir devant nous. Heureusement que le général Desjardin est prévenu par son aide de camp qui est parti chargé de dépêches pour son général, lesquelles contremandent l'attaque jusqu'à nouvel ordre (1). Tiens la division en mesure pour le premier moment. Il m'arrive de Cambrai un renfort avec lequel, j'espère, nous réussirons enfin à débloquer Landrecies.

Je t'envoie copie de la lettre écrite par le général Souham au général Pichegru (2); elle arrive à l'instant. Fais-en part à ton armée. De pareilles nouvelles sont bien propres à ranimer le courage du soldat en lui donnant le désir d'égaler ses camarades.

Signé : Ferrand.

28

Le général Fromentin au général Favereau.

Avesnes, 11 floréal an II (30 avril 1794).

Je t'adresse copie de ce que me mande à l'instant le général Soland relativement à la ville de Landrecies.

« Je te préviens, mon cher, que le feu a cessé entièrement sur Landrecies de part et d'autre depuis 7 heures du matin. J'ai été examiner cette ville qui est en feu, mais je n'ai rien pu découvrir qui annonce sa reddition. Montaigu, à qui je me suis adressé, est aussi inquiet que moi. Il remarque que l'ennemi a dégarni les hauteurs, mais que le camp sur la Sambre est le même. Moi j'ai vu les camps sur la hauteur.

« L'ennemi se tient caché, et rien ne paraît que les vedettes. Je ne sais qu'en penser. Il est 6 heures du soir. »

Signé : Fromentin.

---

(1) Beaumont, 12 floréal. Desjardin à Favereau. « L'armée des Ardennes n'a pas fait de mouvement parce qu'une lettre de Ferrand dit que la division de Cambrai n'était pas prête et que cela retarderait son attaque. Mais je me suis porté sur Strée, et je viens de donner des ordres pour faire la retraite..... »

(2) Il s'agit d'une lettre de Souham à Pichegru datée de Courtrai le 10 floréal, portant : « Tu auras déjà reçu par voie indirecte que nous avons battu complètement l'ennemi au mont Cashel et à Mouscron..... »

29

Le général d'Hautpoul au général Duhesme.

Le 13 floréal an II (2 mai 1794).

Général, tu ne me dis pas si tu exécuteras les premiers ordres que nous avons eus hier. D'après la marche de l'ennemi, je croyais qu'on changerait cet ordre, comme le général Fromentin le croyait aussi. J'en ai écrit à Ferrand deux fois, et pas de réponse. Je vais m'en tenir au premier ordre que j'ai eu hier. Fais-moi savoir si tu marches sur ma droite.

Je ne vois rien de désagréable comme l'incertitude. Il est minuit : si je ne reçois pas des ordres contraires, je me mets en marche à 2 heures; avant cette époque, tu peux me faire part de ce que tu fais.

Je te souhaite le bonjour et compte sur ta réponse.

D'HAUTPOUL.

30

Arrêté des représentants du peuple près l'armée du Nord.

Cambrai, le 11 floréal an II (30 avril 1794).

Les représentants du peuple près l'armée du Nord arrêtent que le citoyen Compère, chef de brigade, commandant les avant-postes de Douai, se rendra sur-le-champ à Cambrai pour y recevoir sa destination. Le général de division Drut, commandant à Douai, est chargé de lui transmettre aussi sans retard le présent arrêté.

Le citoyen Morin, adjoint aux adjudants généraux de la division de Douai, commandera provisoirement les cantonnements du chef de brigade Compère, et partira pour prendre le commandement dès l'instant que le présent arrêté lui sera remis.

Le général Drut demeure également chargé de lui en donner [ex]pressément communication.

FLORENT-GUYOT, BOLLET.

31

Extraits du Rapport du général Roulland à la Convention nationale.

9 floréal (28 avril).

. . . . . Le général fit faire lecture du Code pénal par l'adjudant-major Silly, afin d'arrêter les désordres qui se commettaient tant dans la commune haute que dans la basse. Il fit une nouvelle proclamation qui fut envoyée à tous les chefs des corps, par laquelle il leur ordonnait de faire tenir à leurs postes tous les soldats. Il invita tous les braves républicains à chasser de leur sein tous les pillards et de les livrer à la commission militaire. Il rendit responsables les chefs des patrouilles de la négligence qu'ils apporteraient à arrêter ceux qu'ils trouveraient dans les maisons des citoyens.

Plusieurs furent arrêtés et mis en prison. Un officier du bataillon ci-devant Saint-Denis avait aussi été arrêté; il avait remis à un citoyen de la campagne, la clef d'une des barrières d'une place d'armes des palissades, et lui avait recommandé de ne pas en parler à personne. Le feu ayant pris à la prison, plusieurs des prisonniers s'évadèrent sans avoir été jugés; ceux qui le furent, la commission militaire ne lui en remit pas les pièces. Le général arrêta lui-même un pillard qu'il confia à la garde d'un officier de grenadiers de la Mayenne sur sa responsabilité. Cet officier lui a fait son rapport et lui a dit que ce pillard a été englouti par les flammes et les décombres du corps de garde de la porte du Quesnoy. . . . .

. . . .
Le général ordonna de faire mettre les retraites sous les voûtes du pont de la porte du Quesnoy de la haute commune, les angles de la porte étant ébranlés. Il n'aurait pas été difficile à l'ennemi de s'introduire par les barrières du moulin de la basse commune. Ce danger n'était pas le plus funeste, c'était le découragement du soldat, sa désobéissance, son désordre qui étaient à leur comble, au point que le général fut forcé de commander le demi-bataillon de droite du Gard comme de service de tranchée pour aider à placer les matériaux, afin de barricader et boucher cette porte. Il doit à la vérité l'aveu que le feu de l'ennemi était terrible dans cet endroit, il a jeté dans cette nuit plus de 800 bombes, c'était beaucoup pour une aussi petite place que Landrecies, qui était remplie de maisons; les deux communes étaient tellement abîmées qu'elles ne présentaient plus qu'un amas de décombres incendiés, de débris ensanglantés, dans lesquels on voyait les restes fumants de plusieurs de nos braves frères d'armes; des chevaux, des bœufs avaient aussi péri par l'éclat des bombes, il n'y avait aucun local où on pût les abriter.

Par un arrêté du conseil de guerre, il avait été ordonné qu'on tuerait cent chevaux des plus mauvais de la place; le général avait fait faire un grand trou dans un fond au-dessus de la porte de France pour les y faire jeter; il avait été donné ordre à des soldats qui étaient dans les palissades de se porter en avant afin de protéger le massacre ; il avait été offert de l'argent pour ceux qui sortiraient et tueraient les chevaux ; deux membres du Comité de surveillance avaient été chargés de les faire sortir de nuit ; ils ne purent y parvenir quelque moyen qu'ils aient employé. Qui que ce soit enfin ne voulait plus rien faire, le découragement était général ; il faut cependant excepter les braves canonniers qui servaient sans relâche leurs pièces autant que leur position pouvait le leur permettre.

Le feu prit à la pharmacie de l'hôpital qui avait été consommé le 8, dès lors les officiers de santé furent dans l'impossibilité de donner tous les secours nécessaires aux malades et aux blessés ; quelques-uns d'entre eux furent obligés de se traîner mourants dans les endroits qu'ils purent se procurer pour se parer des bombes. De 13 chirurgiens il n'en restait plus que 7 ou 8, les autres étaient blessés ou malades ; le général ne leur en recommanda que plus de zèle et de soins ; mais plusieurs de ses malheureux frères d'armes n'étaient point pansés à cause de leur trop grand nombre. Par deux fois la marmite de l'hôpital avait été défoncée, le maître charpentier y avait été tué en raccommodant le fourneau ; son fils, aussi charpentier, et homme fort actif, dit au général qu'il en perdait la tête, qu'on pouvait faire de lui tout ce qu'on voudrait, qu'il était hors d'état de travailler ; cependant il lui promit qu'il s'occuperait le plus utilement qu'il pourrait. Les citoyens de la commune n'étaient point dans une situation moins déplorable que la troupe, ils erraient çà et là, leurs maisons étaient enflammées ou réduites en cendres, leurs propriétés étaient pillées par des soldats effrénés, plus dignes de l'infamie que du beau titre de défenseurs de la patrie. Les ordres réitérés du général et des officiers étaient enfreints, méconnus et méprisés, et il a la douleur d'être forcé de convenir qu'une grande partie se livra à tous les excès les plus condamnables. La matinée du 10, ils ne respectèrent plus rien ; ils se portèrent aux magasins des vins et eaux-de-vie, dans les caves des malheureux particuliers, aucun frein ne les retint, ni menaces, ni violences, ni exhortations. Dans cette accablante position et des circonstances aussi critiques que funestes, le général convoqua, à 9 heures et demie du matin, les chefs militaires et civils, pour s'assembler sur-le-champ en conseil de guerre, sous la poterne du bastion du Moulin, où était placée la commission militaire. Lorsque tous les membres furent réunis il leur annonça que le but de cette convocation était relatif aux mesures à prendre de suite par les chefs des corps, pour ranimer de tout leur pouvoir le courage des soldats, pour engager les bons citoyens à dénoncer tous les pillards, les faire punir sans aucun ménagement suivant la rigueur des lois et avec la vigueur qu'exigeraient les circonstances, ce qui devenait d'autant plus urgent qu'il était dans l'intention de faire faire une sortie dans la nuit pour empêcher et détruire les nouveaux travaux que l'ennemi avait commencés à la droite et près des glacis de la porte de France. La surprise du général ne peut se dépeindre, il s'attendait à trouver dans les chefs militaires des hommes prêts à le seconder dans toutes les occasions périlleuses, mais il eut la douleur de voir que le conseil prenait un arrêté contre la sortie qu'il avait méditée et que la majeure partie lui proposait de s'occuper de la capitulation de la place. Il observa qu'il n'avait point fait assembler le conseil pour parler de capitulation, mais seulement pour s'occuper des moyens les plus prompts et les plus assurés de réprimer le désordre, rappeler la troupe à son devoir et ranimer le courage; il annonça qu'il mourrait à son poste et ordonna à chacun des membres d'aller au sien, qu'il allait à celui qu'il devait occuper. Qui que ce soit ne sortit et lorsqu'il fut hors du conseil quelques membres crièrent à très haute voix, qui furent entendus du dehors : « Arrêtez le général, c'est ici son poste. » Il passa devant plusieurs sentinelles placées sous la poterne pour garder les vins et eaux-de-vie qui y étaient déposés, devant la garde extérieure du magasin à poudre qui était contigu, sans que personne se permît de le retenir. Un officier de la Mayenne qui vraisemblablement s'était trouvé au Conseil, l'approcha lorsqu'il fut dans la rue, lui conseilla de retourner au conseil en lui observant qu'il pourrait ramener les esprits. Convaincu qu'il était cruellement abandonné de la majeure partie des chefs, ne pouvant méconnaître le degré où était portée l'insubordination, assuré par son adjudant général Frémont, blessé à la tête par un éclat de bombe, par le commandant amovible Cantagrelle, par l'adjudant-major de la place Silly et par son aide de camp, qu'ils n'avaient plus de moyen de se faire obéir, craignant enfin que l'autorité qui lui était confiée par les lois, ne fût entièrement méconnue, ce qui aurait été le comble du malheur, il se détermina à rentrer au conseil; il y fit tout ce qu'on peut humainement faire pour mettre les chefs dans les vrais intérêts de la République, et redoubla d'efforts pour les faire renoncer à toute idée de capitulation.

Un nombre infini de soldats des différents corps de la garnison se présentèrent, deux furent introduits et dirent qu'ils étaient au moins soixante; ils parlèrent au nom de tous, annoncèrent au général que la terreur s'était emparée de tous les soldats qui gardaient les palissades, depuis que l'ennemi en avait abattu quelques-unes, qu'il était établi assez près de la place pour leur faire craindre d'être égorgés, surtout depuis que la plupart de nos batteries étaient hors d'état de continuer leur feu. Ils témoignèrent le désir qu'avaient tous ceux qui les envoyaient de se voir bientôt exempts de tant de fatigue et de dangers.

Le général qui ne pouvait dans ce moment employer que la voix de la persuasion et tâcher de rappeler le soldat à l'amour de sa patrie, et à l'honneur, répondit à la députation que ces sentiments n'avaient pu être suggérés que par des lâches et des ennemis de la chose publique, et qu'il avait lieu d'attendre de tous les soldats plus de fermeté et de dévouement ; il les engagea à représenter à leurs camarades qu'ils ne devaient jamais perdre de vue les obligations qu'ils s'étaient imposées en prenant la défense de la patrie, qu'ils devaient s'attendre à souffrir pour elle et qu'il n'était aucun danger et aucuns maux auxquels ils ne dussent se résigner plutôt que de retourner au despotisme. Ces députés signèrent et se retirèrent. Le commandant du 9º bataillon de la réserve demanda à l'un des députés de son bataillon de quelle compagnie il était et lui représenta qu'il connaissait assez bien l'esprit de la majorité de ses camarades pour assurer qu'ils ne se prêteraient jamais au langage qu'on leur supposait ; ce député lui répondit qu'il était de la 3º compagnie, qu'il n'avait parlé qu'au nom de cette dernière, mais que toutes les autres compagnies avaient aussi envoyé des commissaires. C'est établi par le procès-verbal ; mais ce qui ne l'est pas et qui ne peut être tu, c'est qu'avant que les commissaires fussent introduits, le commandant de bataillon de la réserve avait dit au général que son bataillon ne voulait plus rester dans les palissades, parce qu'on lui avait promis de le changer.

Il fut introduit au conseil le citoyen Ory, dit La Grenade, sergent de la compagnie des grenadiers du 4º bataillon de la Meuse ; il y protesta au nom de sa compagnie de leur dévouement à la défense de la place, il demanda à marcher au péril et de n'avoir d'autre abri que les remparts, sous lesquels ils étaient résolus de s'ensevelir plutôt que de se livrer à l'ennemi. Le général sauta au col de ce brave homme, l'embrassa de tout son cœur et le chargea de dire à ses camarades qu'il comptait sur leur bravoure et que dans le terme de leurs fatigues ils trouveraient une récompense honorable.

L'adjudant général Frémont écrivit une lettre au conseil de guerre, par laquelle il lui annonçait qu'on l'avait prévenu qu'on avait entendu plusieurs soldats qui demandaient qu'on capitule.

Il invitait le conseil à prendre les moyens les plus prompts pour réprimer une pareille scélératesse.

Le citoyen Profit, capitaine des canonniers du 1er bataillon de la Mayenne, parut ensuite au conseil et lui représenta qu'il commandait une batterie de 16, qu'il venait au nom des canonniers qui la servaient observer que toutes les embrasures du bastion étaient démolies et que les canonniers ne pouvaient y rester.

Enfin une ordonnance apporta au conseil une lettre anonyme adressée au général, conçue en ces termes : « La garnison de Landrecies, vu le peu de forces dont elle est composée et n'ayant aucune espérance de recevoir du renfort, s'adresse à toi à l'effet de prendre des moyens prompts et honorables pour la reddition de la ville.

« Tu ne doutes pas de son courage, elle t'en a donné des preuves dans plus d'une occasion.

« En conséquence, elle a arrêté que l'on se transporterait par devers toi à ce sujet et elle attend ta réponse sur-le-champ. »

A la vérité la garnison avait donné au général, dans plusieurs occasions, des preuves de fermeté et de bravoure. Il arrêta au conseil de guerre l'ordonnance qui avait apporté cette lettre, lui demanda qui la lui avait remise; il répondit qu'il était de garde à la porte de France, et que c'était l'officier qui y commandait qui la lui avait donnée pour la porter au général; il fut sur-le-champ envoyé un membre du conseil vers cet officier pour lui demander si c'était vraiment lui qui avait remis cette lettre à l'ordonnance et de qui il l'avait reçue; l'officier répondit qu'il l'avait trouvée dans la boîte aux lettres qu'on faisait aller et venir du corps de la place en dehors des ouvrages extérieurs et qu'il l'avait envoyée sur-le-champ au général. Après ce rapport le soldat fut renvoyé à son poste.

Malgré les représentations du général au conseil sur les intentions de la majeure partie des chefs militaires de capituler, ils demandèrent avec instance une convocation d'un conseil général de guerre composé d'un individu de chaque grade pris dans chaque corps, pour aviser aux moyens qu'il y aurait à prendre sur l'état déplorable de la commune de Landrecies. Le général ne pouvant se dissimuler sa situation, accéda à cette demande; il espérait que cette marque de confiance dans tous ses frères d'armes rappellerait dans le cœur du soldat le courage et la discipline, et que dans la composition de ce conseil extraordinaire il trouverait la majorité des individus dévoués comme lui, à défendre à tout prix la forteresse, dussent-ils s'ensevelir sous ses remparts. Le conseil fut convoqué pour quelques heures après et la séance fut interrompue.

Le général avec le commandant amovible Cantagrelle, faisant leur tournée sur les remparts et dans les bastions, reconnurent que pendant la nuit l'ennemi avait percé un boyau qui décrivait un cercle dont la gauche présentait une parallèle au flanc de la place du côté de la Folie; au moment même où ils finissaient de s'entretenir dans le bastion du Moulin avec le citoyen Fournier, commandant d'artillerie, sur différents objets concernant la défense de la place, ce brave commandant entra dans la poudrière de ce bastion avec plusieurs officiers, sous-officiers et soldats d'artillerie pour y faire arranger les munitions; ils n'y furent pas plus tôt que parmi la grande quantité de bombes qui étaient lancées de ce côté, une tomba sur la poudrière, la fit sauter et tua les braves : Fournier, sous-lieutenant, Sauda, sergent-major, Piron, canonnier, et Torf, tambour. Cet événement auquel le général fut présent lui causa la plus sensible peine, ainsi qu'à tous ceux qui en furent témoins.

Le feu de l'ennemi ne se ralentit pas un instant, les bombes et les boulets se succédaient avec une rapidité étonnante. Le général donna des ordres au commissaire des guerres pour faire enlever au plus tôt de dessus la place, et mettre le plus à couvert possible le restant des farines et légumes qu'on avait pu sauver de l'incendie. Ces précautions prises, il se rendit avec le commandant amovible Cantagrelle, au conseil général de guerre, où ils trouvèrent assemblés les membres devant le composer. La séance ouverte, le général annonça que le but de la convocation était les mesures à prendre pour ranimer le courage et la discipline du soldat, et il invita les chefs à y porter toute leur attention. Loin de s'arrêter à ces justes représentations, plusieurs membres prirent la parole, pour observer qu'il était instant de s'occuper de la situation de la place qui était menacée des plus grands maux, que tout était brûlé, que le feu de l'ennemi avait tué beaucoup de canonniers, démonté les batteries, au point que les embrasures réparées le soir étaient encore détruites le matin; que les troupes étaient singulièrement harassées de fatigues et n'avaient aucun abri, ni même un instant de repos depuis le siège; qu'il y avait 4 jours la place avait pour cinquante jours de vivres et qu'il n'en restait plus que pour environ dix; qu'il n'existait pour ainsi dire aucun endroit sûr pour les blessés et malades qui étaient dans les poternes, dans les rues même et manquaient de soins à cause de l'insuffisance des chirurgiens, cinq ou six d'entre eux étant blessés ou malades; que le magasin à poudre, assailli de bombes, courait risque d'entraîner par son explosion le bouleversement entier de la forteresse; qu'enfin, l'ennemi ayant profité de la cessation du feu de la place avait tracé sa seconde ligne très à proximité des palissades, d'où la retraite était impraticable, les troupes y étant battues en flanc. D'après ces motifs, il fut proposé de demander à l'ennemi une capitulation honorable, la demande autorisée préalablement par les corps administratifs.

Le général répondit qu'il connaissait comme tous les membres du conseil l'état de détresse où était réduite la place, mais qu'ils devaient tous se rappeler du serment qu'ils avaient volontairement fait; que quant à lui il aimait mieux périr sur la brèche que de se rendre, qu'on ne pouvait pas ignorer qu'il y avait encore pour quelques jours de vivres et de munitions de guerre et qu'à coup sûr avant que le tout fût consommé, l'armée de la République les aurait délivrés de leurs ennemis. Il fit lecture au conseil, de la loi du 12 mai, concernant la reddition des places, observa qu'il n'y avait pas encore de brèche et que le vœu de cette loi n'était donc pas encore rempli. La majeure partie des membres répliquèrent que la loi portait bien qu'il fallait avoir défendu la brèche avant que de pouvoir se rendre, mais qu'elle portait aussi *à moins qu'il y eût des cas particuliers*; que la position alarmante et extraordinaire de la commune de Landrecies la mettait dans la loi et qu'en se concertant avec les autorités civiles on pouvait capituler avec l'ennemi.

Enfin malgré les observations du général et du commandant amovible Cantagrelle, leur serment par eux renouvelé de mourir à leur poste et de ne pas consentir à la capitulation et leur refus avec l'état-major de la place de voter, le conseil de guerre fut aux voix par le mode de scrutin fermé; il en résulta que soixante-six votèrent pour une capitulation honorable et dix pour la continuation de la résistance, non compris le général, le commandant amovible et l'état-major de la place. Dans ces dix le général crut n'y reconnaître que le commandant du 7e des Fédérés quelques officiers et tous les membres des autorités civiles. Il fut arrêté d'après le vœu de la majorité que le général se concerterait avec les autorités civiles et le conseil de guerre se déclara permanent. Le général demanda par écrit les motifs détaillés qui obligeraient le conseil à le forcer à se concerter avec les autorités civiles pour capituler, et qu'il fût nommé des commissaires pour leur porter ce vœu, que dans ce cas il y serait volontiers présent. Il fut nommé spontanément des commissaires pour se transporter de suite auprès des autorités civiles, les prévenir verbalement du résultat de la délibération du conseil tendant à faire faire au général ennemi des propositions de capitulation. Le général crut devoir accompagner les deux commissaires, il vit avec satisfaction les membres des autorités civiles répondre qu'ils conféreraient ensemble et feraient connaître au conseil de guerre leur délibération par écrit; les commissaires retournèrent au conseil rendre compte de leur mission; si le procès-verbal ne fait pas mention de ces faits, on ne doit l'attribuer qu'à la situation pénible où se trouvaient alors les esprits.

Le citoyen Dufour, deuxième chef du 7ᵉ bataillon des Fédérés, sortant du conseil, trouva des soldats qui se livraient au pillage et enlevaient d'une cave quantité d'effets qui y étaient renfermés; il s'en approcha, leur rappela leur devoir et les exhorta à se retirer; ils ne l'écoutèrent pas. N'y ayant point de patrouilles à sa proximité pour les faire arrêter, il insista, les menaça de les dénoncer et leur ordonna de se retirer à leur poste; bien loin d'obéir, ils tirèrent leur sabre, un d'eux lui en lança un coup qui aurait porté sur sa tête s'il ne l'eût évité, mais la pointe l'atteignit sur le pied et lui coupa trois doigts, ce qui l'obligea à s'en retourner et à laisser ce crime impuni, les auteurs n'ayant pu être reconnus.

Malgré tous ces désordres il fallait à tout prix s'occuper du salut de la place. La porte du Quesnoy n'était point encore entièrement bouchée; le général ordonna aux ingénieurs de faire terminer promptement cet ouvrage et à l'adjudant-major Silly de commander des soldats pour y travailler; celui-ci ne put parvenir à se faire obéir et vint dire au général qu'il ferait bien d'aller lui-même chercher les soldats dont on avait besoin. Il fut sur le rempart avec le commandant Cantagrelle et parvinrent avec peine à faire marcher un détachement du 7ᵉ des Fédérés; ils le conduisirent à la porte du Quesnoy, ils furent obligés d'y rester pour le faire travailler: pendant qu'ils y étaient, le côté d'une maison consumée par les flammes s'écroula et huit ou dix soldats que ces ruines atteignirent furent tués ou blessés. Le même soir, il déserta plusieurs soldats du 9ᵉ bataillon de la réserve, qui instruisirent sans doute l'ennemi de l'état de la place et de l'esprit du soldat, car dans cette même nuit l'ennemi fit encore un feu plus terrible qu'il ne l'avait déjà fait; il espérait redoubler par ce moyen la terreur et donner aux malveillants plus d'occasions d'agir (1).

---

(1) Le citoyen Martin, lieutenant du bataillon de la réserve, a

Sur les 11 heures du soir, de la nuit du 10 ou 11, les membres assemblés du conseil général de guerre envoyèrent au général, par deux commissaires, une adresse par laquelle ils lui détaillaient les motifs qui les déterminaient à demander une capitulation ; ils lui déclaraient que le soldat demandait hautement la reddition de la place et que les membres du conseil la demandaient aussi ; ils lui observaient que la place était si peu soutenue qu'elle ne pouvait tenir plus de deux jours ; ils l'invitaient à prendre avec le général ennemi les moyens de leur procurer une capitulation honorable, plutôt que de faire massacrer la ville et la garnison. Le général ne peut dépeindre son étonnement ; des chefs osaient le taxer de prodiguer le sang français ! lui qui n'avait d'autre désir que de conserver la forteresse à la République ! qui en avait fait et réitéré le serment avec sa garnison ! Il répondit aux commissaires qu'il ne recevrait point cette adresse qu'il ne lui fût apporté le registre des séances qui était resté au conseil ; les commissaires furent le chercher de suite et le lui remirent ; il les chargea de dire aux membres du conseil encore assemblés de se dissoudre, d'aller chacun à leur poste et que le conseil se tiendrait le lendemain à 8 heures du matin.

A 2 heures du matin, les membres du conseil qui n'avaient point désemparé, envoyèrent par deux commissaires une lettre au général, pour la faire passer au général ennemi, par laquelle ils lui faisaient demander à capituler et lui faisaient déclarer que s'il avait fait autant de résistance, ce n'était que parce qu'il y était obligé. Cette lettre qui ne peut être produite, étant déchirée, contenait à peu près ces mots : Elle fut remise au général en présence du citoyen Lebon, agent national de la commune de Landrecies, par le citoyen Vassal, lieutenant au 2ᵉ bataillon de l'Orne, qui l'aborda sous un blindage où il était avec des membres des autorités civiles à conférer sur les moyens de remédier à la malheureuse position de la place. Cet officier se permit de lui dire d'un ton malhonnête : Est-ce là ta place, général ? Il le rappela à son devoir, lui répondit que oui, et lui demanda en quel autre lieu il prétendait que sa place fût. Le citoyen Vassal lui répondit qu'elle était au conseil de guerre, qu'il eût à y venir et qu'on l'y demandait avec instance. Le général repartit qu'il ne connaissait dans ce moment aucun conseil de guerre, qu'il ne l'avait pas convoqué pour cette heure mais bien pour 8 heures

---

dit au général que dans ces déserteurs il avait connaissance qu'il y en avait deux de sa compagnie. Note du *Rapport* de Roulland.

du matin, et qu'il n'enverrait pas la lettre au général ennemi. Il écrivit aux membres assemblés que lorsqu'il s'était transporté avec les commissaires auprès des autorités constituées pour être présent lorsqu'on leur donnerait connaissance du vœu émis au nom de la garnison, il avait été convenu que le conseil donnerait par écrit ses représentations relatives à la capitulation qu'on exigeait que le général demande à l'ennemi; que, comme le conseil, il voulait épargner le sang de ses frères, mais qu'il ne passerait jamais les bornes de la loi pour laquelle ils étaient tous armés; qu'il était vraiment surpris qu'ils fussent encore assemblés après lui avoir fait passer ces observations et le registre des séances et avoir chargé les commissaires de convoquer le conseil pour 8 heures du matin, où il devait faire connaître ses intentions et celles des autorités civiles, avec lesquelles il conférait; qu'il se déferait à cette décision et convoquait le conseil pour le même temps. Les commissaires, trop prévenus, sans doute, sur les dangers qui semblaient les menacer, répondirent d'une manière indécente et dure aux officiers civils, particulièrement au citoyen Lebon; ils portèrent leur témérité jusqu'à dire que s'ils ne voulaient pas capituler, ils les y forceraient bien, puis ils se retirèrent.

Vers les 6 heures du matin une nouvelle députation des membres assemblés du conseil vinrent chercher le général et lui dirent qu'on le demandait avec instance au conseil de guerre; il répondit à la députation qu'il allait s'y rendre dans un moment, qu'il avait encore affaire avec les autorités civiles. Elles lui remirent leur décision et il se rendit de suite au lieu des séances du conseil de guerre; il y trouva les membres assemblés, leur témoigna la peine que lui avait fait la lettre qui lui avait été écrite et leur fit de nouveau toutes les représentations les plus fortes, qui ne furent nullement écoutées et n'eurent aucun effet. Il leur communiqua l'arrêté des autorités civiles par lequel elles déclaraient au conseil : « qu'elles ne devaient donner aucun avis conforme sur les propositions de capitulation qui leur avaient été faites qu'autant que l'application de la loi serait faite convenablement par les chefs militaires qui devaient en avoir connaissance. » Il leur fit remarquer que cette réponse des autorités civiles n'était ni affirmative ni négative et qu'il ne pouvait être rien arrêté sans leur consentement exprès et non équivoque. Le conseil ne tint aucun compte de la réponse des autorités civiles, ne s'arrêta point du tout aux observations du général et persista dans sa résolution de capituler.

Le général, qui avait cru pouvoir douter dès avant le 10, ne fut que trop convaincu pendant la journée et la nuit de ce même jour que la troupe était tout à fait indisciplinée et insubordonnée, qu'il était impossible de la rappeler au bon ordre et de ranimer son courage et qu'elle ne parlait plus que de capitulation. Il voyait la commune embrasée de toutes parts ou détruite, qu'il ne restait plus d'emplacement pour les malades et les blessés qui manquaient de traitement à défaut de chirurgiens et de pharmacie. Il ne pouvait douter que les ingénieurs ne fussent sans talent et incapables de diriger le moindre ouvrage contre les assiégeants. Il avait sous les yeux le tableau des malheureux habitants et de la troupe qui étaient terrassés, blessés ou écrasés par le feu le plus violent de l'ennemi le plus acharné; il ne pouvait douter qu'on n'eût vu jusqu'à dix-huit individus à la fois tués ou blessés par l'explosion des bombes; il était très convaincu que ces événements malheureusement trop fréquents étaient occasionnés par la petitesse de la place qui ne laissait que peu d'emplacement pour les éviter. Il savait bien que les batteries de la place étaient à chaque instant détruites et ne pouvaient faire qu'un feu très lent. Il craignait à tout moment l'explosion du principal magasin à poudre par l'effet de la bombe. Il ne prévoyait que trop que, si l'ennemi avait tenté un coup de main, il aurait réussi. Enfin il avait la certitude que les armées de la République qui étaient venues au secours de la place n'avaient point eu le succès qu'il attendait d'elles.

Toutes ces considérations majeures, réunies à la demande très pressante de tous les Bataillons de la garnison pour obtenir une capitulation, firent que le général se trouva forcé d'entrer en négociation afin de pouvoir au moins sauver la garnison, avec armes et bagages, ainsi que les habitants qui voudraient rentrer dans l'intérieur de la République. En conséquence il soumit au conseil de guerre une lettre par laquelle il demandait quarante-huit heures de cession d'armes pour avoir le temps de se concerter avec les autorités civiles de la commune sur la reddition de la place. Cette lettre fut approuvée par le conseil et arrêté qu'elle serait envoyée.

Le général ennemi de tranchée la reçut sur les 9 heures du matin, discontinua son feu et fit passer sa réponse, par laquelle il annonçait qu'il ne donnait qu'une heure, jusqu'à ce qu'il aurait reçu les instructions du commandant général des armées Impériale et Hollandaise; il prévenait que tout travail devait cesser dans la forteresse, sans quoi les batteries recommenceraient leur feu.

Pendant ce temps on avertit le général que les soldats de la garnison avaient passé par-dessus les palissades et étaient allés embrasser l'ennemi et boire avec lui; il envoya sur-le-champ l'adjudant-major Silly pour empêcher cette bassesse et ordonner aux officiers de faire rentrer les soldats à leur poste.

La réponse du prince d'Orange ne tarda pas à venir, elle portait que si le général n'envoyait sous une demi-heure quelqu'un muni de pleins pouvoirs pour signer et conclure sur-le-champ et sans délai la capitulation, il allait faire redoubler le feu de ses batteries, qu'il serait responsable des maux affreux que son opiniâtreté aurait causés, qu'il en avait fait assez pour son honneur et qu'une plus longue résistance devenait un crime inutile.

Il était aisé de croire que les menaces du général ennemi seraient suivies de l'exécution. Les propositions d'entrer en négociation pour capituler devaient l'avoir bien encouragé et lui dicter la manière dont il devait en agir, surtout si l'on veut considérer qu'il avait reçu toutes sortes d'éclaircissements des déserteurs sur l'état de la place, indépendamment de ceux qu'avaient pu récemment donner les soldats indiscrets qui étaient sortis des palissades.

La réponse du prince d'Orange fut apportée et ouverte au conseil de guerre qui fut tenu cette fois sur le bastion du Moulin, où il était plus commodément que partout ailleurs. La lecture n'en fut pas plus tôt faite que presque tous les Membres pressèrent fortement le général d'envoyer de suite quelqu'un chargé de pleins pouvoirs pour traiter de la capitulation; il lui fut présenté aussitôt les articles qui avaient été rédigés et signés par eux; ils ne cessaient de lui répéter de se dépêcher, que la demi-heure accordée était expirée et que le feu de l'ennemi allait sans doute recommencer. Leur terreur, vraiment panique, était portée à un si haut point qu'ils ne voulurent écouter aucune des observations les plus sensées que le commandant amovible Cantagrelle et le général leur faisaient, entre autres, qu'ils se compromettaient auprès de la République et qu'ils se déshonoraient: rien ne put les ramener. Le général ayant voulu faire un dernier effort, avait proposé de faire ouvrir les portes à tous ceux qui voudraient sortir et dit que pourvu qu'il lui restât deux mille braves, il saurait bien conserver la place à la République; enfin il leur déclara que le vœu des autorités constituées n'étant pas prononcé clairement, il ne saurait suffire pour les mettre à couvert devant la loi du 12 mai. Il eut la douleur de voir qu'on passait par-dessus tout et que toutes ses observations étaient inutiles; le conseil avait pris sa résolution qu'il appuyait du refus général que ferait la garnison de vouloir se battre et de soutenir davantage la détresse de la place.

Le général ne pouvant seul accomplir le serment qu'il avait fait de s'ensevelir plutôt sous les remparts que de rendre la forteresse, reconnut malheureusement qu'il ne lui restait plus d'autre ressource que celle de faire en sorte de sauver la garnison avec armes, bagages, canons et caissons et caissons couverts, ainsi que les malheureux habitants de Landrecies qui voudraient rentrer dans l'intérieur de leur patrie, qui en général avaient donné des preuves d'un entier dévouement à la cause de la République et qui à juste titre méritent les bienfaits de la nation.

En conséquence il proposa pour parlementaire l'adjudant général Frémont, dans lequel il avait infiniment de confiance, bien capable d'ailleurs de remplir sa mission. Le conseil de guerre parut très satisfait de ce choix et proposa de lui adjoindre le citoyen Lamarche, capitaine du 4e régiment de hussards, ce qui fut accepté réciproquement; ce dernier était présent, le général envoya chercher le citoyen Frémont, lui annonça l'objet de la mission dont il était chargé par le conseil; aussitôt et toujours en présence du conseil le citoyen Frémont écrivit le plein pouvoir de capituler, le général le signa après qu'il eût été généralement approuvé, il lui remit les articles de la capitulation qu'il proposait au prince d'Orange commandant général des armées combinées Impériale et Hollandaise, par lesquels il lui demandait de sortir de Landrecies sous 3 jours avec la garnison, armes, bagages, canons, caissons des Bataillons et caissons couverts et les habitants qui le désireraient, pour rentrer dans l'intérieur de la République.

Le général dont l'intention n'était point de capituler sous d'autres conditions que celles qui étaient remises à l'adjudant général Frémont, lui recommanda très expressément de ne capituler que conformément aux articles qui lui étaient remis, il l'en pria même au nom de l'amitié et le citoyen Frémont lui répondit : « Ne t'inquiète pas, va, laisse-moi faire », et il partit de suite avec le citoyen Lamarche.

Pendant leur absence on vint avertir le général que le citoyen Frecinet, quartier-maître du 2e bataillon du Gard, avait dit aux soldats de ce bataillon en leur faisant le prêt : « Mes amis, si vous voulez soutenir la brèche, je vous donne à tous ce qui me reste dans ma caisse », que des lâches et des malveillants avaient empoisonné cet acte de patriotisme et avaient indisposé les soldats contre lui, au point qu'il avait été obligé de se sauver promptement et que cependant on le cherchait partout pour l'assassiner. Le général se transporta sur les remparts pour juger par lui-même l'esprit du soldat et faire en sorte de lui faire apprécier le mérite du brave Frecinet; mais plusieurs osèrent lui dire, en présence de leurs camarades et d'un ton menaçant : « Est-ce toi, général, qui nous fait proposer de l'argent pour soutenir la brèche? » Il leur répondit qu'il ne leur avait point fait offrir de l'argent pour se battre, qu'il savait très bien que des Républicains n'avaient pas besoin de cet encouragement, que si le citoyen Frecinet leur en avait offert, il ne fallait l'attribuer qu'à de bonnes intentions, que c'était de sa part un acte de bravoure et de patriotisme qui lui faisait honneur et qu'ils ne devaient point lui en vouloir du mal, s'ils étaient des Républicains. Loin de rentrer en eux-mêmes à ces justes représentations, plusieurs de ces soldats repartirent même avec colère : « A la bonne heure que ce ne soit pas toi, mais si nous pouvons trouver celui qui s'est permis de nous faire cette proposition, nous le tuerons. » Le général, certain que ses ordres pour faire punir ces soldats seraient méconnus, se borna à leur ordonner de rester à leur poste et de ne pas commettre un pareil crime s'ils ne voulaient être punis suivant la rigueur des lois, et il les assura de nouveau que ce citoyen ne leur avait fait cette proposition que dans les intentions les plus pures; il croit que c'est à cette modération que le citoyen Frecinet est redevable de la vie.

Quelques heures après, le citoyen Frémont arriva et conduisit un officier ennemi qui entra dans la place avec lui. Il annonça au conseil de guerre que la capitulation était arrêtée et signée et que la garnison était prisonnière de guerre. Le général stupéfait d'étonnement fit les reproches les plus vifs à l'adjudant général, lui rappela qu'il lui avait promis de ne capituler que conformément aux articles qu'il lui avait donnés, et que nonobstant cette promesse il avait fait la garnison prisonnière de guerre. Frémont lui répondit qu'il avait agi selon son âme et conscience et que les soldats lui avaient crié au moment où il sortait de la place que s'il ne capitulait pas ils recevraient l'ennemi la crosse haute; qu'au surplus le général prince d'Orange lui avait juré sur sa parole d'honneur que s'il passait le seuil de la porte sans arrêter la capitulation telle qu'elle est, qu'il ne voudrait plus en entendre parler d'aucunes et que la garnison et les citoyens seraient passés au fil de l'épée, qu'enfin il avait eu toutes les peines imaginables pour obtenir que les citoyens canonniers de Landrecies ne fussent point faits prisonniers de guerre. Ces éclaircissements donnés, le général et les Membres du conseil de guerre se rendirent à l'ancien quartier général où l'officier autrichien se trouva ; le citoyen Frémont fit lecture de la capitulation arrêtée et signée du prince d'Orange et des citoyens Frémont et Lamarche, en vertu du plein pouvoir à eux donné par le général, lequel plein pouvoir ils avaient remis en original au prince d'Orange.

L'officier ennemi présenta alors la capitulation au général pour la signer, afin de ratifier le plein pouvoir qu'il avait donné aux citoyens Frémont et Lamarche. Le général répondit à l'officier ennemi : « Je ne signe pas cela, Monsieur. » Il déclara au conseil qu'il ne voulait point souscrire ces conditions et répéta à l'adjudant général qu'il savait bien qu'il lui avait dit de ne capituler que conformément aux articles qu'il lui avait donnés et que cependant il les avait faits prisonniers de guerre. Le citoyen Frémont se disculpa comme il l'avait déjà fait et le citoyen Lefranc, chef du 4ᵉ bataillon de la Meuse, observa au général qu'il ne lui était plus possible de se refuser à signer la capitulation puisqu'elle était signée respectivement et arrêtée en vertu du pouvoir qui avait été remis au citoyen Frémont et qui avait été laissé entre les mains du prince d'Orange. Le général ne pouvant se dissimuler qu'il avait donné son plein pouvoir, reconnut qu'il ne pouvait se dispenser de l'approuver malgré l'abus qu'en avaient fait les commissaires. Il se détermina donc à signer la capitulation, ce qu'il ne fit cependant que parce qu'il ne pouvait pas s'en dispenser et pour sauver du massacre de l'ennemi les malheureux habitants et la partie saine de sa troupe. Le même soir la garnison sortit de la place par la porte de la commune basse avec les honneurs de la guerre, ainsi que le portait la capitulation, déposa les armes sur le glacis et les officiers conservèrent leurs épées. . . . .

. . . . , ...
Ce ne fut pas sans beaucoup de regrets et de larmes des habitants, de la partie saine de la troupe et du général ; mais aussi les lâches et les malveillants en témoignèrent leur satisfaction, qu'ils ne purent contenir au moment où les troupes déposèrent les armes sur les glacis. La République tant à la prise du camp que dans les différentes sorties et pendant le siège de Landrecies a eu environ 650 hommes tués ou blessés, indépendamment des habitants de cette place, qui a coûté à l'ennemi au moins 4,400 hommes qui lui ont été tués ou blessés par la garnison, d'après les différents rapports qu'il en a faits lui-même ;... qu'il a fait tout ce qui dépendait de lui pour arrêter l'insubordination et l'indiscipline et la faire punir ; pour ranimer

le courage dans le cœur des lâches, déjouer les malveillances, arrêter les pillards et livrer les uns et les autres au glaive des lois.

Les procès-verbaux des conseils de guerre, les certificats et d'autres pièces établissent en outre invinciblement que le conseil de guerre s'était soustrait à l'autorité du général et à celle des autorités civiles, que malgré que la réponse des autorités civiles fût tout à fait évasive, il a forcé le général à entrer en négociation avec le général ennemi pour la reddition de la place, et qu'il a été abusé du plein pouvoir qu'il avait donné pour traiter la capitulation.

Il dépose le tout entre les mains de la Convention Nationale et attend de sa justice l'honneur ou la mort.

ROULLAND.

Le 8 floréal la porte et le pont du Quesnoy furent considérablement endommagés par les boulets de l'ennemi qui avait commencé sa seconde parallèle. Sur les 10 à 11 heures du matin, le prince d'Orange, commandant général l'armée combinée Impériale et Hollandaise, envoya un parlementaire porteur d'une lettre contenant sommation au commandant de rendre la forteresse; ce parlementaire n'entra point.

Le général fit assembler le Conseil de guerre chez le maire de la commune, auquel assistèrent tous les chefs membres des autorités civiles et militaires, ceux de la Société populaire et du Comité de surveillance. La lettre fut décachetée en leur présence. Après la lecture de cette sommation qui était motivée sur ce qu'il n'y avait plus lieu d'attendre du secours de l'armée Française qui, y était-il dit, avait été battue du côté de Cambrai, avait perdu 52 pièces de canons avec dix mille hommes de tués ou blessés et quinze cents prisonniers du nombre desquels était le commandant de cette place ; tous les membres en général du Conseil de guerre, malgré cette fâcheuse nouvelle, réitérèrent le serment de s'ensevelir sous les remparts plutôt que de se rendre et sa réponse énergique et républicaine fut envoyée au prince d'Orange ; cette réponse fut communiquée de suite à toute la garnison qui parut en être très satisfaite et vouloir accomplir le serment qu'elle contenait.

Le général ennemi ne l'eut pas plus tôt reçue, qu'il fit sans relâche continuer le feu de ses batteries; elles firent de très grands dégâts, elles incendièrent et écrasèrent une grande partie des maisons de la commune, l'hôpital fut consumé, on put à peine sauver la pharmacie, elles démontèrent plusieurs batteries de la place; plusieurs canonniers y ayant perdu la vie, le feu se ralentit, il était déjà bien inférieur à celui des assiégeants.

Le 9, la porte et le pont du Quesnoy furent totalement endommagés, il fut ordonné au préposé des subsistances de diminuer d'un tiers la ration de pain à partir du même jour qui serait remplacé par une once de légumes secs; le même jour le soldat se livra à l'indiscipline.

32

Les Corps composant la garnison de la place de Landrecies au général Roulland, commandant de ladite Place.

Général,

Notre position est la plus critique que l'on puisse avoir. Les blessés n'ont plus d'emplacements ni de secours. Les habitants n'ont plus de maisons et encombrent les poternes. Les souterrains où sont les vivres et munitions, sont écroulés ou prêts à l'être. Les batteries de la ville ne peuvent tirer sans être démontées sur-le-champ; une partie des canonniers sont tués ou mis hors de combat. Les bestiaux morts dans l'intérieur de la ville causent une infection pestilentielle. Les palissades de la ville se trouvent enfilées par les batteries de l'ennemi au point que la troupe ne peut y résister; les remparts et ouvrages à cornes sont dans le même cas. Les ouvriers refusent presque totalement le travail, les officiers du Génie sont sans talent et sans moyens, la quantité des recrues qui composent les bataillons ne peuvent donner aucune confiance; et enfin le soldat, lassé de fatigue et de dangers, demande hautement la reddition de la place.

Nous joignons à cela, pour nous-mêmes, que, la place étant si peu soutenue, elle ne peut tenir plus de deux jours. C'est pourquoi nous t'invitons à prendre avec le général ennemi les moyens de nous procurer une capitulation honorable, plutôt que de faire massacrer la ville et la garnison.

Landrecies, le 10 floréal, 10 heures 30 du soir, 2ᵉ an républicain (29 avril 1794).

Les députés des dits Corps (1).

---

(1) Suivent 45 signatures de militaires de tout grade, dont Malherbe, chef du 1ᵉʳ bataillon de la Mayenne; Lefranc, chef du 4ᵉ bataillon de la Meuse; Dumény, chef du 2ᵉ bataillon de la 123ᵉ demi-brigade; Amalric, chef du bataillon du Gard;

33

Certificat du capitaine Boyer du 4ᵉ bataillon de la Meuse.

Je soussigné François Boyer, capitaine au 4ᵉ bataillon de la Meuse, capitaine de garde pendant trente-six heures au poste de la place de Landrecies pendant le siège, certifie qu'étant à mon poste, j'ai vu plusieurs fois le général Roulland parcourir les rues de Landrecies pendant le bombardement, faire rentrer à leur poste ceux qui s'en écartaient, obligeait tous les citoyens à travailler aux ouvrages les plus pressants et forcer à grands coups de plat de sabre ceux qui s'y refusaient; j'assure aussi l'avoir vu parcourir la ville avec la municipalité pendant le plus fort du bombardement pour chercher les moyens de sauver quantité de citoyennes retirées dans les caves de la maison commune en faisant rouler par la garde des tisons contre le pied du mur, afin de les garantir de la bombe, ce que je puis faire attester par le plus grand nombre des hommes qui étaient sous mon commandement.

Je certifie qu'il est venu lui-même et qu'il a envoyé par son état-major chercher pour ainsi dire à chaque quart d'heure des patrouilles de ma garde pour faire rentrer dans le devoir ceux qui s'en écartaient; j'assure que les premiers jours du bombardement j'ai vu le général avec la municipalité faire le tour des remparts tenant un drapeau à la main et exciter la garnison à se défendre par des cris de « Vive la République! » et à s'ensevelir sous les murs plutôt que de rendre la place.

BOYER,
Capitaine au 4ᵉ bataillon de la Meuse.

34

Déclaration du Conseil de guerre de Landrecies.

Nous membres composant le conseil général des guerres de la garnison de Landrecies, certifions que le citoyen Roulland, général de brigade, commandant la place, n'a envoyé les citoyens

---

N..., chef du 9ᵉ bataillon de la Réserve; Malrot, capitaine commandant le 2ᵉ bataillon de l'Orne; Lamarche, capitaine du 4ᵉ régiment de hussards.

Ce document a été publié par Foucart et Finot (t. II, p. 360), d'après le n° 120 du *Journal général de la guerre, publié à Bruxelles*.

Frémont, adjudant général, et Lamarche, capitaine de hussards, pour traiter de la capitulation de la place que d'après nos justes observations sur l'impuissance de tout moyen de résistance et justes menaces réitérées des généraux des armées combinées de n'entendre à aucune autre espèce de capitulation que celle passée, sous peine ladite garnison d'être passée au fil de l'épée ainsi que la bourgeoisie, ce que voyant, vu le dénuement de la place, entièrement brûlée, et le rempart totalement détruit, il a été autorisé de notre bon gré à traiter avec les généraux des armées combinées.

Landrecies, le 11 floréal an II.

35

Déclaration du lieutenant Martin Henry, du 4ᵉ bataillon de la Meuse.

Je soussigné, Martin Henry, lieutenant au 4ᵉ bataillon de la Meuse, membre du conseil de guerre, tenu à Landrecies pendant le siège,

Certifie que plusieurs membres voulaient une capitulation; le général Roulland prit la parole, dit qu'il n'assemblait point le conseil pour parler de capitulation, qu'au contraire que c'était pour prendre des moyens de défense sur la place; après plusieurs débats le général a invité tout le monde à se retirer à leur poste et qu'il y allait lui-même; s'étant transporté aux portes des poternes pour sortir, il s'est trouvé empêché par une garde qui y était placée; étant revenu au conseil a invité encore plusieurs fois à se retirer, qu'il ne rendrait point la place, qu'il aimait mieux mourir sur la brèche, et a accueilli les citoyens qui étaient de son sentiment; la force majeure du conseil voyant qu'il ne voulait rien décider ont nommé un président pour arrêter une capitulation. La capitulation étant écrite, ils la présentèrent au général pour signer auxquels il fit refus : dans ce moment je me suis retiré à mon poste.

36

Déclaration du sous-lieutenant Lefevre, du 4ᵉ bataillon de la Meuse.

Dans une des séances du conseil de guerre tenue à Landrecies lors du bombardement de la place, comme plusieurs des membres demandaient la capitulation, le général Roulland dit qu'il ne les avait point assemblés pour délibérer sur la reddition de la place, mais seulement pour les consulter sur les moyens de défense; après quoi il ordonna à l'assemblée de se retirer chacun à son poste en disant qu'il ne rendrait pas la ville. Comme ceux qui voulaient sortir ne pouvaient le faire à cause du grand nombre de ceux qui voulaient que l'on décidât quelque chose, il fut obligé de rester. Je l'ai vu embrasser un homme qui disait qu'il fallait plutôt mourir sur la brèche que de rendre la place. Il accueillait également bien toutes les motions qui tendaient à souffrir l'assaut. Comme il faisait fort chaud dans le local du conseil de guerre je fus obligé d'en sortir.

LEFEVRE,
Sous-lieutenant au 4e bataillon de la Meuse.

37

Déclaration du sous-lieutenant Beauvais, du 1er bataillon de la Mayenne.

Je soussigné certifie à qui il appartiendra qu'un des derniers jours du siège de Landrecies m'étant trouvé en la maison du citoyen Prud'homme, canonnier bourgeois de la ville de Landrecies, j'y ai trouvé le citoyen Bouchère, capitaine d'artillerie bourgeoise et habitant Landrecies, dînant chez le citoyen Prud'homme; lui ayant demandé ce qu'il pensait du siège, il m'a répondu que sa maison et tous ses meubles étaient réduits en cendres; de plus qu'il avait perdu au bataillon qu'il commandait vingt et quelques canonniers, qu'il voyait ne plus pouvoir rester, par ce feu continu de l'ennemi; que d'après toutes ces raisons il ne pouvait plus faire tirer ses canonniers, à quoi je lui ai observé (présence de Mezan, sergent au premier bataillon de la Mayenne, de Prud'homme, canonnier, sa femme et autres canonniers avec qui ledit Bouchère était à table) qu'il fallait redoubler de fermeté et de courage, que quoique cernés de toutes parts, nous devions nous rappeler du serment que nous avions prononcé tant de fois, notamment au commencement du siège : à quoi ledit Bouchère m'a répondu qu'il lui manquait des servants aux pièces, par la trop grande quantité des tués. Je lui ai fait offre de lui envoyer des volontaires pour servir ses pièces du bataillon où j'étais et moi être du nombre, que si nous n'avions pas le talent de pointer nous aurions le courage de servir, à quoi ledit Bouchère m'a répondu qu'il ne tirerait ni ne ferait plus tirer un seul coup de canon, qu'il voyait que cela était inutile, que toute la ville était brûlée et ne pouvait plus tenir un feu continu de l'ennemi.

Tout quoi je certifie véritable à Jaccowa, le vingt-deux frimaire 3ᵉ année de la République française une et indivisible.

BEAUVAIS,
Sous-lieutenant du 1ᵉʳ bataillon de la Mayenne.

Je certifie en outre qu'en le courant du siège, le citoyen Roulland, général commandant la place de Landrecies, a dit à une patrouille de grenadiers qu'il envoyait pour s'opposer au pillage et contenir le bon ordre, que ceux que la patrouille rencontrerait pillant de faire feu sur eux, qui les en chargeait expressément.

A Jaccowa, ledit jour ci-dessus, BEAUVAIS.

38

Le Conseil général de guerre, composé de tous les corps de la garnison de Landrecies, au général de brigade Roulland, et Cantagrelle, commandant de place.

Landrecies, le 11 floréal an II (30 avril 1794).

Braves républicains,

Nous avions tous juré de ne jamais capituler avec les tyrans, la manière dont vous vous conduisîtes pendant le siège de la place prouve évidemment que ces principes étaient dans vos cœurs, vous étiez personnellement responsables de la place; la situation pénible où elle se trouve nous a paru suffisamment alarmante pour vous porter à une démarche qui répugne toujours à des républicains. Vous n'avez pu d'abord souscrire à capituler, mais puisque vous ne vous y êtes enfin résolus que sur notre vœu, nous voulons vous donner une garantie pour votre conduite en vous donnant la déclaration des motifs qui ont dû y donner lieu.

1° Les blessés, au nombre de cinq cents environ, manquent en partie d'emplacement où ils puissent être à l'abri des bombes, on en a vu plusieurs rester sur le rempart, abandonnés aux soins de leurs camarades qui ont malheureusement été emportés par diverses explosions.

Les malades et blessés placés sous divers blindages n'y ont pas été plus en sûreté, puisque plusieurs y ont été blessés, ainsi que divers officiers de santé, dont le nombre est à présent réduit à cinq ou six en état de travailler. On sent facilement qu'ils se trouvent inférieurs au service et que nos frères d'armes manquaient des premiers secours de l'art.

2° Les palissades sont tellement abîmées par l'effet des bombes que l'ennemi y aurait trouvé facilement un passage pour de l'artillerie. Celles en avant de la ville basse étaient tellement nuisibles à notre défense, que la retraite en était impossible, l'ennemi pouvant nous y battre par les flancs et nous couper; ajouter à cela que tous les ponts de communication du côté de la porte du Quesnoy étaient noyés, en sorte que la troupe ne pouvait en tirer parti pour rentrer dans la place. Tous ces motifs suffisaient bien pour légitimer les craintes que les soldats ont manifestées sur leur position.

3° La troupe n'avait aucun souterrain, aucune poterne, aucun blindage, où pussent se reposer ceux qui n'étaient pas de service, ce qui les a accablés de fatigues ayant été forcés de coucher douze jours et douze nuits aux palissades et au rempart, où ils ne pouvaient d'ailleurs faire la soupe et où ils ne pouvaient s'occuper que de leur conservation, le feu de l'ennemi les assiégeant de tous les côtés.

4° Une infinité de chevaux et bestiaux rentrés des faubourgs et tués dans les rues répandent partout des exhalaisons putrides qui pouvaient amener des résultats terribles d'un moment à l'autre.

5° Les rues sont tellement encombrées par les débris des maisons qu'il n'est plus possible de traîner des provisions de guerre sous le rempart.

6° L'arsenal est brûlé : la plus grande partie de nos approvisionnements est détruite, tellement que les subsistances militaires et civiles étant communes ne peuvent nous assurer de vivres que pour quelques jours.

7° Le magasin à poudre est déjà ébranlé par l'effet des bombes et de l'aveu de l'ingénieur, il peut faire sauter toute la ville.

8° Tous nos plus braves canonniers ont péri à leur poste; les batteries sont en si mauvais état et si souvent démontées qu'on tire à peine quelques coups pendant le jour, la nuit est employée à les rétablir sous le feu de l'ennemi qui a établi sa troisième parallèle à 50 toises des palissades.

9° Les soldats manquent d'eau, celle des fossés étant empoisonnée par les cadavres qui y ont tombé et l'ennemi ayant coupé la source de la fontaine.

Enfin et pour comble de détresse la pharmacie est consumée par les flammes.

Landrecies, le 11 floréal l'an 2ᵉ de la république française une et indivisible, 11 heures du matin.

Les membres composant le Conseil général de guerre.

39

Déclaration des citoyens Cassine, Quénot et Azard.

L'an second de la République française une et indivisible, le 13 floréal, les citoyens Dominique Cassine, membre du Comité de surveillance de la commune de Landrecies, et Quénot, aussi membre du même comité, Jean Azard, fourrier au 2e bataillon du Gard, ont déclaré que la commune de Landrecies avait été cernée par les ennemis pendant douze jours, assiégée pendant quatre jours et bombardée le même temps; après lequel il a été proposé par le commandement du 1er bataillon de la Mayenne et son adjudant-major de faire *des arrangements*, sur laquelle proposition il leur a été observé que c'était une infamie de faire de pareilles propositions, par une grande partie du Conseil de guerre alors assemblé; que les commandant et adjudant-major, par différents subterfuges, ont tenté de couvrir les propos qui n'annonçaient rien moins qu'une trahison, laquelle se prouve d'autant mieux qu'à l'instant un député de chaque compagnie des bataillons en garnison au dit Landrecies, se sont rendus au nom de leurs camarades au conseil de guerre et y ont demandé, à l'exception de la compagnie de grenadiers du 4e bataillon de la Meuse, à faire une capitulation avec l'ennemi.

Ajoutant les citoyens ci-dessus, que le général commandant de la place de Landrecies (Roulland) et le commandant amovible (Cantagrelle) avaient fait convoquer le conseil général de guerre, lequel assemblé, s'est trouvé investi par des gens armés (1) qui menaçaient tous ceux qui émettaient leur opinion pour une plus longue résistance et qui voulaient, conformément à la loi, que la brèche fut faite et l'assaut soutenu, que d'ailleurs cette place avait encore des approvisionnements de bouche et de guerre au grand complet pour douze jours environ.

---

(1) Voir une lettre adressée au Comité de Salut public par les membres du Comité de l'Agence secrète de Vervins (14 floréal-3 mai). Ils transmettent une déclaration à eux faite par les citoyens Benoit Contamine et Crinoy Largillière, venant de Landrecies : lors du conseil de guerre du 10 floréal (29 avril) un bataillon est venu « en armes pour influencer la délibération »; ces témoins rapportent la rumeur que les alliés vont se porter sur Cambrai et que « cette place prise, on était convaincu que la Convention serait égorgée par le peuple de Paris ».

Observant qu'au commencement du siège une bombe a fracassé un blindage sous lequel étaient les chirurgiens au nombre de 12, dont 6 ont été blessés et hors d'état de faire aucun service, ce qui a mis les 6 chirurgiens restants dans l'impossibilité de traiter tous les blessés; cet inconvénient joint à celui du défaut de local sûr pour placer les dits blessés, n'a pas peu contribué à hâter l'instant de la reddition et dont les intrigants ont su profiter.

Déclarant en outre que pendant tout le siège, la garnison en partie s'est livrée aux horreurs du pillage et qu'aucune punition n'a été infligée, quoique proposée, pour arrêter les excès.

Déclarant encore que dans cette place de Landrecies il n'existait aucun endroit pour y reposer la troupe, les souterrains étant absolument occupés par les approvisionnements de siège et par les citoyennes de la commune qui étaient en grand nombre.

Ajoutant que tous les corps constitués ont refusé constamment d'adhérer à aucune capitulation, mais de soutenir et de maintenir l'exécution de la loi portée pour ce cas (Loi du 12 mai 1792, vieux style).

Observant qu'il existait dans l'exécution des arrêtés du Conseil de guerre une insouciance et une impunité criminelles.

A. AZARD, fourrier au 2e bataillon du Gard ; QUENOT ; CASSINE ; Nicolas ROUSSUS, notable.

40

Capitulation de Landrecies.

RÉPONSES

Le commandant remettra aux troupes de Sa Majesté l'Empereur et Roi la ville et forteresse de Landrecies, aux conditions et stipulations suivantes :

ARTICLE PREMIER. — La garnison sera prisonnière de guerre sortira encore aujourd'hui à 5 heures après midi par la porte du Quesnoy. L'ouvrage à Corne et la porte de la ville seront livrés incessamment aux

AU NOM DE LA RÉPUBLIQUE FRANÇAISE

Capitulation proposée par le général Roulland commandant à Landrecies, au général commandant les armées combinées de Sa Majesté impériale devant Landrecies.

ARTICLE PREMIER. — Je demande, général, que notre garnison, trois jours après la capitulation, sorte avec armes et bagages et deux pièces de canons de 4 par bataillon et rentre dans l'intérieur.

troupes de l'armée combinée. La garnison en faveur de sa belle défense sortira avec les honneurs de la guerre, mettra les armes bas sur les glacis de l'ouvrage à Corne, où elle déposera également ses drapeaux ainsi que les chevaux de cavalerie et d'artillerie et autres employés au service militaire. Ceux des officiers leurs seront laissés ainsi que leurs épées. Toute l'artillerie, toute la munition de guerre et de bouche, tous les papiers et plans des archives des fortifications et tous les objets militaires quelconques resteront dans la place pour être consignés aux commissaires.

Art. 2. — Il sera permis aux habitants de se retirer avec leurs meubles en l'espace d'un mois et il leur sera fourni des passeports en conséquence. Aucun habitant paisible ne courra le risque d'être inquiété, mais si quelqu'un d'eux, contre les lois de la guerre, aurait fait service militaire pendant le siège, il en sera recherché.

Art. 3. — Accordé. Il s'entend les officiers et soldats convalescents suivront le sort de la garnison lorsqu'ils seront guéris.

Art. 4. — Renvoyé à l'article premier.

Art. 5. — Renvoyé à l'article second.

Art. 2. — Que les bourgeois de cette place puissent se retirer si bon leur semble avec la garnison, qu'on ne puisse les inquiéter sur leurs opinions passées, qu'ils aient la jouissance d'emporter le restant de leurs effets qui n'ont point été brûlés et qu'il leur soit accordé des voitures pour le transport.

Art. 3. — Que nos blessés et malades soient soignés avec tout le soin qu'ont droit d'attendre des victimes de la guerre, et des braves.

Art. 4. — Que les chevaux d'artillerie attachés aux pièces de canons et caissons puissent rentrer avec la troupe pour servir aux transports des bagages et des vivres pour la route.

Art. 5. — Un délai de huit jours pour les habitants qui

Art. 6. — Tous ceux qui sont soumis à Sa Majesté l'Empereur et Roi jouissent de la protection des lois.

Art. 7. — Refusé. Et les déserteurs seront livrés scrupuleusement avant la sortie de la garnison et on fera les recherches nécessaires pour trouver ceux qui se seraient cachés. Les prisonniers autrichiens et ceux des puissances alliées seront rendus.

Article premier (additionnel). — Il sera nommé des commissaires de tous les départements militaires et civils pour recevoir les papiers, effets, bâtiments militaires, artillerie, fer coulé, arsenaux, munitions de guerre et de bouche, caisses militaires et civiles en un mot tous les objets appartenant au gouvernement, sous quelle nomination que ce puisse être. Les commissaires seront introduits dans la place immédiatement après l'échange des otages. Les chefs seront personnellement responsables des infidélités qui seraient commises dans la remise des papiers, caisses, artillerie et autres objets ci-dessus nommés et les chefs des différents départements militaires et civils resteront dans la place jusqu'à ce que les remises et inventaires aient été clos par

pour cause de maladies ou d'empêchements valables ne pourraient sortir avec la garnison et qu'il leur soit accordé sûreté et protection pendant ce temps.

Art. 6. — La garantie des propriétés des habitants.

Art. 7. — Douze chariots couverts.

Article premier (additionnel). — Accordé.

les commissaires impériaux.

ART. 2 (additionnel). — Il sera envoyé de part et d'autre d'abord et après la signature de la capitulation des otages d'un lieutenant-colonel et d'un capitaine.

ART. 2 (additionnel). — Accordé.

RÉPONSES

ARTICLE PREMIER. — Accordé et fait exception à la teneur de l'article 2.

ART. 2. — Accordé. Les quatre-vingt-dix personnes ne seront pas faites prisonnières de guerre, mais les commandants des corps seront responsables que ce soient effectivement les huit quartiers-maîtres et les soixante-quatorze fourriers qui jouissent de ce privilège de même que les huit fourriers de l'artillerie.

Fait à la tranchée devant Landrecies le 30 avril 1794.

G. Prince héréditaire d'Orange, commandant général de l'armée combinée impériale et hollandaise.

ARTICLES ADDITIONNELS.

ARTICLE PREMIER. — Les habitants qui ont fait le service de l'artillerie l'ayant fait en vertu de la loi, l'on demande qu'ils ne soient pas recherchés pour cette cause.

ART. 2. — La garnison consiste en huit bataillons chacun de neuf compagnies, on demande qu'un fourrier par compagnie, un quartier-maître par bataillon, un fourrier pour le détachement des hussards et un pour l'artillerie ne soient pas faits prisonniers mais soient renvoyés en France pour la comptabilité, c'est l'affaire de quatre-vingt-dix individus y compris huit fourriers de l'artillerie.

Fait à la tranchée devant Landrecies et signé en vertu du plein pouvoir à nous accordé par le général de brigade commandant à Landrecies, ROULLAND, lequel plein pouvoir nous avons remis en original au prince héréditaire d'Orange.

Adjudant général FRÉMONT,
LAMARCHE, capitaine du 4ᵉ d'hussards.

41

Renseignements sur quelques officiers de la Garnison de Landrecies (1).

Landrecies, ce 9 fructidor, l'an 2ᵉ de la République.

Le Conseil général de la commune de Landrecies aux citoyens, membres composant le Comité de Salut public de la Convention nationale, à Paris.

En conformité de votre demande du 23 thermidor dernier, nous vous faisons passer ci-joint le tableau de la conduite de la garnison lors du siège de notre commune, où est contenu tous les renseignements que nous avons pu prendre à cet égard.

Salut et fraternité.

Suivent signatures : Dumay, maire, Fontaine, Lebon, Cunon, Boussut, Boussut.

LIBERTÉ — ÉGALITÉ — FRATERNITÉ OU LA MORT

Département du Nord. District du Quesnoy. Municipalité de Landrecies.

Tableau de la Garnison de Landrecies à l'époque de la reddition de cette place avec des observations sur la conduite particulière de chaque chef ou de chaque corps.

NOMS DES BATAILLONS	NOMS DES CHEFS COMMANDANT	OBSERVATIONS
1ᵉʳ de la Mayenne.	Malherbe.	Ce bataillon, dont le chef et l'adjudant-major sont particulièrement indiqués au Comité de Salut public pour avoir provoqué la reddition de la place, s'est lui-même très mal conduit, tant à la défense de la ville basse, qu'il n'a cessé de demander à évacuer, qu'au conseil illégal qui a fait rendre la place.

(1) *Arch. Nat.*, A. Fᴵᴵ (30 *bis*).

NOMS DES BATAILLONS	NOMS DES CHEFS COMMANDANT	OBSERVATIONS
4° de la Meuse.	Lefranc.	S'est bien conduit et particulièrement Ourry, grenadier au conseil de guerre, mais Lefranc, son commandant, a ouvertement demandé la reddition de la place.
2° de l'Orne.	Inconnu.	Ce corps n'est pas particulièrement connu pour s'être mal montré à la défense de la place, mais il s'était précédemment mal conduit à la défense du camp retranché.
2° du Gard.	Almaric.	Almaric commandait la ville basse et s'est conduit pendant le siège en brave militaire. Son corps s'est très bien conduit dans toutes les affaires et sorties, mais ses commissaires au conseil de guerre s'y sont très mal montrés.
7° des Fédérés.	Chappuis.	Ce corps s'est bien conduit, Chappuis, l'un de ses commandants n'a cessé de réclamer contre la proposition de capituler et contre la capitulation quand il a su qu'elle était faite, et le commandant en second a été blessé en arrêtant les pillards.
9° de la réserve.	Inconnu.	S'il n'a rien fait de marquant pour la reddition de la place, on ne peut pas dire non plus qu'il s'y soit montré opposant.
1er de Saint-Denis ou Franciade.	Inconnu.	Le commandant de ce bataillon, dont nous ignorons le nom, s'est très mal conduit ainsi que son bataillon, c'est deux compagnies de ce corps qui, étant à reposer sous la poterne près du lieu où se tenait le Conseil de guerre, ont pris les armes pour en influencer les délibérations, lorsque l'insurrection a commencé dans la garnison.
Une partie de la 123° demi-brigade.	Inconnu.	Ce corps était peu connu dans la garnison et n'y a rien fait de marquant pour ni contre à notre connaissance.
1 Détachement du 4° régiment de hussards.	Lamarche.	Les hussards ont bien servi, mais aussi ils ont donné le mauvais exemple du pillage, tant à la garnison qu'à l'ennemi le jour de son entrée, quant à son commandant il est connu du Comité de Salut public.

NOMS DES BATAILLONS	NOMS DES CHEFS COMMANDANT	OBSERVATIONS
1 B^{on} de pionniers.	....	Se sont bien conduits et le chef mérite d'être cité par l'opposition qu'il n'a cessé de faire à la reddition de la place et sa conduite postérieure pour faire rentrer ses pionniers dans l'intérieur.
Le général de brigade.	Roulland.	Ce général a montré en arrivant à cette place de l'énergie, de la fermeté et témoignait une ferme résolution de défendre vigoureusement la place, mais lorsqu'il s'est vu bloqué, il a perdu de son énergie, il s'est cependant très bien montré au Conseil de guerre, mais enfin il a cédé à l'impulsion et a fait une plus grande faute encore en autorisant les parlementaires à traiter définitivement de la capitulation à l'insu de la garnison.
Adjudant-général.	Frémont.	S'est conduit en brave militaire pendant le siège, mais il a à se reprocher d'avoir accepté la commission de parlementaire en cette circonstance.
Commandant temporaire.	Cantagrelle.	S'est bien conduit dans toutes les occasions.
Adjudants-majors.	Inconnus.	Se sont bien conduits, l'un d'eux a été blessé par un officier de la garnison qui soutenait les pillards.
Ingénieur.	Drouet.	Jeune, sans moyens, et disant continuellement qu'il était hors d'état de défendre la place.
		Fait et arrêté en séance des autorités constituées réunies de la commune de Landrecies, le 8 fructidor, l'an 2e de la République une et indivisible. (*Suivent signatures*).

42

Les officiers prisonniers de guerre faits à la prise de Landrecies, au Président de la Convention Nationale de France.

Le 22 floréal an II (11 mai 1794).

Citoyen Président,

La Convention Nationale a sans doute appris avec douleur la reddition de la place de Landrecies et la prise de la garnison, nous avons senti comme elle les malheurs qui pouvaient en résulter, mais forcés, après une défense des plus terribles et un bombardement affreux qui n'a pas laissé pierre sur pierre, de succomber aux efforts enragés d'un ennemi enthousiasmé de la présence de son [.], nous nous sommes trouvés dans la cruelle nécessité de nous voir soumis aux horreurs de la guerre, après avoir épuisé tout ce que l'art pouvait imaginer ; nos batteries presque toutes démontées, nos pièces égueulées, nos meilleurs canonniers tués, notre pharmacie brûlée avec l'hôpital, beaucoup de poudre sautée par l'effet des bombes, sans casemates pour mettre à couvert, hors 750, une garnison de 7,000 hommes quasi composée de tous nouveaux recrues de la réquisition, nos magasins aux vivres en partie brûlés ou écrasés, la ville réduite en cendres, toutes les communications avec la basse ville impraticables, sans avoir même un pieu de rechange, les palissades abîmées partout, point d'ingénieurs dans le cas de rien rétablir, le rempart et les ouvrages intérieurs écrasés ou en ruines partout : jugez de notre déplorable situation, puisque nous étions même sans eau. Voilà, Citoyen Président, en partie la cause de nos malheurs, joint à cela une terreur panique, et une insubordination inspirée par quelques malveillants, et pour surcroît d'infortune la malheureuse affaire de Cambrai qui nous a ôté tout espoir, tout enfin a concouru à nous accabler.

Empressés de concourir avec nos frères d'armes de la France à réparer des malheurs que d'impérieuses circonstances ont nécessités, le général Roulland a écrit au commandant général de l'armée impériale et hollandaise, pour obtenir que le citoyen Frémont (1) se rende sur sa parole d'honneur à Paris pour solliciter notre échange contre les prisonniers hollandais, en conséquence

---

(1) Le 22 floréal (11 mai) le prince d'Orange délivre à l'adjudant-général Frémont un laissez-passer pour accomplir cette mission à Paris.

nous supplions la Convention Nationale d'avoir égard à notre déplorable situation et l'assurons que tels que soient nos malheurs, nous gardons et garderons, pour elle et le gouvernement, les sentiments d'attachement et de soumission.

Les officiers, sous-officiers et soldats faits prisonniers de guerre en Hollande :

> CANTAGRELLE, chef de brigade; MALHERBE, DEVAUD, LEFRANC, chefs de bataillon; SENNEGON, MATROT, LEMAISTRE, LOISELPRÉCOURT, capitaines; DESPIERRE, BALLUE, VASSAL, MARGAUTIER, GASTINNE, VOISIN, lieutenants; BOUGARD, SAVARY, METTEYÉ, CHERREL, RIBO, sous-lieutenants; CHAPUIS.

43

Le général Roulland, fait prisonnier à Landrecies, au général en chef Pichegru.

Bruxelles, le 22 floréal an II (11 mai 1794).

Mon général,

Continuellement en marche depuis la reddition de la place de Landrecies, j'ai saisi le premier instant favorable pour vous rendre compte de cet événement. Les pièces dont je joins ici copie suffiront pour justifier la détermination que j'ai prise ; j'ajouterai seulement que toutes nos batteries étaient démontées, les ponts de communication d'une ville à l'autre et aux chemins couverts rompus et les passages inondés, par le fait de l'artillerie des assiégeants ; toutes les maisons, places et blindages qui servaient d'abri aux malades presque tous écrasés.

Dans quelque état de délabrement que fût la place, partageant les dangers de la garnison, j'étais résolu à lui donner l'exemple de la constance et de tenir le serment que j'avais fait de m'ensevelir sous les ruines. C'est avec les plus vifs regrets que je me suis vu forcé de céder à la nécessité des circonstances et aux vœux fortement exprimés de la garnison.

L'ennemi a cerné la ville le 18 avril ; il a attaqué et forcé le camp le 20 avril, il a commencé le siège, bombardé et canonné le 26 au matin.

Ce n'a été qu'après sept heures de combat, que les troupes du camp l'ont abandonné pour se retirer dans la place que j'ai défendue autant qu'il m'a été possible. Je ne vous dissimule pas qu'avec l'intention où j'étais de tarder l'instant de sa reddition, j'exposais la garnison et les habitants, qui n'avaient plus de retraites, à périr par l'effet de la nombreuse artillerie de l'ennemi; mais comme je partageais ce danger avec eux, et que j'avais présents à mon souvenir la loi et mes serments, cette considération n'eût point arrêté ma détermination de défendre la place tant qu'elle aurait eu un défenseur, si les circonstances impérieuses ne m'eussent forcé de la rendre.

Il ne me reste qu'une espérance pour m'aider à me consoler de ma malheureuse affaire, c'est celle de me mettre à même, mon général, de vous justifier en présence ma conduite et à toute ma nation.

Je ne puis donner trop d'éloges à celle des habitants de Landrecies dont la patience dans les travaux d'un siège rigoureux et les sentiments sont faits pour servir d'exemple. Il ne leur reste plus ni maisons ni effets, tout a été embrasé.

Je suis avec respect, mon général, votre très humble serviteur,

Le général,

ROULLAND (1).

P.-S. — Le pauvre Fournier, commandant d'artillerie a été tué avec quatre autres par une bombe qui a tombé sur un magasin journalier placé dans un bastion; elle a fait sauter une barrique de poudre qui y était. Cantagrelle et moi nous n'avons pas eu le bonheur d'être de la partie quoique très près de ce magasin lors de son explosion et couverts d'une partie de ses débris.

44

Extrait des « opérations du général en chef Pichegru ».

Le même jour où les troupes de notre République s'emparaient de Menin, Landrecies se rendit aux ennemis, cette place ne fit pas la résistance qu'on avait lieu d'attendre.

Le général, commandant notre aile droite sur l'ordre de Pichegru, avait le jour même de sa reddition préparé des moyens pour venir à son secours, on devait marcher le 13 sur six colonnes. Le 12 au soir la division de Montaigu avait paru le long de la Sambre, elle fut repoussée. Son général ignorait la reddition de Landrecies qui avait capitulé la veille prenant pour une suspension d'arme l'interruption du feu; nos généraux ne tardèrent pas à être mieux instruits et suspendirent le plan

---

(1) A la même date, Roulland adresse au Comité de Salut public une lettre à peu près textuellement identique à celle-ci.

d'attaque qu'ils avaient reçu du quartier général de Réunion-sur-Oise en date du 11.

La garnison de Landrecies soulevée par quelques lâches instigateurs voulut à toute force se rendre, le bombardement à la vérité causait le plus grand ravage parmi cet encombrement considérable de troupes dans une ville qui ne pouvait guère en contenir que le tiers; en vain le général Roulland, le commandant Cantagrelle voulurent faire entendre la voix de l'honneur, les lâches furent sourds, ils se portèrent en foule à la municipalité dont ils voulurent ébranler le courage par les menaces les plus horribles, mais ces braves magistrats leur répondirent avec fermeté : « Nous n'avons plus de propriétés à sauver, le feu les a détruites, la loi nous défend de signer toute capitulation avant d'avoir reçu trois assauts, allez à votre poste. » Cette fermeté étonna les révoltés, ils se portèrent au conseil de guerre qui condescendit à leurs volontés. Le général Roulland et quelques autres finirent par avoir la faiblesse de se soumettre à leurs vues et d'adopter leur plan de capitulation, mais le brave Cantagrelle s'y refusa en ajoutant qu'il ne signerait jamais son déshonneur.

La garnison sortit de la place à 11 heures du soir.

45

Extrait d'une lettre de Vivenot à son père et à sa mère.

Landrecies, le 11 floréal an II (30 avril 1794).

On a capitulé aujourd'hui et ce soir nous partons sans savoir où nous allons. . . . .
. . . .

Pourquoi la lâcheté de quelques soldats ne nous a-t-elle pas permis de mourir sur la brèche?

Les citoyens de Landrecies sont dignes de tous les éloges ; ils ne voulaient point se rendre ; voilà des républicains (1). . . .
. . . .

46

Extrait de lettres de M. d'Albarey au comte de Hauteville.

Bruxelles, 1er mai 1794. — Je n'ai pu arriver ici que hier au soir. S. M. l'Empereur étant à l'armée ainsi que M. de Thugut, je m'y

---

(1) *Arch. Nat.* AF II, 1712. Copie certifiée conforme par le maire Arnould.

rends, Monsieur, sans délai, pour lui présenter dès demain, les lettres dont je suis chargé.

Il y a eu ici hier un peu d'alarme à cause d'une excursion que les patriotes ont faite du côté de Courtrai, d'où les Hanovriens ont dû se replier. Mais l'alarme a cessé ce matin, soit parce qu'on a appris qu'un corps de Hollandais venu à l'appui des Hanovriens les avait mis en état de repousser les patriotes, soit par la nouvelle de la prise de Landrecies, que je vous donne pour sûre, la tenant de S. E. M. le comte de Trautsmandorf et du général Bender que j'ai vu, ainsi que S. E. M. le comte de Metternich. C'est le Prince d'Orange qui commandait le siège et c'est l'officier expédié par lui avec la nouvelle qui l'a donnée au Ministre de Hollande en passant ce matin, vers midi. . . . .

. . . .

Valenciennes, 5 mai 1794. — Ainsi que j'ai eu l'honneur de vous le marquer, Monsieur, en partant de Bruxelles, par ma dernière, en date du 1er mai, j'ai eu celui, le lendemain, 2, à 11 heures du matin, de présenter les deux lettres dont j'étais chargé, à S. M. l'Empereur au Cateau, où il avait établi son quartier général, la veille. . . . .

En fait de nouvelles, outre la prise de Landrecies, qui s'est rendue le 30 du mois passé après trois jours de bombardement, la garnison forte encore de 7 à 8,000 hommes prisonnière de guerre, il y a eu une autre affaire le 3 du courant du côté de Luxembourg, dans laquelle M. de Beaulieu a battu les patriotes, les a chassés d'Arlon, a pris six canons et fait beaucoup de prisonniers, les ayant poursuivis fort loin.

Dès le jour même de l'affaire du 26, sur le champ de bataille, on avait détaché un renfort vers M. de Clairfayt, mais à la reddition de Landrecies, tout le corps anglais s'est mis en marche pour l'aller joindre. C'était hier que M. de Clairfayt, fort par cette jonction de 50,000 hommes environ, devait tomber sur les patriotes qui ont fait cette incursion dans la West-Flandre. Selon les notions que nous a apportées du quartier général S. E. M. de Mercy, les patriotes commençaient déjà à se replier. Ce serait bien malheureux que M. de Clairfayt n'ait pas pu les couper, car s'il y avait réussi ce serait un coup décisif qui ferait avancer vivement la campagne. Le corps où est S. M. l'Empereur devait lever le camp ce matin et s'avancer sur Cambrai, où, si l'on doit en juger par le nombre prodigieux de pionniers que l'on fait marcher, on ira vite en besogne.

Il règne la plus grande harmonie entre les Anglais et les Autrichiens, mais ces derniers continuent à se plaindre des Prussiens, qui ne cessent de les rançonner, et des Hollandais, un tant soit peu aussi, parce qu'ils font comme les Génois, fournissant, à ce qu'ils prétendent, des vivres à l'ennemi. . . . .

47

Extrait des « Mémoires de d'Arnaudin ».

Cependant le feu de la première parallèle qui avait commencé le 26 après-midi, après avoir été soutenu avec beaucoup de vivacité pendant toute la nuit, fut interrompu le lendemain à 9 heures du matin; et alors le prince héréditaire d'Orange qui commandait l'armée de siège envoya un officier dans la ville avec une lettre au commandant portant sommation de se rendre. Il ne manquait pas d'annoncer l'inutilité des efforts de la veille pour secourir les assiégés. Mais la réponse ayant été négative, le feu des batteries de la parallèle recommença immédiatement et ne cessa pas de jouer jusqu'au 30 au matin que le commandant de la place demanda à capituler. Dans ce court espace de temps, l'artillerie fut si bien dirigée que la ville en éprouva les plus grands dommages. Dès le 28, le clocher, les casernes, les magasins et plusieurs maisons étaient déjà tellement embrasés que quelques-uns des habitants qui se trouvaient sans asile avaient dès lors essayé de sortir; mais tous les passages étant étroitement gardés, ils ne purent exécuter leur dessein.

Avant la reddition de la place, les Français se présentèrent encore une fois contre l'armée des alliés; et le 29 avril au matin ils avaient déjà pris poste en avant de Nouvion, autour des villages de Wassigny et d'Oizy, et dans celui de Priches même. L'armée d'observation de ce côté était déjà diminuée par l'envoi de plusieurs corps de toutes les armes dans la Flandre et dans le pays d'entre Sambre et Meuse. Il semblait qu'on dût encore s'attendre à une nouvelle attaque générale. Mais, à en juger d'après la faiblesse des efforts que l'ennemi fit en cette occasion, on est fondé à croire que cette entreprise n'était pas sérieuse. L'archiduc Charles, de concert avec le général d'artillerie le comte de Kinsky, s'avança en conséquence avec de l'artillerie et quelques bataillons vers le village envahi, le fit fortement canonner; et, aussitôt qu'on eut remarqué que l'ennemi commençait à s'ébranler, on y fit entrer quelques volontaires qui attaquèrent immédiatement, la baïonnette au bout du fusil. L'ennemi ne tint pas contre la vivacité de ce mouvement; il prit bientôt la fuite et on le poursuivit jusqu'à Beaurepaire. Cet événement obligea le corps français posté en avant de Nouvion d'abandonner cette position et de se retirer avec précipitation jusqu'auprès de la Capelle.

A Oizy, le général comte de Bellegarde employa le peu de troupes qui lui restait à tenir en respect l'ennemi infiniment supérieur en nombre; et, vers le soir, les Français qui avaient abandonné les trouées d'Oizy et de Wassigny, s'étaient retirés en arrière du Noirieu aux environs d'Étreux et d'Henappe leur asile accoutumé en pareille circonstance. Les Français n'auraient sans doute pas pu s'approcher si près de l'armée d'observation sans la diminution qu'elle avait éprouvée dès le 26 au soir.

Ce fut là le dernier effort des républicains pour sauver Landrecies. Le lendemain de très grand matin, le général Roulland, commandant de la place, envoya un message au prince héréditaire d'Orange avec demande d'une suspension d'armes de quarante-huit heures pour régler les articles de la capitulation, ce qui fut refusé. On accorda seulement une demi-heure pour se déterminer, et ce terme fut prolongé jusqu'à une heure de l'après-midi. Avant l'expiration de ce temps, deux officiers républicains vinrent dire que l'on consentait à remettre la place. En conséquence, à 5 heures du soir, la garnison forte de 6 ou 7,000 hommes, sortit par la porte du Quesnoy, déposa les armes sur les glacis et se rendit prisonnière. On prit immédiatement possession de la ville au nom de Sa Majesté l'Empereur et Roi. Une résistance plus longue lui devenait à peu près impossible; toutes les batteries avaient été démontées et les pièces mises hors de service, de sorte que l'artillerie qu'on y trouva était toute en mauvais état. Au surplus, la ville était presque entièrement pulvérisée, ce qui cessera d'étonner quand on réfléchira que cette place, qui n'a que quatre bastions, étant extrêmement petite, il n'existait aucun point de sa surface qui fût à l'abri du feu de la tranchée.

Cependant le poste de Maroilles continuait de tenir, et le lendemain même du jour de la reddition de Landrecies, des Français faisaient encore de ce poste un feu de mousqueterie qui ne cessa qu'à la nuit. Il est vraisemblable qu'ils ignoraient ce qui s'était passé la veille.

48

Extraits de l'Oestreichische Militärische Zeitschrift.

Du 28 au 29 avril on ouvrit la deuxième parallèle. Ce travail n'était pas encore fini que le commandant de la forteresse proposait lui-même une capitulation, d'après laquelle la garnison fut prisonnière de guerre. Elle avait perdu dans les neuf jours depuis l'ouverture de la tranchée 2,000 tués ou blessés et était encore forte de 5,000 hommes au moment de la reddition. Le 30, la forteresse fut occupée par les alliés. 78 canons et des approvisionnements considérables de munitions tombèrent entre les mains des vainqueurs, dont la perte, pendant le siège, en tués et blessés fut seulement de deux officiers et 107 hommes; et dont les batteries, du 26 à midi au 29 à 8 h. 15 du matin, avaient tiré 13,651 coups sur la forteresse. Le 29, l'ennemi avait encore fait de faibles tentatives sur Priches et Maroilles et s'était emparé de ces localités occupées seulement par des avant-postes. Mais il avait été rejeté de Priches à la baïonnette par les volontaires des grenadiers hongrois; et le feu de l'artillerie l'avait forcé à s'éloigner de Maroilles le soir.

Telles furent les victoires brillantes que les armées alliées avaient remportées en douze jours. Vainqueurs dans une bataille et dans sept combats plus ou moins importants, ils avaient enlevé une forteresse considérable et infligé à l'ennemi une perte d'au moins 17,000 hommes, de 143 canons, dont 65 pris en rase campagne, de 69 caissons de munitions et des magasins de la forteresse. Leur propre perte s'élevait en tout à 4,656 hommes, dont 3,965 impériaux. Il est à remarquer que la grande perte de l'ennemi n'eut pas les conséquences que l'on aurait pu espérer dans les circonstances d'une guerre ordinaire. Les forces de l'ennemi étaient si considérables, que ces échecs ne l'empêchaient pas de se remettre en campagne et de poursuivre sans retard l'exécution de plans précédemment arrêtés...

49

Les représentants du peuple Richard et Choudieu au Comité de Salut public.

Lille, le 12 floréal an II (1ᵉʳ mai 1794).

Il est faux que Landrecies soit au pouvoir de l'ennemi comme on vous l'a écrit. Nous espérons même qu'il n'y tombera pas. Croyez à nos seuls calculs puisque seuls nous pouvons bien voir par notre position et nos relations avec toutes les parties de l'armée. Combattez de tous vos moyens les *alarmistes*...

L'attaque du 10 n'a eu aucun résultat décisif. Mais elle a eu pour nous l'avantage de remettre nos troupes, dont la plus grande partie s'est bien battue. La division de Cambrai, encore affaiblie, n'ayant pu donner, on a fait retraite en bon ordre. Ferrand recommence demain et nous espérons d'autant plus de cette nouvelle attaque qui sera très étendue que nous sommes instruits que l'ennemi fait filer beaucoup de monde de notre côté. Nous aurons dans quelques jours selon toute apparence une grande bataille sous Tournai. Le génie de la République nous dit que nous la gagnerons, et alors nous irons loin.

Nous vous embrassons fraternellement.

CHOUDIEU; RICHARD.

50

L'aide de camp du général Despeaux, Castagna, au général Favereau.

Limonfontaine, le 12 floréal an II (1ᵉʳ mai 1794).

Citoyen général, je t'envoie copie des deux lettres que je viens de recevoir du général Mayer.

Copie de la première écrite par son aide de camp.

Le général Mayer me charge de t'instruire de ce qui s'est passé depuis hier le soir. Toute la nuit, la canonnade et le bombardement se sont fait entendre avec assez de force, mais depuis 8 heures du matin la canonnade ne se fait plus entendre. Tout est très tranquille et l'on n'aperçoit aucun mouvement de la part de l'ennemi du côté de Landrecies, et il paraît qu'il ne reste pas beaucoup de maisons dans cette ville qui ne soient endommagées par le feu. Instruis le général Favereau du contenu de la présente.

Signé : ROGNAT, aide de camp.

Copie de la 2ᵉ lettre.

Je te préviens, mon camarade, que l'ennemi fait un mouvement sur la droite, et suivant toute apparence Landrecies s'est rendu. C'est bien douloureux de voir prendre une ville dont on aurait pu empêcher la prise. Ce n'est certainement pas de notre faute, car nous nous sommes battus en républicains. Toute la faute pourrait tomber sur Balland qui n'a fait aucun mouvement. Tu voudras bien avertir le général Favereau de cela.

Le général de brigade,

Signé : MAYER.

Le général me charge, Citoyen Général, de te faire passer copie des lettres ci-incluses : tu jugeras dans ta sagesse les moyens que tu dois employer dans les renseignements qu'on y donne. L'ennemi paraît vouloir chercher à nous surprendre par ses mouvements multipliés. Avec de la surveillance et ton zèle infatigable, j'espère que nous parviendrons à déjouer ces perfides manœuvres : il paraît que l'ennemi porte des forces de ton côté.

P. O. du général Favereau,
L'aide de camp,
CASTAGNA.

51

Le général Favereau au général Despeaux.

Le 12 floréal an II (1er mai 1794).

La prise de Landrecies nous est bien funeste, mon camarade, mais elle ne doit pas nous faire perdre espoir. Vraisemblablement que je ne tarderai pas à recevoir un courrier du général Ferrand. Je t'en donnerai de suite connaissance. C'est l'instant de doubler de surveillance. Je conçois que tu n'es pas fort et que ta troupe doit être fatiguée ; mais, dans ce moment, il ne faut calculer que la chose publique.

Pichegru marque que la division de Souham a pris à l'ennemi 20 pièces de canon et 4,000 hommes tués, blessés ou prisonniers. Cette perte devrait pourtant les affaiblir.

Signé : FAVEREAU.

52

Le général Fromentin au général Ferrand (1).

Avesnes, le 12 floréal an II (1er mai 1794).

Je reçois à l'instant un rapport du général Soland relatif à Landrecies. Je te l'adresse sur-le-champ :

J'apprends par des prisonniers et 2 canonniers des nôtres,

---

(1) Fromentin avait auparavant fait le 12 la même communication à Favereau en l'avertissant qu'il allait écrire à Ferrand « pour prendre ses ordres ultérieurs ».

Cette communication fut complétée le 13 floréal (2 mai) par une lettre dans laquelle Fromentin disait à Favereau :

« La découverte que le général Soland a fait faire ce matin rapporte que l'ennemi ne fait aucun mouvement de notre côté. Il établit une redoute qui est presque achevée près du moulin qui est entre la Folie et Favril. Ils ont aussi des postes du côté du Sart, ce qui prouve qu'ils veulent conserver au besoin la com-

déguisés en paysans, que Landrecies s'est rendu, les canons étant tous démontés. Le même rapport porte que l'ennemi fait un mouvement sur Cambrai, ce que je crois. Avertis Ferrand de suite pour qu'on défende Cambrai. Tu sais que c'est la suite du projet de l'ennemi. Pour nous, gardons nos positions, car il viendra sur Avesnes et sur Maubeuge après avoir forcé nos postes. Je suppose encore que Maroilles pourra tenir. Au surplus tu prendras les ordres qui nous concernent.

Je vais faire abattre leurs redoutes, mais avec prudence.

Signé : Soland.

D'après cela, j'attends tes ordres et je t'instruirai de ce qui pourra me parvenir des fortes reconnaissances que je fais faire.

Ton plan d'attaque pour demain tombe de lui-même, puisque Soland est sur les hauteurs de Favril, qui fait abattre, comme tu vois, les redoutes de l'ennemi.

Salut et fraternité,

Fromentin.

P. c. *conforme*, L'adjudant général chef de l'État-major,

Barbara.

53

Les administrateurs du District d'Avesnes au Comité de Salut public.

Avesnes, le 12 floréal an II (1er mai 1794).

Les rapports ont tellement varié sur la situation de Landrecies pendant toute la journée que ce n'est que sur la demande que nous venons de faire au général de division Fromentin, que nous savons positivement en ce moment que cette place est au pouvoir des Autrichiens depuis hier à 5 heures du soir. Il nous dit que des déserteurs français, qui faisaient partie de la garnison,

---

munication de Landrecies à Réunion. Cependant la route est coupée.

« Montaigu vient de m'écrire qu'il avait renvoyé les bataillons qu'il avait reçus de Maubeuge et qu'il n'avait rien de nouveau de son côté.

. . . .

« Dis-moi ce qu'on doit faire des quartiers-maîtres et des fourriers qui sont venus de Landrecies.

« Je garde toujours ma position. »

assurent qu'elle est toute brûlée et qu'il ne lui était plus possible d'opposer la moindre résistance.

L'armée a livré trois combats où le courage du soldat s'est montré digne du nom républicain, mais nous ne saurions nous empêcher de gémir sur l'inutilité de ses efforts qui vraisemblablement prend sa source dans l'ineptie des généraux. Nous nous permettrons de vous faire connaître que jamais nos troupes ne se sont battues à armes égales, et que quand l'ennemi faisait usage de pièces de 7, de 13 et de 17, on lui opposait du canon de 4 et de 8 et toujours en nombre inférieur. Vous jugerez d'après ce, si l'avantage pouvait rester de notre côté. Nos braves frères ont vu de mauvais œil cette conduite inexplicable des généraux et nous vous disons franchement que le mécontentement s'est fait entendre dans l'armée; cependant l'esprit du soldat est bon, et il désire toujours de combattre et de vaincre nos atroces ennemis. Le général Fromentin nous montre qu'ils se portent sur Cambrai et Réunion; nous ignorons les mesures qu'il a prises pour arrêter leur marche, mais nous ne croyons pas aux talents du général et nous vous invitons instamment à l'aider de vos lumières, car nous n'avons aucune raison d'être tranquilles tant qu'il sera abandonné à ses propres moyens.

Les destinées de la France entière qui vous occupent continuellement fixeront vos regards sur cette importante frontière que semble convoiter particulièrement l'Autrichien; nous vous donnons l'assurance que nous défendrons le poste où nous sommes placés jusqu'à extinction, mais il faut que les attaques soient dirigées par des hommes plus intelligents, sans quoi nous pourrions courir les risques de ne pas être secourus (1).

Salut et fraternité,

BONNAIRE, GROSLEVIN, CARTON, MANOUVRIER, etc.

---

(1) Les administrateurs du district d'Avesnes écrivirent le 13 floréal (2 mai), aux députés du département du Nord, une lettre à peu près identique et répétaient les mêmes griefs.

« ... Si la trahison n'est pas ici à l'ordre du jour, nous devons y supposer l'impéritie. »

— « ... Vite, citoyen Boyaval, un coup d'œil sévère sur tout ce qui s'est passé ici. »

54

Le général Ferrand au Comité de Salut public.

Réunion-sur-Oise, le 12 floréal an II (1er mai 1794).

Landrecies n'est plus en notre pouvoir. Ses batteries démontées ne lui ont pas permis une plus longue résistance. Telle est la lettre que je reçois dans ce moment du général de division Fromentin et dont je vous envoie copie. Après l'attaque du 7, j'en avais tenté une seconde le 10. Nos efforts ont été vains. La faiblesse et le délabrement de la division de Cambrai qui avait perdu presque toute son artillerie ne lui ont pas permis d'appuyer ma gauche. Les divisions de droite de l'armée se sont battues avec vigueur, 300 hommes et plusieurs chevaux ont été taillés en pièces par les escadrons du 22e de cavalerie et du 12e de dragons.

Quant aux détails concernant la prise de cette place, je n'en ai encore aucun. Dès qu'il m'en sera parvenu, je m'empresserai de vous les adresser.

Salut et fraternité,

FERRAND.

55

Le chef de génie Marescot à Carnot.

Maubeuge, le 13 floréal an II (2 mai 1794).

Landrecies s'est rendu, mon cher Carnot, après 4 jours et demi de bombardement. Cette faible résistance est faite pour étonner. J'avais été à même de voir combien cette petite place était négligée; mais cependant on en devait attendre une plus longue défense. La garnison est prisonnière de guerre. Les Hollandais ont pris possession de la place. On m'a rapporté quelques détails sur cette malheureuse affaire; mais ce n'est pas un sujet assez agréable pour les redire (1).

---

(1) A en croire les plaintes annoncées d'un citoyen d'Avesnes et le procès-verbal de 2 membres du comité de surveillance de Landrecies, la défense n'aurait pas été poussée à ses limites extrêmes, et « cette place avait encore des approvisionnements de bouche et de guerre au grand complet pour 12 jours environ, et si l'ennemi nous foudroyait par des pièces de 17 nous ne lui opposions que des pièces de 4 et de 8 qui ne faisaient pas le tiers du terrain, et on laissait sur nos glacis, dans l'inaction, des pièces de 12 et de 16 parce que, disait-on, on ne trouvait pas de positions pour les placer avantageusement ».

Cette marche de l'ennemi par les derrières de Maubeuge m'avait fait penser que tes redoutes n'avaient plus la même utilité que d'après la supposition que tu m'as expliquée, et qu'elles pouvaient même devenir nuisibles. En conséquence j'ai communiqué au conseil de guerre mes incertitudes à ce sujet. Il a décidé qu'il fallait continuer la construction commencée.

Nous prenons ici des mesures pour nous défendre plus longtemps qu'on ne l'a fait à Landrecies, on fait sortir d'avance les bouches inutiles. Les habitants paraissent répugner à cette mesure rigoureuse et nécessaire. Il faut espérer cependant qu'ils préfèrent l'intérêt général au particulier.

. . . .

Ton concitoyen et camarade,
MARESCOT.

56

Le général Dubois au général d'Hautpoul.

Le 12 floréal an II (1er mai 1794).

Tu trouveras ci-joint, mon cher camarade, une copie du plan de l'attaque que nous ferons demain; tu y trouveras aussi copie d'une lettre du général Souham par laquelle il annonce des victoires; tu feras bien d'en faire donner lecture à la tête de chaque régiment sous tes ordres, à laquelle je te prie d'ajouter une grande vérité, c'est que Jourdan est aux portes de Luxembourg. Je n'ai pas besoin de t'engager à pérorer les troupes pour leur donner plus d'énergie, je m'en rapporte entièrement à toi à cet égard et suis très persuadé que tu ne resteras pas muet. Nous profitons de cette bonne circonstance pour nous porter en avant; ce soir notre division de gauche se portera pour bivouaquer entre Étreux et Oizy; celle de Balland bivouaquera sur le Nouvion; et il faut que la tienne aille bivouaquer le plus en avant possible pour que demain nous puissions attaquer ensemble dès 3 heures et demie du matin sur tous les points. Fais suivre des fourrages et prends bien toutes tes précautions.

Il faut que demain soit le jour du triomphe de la République.

Salut et fraternité.

57

Le général Balland au représentant du peuple Laurent.

Leschelles, le 12 floréal an II (1er mai 1794).

Tu me dis, Citoyen Représentant, qu'on se plaint assez généralement de la division qui est à mes ordres, qui ne donne pas comme elle le devrait pour seconder les autres. Je ne te laisserai pas ignorer son action dans la journée du 10. Il me sera facile de te convaincre que je ne mérite pas les reproches qu'on semble me faire et que je ne pouvais agir différemment que je ne l'ai fait.

D'abord l'ordre du général Ferrand portait avec raison que je ne devais attaquer l'ennemi que lorsque ma droite ainsi que ma gauche seraient avancées. C'est ce qu'a fait la droite, mais la gauche aux ordres du général Dubois, au lieu de serrer l'ennemi, avait été obligée de se replier derrière le bois de Wassigny, pour ne pas se trouver entourée par l'ennemi. Cette division devait avoir à sa gauche un corps de troupe de 10,000 hommes, lequel n'a pu s'y trouver faute de canon. C'est l'obstacle que le général Ferrand m'a ensuite dit avoir été à notre entreprise. Cette division de gauche ne gagnant point de terrain, ayant entre elle et la mienne une distance d'environ 2 lieues, pouvais-je sans compromettre la chose publique, attaquer l'ennemi aussi loin que j'en avais le désir, n'ayant à ma disposition en cavalerie qu'un seul régiment et 2 mauvais escadrons des dragons du 20ᵉ pour soutenir mon infanterie et défendre les côtés de ma division. Malgré l'impossibilité d'attaquer avec avantage, j'avais néanmoins résolu de le faire et je l'eusse fait, si le général Ferrand, qui se trouva près de moi, ne m'eût autrement ordonné.

C'est ma division qui a enlevé le premier poste à l'ennemi, qui était maître avant que sur mes côtés on eût attaqué. D'après les motifs que je viens de citer, je restai en présence de l'ennemi jusqu'à la nuit; et alors je fis retirer la majeure partie de mes troupes en conservant les postes desquels j'avais chassé l'ennemi. C'est cependant ce que les autres divisions ne firent pas, car elles retournèrent prendre leurs postes.

A demain,
BALLAND.

58

Le général Favereau au général Ferrand.

Du 12 floréal an II (1ᵉʳ mai 1794).

Je reçois, brave Général, avec ta lettre d'hier le plan d'attaque pour demain que m'a remis ton aide de camp. Il porte : « Les brigades de Soland et de Duhesme seront augmentées d'environ 6,000 hommes pris à Maroilles, lesquels seront remplacés par d'autres venant de Maubeuge ».

Je t'observe, Général, que j'ai fourni à la division de Fromentin quinze bataillons et que le reste des troupes que j'ai sont continuellement de service, de manière qu'il m'est impossible de donner davantage. Ton aide de camp a vu la situation et mes morceaux de divisions.

. . . .

59

Les représentants du peuple Bollet et Florent Guyot au Comité de Salut public.

Cambrai, le 12 floréal an II (1er mai 1794).

Citoyens collègues,

Je suis arrivé ici hier au soir. J'y ai trouvé notre collègue Bollet qui s'y était rendu la veille depuis Douai. Une heure après mon arrivée nous avons eu une petite alerte. On est venu nous annoncer que l'ennemi marchait sur Cambrai et n'en était plus qu'à une petite heure, que même il avait incendié une petite commune appelée Cauron. Les généraux par une sage mesure de précaution ont fait retirer les cantonnements et rassembler nos troupes dans un camp qui est à une demi-lieue de la place. Je suis monté à la tour du Beffroi et il m'a été facile de juger, par l'espèce d'orientation avec laquelle l'ennemi étalait ses feux, qu'il ne voulait ni cerner Cambrai ni attaquer nos cantonnements. L'ennemi a disparu à la pointe du jour et il n'a pas eu besoin d'un très long temps pour défiler, car toutes les circonstances nous font croire qu'il n'était qu'en petit nombre. Nous attendons le retour de quelques émissaires pour être mieux instruits du mot de sa feinte, et si elle est de quelque importance nous ne perdrons pas un instant pour en faire part au général en chef et au général Ferrand.

Ce dernier général vient de prévenir les généraux de cette division qu'il attaquera demain à la pointe du jour et il leur indique le plan sur lequel ils doivent agir pour seconder son attaque. Espérons que la droite de l'armée du Nord va prendre sa revanche des échecs qu'elle a essuyés, et que le désir de se montrer l'émule de la gauche de la même armée doublera son courage et sa fermeté. Mais nous apercevons déjà très clairement que cette partie-ci n'est point organisée en force comme celle de Lille, et qu'il ne s'y trouve ni les mêmes talents ni le même ensemble. C'est cette conviction qui nous a décidés à faire des changements dans l'état-major de la division et nous vous adressons copie certifiée des arrêtés que nous avons pris. Sans doute, le nom de Bonnaud vous est connu et vous êtes instruits que c'est un soldat distingué par son intrépidité, ses talents et son républicanisme. Il est estimé, aimé de toute la division et il a essentiellement contribué à arrêter les suites de l'échec du 7 floréal.

. . . .

Salut et fraternité,
FLORENT GUYOT, BOLLET.

P.-S. — Nous apprenons à l'instant même que la feinte de l'ennemi avait pour objet de lever son camp de Solesmes et d'augmenter ses forces auprès de Landrecies. Cette fausse mesure de sa part est en quelque sorte un gage de succès que la journée de demain nous prépare.

60

Le représentant du peuple Laurent au Comité de Salut public.

Maubeuge, le 13 floréal an II (2 mai 1794).

Citoyens collègues,

Vous n'ignorez pas le sort de Landrecies (1). Le 11, il est tombé au pouvoir de l'ennemi. On ignore encore ici tous les détails.

L'armée murmure contre le général Balland et le murmure dans nos divisions est presque général. Je lui ai écrit une lettre vigoureuse; il m'a répondu militairement. Je suis hors d'état de le juger; mais si on ne le fait point passer par une commission militaire, je crois qu'il serait à propos de le changer. Sa division a toujours gâté les opérations que les autres avaient commencées sous les plus heureux auspices. Avesnes, ainsi que nous, est dans l'anxiété. Si nous sommes assiégés, cela ne tardera pas. Je vais faire évacuer toutes les bouches inutiles et on le fera à Avesnes comme ici.

Nos approvisionnements en farine se montent à 9,563 quint. 60 hect. et on en consomme 570 quint. par jour.

En foin elles se montent à 6,965 quint. 37 hect.
En paille — à 1,342 — 5 —
En avoine — à 17,772 boisseaux.

---

(1) Voir les lettres du Comité de Salut public aux représentants du peuple Saint-Just et Lebon, des 13 et 15 floréal (2 et 4 mai), dans le « Recueil des actes du Comité de Salut public » de F.-A. Aulard, tome XIII, pages 214 et 271.

Voilà toutes nos richesses. Il y en a encore sur les routes. J'en vais tirer de Beaumont, du blé surtout, par les citoyens. Je profiterai de cette ressource tant que j'aurai des voitures et que la communication sera ouverte.

Avesnes est une mauvaise place qui ne tiendrait pas trois jours. Il ne faut pas y laisser beaucoup de vivres et nous pourrions de là renforcer nos provisions; mais les administrateurs qui se flattent d'opposer une résistance de longue durée pensent bien autrement! Il serait impolitique de les décourager.

Je vais donc rester tranquille, ramasser à Maubeuge tout ce qu'il est possible pour nous nourrir et nous défendre. Il y a de l'union dans les généraux. La garnison et le camp vont se renforcer de nos rentrées de troupes prêtées à Fromentin : les autorités constituées vont bien; la garde nationale a du zèle; nous tenons avec nous les ingénieurs de Toulon; nous défendrons nos murs jusqu'à la mort.

. . . .

Salut et fraternité,
LAURENT.

P. S. — Une partie de la garnison de Landrecies va à Maëstricht, et l'autre à Bréda.

61

L'adjudant-général Mahler au général Ferrand.

Cambrai, le 13 floréal an II (2 mai 1794).

Je te donne avis, Général, que les généraux assemblés chez les représentants du peuple, après avoir mûrement délibéré sur l'attaque qui devait avoir lieu aujourd'hui, et l'impossibilité qu'il y a de traîner des canons par les chemins, viennent d'arrêter que toute l'infanterie rentrerait dans ses cantonnements, savoir : l'aile droite aux ordres du général Proteau dans les villages derrière l'Escaut, et à la droite de Cambrai; le centre dans la ville aux ordres du général Noël, et l'aile gauche aux ordres du général Compère derrière l'Escaut et à la gauche de Cambrai. A l'égard de la cavalerie, le général Bonnaud vient de partir à sa tête avec le général Maillet qui la commande pour aller à la découverte et connaître parfaitement la position de l'ennemi. Le général Bonnaud me charge de te dire que l'ennemi a entièrement évacué le camp de Solesmes; qu'il a quitté celui de Troisvilles et n'a conservé que des piquets de distance en distance. Il espère à son retour te donner des renseignements détaillés qui te mettront à même de décider de tes mouvements. Tu vois par le détail que je t'ai donné des questions de notre division qu'elle vient d'être organisée en généraux. Elle a à sa tête le général Bonnaud, 3 généraux de brigade pour l'infanterie, un général de brigade pour la cavalerie. Je suis chargé du bureau de l'état-major. Il y a un adjudant-général pour l'infanterie, et j'espère avec les soins que nous prendrons et le zèle qui nous anime. Nous allons nous occuper de nous procurer des effets de campement. Notre artillerie se remonte. Le courage ne nous manque, et Vive la République!

Malher.

62

Bulletin officiel publié à Bruxelles le 2 mai 1794 (et daté du 30 avril 1794).

L'on a reçu ce matin les nouvelles les plus satisfaisantes de la Flandre, d'où un corps d'armée considérable aux ordres de M. le général d'artillerie comte de Clerfayt se dispose maintenant à chasser l'ennemi qui tient encore les villes de Courtrai et de Menin. Ce corps s'étend depuis Mouscron par Espierres jusqu'à Ottignies et pousse déjà ses patrouilles vers Menin. Différents bataillons avec de la cavalerie sont entrés à Oudenarde et se portent sur la Lys. Les Anglais récemment arrivés d'Ostende sont postés entre Ingelmunster et Vive Saint-Éloi. Ces forces réunies se préparent à attaquer l'ennemi très incessamment : l'on a tout lieu de croire d'après les avis les plus récents qu'il n'attendra pas l'événement.

Le maréchal baron de Bender a reçu ce matin du maréchal prince de Cobourg la nouvelle officielle de la reddition de Landrecies. La garnison de cette place qui se monte au nombre d'entre 6 à 7,000 hommes est prisonnière de guerre. Le général vient d'ordonner pour dimanche prochain un *Te Deum* solennel en action de grâces, tant de cet événement que de la victoire signalée remportée le 26 avril par les armées combinées.

63

Le général Ferrand au général Favereau.

Réunion-sur-Oise, le 13 floréal an II (2 mai 1794).

J'ai reçu, mon cher camarade, ta lettre datée du 12 floréal, laquelle m'annonce tes craintes pour Maubeuge. Les rapports les plus généraux sont que l'ennemi se porte sur Cambrai. J'ignore encore si c'est un faux mouvement qu'il fait sur sa droite pour se reporter avec plus de vigueur vers sa gauche.

Le général Charbonnié m'annonce que, d'après les ordres du général Pichegru, il fait passer 4 bataillons à la division de Desjardin. J'écris aussi à Fromentin pour qu'il te fasse passer le plus de monde qui lui sera possible. Surveille bien les bords de la Sambre, que les troupes servent avec la plus grande vigilance.

Aux premières nouvelles que j'aurai des mouvements de l'ennemi, je t'en instruirai. Il me paraît bien difficile qu'il veuille et surtout qu'il puisse attaquer en même temps Cambrai et Maubeuge. Le mouvement de l'ennemi sur Cambrai me force de porter des troupes sur Saint-Quentin, afin d'éclairer la marche de l'ennemi (1).

Signé : FERRAND.

64

Le général Ferrand au général Favereau.

Réunion-sur-Oise, le 13 floréal an II (2 mai 1794).

Je te fais passer, mon cher camarade, une lettre que je viens de recevoir du général Bonnaud qui confirme les desseins de l'ennemi sur Maubeuge et Avesnes. Il a cherché et cherche encore à nous donner de l'inquiétude sur notre gauche pour nous engager à diviser nos forces, nous morceler et parvenir plus aisément à remplir ses intentions. Je viens de faire rétrograder des forces que j'avais dirigées sur Saint-Quentin d'après les mouvements qui m'étaient annoncés sur Cambrai. Je réunis les forces des deux divisions sous le camp retranché de Réunion-sur-Oise pour être à même de me porter en masse sur le point qui sera attaqué. Prenons tous les moyens pour connaître toute la marche de l'ennemi; que par la surveillance de tes avant-postes et la distribution de tes forces, l'ennemi ne puisse hasarder à passer la Sambre. Tu as dû recevoir un renfort de l'armée des Ardennes. Je viens encore d'écrire au général Fromentin pour qu'il te fasse passer une partie des bataillons que tu as envoyés. Ne connaissant pas encore la vraie force de la

---

(1) « Le lendemain (13 floréal) je reçus l'ordre du général Ferrand d'envoyer un général et 4,500 hommes à Saint-Quentin » (*Journal de Bonnaud*).

division, je ne puis lui fixer le nombre de ceux qu'il aura à te faire passer.

J'écris par le même courrier au général Charbonnié pour qu'il m'instruise des mouvements qui s'effectuent devant lui.

Donne-moi le plus fréquemment que tu pourras de tes nouvelles. Fais tes efforts pour être instruit des mouvements de l'ennemi vis-à-vis de toi. Enfin agissons de concert de manière qu'il ne puisse entamer aucune des parties du territoire que tu occupes.

Signé : FERRAND.

65

Le général Favereau au général Fromentin.

Le 13 floréal an II (2 mai 1794).

Je t'ai écris hier, mon camarade, et ma lettre te peignait la position critique où se trouve cette contrée depuis la reddition de Landrecies. Je te demandais du secours en me renvoyant mes bataillons... Tu ne m'as pas répondu à cela. Veuille, je t'en prie, faire attention que l'ennemi peut passer la Sambre avec toute la facilité possible, prendre Maroilles par derrière pour couper toute communication et tout secours. J'en ai écrit par la même occasion au général Ferrand. Il est plus que temps de s'occuper de nous.

La lettre que je reçois en ce moment de Maroilles n'est pas consolante.

Signé : FAVEREAU.

66

Le général Despeaux au général Favereau.

Limonfontaine, le 13 floréal an II (2 mai 1794).

Je t'envoie, mon camarade, ci-joint copie de la lettre que je reçois du général Mayer.

Maroilles, 12 floréal an II.

Je te préviens, mon camarade, que je viens d'apprendre par le rapport de différents citoyens qui venaient de sortir de Landrecies que l'ennemi a envie de nous attaquer cette nuit; qu'il doit faire une fausse attaque et nous attaquer réellement sur un autre point pour tâcher de nous cerner. Le rapport est qu'ils doivent commencer par une canonnade qui sera composée de 4 pièces de différents calibres. Je t'engage de donner des ordres aux chefs de bataillons qui bordent la Sambre de surveiller avec grande attention. De notre côté nous allons donner des ordres pour que les bataillons qui sont à Maroilles soient toute la nuit sous les armes.

Il paraît aussi que la cabale a beaucoup contribué à la reddition de Landrecies. Je te souhaite le bonjour.

Signé : Mayer.

Je viens de donner des ordres en conséquence aux troupes qui bordent la Sambre de se mettre sur-le-champ sous les armes. Je leur ai indiqué les moyens de retraite, ne pouvant pas résister à l'ennemi avec le peu de forces que j'ai le long de la Sambre.

Signé : Le général Despeaux.

67

Le général Fromentin au général Favereau.

Avesnes, le 13 floréal an II (2 mai 1794).

Il ne m'a pas été possible de te répondre hier ni de te renvoyer les bataillons que tu m'avais fait passer, parce que j'en ai eu besoin en gardant mes positions pour faire de fortes reconnaissances, qui ne m'ont que trop assuré de la prise de Landrecies. Je donne ordre aux généraux Montaigu et Soland de faire partir sur-le-champ tous les bataillons (1). Tu voudras bien aussi donner le tien pour que l'escadron du 22º de cavalerie me rentre (2). J'en ai bien besoin. La garnison a eu les honneurs de

---

(1) *Montaigu à Favereau.*

Marvilles, 13 floréal an II (2 mai 1794).

Je viens de recevoir, mon cher camarade, l'ordre de faire partir tous les bataillons de tes divisions et de conserver ma position. Je te préviens de leur départ afin que tu puisses leur donner des instructions ultérieures.

Signé : Montaigu.

(2) *Favereau à Desjardin.*

14 floréal an II (2 mai 1794).

Tu me feras le plaisir, mon cher camarade, de renvoyer au général Fromentin l'escadron du 22º régiment de cavalerie, comme nous en étions convenu hier.

Signé : Favereau.

Desjardin à Favereau.

14 floréal an II (3 mai 1794).

... Je donne ordre au 22º de cavalerie de se rendre à Avesnes aux ordres du général Fromentin.

la guerre. Ils en emmènent partie à Bréda et partie à Maëstricht. Les quartiers-maîtres et les fourriers ont été rendus. C'est un d'eux qui vient de nous dire cela.

FROMENTIN.

68

Le général Ferrand au général en chef Pichegru.

Réunion-sur-Oise, le 13 floréal an II (2 mai 1794).

Je te fais passer, mon cher général, un extrait de la capitulation de Landrecies, laquelle a été transcrite de mémoire par les quartiers-maîtres, fourriers, écrivains et autres citoyens qui n'ont pas été faits prisonniers de guerre et qui sont rentrés hier dans Avesnes. D'après leurs rapports, l'ennemi a peu à se réjouir de sa conquête. Landrecies est totalement brûlé. Il ne reste que les deux pavillons qui se trouvaient au-dessus des portes. Le feu a pénétré jusque dans les caves. Ils ont enfin pris possession d'un monceau de cendres. Je viens de donner ordre de renvoyer les quartiers-maîtres et fourriers, écrivains à leurs dépôts respectifs.

Ainsi que je te l'ai marqué, mon attaque du 13 devenait absolument inutile. De plus, d'après ce que m'a marqué le général de division Bonnaud, la division de Cambrai ne pouvait nous être d'aucun secours; d'après la décision d'une assemblée de généraux qui s'est tenue chez les Représentants du peuple à Cambrai, elle devait prendre ses cantonnements derrière l'Escaut.

L'ennemi s'étant porté, après la prise de Landrecies, sur Cambrai, j'avais cru devoir faire suivre ses mouvements et surtout couvrir Saint-Quentin. Le rapport que vient de me faire Bonnaud m'a déterminé à contremander ce mouvement et à tenir les forces de mes deux divisions réunies au centre, de manière à me porter en masse et à attaquer vigoureusement sur le point où l'ennemi voudrait donner.

Le général Bonnaud me marque que l'ennemi a évacué le camp de Solesmes, qu'il a quitté Troisvilles et n'a conservé que des piquets de distance en distance. Par d'autres rapports, il paraît que l'ennemi a absolument des vues sur Avesnes, qu'il dit vouloir emporter de vive force. Les troupes qu'ils ont laissées à Landrecies et aux environs sont très nombreuses. Elles sont composées en majeure partie de Hollandais. Ils ont en outre beaucoup de cavalerie de ce côté; leur intention est de poursuivre leurs conquêtes et ne pas nous laisser le temps d'opérer aucun rassemblement.

J'ai ordonné à Favereau de garder avec vigilance les bords de la Sambre. Je lui ai fait rentrer les bataillons qu'il avait fournis à la division d'Avesnes. Le général Charbonnié a dû lui en fournir quatre d'après tes ordres. Quant à Fromentin, par ses positions il doit occuper la Haye d'Avesnes, faire de fréquentes et fortes reconnaissances pour connaître les positions de l'ennemi. Pour les deux autres divisions qui étaient disséminées depuis la Capelle jusqu'ici, je les ai réunies au camp retranché et aux cantonnements environnants, de manière à pouvoir me porter avec ces forces aux endroits menacés.

C'est dans l'état de la fièvre et du malaise que je t'écris. Tourmenté depuis plusieurs jours de la dyssenterie, je n'avais pas besoin de cet accroissement de mal pour rendre pénible ma situation. Je t'en conjure au nom de l'attachement que tu me portes, rends-moi à des fonctions moins importantes. Je servirai mieux ma patrie et je serai plus heureux.

FERRAND.

69

Le général en chef Pichegru au citoyen Pille.

Lille, le 14 floréal an II (3 mai 1794).

Il m'est pénible, Citoyen, d'avoir à t'annoncer la reddition de la place de Landrecies...

Je te prie de donner des ordres pour faire arriver de la poudre à Douai, d'où il en a été tiré pour alimenter différentes divisions de l'armée.

Salut et fraternité,
PICHEGRU.

70

Le général Fromentin au général Favereau.

Avesnes, le 14 floréal an II (3 mai 1794).

D'après une forte reconnaissance que j'ai faite avec le général Soland du côté de Landrecies, j'estime que l'ennemi était environ 60,000 hommes, et d'après les piquets qui sont restés à l'entendu du terrain fait voir (*sic*) qu'ils avaient 10,000 hommes de cavalerie. Ils n'ont pas laissé grand monde à Landrecies. Je n'ai remarqué qu'un poste qui est au Moulin entre la Folie et Favril du côté du Sart, ce qui prouverait qu'ils veulent garder au besoin la communication de Landrecies. Nos prisonniers nous disent que l'ennemi est en grande force. C'est le prince d'Orange qui a fait le siège de Landrecies. L'intention de l'Empereur est, je crois, de faire porter ses troupes sur Tournay et le débloquer, de garantir Mons et de chercher à cerner l'armée du général en chef. Il faut qu'il se tienne sur ses gardes, car ils tomberaient 60,000 hommes sur lui, voilà leur intention. Ils font courir un bruit qu'ils ont cerné la nôtre, qu'ils ne feront pas comme l'année passée, qu'ils ne nous donneront pas le temps de nous rassembler. Ils promettent la paix à leur troupe dans 2 mois....

Signé : FROMENTIN.

71

Le général Favereau au général Ferrand.

Le 15 floréal an II (4 mai 1794).

Je te préviens, Général, qu'une colonne venant du côté de Bavais, vue en avant de Rouveroy, se porte du côté de Thuin. Elle est très forte et (je) la soupçonne de faire partie de celle qui doit se porter sur Maubeuge. Mais avant elle veut s'emparer de Beaumont pour nous couper la communication avec les Ardennes. J'en rends compte au général Desjardin pour qu'il en prévienne le général Charbonnié. J'espère que si, par événement, on éprouvait un nouveau blocus, nous ne tarderions pas à recevoir des secours majeurs pour nous éviter le malheur d'un bombardement. J'écris au général Fromentin pour qu'il se tienne sur ses gardes et s'empare des Hayes d'Avesnes en cas d'événement. Donne communication de ma lettre au général Pichegru. Toutes nos dispositions de retraite des postes détachés sont prises. C'est sur le camp retranché de cette place et sur les Hayes d'Avesnes que se porteront les troupes.

J'ai fait détruire cette nuit la parallèle qu'avait établie l'ennemi. Il nous en a coûté huit hommes blessés. C'est le général Müller qui a été chargé de cette opération. Il s'en est parfaitement acquitté. Si d'ici à ce soir j'apprends quelque chose de nouveau, je t'expédierai un autre courrier.

Signé : FAVEREAU.

72

Le général Ferrand au général Favereau.

Réunion-sur-Oise, le 16 floréal an II (5 mai 1794).

J'ai reçu, mon cher camarade, ta lettre du 15 floréal, à laquelle était jointe celle du général Desjardins. Le général en chef est à Cambrai, les Représentants Lebas et Saint-Just s'y sont rendus pour y conférer ensemble. C'est de l'issue de ce conseil que dépendront les opérations ultérieures. J'ai instruit le général du contenu de ta lettre. *Signé* : FERRAND.

73

Extrait du Journal du général Favereau.

11 floréal (30 avril). — L'ennemi se porte en force et avec rapidité du côté de Nouvion, ayant l'air de se diriger vers la Capelle. Le général Fromentin fait prévenir le général Duhesme de ce mouvement, pour qu'il se tienne sur ses gardes. Il envoie faire une reconnaissance par 200 hussards du 4e régiment (1).

Le général Favereau prévient les généraux sous ses ordres des mouvements de l'ennemi et les engage de se tenir sur leur garde.

12 floréal (1er mai). — Le général Fromentin mande de Maroilles qu'il est instruit que l'ennemi a des desseins sur Avesnes et Maubeuge.

---

(1) Voir lettre de Fromentin à Favereau (Avesnes, 11 floréal-30 avril) :

« Tu trouveras ci-joint copie d'un rapport fait au général Soland et ci-dessous la lettre de ce dernier :

« Ci-joint le rapport du chef d'escadron Boyer. L'ennemi a levé son camp et le porte sur la gauche avec rapidité, le feu de Landrecies est cessé; il veut sans doute se porter sur la route de La Capelle ou se retirer, ce que j'ignore. Avertis à l'instant à La Capelle. J'ai chargé Ormancey de prévenir Duhesme et le poste de Boulogne. Ceci est très intéressant. Je vais tâcher d'envoyer 200 hussards à la découverte et faire construire le pont, mais il faut du temps, et je te rendrai compte de la découverte. »

Signé : SOLAND.

Le rapport du chef d'escadron Boyer communiqué par Soland à Fromentin était ainsi conçu :

« L'ennemi fait un mouvement sur la hauteur sur la droite du moulin à vent; quelques pelotons de cavalerie se sont présentés et après ont fait des mouvements à gauche et à droite. Derrière la hauteur j'ai aperçu beaucoup de poussière qui semble se diriger sur notre gauche, les troupes près le moulin à vent sont sous les armes. Le camp que l'ennemi avait sur la droite de Landrecies est levé et on n'aperçoit aucun soldat de ce côté-là. »

L'adjudant général Barbou à Réunion mande aussi de la part du général Ferrand les mêmes desseins de l'ennemi.

D'après les avis ci-dessus, le général Favereau invite le général Fromentin de lui renvoyer les troupes que les circonstances critiques l'avaient porté à lui faire passer, sans quoi il lui serait impossible si l'ennemi l'attaquait, de pouvoir se défendre à Maubeuge.

13 floréal (2 mai). — Le général Favereau, d'après les mouvements de l'ennemi et les différents rapports qui lui furent faits sur ses intentions, fait une reconnaissance des dispositions de la division du général Despeaux sur la Sambre, ce qui le confirma encore plus de l'urgente nécessité de faire arriver des forces pour garnir cette partie de la Sambre qui n'aurait pas tenu une heure, à la moindre attaque de l'ennemi, malgré la meilleure volonté du soldat, qui malgré les fatigues continuelles avait un courage et une force constants qui caractérisaient son cœur.

En conséquence il réitère sa demande au général Fromentin avec invitation de ne pas perdre de temps pour lui renvoyer ses bataillons qui lui deviennent inutiles.

Le général Favereau de retour de sa reconnaissance sur la ligne de la division du général Despeaux, se porte sur celle du général Desjardin et se réunit à lui pour prendre des dispositions stables en cas que l'ennemi tente de nous forcer sur quelques points pour bloquer Maubeuge . . . .

Le général Fromentin fait part au général Favereau qu'une découverte envoyée par le général Soland a reconnu que l'ennemi avait établi une redoute près du moulin de Favril près Landrecies, ce qui l'appuyait sur sa gauche de cette place à Réunion-sur-Oise.

Le général Fromentin donne des ordres pour que les troupes des divisions du général Favereau rentrent dans leurs divisions respectives.

Le général Ferrand mande au général Favereau que l'ennemi a des desseins sur Avesnes et Maubeuge et que tous ses mouvements multipliés ne tendent qu'à nous faire faire diversion, pour ensuite nous attaquer vigoureusement sur le point qu'il nous aurait fait dégarnir et qui lui faciliterait l'approche de Maubeuge et Avesnes.

Pour être à même de pouvoir se porter en force sur le point attaqué, il donne au camp retranché sous Réunion-sur-Oise deux divisions, et invite le général Favereau de ne rien négliger pour, découvrir les projets de l'ennemi, les déjouer et les transmettre audit général.

14 floréal (3 mai). — L'ennemi a ouvert une tranchée en face de la redoute d'Avesnes communiquant avec la tête de ce village. Le général Favereau va la reconnaître avec le citoyen Marescot, commandant du Génie, et le général Muller; ils reconnurent une (   ) décidé. Le général Favereau en ordonne la destruction pour la nuit suivante, ce qui eut lieu avec tout le succès désirable; ce qui prouvait que ce n'était qu'inquiétude de la part de l'ennemi, c'est qu'il n'opposa aucune résistance; il n'y eut que la redoute du petit Luxembourg qui fit un feu très nourri sur nos travailleurs; l'ouvrage fut terminé après une heure de travail. Il n'y eut personne de blessé.

Le général Favereau recommande constamment aux généraux Despeaux et Desjardin, en leur faisant passer les renseignements sur les intentions de l'ennemi, de redoubler de surveillance sur la ligne qui leur est confiée.

Le général Mayer reçoit l'ordre de se rendre à Réunion-sur-Oise.

15 floréal (4 mai). — Le général Favereau en observation à la tour de Maubeuge observe une colonne ennemie très forte en infanterie, qu'il n'a pas pu juger en raison du terrain montueux, mais il y avait deux régiments de cavalerie : elle venait du côté de Bavay, défilant du côté de Rouvroil et se dirigeant vers Thuin, cette marche lui faisant juger qu'elle voulait tourner Beaumont en forçant la ligne de l'Armée des Ardennes, ce qui le détermina à en donner sur-le-champ avis au général Desjardin à Beaumont pour qu'il en donne de suite connaissance au Général en chef de l'Armée des Ardennes, où l'aide de camp du général Favereau porta directement cette lettre.

Le général Favereau prévint de ce mouvement les généraux Fromentin et Ferrand, le premier à Avesnes et le deuxième à Réunion-sur-Oise, pour qu'ils sachent que les forces ennemies étaient d'autant diminuées devant eux.

D'après le mouvement ci-dessus le général Favereau donne des ordres aux cantonnements sur la Sambre de redoubler de surveillance et, en cas d'attaques où leurs forces seraient insuffisantes, ils trouveraient du renfort à Cerfontaine.

Sur le soir la colonne ci-dessus rétrograde et vient camper sur la hauteur de Grand Rang, sa gauche appuyée au bois de Bonne-Espérance sur-le-champ et le général Favereau en instruit le général Desjardin à Beaumont.

Arrivée à Maubeuge du général de brigade Froissard, qui est employé au Camp de Cerfontaine.

TABLE DES MATIÈRES

Préface... 1
   I. Le plan de campagne.................................... 1
   II. L'échec du Cateau (9 germinal)......................... 120
   III. L'investissement de Landrecies......................... 182
   IV. Le siège de Landrecies................................. 294
   V. Le désastre de Troisvilles (7 floréal).................. 409
   VI. La capitulation de Landrecies.......................... 454

DOCUMENTS ANNEXES

I-II. Le plan de campagne et l'échec du Cateau................. 509
III. L'investissement de Landrecies............................ 552
IV. Le siège de Landrecies..................................... 605
  V. Landrecies; journée du 7 floréal......................... 681
VI. La capitulation de Landrecies.............................. 744

TABLE DES CARTES

1. Carte de Cassini. Région du Nord (entre Bouchain, Le Castelet, Beaumont et Hirson).
2. Plan de Landrecies (d'après un plan extrait de l'Atlas de Landrecies de 1775).
3. Investissement de Landrecies (17-18 avril 1794).
4. Investissement de Landrecies. Position des troupes alliées le 19 avril.
5. Affaires de Colleret et de Solre-le-Château (23 avril 1794).
6. Siège de Landrecies (d'après un plan autrichien).

Paris. — Imprimerie R. Chapelot et Cie, rue Christine, 2.

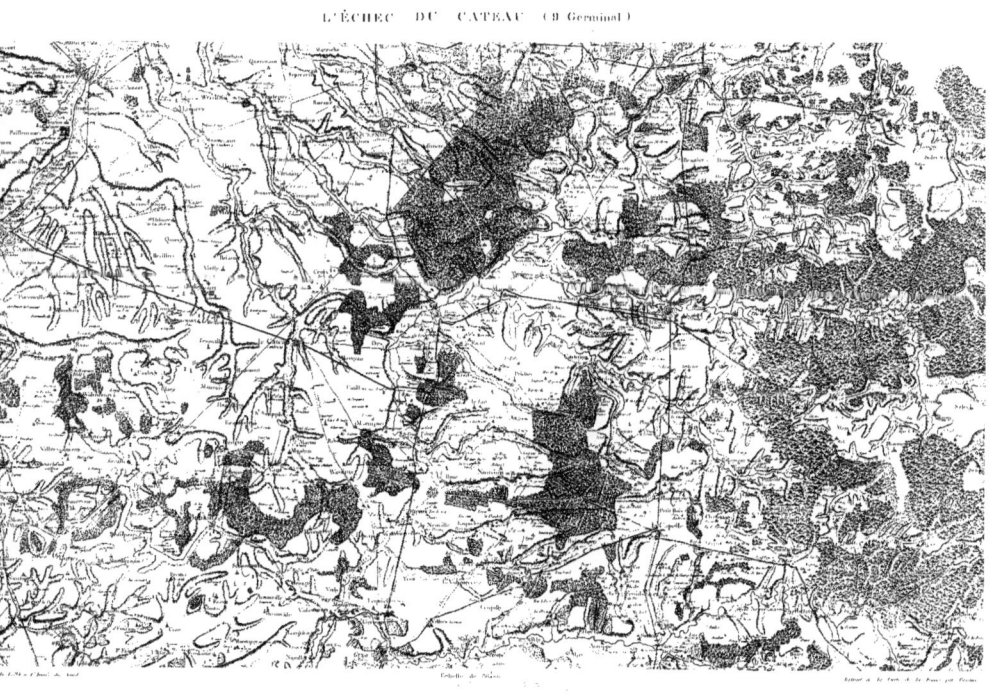

L'ÉCHEC DU CATEAU (9 Germinal)

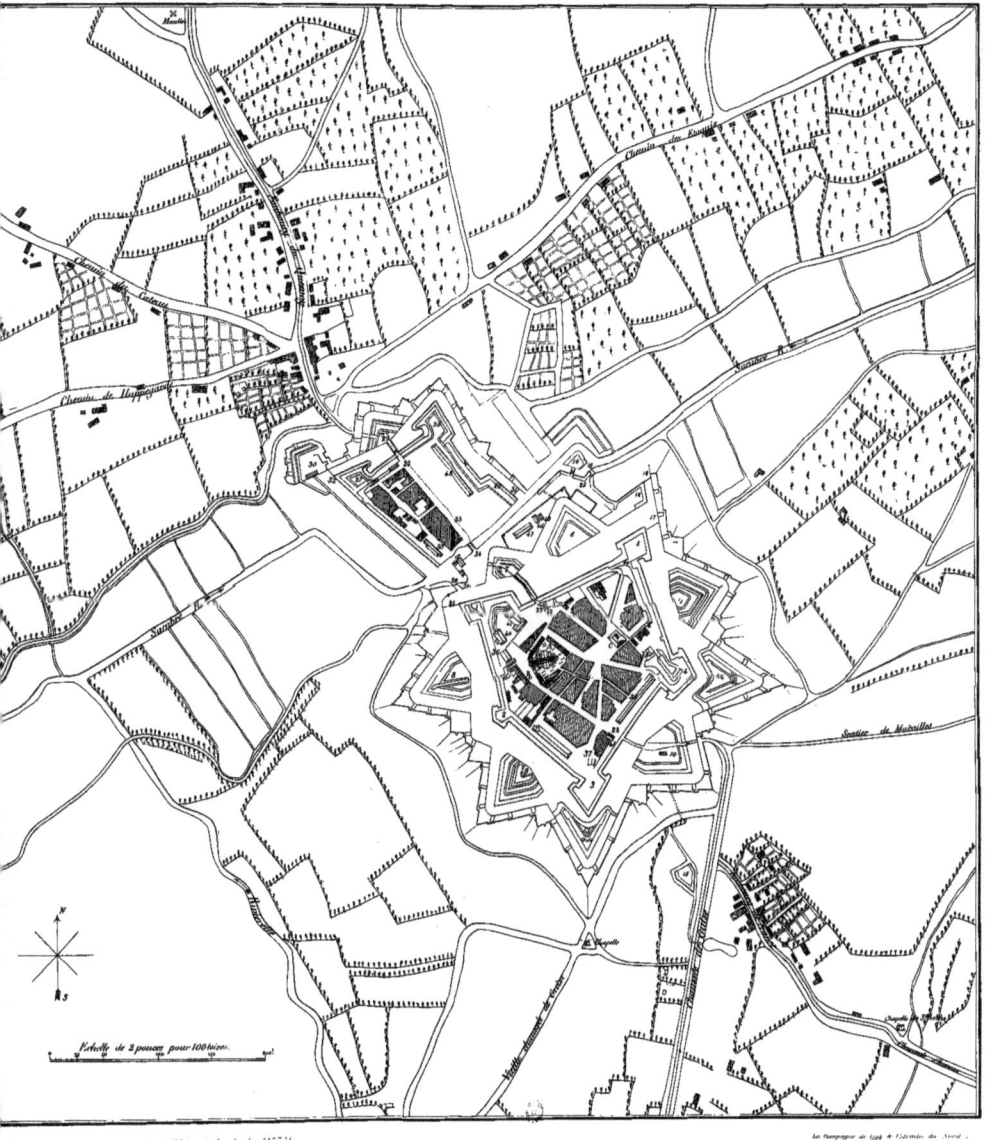

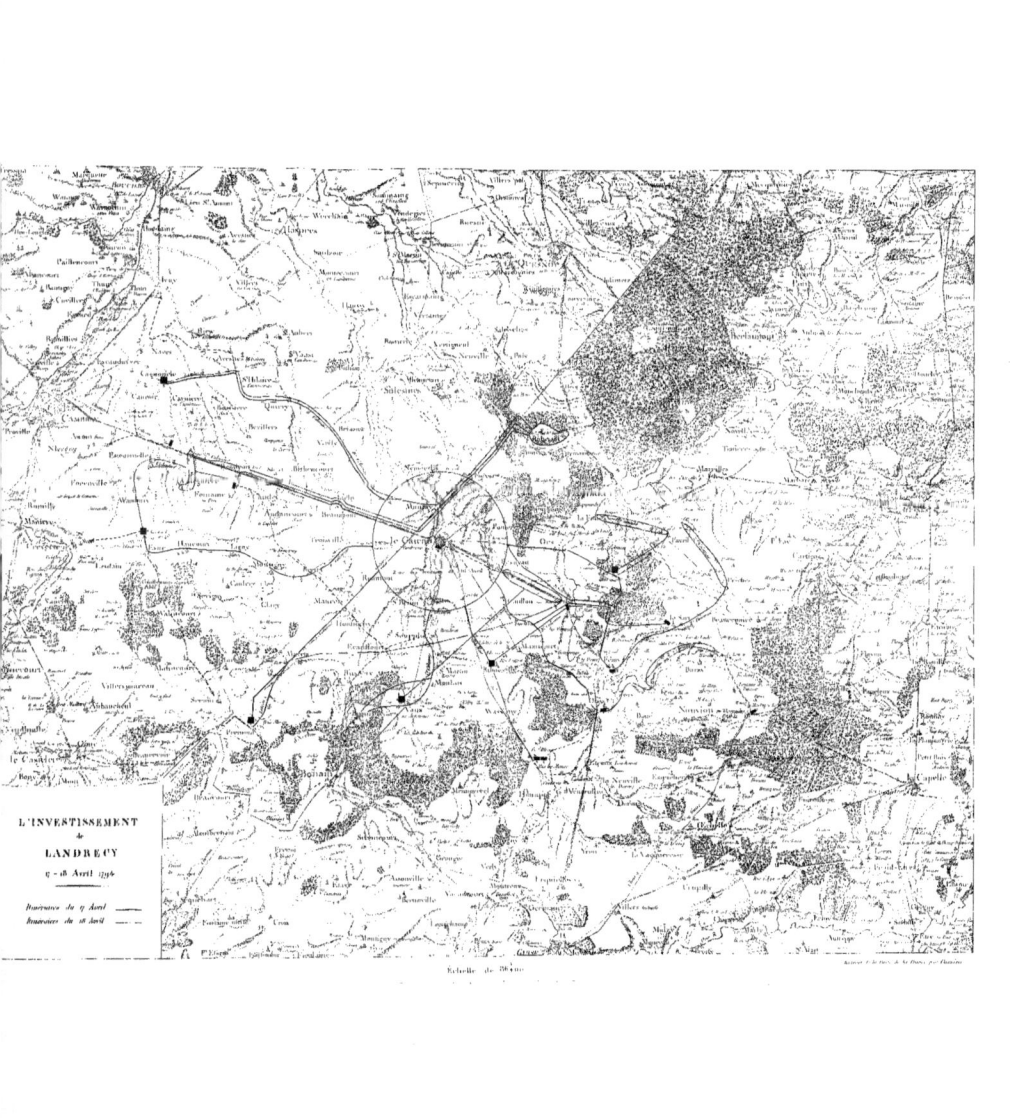

INVESTISSEMENT DE LANDRECIES
Position des troupes Alliées le 19 Avril

AFFAIRES DE COLLERET ET DE SOLRE-LE-CHÂTEAU
23 Avril 1794.

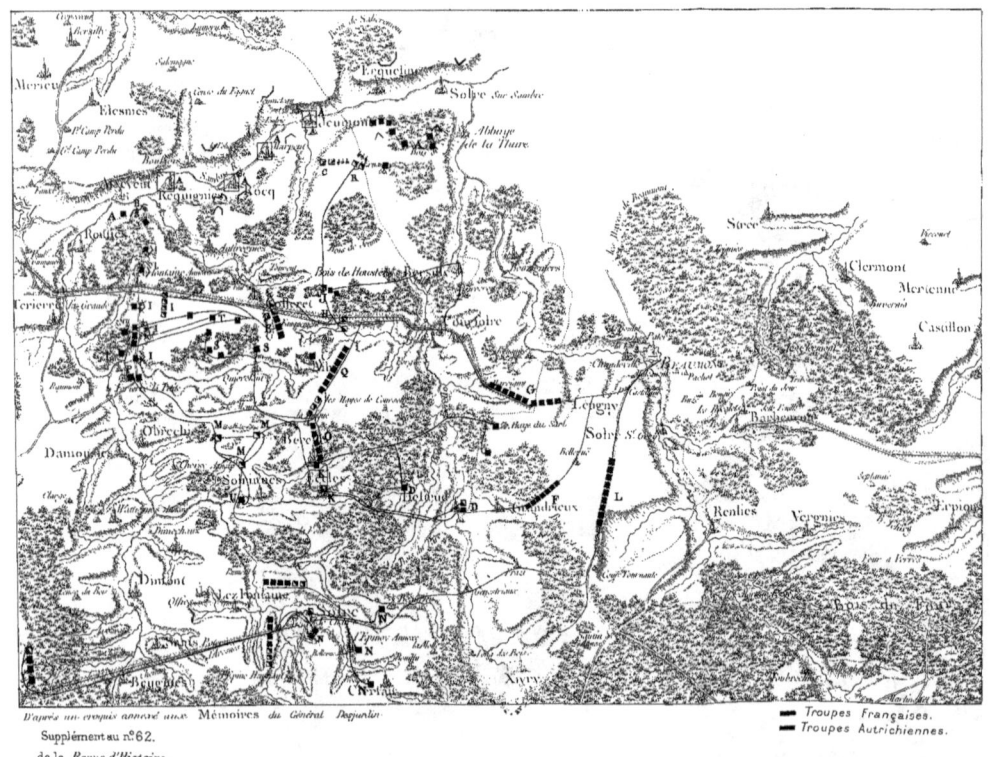

D'après un croquis annexé aux Mémoires du Général Desjardin.

Supplément au n° 62.
de la *Revue d'Histoire*.

▬ Troupes Françaises.
▬ Troupes Autrichiennes.

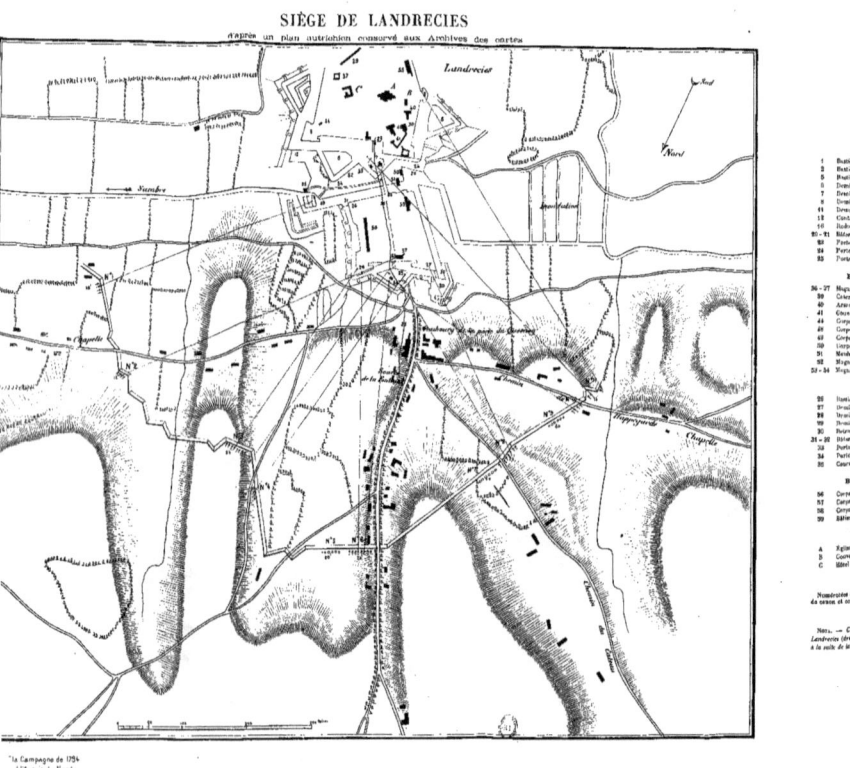

www.ingramcontent.com/pod-product-compliance
Lightning Source LLC
Chambersburg PA
CBHW060330170426
43202CB00014B/2730